narr STUDIENBÜCHER

Robert Mroczynski

Gesprächslinguistik

Eine Einführung

Robert Mroczynski lehrt an den Instituten für Germanistische Sprachwissenschaft und Mündliche Kommunikation der Heinrich-Heine-Universität Düsseldorf.

Bibliografische Information der Deutschen Nationalbibliothek

Die Deutsche Nationalbibliothek verzeichnet diese Publikation in der Deutschen National-bibliografie; detaillierte bibliografische Daten sind im Internet über http://dnb.dnb.de abrufbar.

© 2014 · Narr Francke Attempto Verlag GmbH + Co. KG
Dischingerweg 5 · D-72070 Tübingen

Internet: http://www.narr-studienbuecher.de
E-Mail: info@narr.de

Printed in the EU

ISSN 0941-8105
ISBN 978-3-8233-6851-9

Inhaltsverzeichnis

Vorwort

Obwohl es das gesprochene Wort wohl bereits seit Menschengedenken gab und das geschriebene Wort erst seit ca. fünftausend Jahren unsere Kultur prägt, muss die gesprochene Sprache bis heute, was das Interesse der linguistischen Forschung anbetrifft, den Kürzeren ziehen. Man muss sich aber vor Augen führen, dass im Grunde genommen die gesprochene Sprache die „eigentliche" Sprache ist. Sie hat die Schriftsprache erst möglich gemacht oder mit anderen Worten: Ohne gesprochene Sprache gäbe es heute auch keine geschriebene Sprache. In den letzten Jahrzehnten ist eine Öffnung der linguistischen Forschung für die gesprochene Sprache deutlich erkennbar. Das ist beispielsweise an der zunehmenden Anzahl an wissenschaftlichen Schriften (Schwitalla 2012, Brinker/Sager 2010, Deppermann 2008) erkennbar. Seit den 80er Jahren emanzipierte sich die Gesprächslinguistik als eine eigenständige Forschungsrichtung. In den Anfängen ist die gesprochene Sprache von den Linguisten als ein Teilbereich der Textlinguistik behandelt worden (vgl. Heinemann 2008, Fix 2008). Dies ist auch der Grund dafür, warum innerhalb der Linguistik bis heute gelegentlich gesprochene Sprache unter den Textbegriff subsumiert wird (vgl. Brinker/Sager 2010, 9f.).

Der Fokus innerhalb der Gesprächslinguistik wird insbesondere auf verbale Praktiken in konkreten kommunikativen Akten gelegt.

> Das Gespräch ist [...] der gesamte situativ konstituierte Kommunikationsprozess, in dem eine Vielfalt von verbalen und nonverbalen Akten von den beteiligten Partnern realisiert wird.
>
> Brinker et al. 2000, S. XVII

In den ersten drei Kapiteln: „Allgemeine Prinzipien der gesprochenen Sprache", „Konversationsanalyse und Gesprächslinguistik", „Empirische Dokumentation: Datenerhebung und Transkription" werden die theoretischen und methodischen Inhalte vermittelt, welche notwendig sind, um adäquat gesprächslinguistisch gesprochene Sprache untersuchen zu können. Das erste Kapitel handelt von allgemeinen Prinzipien der gesprochenen Sprache, welche in Kontrast zur geschriebenen Sprache gesetzt werden. Durch diese Gegenüberstellung lässt sich deutlicher herausarbeiten, was gesprochene Sprache ist. Im darauffolgenden Kapitel „Konversationsanalyse und Gesprächslinguistik" steht die Abgrenzung der Gesprächslinguistik von der soziologisch geprägten Konversationsanalyse im Vordergrund. Der konversationsanalytische Ansatz ist von hoher Relevanz für die gesprächslinguistische Herangehensweise, es gibt aber methodische und theoretische Unterschiede, welche erst den gesprächslinguistischen Ansatz konstituieren. Im dritten Kapitel „Empirische Dokumentation: Datenerhebung und Transkription" wird beschrieben, wie man zu einer angemessenen Analysefragestellung bzw. einer Hypothese kommt, wie man gesprächslinguistisch arbeitet oder wie transkribiert wird. Es werden Transkriptionssysteme gegenübergestellt sowie Online-Korpora vorgestellt, welche bereits aufgearbeitete (aufgenommene und transkribierte) Daten zur Verfügung stellen. In den darauffolgenden Kapiteln vier bis sieben werden die wichtigsten strukturellen Elemente eines Gesprächs genannt (Gesprächsschritt, Gesprächssequenz und Gesprächsphasen) und an Beispielen erläutert sowie zwei aus

dem konversationsanalytischen Bereich stammende Untersuchungsschwerpunkte be
schrieben (Sprecherwechsel, Reparaturen). Im Anschluss werden prosodische Phänomene vorgestellt, zu welchen beispielsweise Intonation, Pausenmanagement oder
Sprachfärbung gehören. Mit den folgenden Kapiteln zu Syntax, Partikeln, Wortsemantik und Schlüsselwörtern begeben wir uns in den klassischen Bereich der linguistischen Auseinandersetzung mit der gesprochenen Sprache. Hier wird unter anderem
der Versuch unternommen, den Lesern aufzuzeigen, welche (syntaktischen, semantischen etc.) Besonderheiten die gesprochene Sprache aufweist und zusätzlich auch,
welche methodischen Konsequenzen eine Untersuchung der gesprochenen Sprache
aus den eben genannten Perspektiven hat. So wird beispielsweise sichtbar, dass man
sich innerhalb der Untersuchung der Syntax gesprochener Sprache von dem „klassischen" Satzbegriff trennen muss, wenn man die formalen Regularitäten der gesprochenen Sprache erfassen will (vgl. Fiehler 2000). Abgerundet werden die Inhalte
durch die zwei letzten Kapitel zu den Verfahren der Gesprächssteuerung sowie zur
nonverbalen Kommunikation, welche ebenfalls eine hohe Relevanz für ein gelungenes
Gespräch haben und eine wichtige Rolle für die Erfassung von verbaler Kommunikation spielen. So wird die Gesprächssteuerung häufig durch bestimmte sprachliche
Partikeln bzw. Phrasen realisiert und nonverbale Phänomene sind oft erst im Zusammenhang der verbalen Handlungen adäquat beschreibbar und umgekehrt.

Für die kritische Lektüre meines Manuskripts danke ich Elke Diedrichsen, Alexan-
der Ziem, Theodoros Papantoniou, Nadine Proske, Sven Staffeldt, Heide Lindner-
Rudolph, Maxi Kupetz, Lars Bülow, Karin Böke, Christian auf der Lake, Susan
Schlotthauer, Christian Kreuz, Bernhardt Ost, Sabrina Stock und Aljona Merk.

Düsseldorf, am 01.09.2014   Robert Mroczynski

Hinweise zur Lektüre dieser Einführung

Diese Einführung setzt sich zum Ziel anschaulich und nachvollziehbar die Grundlagen der Gesprächslinguistik zu vermitteln. Sie richtet sich primär an Bachelorstudierende und setzt entweder keine oder geringe Vorkenntnisse voraus. Zahlreiche Graphiken und Tabellen erleichtern den Zugang zu den unterschiedlichen Themenbereichen. Die Texte sind aus diesem Grund auch möglichst fremdwortarm gehalten. Um die theoretischen Ausführungen noch verständlicher zu gestalten, werden diese mittels kontextbezogener Gesprächsbeispiele veranschaulicht und besprochen. Auf diese Weise steht – dem gesprächslinguistischen Duktus entsprechend – die Sprache in konkreten kommunikativen Akten im Zentrum der Betrachtung. Der Einfachheit halber habe ich größtenteils fiktive Gesprächsbeispiele verwendet, welche sich aber stark an dem faktischen Sprachgebrauch orientieren. An den Stellen, wo es auf Authentizität der Daten ankommt, werden auch echte Beispiele verwendet. Der Vorteil von konstruierten Gesprächsbeispielen liegt auf der Hand: Sie sind überschaubar, kurz und stellen prägnant den zu erläuternden Aspekt dar. Insbesondere die Studierenden, welche bis dato keine oder wenig Erfahrung mit Gesprächslinguistik gesammelt haben, profitieren von der Übersichtlichkeit und Zugänglichkeit der fiktiven Gesprächsbeispiele. In dieser Einführung wird der Begriff „Einführung" ernst genommen: Es geht hier um eine möglichst einfache und unkomplizierte Vorstellung des gesprächslinguistischen Ansatzes. Diese Einführung versteht sich als ein Sprungbrett, das den Studierenden hilft, in die Auseinandersetzung mit der weiterführenden Fachliteratur einzusteigen.

Die einzelnen Kapitel sind möglichst eigenständig gestaltet, sodass das fruchtbare Lesen eines Kapitels das Wissen aus dem vorangegangenen Kapitel nicht unbedingt erforderlich macht. Diese Einführung ist als ein Garten zu betrachten, aus dem sich der Leser das nehmen soll, was er momentan braucht bzw. was ihn momentan interessiert.

Ein paar Hinweise zur Lektüre: Es ist sinnvoll, als Erstes die Abbildungen/Tabellen in dem gesamten Kapitel zu erfassen sowie das auf der Anfangsseite situierte Warm-up durchzuführen. Danach sollte man das Kapitel lesen, um dann anschließend im praktischen (Übungs-)Teil das erworbene Wissen abzurufen und anzuwenden. Der Übungsteil befindet sich am Ende jedes Kapitels. Es sind natürlich auch andere Wege möglich, je nach subjektiven Arbeitsweisen und Gewohnheiten. So kann es unter Umständen effektiv sein, mit dem praktischen Teil anzufangen, um beispielsweise schneller und intensiver die wichtigsten Inhalte aus dem Kapitel herausarbeiten zu können.

In den einzelnen Kapiteln werden die grundlegenden Fragen zu dem angegebenen Thema abgehandelt, sodass es dem Leser möglich ist, sich einen guten Zugang in die Thematik zu verschaffen. Der Leser wird gelegentlich dazu angeregt, die gesprochene Sprache eigenständig zu erforschen oder eigenständige Gedanken zu bestimmten Themen zu entwickeln. Am Ende jeden einzelnen Kapitels stehen die erwähnten Übungseinheiten, welche neben der Vertiefungsmöglichkeit auch zur Vorbereitung auf Klausuren und andere Prüfungsformen verwendet werden können. Es werden Fragen und Übungen/Aufgaben angeboten, in denen beispielsweise Gesprächsausschnitte analysiert und Kreuzworträtsel gelöst werden können. Die Lösungen der Kreuzworträtsel können online unter *http://www.narr.de/narr-studienbuecher* eingesehen werden. Dieser praktische Teil bietet eine gute Gelegenheit, um das behandelte

Thema zusätzlich zu vertiefen. Anschließend wird jedes Kapitel mit kommentierten Literaturhinweisen abgerundet.

Schlussendlich noch ein Hinweis an die Lehrenden: Das Buch ist dank seines Aufbaus gut geeignet für gesprächslinguistische Einführungsseminare. Es enthält insgesamt vierzehn Kapitel, welche in sich abgeschlossene Einheiten darstellen, von denen jede die Basis für eine Seminareinheit bilden kann. Somit entspricht die Anzahl der Kapitel der ungefähren Anzahl an Sitzungen eines durchschnittlichen Seminars, was eine Eins-zu-eins-Übertragung auf eine gesamte gesprächslinguistische Veranstaltung möglich macht.

1 Allgemeine Prinzipien der gesprochenen Sprache

1.1 Ziele und Warm-up

In diesem Kapitel sollen vor allem die Prinzipien der gesprochenen Sprache vorgestellt werden. Dabei lassen sich die Grundsätze der gesprochenen Sprache am besten in Abgrenzung zu Grundsätzen der geschriebenen Sprache charakterisieren. Darüber hinaus werden der Unterschied zwischen der konzeptionellen und medialen Mündlichkeit/Schriftlichkeit erläutert sowie die Sprachlautveränderungen in der gesprochenen Sprache vorgestellt.

Folgende Fragen werden uns hier interessieren:

- Wodurch unterscheidet sich die gesprochene von der geschriebenen Sprache?
- Worin besteht der Unterschied zwischen der konzeptionellen und medialen Mündlichkeit bzw. Schriftlichkeit?
- Welche Prinzipien sind für die mündliche Kommunikation entscheidend?

Überlegen Sie, was Sie antworten würden, wenn ein fünfjähriges Kind Sie fragen würde, was gesprochene Sprache ist. Setzen Sie die Lektüre erst fort, wenn Sie mindestens drei charakteristische Eigenschaften genannt haben.

1.2 Kernprinzipien der geschriebenen Sprache

Lange Zeit prägte der Strukturalismus die Sicht- und Denkweisen in der Linguistik. Der wichtigste Vertreter des Strukturalismus war der Schweizer Linguist Ferdinand de Saussure. Seine Unterscheidung zwischen LANGUE und PAROLE prägt bis heute viele Bereiche der Linguistik. Langue bezieht sich auf das Sprachsystem und Parole auf den Sprachgebrauch. Das Problematische an dem strukturalistischen Gedanken aus der Sicht eines Gesprächsforschers ist die Tatsache, dass Strukturalisten den Gebrauch der Sprache aus ihrem Untersuchungsfeld ausklammern. Das ist der alleinige Grund, warum Saussure die oben bereits genannte Unterscheidung zwischen Langue und Parole eingeführt hat. Da der Sprachgebrauch laut de Saussure chaotisch, unregelmäßig und flüchtig ist, war es für ihn viel reizvoller, sich mit dem Aspekt der Sprache zu beschäftigen, der „hinter" der einzelnen Sprachverwendung steht – also mit der Langue. Unter Langue versteht de Saussure das Sprachsystem – das, was uns die stete Reproduktion von sprachlichen Äußerungen ermöglicht. Es handelt sich hierbei um ein Wissen, das alle Mitglieder einer bestimmten Sprachgemeinschaft teilen und das als Grundlage einer sinnvollen Sprachverwendung angesehen wird. Um den Unterschied zwischen Langue und Parole zu verdeutlichen, bedient sich de Saussure des folgenden Vergleichs:

> Die Sprache ist mit einer Symphonie vergleichbar; ihre Realität wird von den einzelnen Aufführungen bzw. Verwendungen nicht beeinträchtigt.

Saussure 2013, S. 21

Dem Zitat zufolge ist die Langue genauso beständig und unveränderlich wie eine Symphonie. Genauso wie die Symphonie von den einzelnen Aufführungen nicht beeinträchtigt wird, so wird auch das Sprachsystem von dem einzelnen Sprachgebrauch nicht beeinträchtigt. Und de Saussure und den weiteren Strukturalisten ging es um die Langue, das Sprachsystem, um die niedergeschriebene Symphonie. Die einzelnen Aufführungen der Symphonie, also der Sprachgebrauch, interessierten die Strukturalisten nicht. Ein Gesprächslinguist stellt die eben geschilderte Sichtweise de Saussures regelrecht auf den Kopf: Nicht die Langue steht im Fokus seines Interesses, sondern eben die Parole, der Sprachgebrauch, die einzelnen Aufführungen einer Symphonie. Nach dieser kurzen Ausführung sollen einige zentrale gesprächslinguistische Termini erläutert werden.

Ein Pendant zur Gesprächslinguistik ist die Textlinguistik. Innerhalb dieser steht allerdings die geschriebene Sprache im Vordergrund. Beide Disziplinen begreifen jedoch die Sprache als ein Werkzeug, das die Menschen einsetzen, um ihre kommunikativen Ziele zu verwirklichen.

Eines der wichtigsten Merkmale, welches die beiden Sprachformen unterscheidet, ist die DIALOGIZITÄT. Gesprochene Sprache ist dialogisch strukturiert, weil ein Gespräch erst dann zum Gespräch wird, wenn auf den Gesprächsbeitrag des einen Sprechers ein Beitrag eines anderen Sprechers folgt. Kurzum: Wenn beide Gesprächspartner in verbale Interaktion treten. Geschriebene Sprache ist von Natur aus nicht auf dialogische Kommunikation ausgerichtet. Ein Autor schreibt seinen Roman ohne ständig auf die Fragen bzw. Beiträge seines Gegenübers, in diesem Fall des potentiellen Lesers, einzugehen. Selbstverständlich gibt es dennoch in Romanen ebenfalls dialogische Passagen. Und im Internet kann man mit einer anderen Person beispielsweise Chatkommunikation betreiben. Es fehlt aber in beiden Fällen an Spontanität und Synchronizität, was im Folgenden erläutert werden soll.

Die zweite Eigenschaft ist die KONTEXTUALITÄT (auch Kontextgebundenheit) der mündlichen Kommunikation, die im schriftlichen Verkehr in der Regel nicht oder in geringem Grade gegeben ist (Gadler 1998, S. 148). Kontextualität besagt, dass die mündliche Kommunikation viel stärker durch Situation/Umgebung, in der sie durchgeführt wird, geprägt wird. So kann ein Schriftsteller in seinem Roman kein Wissen bei seinen Lesern über die räumlichen und situativen Gegebenheiten voraussetzen, in denen sich seine Romanfiguren aufhalten. Der Kontext muss erst sprachlich konstruiert werden. Mit anderen Worten: Er muss beispielsweise angeben, dass seine Figuren sich momentan in einem Hörsaal befinden, dass in diesem Augenblick das Licht ausgegangen ist etc. In der mündlichen Face-to-face-Kommunikation ist das anders. Da wissen die Gesprächspartner durch das Situationswissen (Kontext), mit wem sie reden, wo sie sich befinden, was im Moment passiert etc. Es wäre beispielsweise äußerst merkwürdig, Ihrem Gesprächspartner, welcher sich im selben Raum befindet, zu sagen, dass eben das Licht ausgegangen sei, auch wenn das in einem Roman beispielsweise vonnöten ist. Dies ermöglicht ein deutlich „sparsameres" Sprechen als in der schriftlichen Kommunikation. Man muss aber an dieser Stelle betonen, dass die Kontextualität ein gradueller (abgestufter) Begriff ist, was bedeutet, dass auch schriftliche Kommunikation kontextgebunden interpretiert wird. So sind wir in der Lage, einen Text in einer Zeitschrift deshalb als eine Schlagzeile einer Werbeanzeige zu interpretieren, weil wir sie durch den bildlich oder textuell abgehobenen Kontext als solche erkennen. Würden wir eine Werbeanzeige nicht als Werbeanzeige erkennen, sondern als einen Teil eines nebenstehenden Artikels, könnten wir den eigentlichen Zweck und zugleich Sinn der Aussage nicht verstehen. In der mündlichen Kommunikation sind aber die kontextuellen Informationen viel reichhaltiger als die in der

Schriftlichkeit. Kontext ist im weitesten Sinne all das, was die Kommunizierenden umgibt – also die Gesamtsituation[1].

Eng mit der Kontextualität der gesprochenen Sprache ist auch ihre raumzeitliche Verortung verknüpft. Hier ist das Wort DEIXIS ein Schlüsselbegriff (vgl. Bühler 1999). Denn anders als in Texten gibt es im Gespräch die Möglichkeit, auf Personen, Raum und Zeit Bezug zu nehmen. Eine solche Bezugnahme erfolgt mit deiktischen Ausdrücken. Die jeweils sprechende Person kann mit dem Wort *ich* auf sich selbst Bezug nehmen, kann aber auch mit dem Wort *hier* zum Beispiel auf die räumliche Situation oder mit *jetzt* auf den aktuellen Zeitpunkt verweisen (vgl. Fiehler 2006, S. 1226). Diese Wörter werden auch „deiktische Proformen" (Dittmar 2009, S. 42) oder Zeige- formen genannt. Was deiktische Ausdrucke sind, lässt sich ebenfalls gut nach- vollziehen, wenn man sie den nicht-deiktischen Ausdrücken gegenüberstellt. So ge- hört der Eigenname (bspw. Boris Becker) nicht zu den deiktischen Ausdrücken. Denn der Rezipient von Eigennamen ist nicht auf situative Informationen (Mit wem spreche ich? Welchen Tag haben wir heute? Wo befinden wir uns? etc.) angewiesen. Er braucht diese Informationen nicht, um den Bezug auf den Referenten[2] herzustellen. Bei den Personalpronomina *du, er, sie* etc. ist es anders. Sie sind ohne diese Informa- tionen für den Rezipienten unverständlich. Kurzum: Deiktische Ausdrücke sind kon- textabhängig und Eigennamen nicht. In dem im weiteren Verlauf genannten Ge- sprächsbeispiel „Das ist nicht wahr" sind einige deiktische Ausdrücke zu finden. In Zeile 01 verwendet zum Beispiel der Sprecher das Wort *du*. Damit nimmt Anton Be- zug auf die aktuelle Gesprächspartnerin Lotte. Durch den Ausdruck *gestern* (auch in Zeile 01) findet ein zeitlicher Bezug statt. Das gesprochene Wort hat also ein direktes Verweispotential auf das das Hier und Jetzt (vgl. Dittmar 2009, S. 40). Ein Gespräch ohne deiktische Ausdrücke ist nicht vorstellbar. Als Gedankenanregung lässt sich überlegen, wie das letzte Gespräch ohne deiktische Ausdrücke verlaufen wäre: Es wäre unpersönlich, unkonkret und wahrscheinlich sogar missverständlich.

Zu den Besonderheiten der gesprochenen Sprache gehört ebenfalls ihre SPONTA- NITÄT. Das heißt, die gesprochenen Beiträge werden nicht lange vorher geplant, sondern unterliegen einer spontanen, situationsbedingten Realisierung. Besonders deutlich wird das innerhalb von Simultansequenzen. Simultansequenzen liegen in Gesprächen dann vor, wenn beide Gesprächspartner gleichzeitig etwas äußern, wie das im folgenden Beispiel der Fall ist:

Gesprächsbeispiel: Das ist nicht wahr[3]

```
01 ->Anton:   du bist gestern [so\]
02 ->Lotte:                   [das] ist nicht WAHR.
03   Anton:   MAN ej (-) warum äh warum fällst du mir STÄNDIG ins wort?⁴
```

In diesem Beispiel ist sichtbar, dass der Einwurf von Lotte eine Auswirkung auf die weitere Entfaltung des Satzes von Anton hat. Mit anderen Worten: Hätte Lotte ge- schwiegen, hätte er seinen Beitrag nicht unterbrochen und einen Vorwurf formulieren

---

[1] Engl. *setting*.

[2] In diesem Fall ist das der Tennisspieler Boris Becker.

[3] Im Anhang finden Sie eine Zusammenstellung der wichtigsten GAT 2-Transkriptionskonventio- nen.

[4] Die eckigen Klammern markieren die Stelle, ab der gleichzeitig gesprochen wird bzw. ab der Lotte Anton ins Wort fällt. Siehe dazu Kapitel 3.

müssen, der durch eine charakteristische Wendung eingeleitet wird. Daraus ergibt sich, dass in der gesprochenen Sprache besondere Strategien eingesetzt werden und zugleich sprachliche Konstruktionen entstehen, die in der geschriebenen Sprache eher nicht vorkommen. Auf diese Aspekte werden wir in den Kapiteln 9-10 noch genauer eingehen.

Als ein zusätzliches Unterscheidungsmerkmal muss auch die SYNCHRONIZITÄT bzw. ASYNCHRONIZITÄT genannt werden. Was ist damit gemeint? Gespräche laufen synchron ab, weil hier die Sprachproduktion mit der Sprachrezeption[5] zusammenfällt. Mit anderen Worten: Ihr Gesprächspartner sieht bzw. hört Ihnen bei der Hervorbringung Ihres Beitrages zu, er sieht, wie Sie reden. Und nicht nur das. Er kann Sie, noch bevor Sie Ihren Beitrag zu Ende gesprochen haben, unterbrechen, indem er Ihnen ins Wort fällt, wie das in dem eben genannten Beispiel „Das ist nicht wahr" der Fall ist. Solche Möglichkeiten bzw. Zustände gibt es bei der textuellen Form nicht. Der Autor – wie ich in diesem Moment – produziert seinen Text im Stillen, erst mal für sich allein. Er korrigiert seinen Text, stellt in Ruhe die Sätze um, erweitert ihn, bis er schlussendlich seinen vollendeten sprachlichen Beitrag dem Leser präsentiert. Da ist das gesprochene Wort viel konsequenter: Einmal ausgesprochen, kann es nicht mehr zurückgenommen werden. Der Sprecher kann zwar auch seine Äußerung korrigieren bzw. ergänzen, all das nimmt aber sein Gegenüber wahr. Das Gesagte, was eigentlich nicht gesagt werden sollte, ist sozusagen ausgesprochen und es hat – ob der Sprecher es will oder nicht – einen Einfluss auf den weiteren Gesprächsverlauf. Hierzu ein kurzes Gesprächsbeispiel:

Gesprächsbeispiel: Übermorgen

```
((Anton trifft Justus auf der Straße))
01 ->Anton:   HI (-) kommst du morgen\ äh nein ich mein übermorgen?
02    Justus: grüß dich (-) ja ich komme übermorgen.
03            oder soll ich besser morgen kommen?
04    Anton:  ja ne ist schon gut;
05            komm dann am besten übermorgen vorbei.
```

Wenn Anton die Frage in Zeile 01 nicht in einem Gespräch von Angesicht zu Angesicht, sondern beispielsweise in einer SMS verfassen würde, würde es ungefähr so aussehen: *Kommst du übermorgen?* Der Unterschied liegt nämlich darin, dass der Verfasser einer SMS noch die Möglichkeit hat, die Nachricht zu korrigieren, bevor er sie an den Rezipienten abschickt. Man sagt, dass in der Mündlichkeit die Produktion und Rezeption miteinander verzahnt sind und in der Schriftlichkeit voneinander entkoppelt. Mit anderen Worten: Einem Schriftsteller/Verfasser einer (SMS-)Nachricht sehen wir nicht bei der Produktion zu. Es gibt aber einige vergleichbare Beispiele aus dem Bereich der geschriebenen Sprache. So kann der Leser von alten handschriftlichen Manuskripten, wie zum Beispiel von Kafka, oftmals auch erkennen, was durchgestrichen worden und was anstelle des Durchgestrichenen gesetzt worden ist und auch passiert es gelegentlich, dass während eines Chatgesprächs fehlerhafte Beiträge an den Rezipienten gesendet werden, die nachträglich korrigiert werden. Aber selbst in dieser Form können Sie als Leser nicht in den Produktionsprozess eingreifen, wie das in der gesprochenen Sprache Gang und Gäbe ist. Wie bereits erwähnt, stehen in der gesprochenen Kommunikation die zurückgenommenen und korrigierten Einheiten im

---

[5]   Sprachwahrnehmung.

Raum (wie in Zeile 01) und haben auch einen Einfluss auf den weiteren Konversationsverlauf. So wird Justus in dem oben genannten Gesprächsbeispiel durch den Versprecher dazu angeregt, zu überprüfen, ob es sich tatsächlich um einen Versprecher handelt, oder ob Anton sich lieber morgen treffen würde.

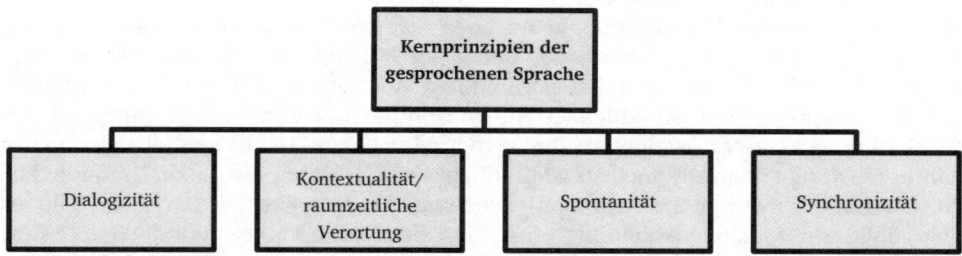

Abb. 1: Kernprinzipien der gesprochenen Sprache

1.3 Konzeptionelle Mündlichkeit und Schriftlichkeit

In der Linguistik wird zwischen der konzeptionellen und medialen Mündlichkeit oder Schriftlichkeit unterschieden (vgl. Koch/Oesterreicher 1985, S. 15ff.). Diese Unterscheidung verdeutlicht, dass gesprochene und geschriebene Sprache keine klar abtrennbaren Bereiche sind. Die Grenzen zwischen den beiden Bereichen verschwimmen bis zu einem gewissen Grad. Unter *konzeptionell* ist der eigentliche Ursprung der sprachlichen Realisierung zu verstehen. Als *medial* gilt wiederum die Art des Mediums, in dem die sprachliche Information vermittelt wird. Um es an einem konkreten Beispiel zu verdeutlichen: Wenn jemand ein abgedrucktes Interview zwischen Günther Jauch und Angela Merkel in der Zeitung liest, dann handelt es sich in diesem Fall zwar um etwas medial Graphisches (also Schriftliches), aber konzeptionell Mündliches, da Interviews eigentlich in mündlichen Face-to-face-Gesprächen stattfinden und der Ursprung der sprachlichen Realisierung somit mündlicher Natur ist. Kurzum: Abgedruckte Interviews sind medial schriftlich aber konzeptionell mündlich. Im Gegensatz dazu ist ein Vortrag, der in der Regel abgelesen wird, medial phonisch (mündlich) und konzeptionell schriftlich. Ein Vortrag wird zwar mündlich realisiert, das ausgesprochene Wort wird aber nicht spontan geäußert, sondern vorgelesen. Der Vortrag orientiert sich somit an den Normen der geschriebenen Sprache.

Konzeption Medium	gesprochen	geschrieben
graphischer Kode	abgedrucktes Interview	Verwaltungsvorschrift
phonischer Kode	vertrautes Gespräch	Vortrag

Abb. 2: Konzeptionell vs. medial (Koch/Oesterreicher 1985, S. 15ff.)

Die Tabelle ist in die Teilbereiche Konzeption und Medium gegliedert. Die Konzeption lässt sich in gesprochen und geschrieben einteilen. Sie beschreibt die Art und

Weise, in der das Medium realisiert worden ist. Bezüglich des Mediums wird zwischen graphischen und phonischen Kodes unterschieden. Diese Kodes beschreiben lediglich die Gestaltung des Mediums.

Das Verhältnis von Schriftlichkeit und Mündlichkeit ist in medialer Hinsicht dichotomisch[6]. Mit anderen Worten: Entweder wird gesprochen (medial mündlich) oder es wird geschrieben (medial schriftlich) – es gibt nichts dazwischen. Entweder wird die Sprache mündlich geäußert/gehört oder schriftlich geschrieben/gelesen. Dies verdeutlicht die untere Abbildung: der obere Bereich steht für das geschriebene Medium (graphisch), der untere für das mündliche Medium (phonisch). Das Verhältnis von Schriftlichkeit und Mündlichkeit in konzeptioneller Hinsicht ist hingegen ein Kontinuum, also etwas Graduelles: Ein abgedrucktes – und damit medial schriftliches – Interview steht konzeptionell der Mündlichkeit sehr nahe, ein medial mündlicher Vortrag steht wiederum konzeptionell der Schriftlichkeit nahe. Dazwischen gibt es Übergänge. Die folgende Abbildung präsentiert den konzeptionell mündlichen Pol im linken, den konzeptionell schriftlichen Pol im rechten Bereich:

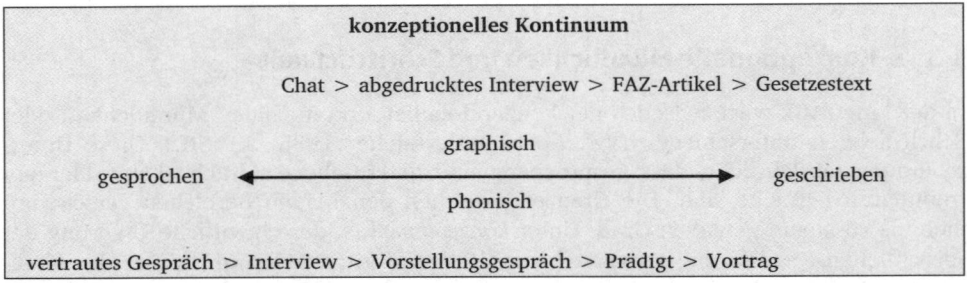

Abb. 3: Konzeptionalität als ein Kontinuum (Koch/Oesterreicher 1985, S. 15ff.)

Wie man an dieser Abbildung sehr gut ablesen kann, ist die Chat-Kommunikation zwar medial graphisch, aber konzeptionell mündlich einzuordnen, weil in dieser Kommunikationsform die Interaktion der Face-to-face-Kommunikation stark ähnelt. Eines der wichtigsten Unterscheidungsmerkmale bleibt aber die bereits erwähnte Entkopplung der Produktion von der Rezeption. In Chatgesprächen kann ihr Chatpartner nicht beobachten, wie Sie schreiben. Sie schicken vielmehr Ihren Beitrag erst nach der Fertigstellung ab und erst nach diesem Augenblick wird er für die Anwesenden im Chatraum sichtbar. In der mündlichen Kommunikation ist das nicht der Fall.

1.4 Eine Mischform: Internetkommunikation

Wie wir eben erfahren haben steht Internetkommunikation, wie beispielsweise die Chatkommunikation, konzeptionell der gesprochenen Sprache sehr nahe. Die beiden Kommunikationsformen teilen die Eigenschaft der Dialogizität. Viele Formen der Internetkommunikation sind dialogisch aufgebaut: Über SMS kommunizieren Jugendliche untereinander, Geschäftstermine werden per WhatsApp beschlossen und die Kommentarfunktion unter einem Artikel in der Online-Tageszeitung wird zum Meinungsaustausch genutzt.

---

[6] Entzweigeschnitten/komplementäres Begriffspaar.

Internetchat-Beispiel: Sonnenblume

```
01 (11:34:55) Sonnenblume: Boa meine Mutter stresst mich wieder total.
              Die will, dass ich den PC ausmache *grml*
02 (11:35:10) Prinz: Och nööö, du musst hier bleiben :-((
03 (11:35:50) Sonnenblume: Weiß ja auch nich was da abgeht,
              komm gleich wider
04 (11:35:52) Sonnenblume: +e
05 (11:36:04) Prinz: ok, bis gleich *wink*
```

Obwohl der Austausch hier nur in schriftlicher Form stattfindet, enthält er Merkmale, die wir aus dem gesprochenen Wort kennen.

Durch die Uhrzeit, die im Chatfenster angezeigt wird, findet ein direkter zeitlicher Bezug zum Geschriebenen statt: Die Chatpartner tauschen sich beinahe zeitgleich aus. Außerdem finden Korrekturen statt. Als sich einer der Kommunikationspartner (Sonnenblume) in Zeile 03 verschreibt, sendet sie noch schnell ein +e hinterher, was auch typisch für die gesprochene Sprache ist, wobei innerhalb der gesprochenen Sprache das gesamte Wort mit der richtigen Lautung erneut artikuliert wird.

Auch nonverbale Elemente werden im Chat dargestellt, so schreibt Prinz zum Beispiel *wink* und simuliert dadurch einen Abschiedsgruß mit der Hand. Außerdem werden Kurzformen und Abwandlungen wie nich oder ok benutzt. Auch Füllwörter sind im Chat wiederzufinden. Prinz schreibt beispielsweise Och, Sonnenblume verwendet die Wörter Boa und ja.

Dennoch stehen sich die beiden Gesprächspartner nicht gegenüber. Sie versuchen zwar, durch Handlungsbeschreibungen und Smileys ihre Emotionen auszudrücken, dennoch können sie nicht sehen, wie genau der Gesprächspartner reagiert: Verformen sich zum Beispiel die Augenbrauen von Sonnenblume zu einem Wutausdruck, lispelt Prinz vielleicht, wenn er du musst hier bleiben sagt oder geht Sonnenblume mit der Stimme hoch, wenn sie sich über ihre Mutter ärgert? Zusätzlich ist diese Form der Kommunikation – wie wir bereits gesagt haben – nicht simultan. Das heißt: Der Rezipient kann dem Sender nicht bei der Produktion der Chatbeiträge zusehen. Der Chat bleibt also eine Mischform.

1.5 Weitere Prinzipien der gesprochenen Sprache

Wir haben bereits erfahren, dass für eine Unterscheidung zwischen der geschriebenen und gesprochenen Sprache vier Kernprinzipien grundlegend sind: Dialogizität, Kontextualität/raumzeitliche Verortung, Spontanität und Synchronizität. In diesem Kapitel sollen weitere Prinzipien in Anlehnung an Deppermann (2007) genannt und erläutert werden, die jedem Gespräch zugrunde liegen. Das erste Prinzip heißt:

- KONSTITUTIVITÄT: Innerhalb der Linguistik wird häufig davon ausgegangen, dass die Äußerungseinheit eines einzelnen Sprechers semantisch (die Bedeutung betreffend) und pragmatisch (den Sinn/den Handlungswert der Äußerung betreffend) abgeschlossen ist. Der Gesprächspartner hat lediglich die Aufgabe, diese vollständige Bedeutung quasi zu entpacken, um das Gemeinte zu verstehen (vgl. Burkard 2002). Diese Idee der Abgeschlossenheit von Äußerungen steht im Gegensatz zu dem hier genannten Prinzip der Konstitutivität, welches auch innerhalb der Gesprächslinguistik eine wichtige Rolle spielt. Dieses Prinzip besagt nämlich, dass der Sinn von den Gesprächsteilnehmern gemeinsam aktiv hergestellt (ausgehandelt) wird. In der Gesprächslinguistik geht man davon aus, dass der einzelne Beitrag des Sprechers pragmatisch[7] unterbestimmt ist. Erst durch die Reaktion des Gesprächspartners (auch durch die vorangegangenen Beiträge) wird er näher bestimmt und kann dann wiederum von dem ersten Gesprächspartner ergänzt, präzisiert bzw. korrigiert werden. Dazu ein Beispiel:

Gesprächsbeispiel: Drohung

```
01 ->Klaus:    ich verspreche dir dass ich morgen kommen werde.
02   Anton:    ich habe das geld nicht;
03   Klaus:    ich RATE dir das geld bis MORGEN aufzutreiben.
```

Wenn man den Beitrag in der Zeile 01 isoliert betrachtet, handelt es sich eindeutig um das Versprechen, dass Klaus am nächsten Tag Anton besuchen wird. Erst durch Antons Reaktion in Zeile 02 wird allmählich sichtbar, dass es sich bei dem ersten Beitrag um kein Versprechen, sondern vielmehr um eine Drohung handelt. Diese Umdeutung des ersten Beitrags wird schlussendlich durch die Reaktion von Klaus in Zeile 03 bestätigt und gilt somit als gemeinsames Hintergrundwissen der Gesprächspartner. Gemeinsames Hintergrundwissen wird auch *common ground* genannt (vgl. Clark/Schaefer 1989). Im Beispiel wird sichtbar, wie eine semantische Wirklichkeit interaktional hergestellt werden kann. Diese etablierte Wirklichkeit ist für die beiden Gesprächspartner in diesem Moment auch als relevant gesetzt. Das Prinzip der Konstitutivität der gesprochenen Sprache wird in dem oben genannten Beispiel deshalb erkennbar, weil es deutlich macht, wie im interaktiven Verlauf das vorher Gesagte verdeutlicht wird.

- PROZESSUALITÄT: Gespräche sind zeitlich strukturiert und entstehen durch eine Abfolge von Aktivitäten (vgl. Hausendorf 2007). Dieses Prinzip besagt, dass die gegenwärtige Äußerung (sofern nichts anderes dagegen spricht) aus der Perspektive des bereits zuvor hergestellten Rahmens heraus interpretiert wird (vgl. Sacks 1987, S. 54ff.). So versteht der Hörer die Äußerungen *Das Baby weinte. Die Mutter nahm es auf den Arm.* in der Regel so, dass *es* sich auf das zuvor erwähnte *Baby* bezieht und dass zwischen den beiden Ereignissen kein langer Zeitraum verstrichen ist. Weiterhin schließt der Hörer, dass die Mutter es auf den Arm nahm, weil es weinte (vgl. Deppermann 2008, S. 65). Somit hatte in diesem Fall die erste Äußerung einen entscheidenden Einfluss auf die Sinninterpretation der zweiten Äußerung. Mit anderen Worten: Die vorausgehende Äußerung hat insofern die Interpretation der folgenden Äußerung beeinflusst, als bestimmte Schlussprozesse stärker favorisiert werden als andere. Und diese zweite Äußerung kann wiederum einen Einfluss auf die Interpretation der darauffolgenden (dritten) Äußerung haben, beispielsweise der folgenden: (*Das Baby weinte. Die Mutter nahm es auf den Arm.*) *Es fing an zu lachen.* In diesem Fall bekommt die dritte Äußerung ihre eigentliche kommunikative Relevanz im Lichte der ersten und zweiten Äußerung. Isoliert betrachtet (ohne einen kontextuellen und textuellen Bezug), hätte der Satz entweder überhaupt keinen oder aber einen anderen Sinn. Somit lässt sich sagen, dass jede konkret vollzogene Äußerung von dem vorausgehenden Beitrag abhän-

---

[7]   Die Sprechhandlung/das Gemeinte betreffend.

gig ist und wiederum auch ihrerseits Einfluss auf den weiteren interpretatorischen Fortlauf der kommunikativen Beiträge ausübt (vgl. Auer 2007, S. 2ff.).

Dieses Beispiel wird zwar häufig in der Literatur genannt, um Prozessualität in Gesprächen zu veranschaulichen. Im Grunde genommen ist hier jedoch nicht erkennbar, worin der Unterschied zwischen der gesprochenen und geschrieben Sprache besteht. Denn mit Satzfolgen werden wir ebenfalls in der geschriebenen Sprache konfrontiert, die wir durch unser Hintergrundwissen ergänzen müssen, damit wir den daraus bestehenden Text verstehen können. Aus diesem Grund soll als Nächstes ein bestimmter Typ der Prozessualität, das Prinzip der LOKALEN KOHÄRENZ, vorgestellt werden, der die sequenzielle Aufeinanderbezogenheit von Beiträgen in den Fokus nimmt. Dieser Aspekt bezieht sich grundsätzlich auf die mündliche Kommunikation. Das Prinzip besagt, dass Beiträge nach einem Sprecherwechsel als eine unmittelbare Reaktion auf die Äußerung des Vorredners verstanden werden, solange die Gesprächspartner keine besondere Kennzeichnung geben. Wenn der Sprecher den Bezug zu einem anderen Beitrag oder gar ein anderes Thema eröffnen will, wird er dies im Normalfall durch bestimmte routinierte Ausdrücke und Formulierungen (*apropos, was ich noch sagen wollte, ja nein, um zu dem ... zurückzukommen* etc.) anzeigen. Dazu ein Beispiel:

Gesprächsbeispiel: Muss für Klausur lernen

```
01   Anton:    gehst du mit mir morgen ins kino?
02 ->Justus:   muss für ne klausur lernen.
03   Anton:    okay.
```

Eben weil das Prinzip der lokalen Kohärenz (Prozessualität) in Gesprächen ständig von den Gesprächspartnern wechselseitig angenommen wird, ist die Antwort von Justus für Anton verständlich. Anton geht davon aus, dass der Gesprächspartner sich an das Prinzip der lokalen Kohärenz hält und etwas Sinnvolles auf seinen vorangegangenen Beitrag erwidert. Diese Zuversicht bzw. dieses Vertrauen ist sozusagen die Bedingung dafür, dass Anton diese auf den ersten Blick inkohärente Antwort dennoch als kohärent versteht. Denn Anton hat eine Entscheidungsfrage gestellt, welche in der Regel ein *Ja* oder *Nein* nach sich zieht. Er sucht mit dem festen Glauben an das Prinzip der lokalen Kohärenz nach dem gemeinten Sinn der Äußerung. Und siehe da: Er kommt zu dem Schluss, dass das Prinzip der lokalen Kohärenz aufrechterhalten werden kann, wenn er annimmt, dass Justus seinen Vorschlag ausschlagen muss, weil er eben für die Klausur lernen muss. Genauso, wie es bereits in dem monologischen Beispiel oben der Fall ist, muss auch in diesem Beispiel Anton viele Informationen ergänzen, damit er die Antwort von Justus angemessen verstehen kann. Er versteht die Aussage von Justus als Antwort auf seine Frage, er erkennt, dass die Klausurvorbereitung die Ursache für die Absage ist, er geht davon aus, dass die Klausur in naher Zukunft stattfinden wird etc. An diesen Beispielen erkennen wir auch, wie viele Informationen wir in das Gesagte hineininterpretieren müssen, damit das Gesagte in einen sinnvollen Zusammenhang mit dem bereits Gesagten gesetzt werden kann.

- Das dritte Prinzip, die METHODIZITÄT, besagt, dass die Gesprächspartner auf bestimmte, bereits in einer Gesellschaft etablierte und bewährte Muster und Methoden zurückgreifen, die eine erfolgreiche Kommunikation erleichtern. Es haben sich beispielsweise hierzulande bestimmte Methoden herausgebildet, die es ermöglichen, sich erfolgreich bei jemandem für etwas zu entschuldigen. Zu der sprachlichen Ausgestaltung der Handlung der Entschuldigung gehört unter anderem die Äußerung *Entschuldigung*. Dass der Ausdruck *Entschuldigung* eine kommunikative Kraft hat, ist gut im Vergleich zu dem Wort *Beleidigung* erkennbar. Versuchen Sie nämlich, jemanden zu beleidigen, indem Sie „Beleidigung" sagen, stellen Sie fest, dass das Wort *beleidigen* diese kommunikative Kraft nicht hat. Es dient hierzulande nicht als Muster für die Lösung bestimmter Aufgaben wie das bei *entschuldigen* der Fall ist. Mit anderen Worten: Sie können sich bei jemandem entschuldigen, indem Sie *Entschuldigung* sagen; Sie können aber niemanden beleidigen, indem Sie *Beleidigung* sagen. Sprecher verfügen also über ein bestimmtes Repertoire an Wendungen/Formulierungen, die Ihnen eine erfolgreiche Handlung (bspw. des Entschuldigens) ermöglichen. Sie müssen nicht ständig in jedem Gespräch neue Wendungen erfinden, welche dann gegebenenfalls von dem Gesprächspartner missverstanden werden könnten oder durch zusätzliche Erklärungen erst näher bestimmt werden müssten. Dies liegt insbesondere daran, dass der Mensch in der Regel auf eine kommunikative Kooperation mit seiner Außenwelt angewiesen ist. Das bedeutet, dass der Mensch selbst dann, wenn er mit seinem Feind in Interaktion tritt, seine Beiträge sinnvoll und verständlich äußern muss, wenn er verstanden werden möchte. Und wer verstanden werden will, tut nicht schlecht daran, auf Strategien zurückzugreifen, die bereits in den vergangenen Gesprächen erfolgreich waren. Natürlich bezieht sich das Prinzip der Methodizität nicht nur auf den Gebrauch von sprachlichen Ausdrücken. Es gibt auch konventionelle Muster in der Gesprächsorganisation oder in der Prosodie. Diese Muster werden in den entsprechenden Kapiteln beschrieben.

- Das vierte und letzte Prinzip ist das Prinzip der PRAGMATIZITÄT. Dieses Prinzip besagt, dass die Teilnehmer eines Gesprächs stets bestimmte individuelle und gemeinsame Zwecke verfolgen. Nicht nur das: Sie bearbeiten Probleme und lösen bestimmte Aufgaben. Bereits das Gespräch an sich ist mit bestimmten Problemen behaftet, die die Gesprächspartner zu bewältigen haben, bevor sie ihre eigentlichen Zwecke, wie beispielsweise jemanden zu überzeugen oder zu informieren, erreichen. So gehört es zu den Aufgaben der Gesprächsteilnehmer sich wechselseitig zu signalisieren, dass sie ihren Beitrag beendet haben bzw. dass sie die Absicht haben, die Sprecherrolle zu übernehmen. Die Gespräche werden also von den Gesprächsanalytikern nicht als reine Vermittlung von behaupteten Inhalten (welche entweder wahr oder falsch sein können) verstanden, sondern als ein Werkzeug der Menschen, mit dem sie ihre kommunikativen Zwecke verwirklichen. Lange Zeit hat man nämlich innerhalb der Philosophie und Linguistik die zwischenmenschliche Kommunikation auf den Austausch von wahrheitsfunktionalen Aussagen/Äußerungen reduziert. Natürlich wollen wir während eines Gesprächs auch Informationen austauschen, welche wahr oder falsch sein können, aber dies ist lediglich eines der Ziele, die wir mit der Kommunikation zu verwirklichen beabsichtigen. Einige Aspekte, welche über den eben genannten Austausch von wahren Aussagen hinausgehen, werden am folgenden Beispiel verdeutlicht:

Gesprächsbeispiel: Hallöchen

```
((Anton sieht Lotte in der U-Bahn))
01    Anton:    hallö:chen.
02    Lotte:    hallöchen.
```

In diesem Ausschnitt ist inhaltlich so gut wie nichts gesagt worden. Die beiden Gesprächspartner haben mit ihren einsilbigen Äußerungen aber viele andere Ziele verwirklicht – also Aspekte, welche ebenfalls unter die Pragmatizität fallen. Anton hat beispielsweise mit seiner Begrüßung signalisiert, dass er Lotte wahrgenommen hat (wenn man davon ausgeht, dass Anton Lotte in einer U-Bahn getroffen hat), dass die Beziehung zwischen beiden intakt ist (kein Streit o. Ä.), dass er will, dass diese Beziehung auch weiterhin bestehen bleibt, dass er ein freundschaftliches Verhältnis zu Lotte hat. Mit anderen Worten: es besteht keine asymmetrische Beziehung (bspw.: Chef-Mitarbeiter-Gespräch) etc. An dem dargestellten Gesprächsbeispiel ist somit erkennbar, wie viele Probleme die Kommunizierenden mit einem so kleinen `hallöchen` lösen.

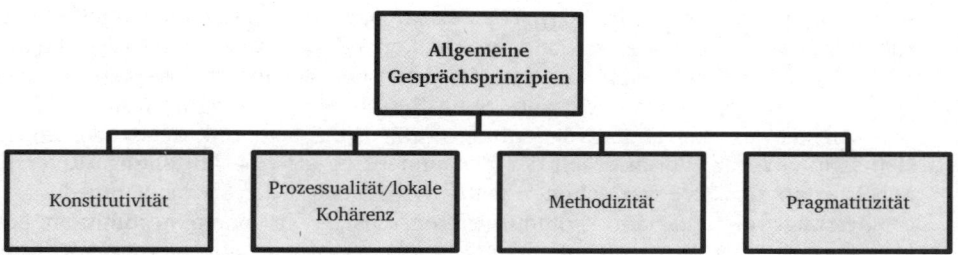

Abb. 4: Allgemeine Gesprächsprinzipien

1.6 Sprachlautveränderungen in der gesprochenen Sprache

Als Letztes werden in aller Kürze die lautlichen Besonderheiten der gesprochenen Sprache skizziert, welche in weiteren Abschnitten der Einführung nicht mehr behandelt werden. Bei der Schreibung gibt es einen normierten Standard, dieser existiert für die Lautung nicht in dem gleichen Maße. Es sind aber deskriptive (beschreibende) Untersuchungen der lautlichen Realisierung der gesprochenen Sprache durchgeführt worden, welche die unterschiedlichen phonetischen (lautlichen) Abweichungen von der Schriftsprache offengelegt und systematisch dargestellt haben. Am meisten treten Wegfall, Assimilation, Verschmelzung und Klitisierung auf (vgl. Fiehler 2006, S. 1208f.).

- Gerade beim schnellen und unüberlegten Sprechen werden oft Vokale am Wortende nicht artikuliert. Diese Sprachlautveränderung wird als WEGFALL bezeichnet. Aus dem Wort *habe* wird so ganz schnell das Wort *hab* oder aus dem Wort *erinnere* das Wort *erinner*.
- Bei der ASSIMILATION (auch Koartikulation genannt) liegt wiederum Angleichung von Lauten vor. Wenn man sich ausschließlich an der Schriftsprache orientiert, könnte man denken, dass die einzelnen Buchstaben für einen einzelnen Laut stehen. Dem ist aber nicht so. Die Art und Weise wie ein Buchstabe artikuliert wird, hängt von den vorangegangenen bzw. folgenden Schriftzeichen ab (vgl. Schwitalla 2012, S. 39f.). Anstatt *tragen* ist es doch viel einfacher *tragn* zu sagen. Wer diese Worte einmal laut ausspricht, merkt, dass der Ton durch diese Aussprache in die Nase wandert: Diese Angleichung wird deswegen auch „Regressive Na-

salassimilation" (Fiehler 2006, S. 1209) genannt. Eine andere Vereinfachung nimmt der Sprecher oft bei Konsonanten vor. Sehr beliebt ist hier die Vereinfachung von dentalen Konsonanten, also *st* oder *nd*. Noch nicht einmal der gelernte Radiomoderator begrüßt uns morgens mit den Worten *Das Wetter ist schön*, sondern auch er bedient sich der bequemen Vereinfachung und sagt *Das Wetta is schön* in sein Mikrophon.

- Eine weitere Veränderung der Lautung ist die VERSCHMELZUNG von Wortelementen. Die Verschmelzung unterscheidet sich von dem eben vorgestellten Wegfall und der Assimilation insbesondere durch die höhere Ebene: Es handelt sich bei der Verschmelzung um eine Verbindung von zwei separaten Wörtern, nicht von Lauten. Beliebt ist hier die Verschmelzung der Präposition mit dem darauffolgenden Artikel: Statt *Ich gehe in das Bett* wird abgekürzt: *Ich gehe ins Bett*. Diese Verschmelzung von Wörtern ist inzwischen so standardisiert, dass einige auch schriftsprachlich verwendet werden und im Lexikon oder Duden stehen (vgl. Fiehler 2006, S. 1209). Doch nicht nur das: An dem oben genannten Beispiel lässt sich zudem erkennen, dass die Variante ohne Verschmelzung der Präposition *in* mit dem Artikel *das* eine andere Bedeutung erhält – die Semantik des Satzes ändert sich somit. Wo die Variante mit der Verschmelzung als eine Mitteilung zu verstehen ist, dass der Sprecher schlafen gehen will, möchte der Sprecher mit der verschmelzungsfreien Variante kommunizieren, dass er in einem bestimmten Bett schlafen wird. Die Variante ohne Verschmelzung musste auch zusätzlich durch nonverbale Mittel (Gesten/Blickrichtung)[8] unterstützt werden, was bei der ersten Variante gar nicht nötig ist.

- Eine letzte bequeme Veränderung unserer gesprochenen Sprache wird in der KLITISIERUNG (vgl. Dittmar 2009, S. 42) von Wörtern sichtbar. Hierbei wird nicht nur der Artikel mit dem Substantiv verschmolzen, sondern auch das Verb mit dem Personalpronomen. Kennzeichnend dafür sind folgende Beispiele: *hasse, meinse, willse, kannse*? Bei Klitisierung liegt eine Anlehnung eines schwachbetonten an ein starkbetontes Wort vor. So gehört in dem Beispiel *hasse* das Personalpronomen *du* zu dem schwachbetonten Wort, das sich an das starkbetonte Verb angelehnt hat. Im Gegensatz zur Verschmelzung hat die Abschwächung keinen Einfluss auf die Bedeutung der sprachlichen Einheit. So macht es keinen semantischen Unterschied, ob man beispielsweise *hasse* oder *hast du* sagt. Bei der Verschmelzung (*Ich gehe in das Bett* vs. *Ich gehe ins Bett.*) liegt hingegen eine Bedeutungsveränderung vor.

---

[8]   Siehe Kapitel 14.

Sprachlautveränderungen	Eigenschaften	Beispiele
Wegfall	Wegfall von Lauten	habe → hab
Assimilation	Angleichung von Silben	tragen → tragn
Verschmelzung	Verschmelzung von Wortelementen mit Bedeutungsveränderung	in das Haus → ins Haus
Klitisierung	Abschwächung von Wörtern	hast du → hasse

Abb. 5: Typen von Sprachlautveränderungen

Aufgaben

a) Kreuzworträtsel

waagerecht

4. Wie bezeichnet Ferdinand de Saussure den Sprachgebrauch?
6. Das Verhältnis von Schriftlichkeit und Mündlichkeit in konzeptioneller Hinsicht ist ein ... .
7. Ein Vortrag ist medial mündlich und ... schriftlich.
8. Wie wird die raumzeitliche Verortung der sprachlichen Zeichen genannt? Bsp.: *hier, jetzt, da* etc.
9. Die Tatsache, dass wir mit Äußerungen unterschiedliche Zwecke verfolgen, wird durch das Prinzip der ... erläutert.
10. Wie wird die Anlehnung eines schwachbetonten an ein starkbetontes Wort genannt?

senkrecht

1. In der geschriebenen Sprache (im Gegensatz zu der gesprochenen Sprache) fallen die Rezeption und die Produktion auseinander. Wie wird dies bezeichnet?
2. Welches Prinzip besagt, dass der Sinn erst in der Interaktion der beiden Gesprächspartner hergestellt wird?
3. Wie wird die Angleichung von Lauten genannt? Bsp.: *tragn* statt *tragen.*
5. Dieses Prinzip besagt, dass Gespräche zeitlich strukturiert sind und durch eine Abfolge von Aktivitäten entstehen.

b) Erläutern Sie an dem folgenden Gesprächsbeispiel das Prinzip der Konstitutivität.

Gesprächsbeispiel: Arzt

```
01    Anton:    kommst du an das salz ran?
02    Lotte:    nein ich schaff es nicht.
03    Anton:    geh besser zum arzt-
04              das mit deinem arm scheint etwas ernsteres zu sein.
```

c) Erklären Sie, warum man an dem folgenden Beispiel gut die Synchronizität der gesprochenen Sprache veranschaulichen kann.

Gesprächsbeispiel: Rio

```
01    Anton:    wir waren letztes jahr in rio [mit\]
02    Lotte:                                  [nein]wir waren nicht in rio-
03              in rio waren wir noch nie.
```

```
04          wir waren letztes jahr auf balkonien;
05  Anton:  ah JA? (-)STIMMT.
```

d) Erläutern Sie, was de Saussures Unterscheidung zwischen Langue und Parole mit der gesprochenen Sprache zu tun hat.

e) Warum ist innerhalb der Gesprächslinguistik ein vertrautes Gespräch unter Freunden ein wertvollerer Untersuchungsgegenstand als ein Filmausschnitt?

f) Konstruieren Sie eigenständig ein Gesprächsbeispiel, an dem man das Prinzip der lokalen Kohärenz veranschaulichen kann.

Kommentierte Literaturhinweise

Eine sinnvolle Erweiterung zu den hier thematisierten Prinzipien bietet Deppermann (2007). Einen vertieften Einblick in den Begriff der Prozessualität und der gesprochenen Sprache allgemein bietet Hausendorf (2007). Zur konzeptionellen Mündlichkeit: Koch/Oesterreicher (1985). Grundsätzliche Unterschiede zwischen gesprochener und geschriebener Sprache werden in Schwitalla (2012) diskutiert.

2 Konversationsanalyse und Gesprächslinguistik

2.1 Ziele und Warm-up

Gesprächslinguistik verfolgt das Ziel, gesprochene Sprache aus der linguistischen Perspektive zu beschreiben. Dabei gilt die Konversationsanalyse als der Vorreiter. Die Gesprächslinguistik baut viele ihrer Ideen zur methodischen und inhaltlichen Ausgestaltung auf den Grundgedanken der Konversationsanalyse auf. Aus diesem Grund sollen folgende Aspekte in diesem Kapitel vornehmlich besprochen werden:

- Die Frage nach den Ursprüngen, Charakteristika sowie den Interessensschwerpunkten der Konversationsanalyse.
- Die Frage nach den besonderen Charakteristika der Gesprächslinguistik, welche eine eindeutige Bestimmung des Ansatzes ermöglichen.
- Die Frage nach der Methodik gesprächslinguistischer Untersuchungen.

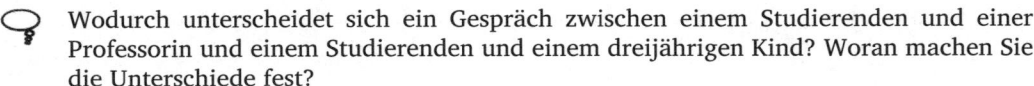 Wodurch unterscheidet sich ein Gespräch zwischen einem Studierenden und einer Professorin und einem Studierenden und einem dreijährigen Kind? Woran machen Sie die Unterschiede fest?

2.2 Konversationsanalyse

Konversationsanalyse ist eine Forschungsrichtung, welche alltägliche Gespräche zum Gegenstand hat. Sie ist nicht in der Linguistik, sondern in der Soziologie zu Hause. Wie aber bereits erwähnt, hat sie entschieden zur Herausbildung der Gesprächslinguistik und anderer an der gesprochenen Sprache orientierter Ansätze beigetragen. Um die Grundidee der Konversationsanalyse besser verstehen zu können, ist es sinnvoll, kurz den Ursprung der recht jungen Forschungsrichtung ins Auge zu fassen. Dieser ist in den 1960er Jahren im nordamerikanischen Raum (USA) zu finden (vgl. Bergmann 2001).

2.2.1 Der Ursprung

Wenn man nach dem einflussreichsten Forschungsansatz für die Herausbildung der Konversationsanalyse fragt, gibt es nur eine Antwort: Es ist die ETHNOMETHODO-LOGIE von Harold Garfinkel (vgl. Garfinkel 1967, S. 38ff.). Der ethnomethodologische Ansatz ist eine Disziplin innerhalb der Soziologie, welche in den 1960er Jahren aus einer Kritik an dem ebenfalls sozialwissenschaftlich ausgerichteten Strukturfunktionalismus (Parsons 1976) entstand. STRUKTURFUNKTIONALISMUS betrachtet die Frage des sozialen Koordinationsproblems, also wie soziale Ordnung möglich ist, als gelöst: Die soziale Ordnung entsteht auf der Basis von Regeln, die in einer bestimmten Gesellschaft herrschen und die zur Lösung von Koordinationsproblemen der Interaktanten eingesetzt werden. Diese Regeln sind laut den Strukturfunktionalisten in den Köpfen der Menschen angesiedelt. Demnach ist der Mensch mit einer programmierten Maschine vergleichbar, welche nach einem bestimmten Regelalgorithmus funktioniert. Der Regelalgorithmus wird immer wieder eins zu eins abgerufen und dadurch die soziale Ordnung hergestellt. Zur Herstellung einer sozialen Ordnung gehört beispielsweise der Vollzug eines erfolgreichen Gesprächs oder auch das Durchschreiten einer Strecke (bspw. vom Seminarraum bis zur Mensa), ohne dabei mit einem anderen Menschen zusammenzustoßen (vgl. Eberle 1997).

Der Ethnomethodologe Harold Garfinkel war jedoch anderer Meinung. Er vertrat die Position, dass sich die Regeln, welche die soziale Ordnung steuern, in der Praxis zeigen und nur da als existent angesehen werden können. Unter Praxis sind hier die alltäglichen Aktivitäten der Menschen gemeint. An dieser Stelle ist bereits der strikte Empirismus des konversationsalanalytischen Ansatzes sichtbar: Nur das, was sich in Gesprächen/Handlungen „zeigt", ist relevant, die Gedankenwelt (also das, was die Gesprächspartner wissen, denken oder gegebenenfalls meinen) ist für die Ethnomethodologen uninteressant – in die Köpfe der Menschen können wir ja nicht hineinschauen. Mit anderen Worten: Da wir uns bei der Interpretation der Gedanken der anderen ohne eindeutige sichtbare Hinweise auf einem spekulativen Feld bewegen, sollte man sich, so die ethnomethodologischen Konversationsanalytiker, lediglich auf die Untersuchung dessen beschränken, was auch „sichtbar" ist.

Zusätzlich betont Garfinkel, dass die Interaktanten in jeder neuen verwendungsrelevanten Situation die etablierten Regeln/Orientierungsmuster jedes Mal neu interpretieren und auch der jeweiligen Situation anpassen. Denken wir an dieser Stelle erneut an den Campus, auf dem tausende Studierende hin- und herlaufen, ohne dabei zu kollidieren. Dass wir in der Regel ohne zusammenzustoßen – also erfolgreich – in die Mensa gelangen, ist kein Zufallsprodukt, sondern das Ergebnis bestimmter eingeübter Verhaltensformen. Ein Vertreter des Strukturfunktionalismus würde sagen, dass hier die Menschen auf eine implizite Regel zugreifen, wie beispielsweise: „Wenn du merkst, dass ein Zusammenstoß mit einem in die entgegengesetzte Richtung gehenden Menschen droht, weiche nach rechts aus". Garfinkel würde hingegen sagen, dass man sich als Erstes anschauen muss, wie die Menschen wechselseitig ausweichen, um anschließend daraus bestimmte eingefahrene Ausweichverfahren zu erkennen. Man würde dann sicherlich bemerken, dass es auch Situationen gibt, in denen Passanten einen möglichen Zusammenstoß ohne den Einsatz der „nach rechts ausweichen"-Regel erfolgreich verhindern. Als Erklärung könnte man beispielsweise den Aspekt hervorheben, dass die Menschen, wenn sie in eine wie auch immer geartete Interaktion treten, ständig bemüht sind, die Verhaltensweise des anderen zu deuten und ihr Verhalten der (möglichen) neuen Deutung anpassen. Mit anderen Worten: Wir handeln nicht – wie der bereits genannte Strukturfunktionalismus besagt – stur nach einer eingefahrenen Regel, sondern greifen in bestimmten Situationen auch zu anderen Verfahrensweisen, wenn wir merken, dass der Interaktionspartner sich nicht so benimmt, wie vielleicht angenommen. Wenn unser Gegenüber unerwartet nach links ausweicht, gehen wir davon aus, dass er einen Grund dafür hat und versuchen dann, nach rechts auszuweichen, um den Zusammenstoß zu vermeiden. Die Gesprächspartner passen die etablierten Regeln durch ihre interpretative Leistung dem Gesprächspartner und dem gesamten Setting, also der spezifischen Situation, an. Es muss an dieser Stelle unterstrichen werden, dass auch Garfinkel davon ausgeht, dass gewisse konstante Regeln und Werte kognitiv verankert sind, sie ihre faktische Ausgestaltung aber nur in einer konkreten Verwendung erfahren und nur da sichtbar werden.

Die Frage nach der Genese von sinnhafter Ordnung wird von der Ethnomethodologie also nicht „kognitiv" verkürzt, ihr geht es nicht um die Rekonstruktion eines stillen, inneren Verstehens im Sinn einer Nachvollzugshermeneutik, sondern um die Analyse von Sinnindikatoren und -offenbarungen, um Techniken des Verstehens-und-sich-verständlich-Machens, die die Handelnden in ihren Äußerungen und Aktivitäten dem Interaktionspartner als Verstehenshilfen mit auf den Weg geben.

Bergmann 2001, S. 921

Garfinkel hat demnach keine Hypothesen über die möglichen kognitiven Regelstrukturen in unserem Gedächtnis aufgestellt, um diese dann an einigen (passenden) Fällen zu belegen. Seine Absicht ist vielmehr, die soziale Vollzugswirklichkeit zu erfassen und aus dieser sichtbaren Praxis auf gewisse Regelhaftigkeiten zu schließen, die dennoch in jeder Situation uminterpretiert werden bzw. sich wandeln können.

2.2.2 Indexikalität[9]

Selbst ein durch interaktives Aufzeigen etablierter Sinn kann dennoch im weiteren Verlauf des Gesprächs demontiert werden. Der Prozess der Konstitution des sozialen Sinns und somit der Vereindeutigung ist laut der Ethnomethodologie (aber auch laut der Konversationsanalyse) ein nie abgeschlossener Prozess. Laut Garfinkel (und Sacks) gehört diese Uneindeutigkeit zur Natur der alltäglichen Interaktion, die der Sprache die notwendige Flexibilität verleiht (vgl. Garfinkel/Sacks 1976, S. 143ff.). Dies liegt neben der kontextuellen, zweckorientierten (teleologischen) Bindung der Sprache in ihrer indexikalischen Natur begründet (vgl. Schegloff 1992b). Der von Garfinkel geprägte INDEXIKALITÄTS-BEGRIFF soll auf eben diese genannten Einsichten verweisen. Zum einen auf die Tatsache, dass die Sprache durch und durch uneindeutig ist und zum anderen, dass sie durch unterschiedliche „indexikalische Bezugnahme(n)" (Brinker/Sager 2010, S. 125f.) auf kontextuell relevante Größen vereindeutigt wird. Zu den relevanten Größen gehören beispielsweise die Direktionalität, Intentionalität, das Thema, sowie die bereits vollzogenen Äußerungen.[10] Die indexikalische Bezugnahme ist durch einen bestimmten Kontext geprägt und schafft zugleich selbst einen neuen Kontext.[11]

> Indexikalität heißt, dass alle Äußerungen fortwährend auf die Situation und den Kontext, in dem sie produziert werden, verweisen und dass die Rezipienten selbst kontinuierlich das Umfeld des Geschehens in Betracht ziehen müssen, um Gehalt und Sinn einer Äußerung zu verstehen.

Bergmann 2001, S. 921

Die Bedeutung ist demnach nichts Festes, sondern muss im laufenden Gespräch ständig durch unterschiedliche Aufzeigeaktivitäten aktualisiert bzw. modifiziert werden. Ist etwas im Gespräch nicht hinreichend klar und wird der Versuch unternommen, es zu verdeutlichen (präzisieren), spricht man von De-Indexikalisierungsversuchen.

Eine vollständige Eindeutigkeit kann in der Kommunikation nie erreicht werden und ist meistens auch gar nicht erwünscht. Würden wir uns in der alltäglichen Kommunikation stets um eine vollständige Präzision und Eindeutigkeit bemühen, hätten wir nach einer Weile keine Freunde mehr.

---

[9]   Indexikalität ist mit dem Prinzip der Konstitutivität in Kapitel 1 verwandt.
[10] Mehr zum Thema indexikalische Bezugnahme in Kapitel 12.
[11] Garfinkel spricht in diesem Zusammenhang von Reflexivität.

2.2.3 Der Adressatenzuschnitt

Wie das Prinzip der Indexikalität bereits hervorhebt, werden die Gesprächsteilnehmer als Akteure gesehen, welche ihre Beiträge stets an die im gegebenen Kontext vorhandenen Informationen angleichen (vgl. Deppermann/Schmitt 2009). Zu einer solchen Kontextualisierungstechnik gehört unter anderem das Prinzip Adressatenzuschnitt (=recipient design (vgl. Sacks/Schegloff 1979, Schegloff 1996)). Dieses Prinzip besagt, dass die Sprecher sich hinsichtlich ihrer kommunikativen Ausgestaltung an ihren Gesprächspartnern orientieren. Das heißt, dass ein Student mit einem Professor anders spricht als wenn dieser sich mit seinem besten Freund unterhält und er spricht wiederum anders, wenn er sich mit seinem dreijährigen Neffen unterhält. So wäre das recipient design vollkommen verfehlt, hätte ein Student einen Professor an der Universität mit folgenden Worten begrüßt: *hey alter wie geht's wie steht's alles im lack?* Unterschiedliche Sprechweisen resultieren aus dem in jedem Gespräch herrschenden Prinzip: Die Gesprächspartner sollen ihren Beitrag (Sprechweise, Wortwahl etc.) an das (Vor-)Wissen und die soziale Schicht des Gegenübers anpassen. Es lässt sich also sagen, dass sich die Gesprächspartner bemühen, ihren Gesprächsbeitrag so zu gestalten, dass er auch für das Gegenüber verständlich und angemessen ist. Dass die Gesprächspartner sich stets an dem Adressatenzuschnitt orientieren, merken wir häufig erst dann, wenn es in Ungleichgewicht gerät, wie das im folgenden Beispiel der Fall ist:

Gesprächsbeispiel: Abseits

```
01 ->Lotte:   weißt du was abseits ist?
02   Anton:   wie meinst du das?
03   Lotte:   °h ich habe gefragt ob du weißt was abseits ist?
04 ->Anton:   ich glaub du tickst nicht ganz richtig-
05            ich habe ja sechs jahre fußball gespielt;
06            da weiß ich wohl was abseits ist.
07   Lotte:   okay okay; ist ja schon gut.
```

Wie man an diesem Beispiel erkennen kann, kann eine unerwartete Asymmetrie im Adressatenzuschnitt zur Beziehungsstörung/-verschlechterung führen.

Recipient design wird aber nicht ausschließlich auf Vorannahmen aufgebaut, welche aus einer bestimmten sozialen Zugehörigkeit des Adressaten oder aus biographischem Vorwissen resultieren (Sacks/Schegloff 1979). Es gibt auch Gesprächssituationen, in denen das relevante Wissen über den Gesprächspartner erst im Gespräch konstituiert wird. Mit anderen Worten: In konkreten Gesprächen werden bestimmte Informationen hinsichtlich des Adressatenzuschnitts selbst genannt und verarbeitet bzw. geprüft. Dies ermöglicht es, den Gesprächspartnern das recipient design wechselseitig anzupassen. So findet beispielsweise in jeder Prüfungssituation eine Anpassung des recipient design statt: Der Prüfer fragt Wissen ab und passt die weiteren Fragen dem im Laufe der Prüfung gezeigten Wissensniveau an (Deppermann/Schmitt 2009).

2.2.4 Die analytische Maxime: „order at all points"

Die Maxime order at all points (Sacks 1984, S. 21ff.) hebt eine wichtige methodologische Grundansicht der Konversationsanalytiker hervor: Alles in einem Gespräch ist relevant. Demnach ist in einem Gespräch nichts überflüssig.

> Jedes Detail eines Interaktionsablaufs – sei es ein leises Räuspern, eine kleine Dehnung, ein kurzes Ausatmen – muß als Beitrag zu einer und als Bestandteil einer Ordnung betrachtet werden, und keines darf apriori als insignifikant, als ungeordnet, zufällig oder irrelevant abgetan werden.

> Eberle (1997)

Jede noch so unscheinbare Äußerungseinheit oder jedes nonverbale Signal haben eine bestimmte Funktion im Gespräch – sie dienen also zur Lösung irgendeines Problems. Demnach gibt es keine Füllwörter, unbedeutenden Floskeln etc. Jedes Füllwort hat einen bestimmten kommunikativen Sinn. Die Aufgabe des Analytikers ist es, diesen Sinn zu identifizieren. Auch noch so eine kleine Pause, auch noch so eine unauffällige Partikel kann zum Gegenstand einer konversationsanalytischen Untersuchung gemacht werden. So hat sich der Konversationsanalytiker Heritage (1984) mit der Gebrauchsweise des Ausdrucks „oh" im Englischen auseinandergesetzt und ist dabei unter anderem zu dem Ergebnis gekommen, dass diese Interjektionspartikel sehr differente Funktionen aufweist, welche sich unserer bewussten Wahrnehmung bzw. einer introspektiven Sicht entziehen. Das „oh" markiert im Englischen beispielsweise den gedanklichen (kognitiven) Übergang des Sprechers vom Zustand des „Nicht-Wissens" in den Zustand des „Etwas-Wissens" (vgl. Heritage 1984).

2.2.5 Die Display-These

Die Konversationsanalyse stützt ihre Analysen – wie bereits erwähnt – auf empirisch gewonnene Interaktionen. Da man den Gesprächspartnern nicht in den Kopf schauen kann, gehören die Vorstellungen oder auch Schlussprozesse der Gesprächsteilnehmer nicht zu dem Untersuchungsgegenstand eines Konversationsanalytikers (vgl. Heritage 1990). Es interessieren vor allem die offen sichtbaren „Gesprächspraktiken, die für den Interaktionsprozess ausschlaggebend sind" (Deppermann 2008, S. 83). Demnach stellt ein Beitrag (*turn*) eines Sprechers eine PRÄSENTATIONSPHASE (*presentation phase*) dar, welche im strengen Sinne noch nicht als eine zuverlässige semantische Einheit gewertet werden kann. Erst die Reaktion des Gesprächspartners, die AKZEPTANZPHASE (*acceptance phase)* (Clark 1992), definiert den vorangegangenen Beitrag als einen Beitrag mit einem bestimmten Sinn. Schegloff (1997, S. 165ff.) spricht in diesem Zusammenhang von display. Die Gesprächspartner zeigen sich wechselseitig auf, welchen Sinn sie ihren Äußerungen zuschreiben. Kurzum: Die Reaktion (verbal oder nonverbal) definiert die vorangegangene Aktion hinsichtlich des relevanten Sinns. Die Display-These weist also auf den gleichen Aspekt hin, den wir bereits im vorangegangenen Kapitel thematisiert haben: die Konstitutivität von Sinn in konkreten Gesprächen. Es geht nämlich nicht darum, das Gesagte an vorher festgelegten Kriterien zu messen bzw. in vorher festgelegte Kategorien zu zwängen, sondern es geht vielmehr um eine Offenlegung von Mustern oder Sinnstrukturen, an denen sich die Gesprächspartner in einem bestimmten Gespräch faktisch orientieren. Mit anderen Worten: Die in einem transkribierten Gespräch sichtbare Reaktion des Gesprächspartners auf den vorangegangenen Beitrag ist die einzig verlässliche, weil sie die empirisch sichtbare Möglichkeit ist, die faktischen Kommunikationsprinzipen und Sinnaspekte aufzudecken.

Aus der Display-These leitet Deppermann folgende methodologische Leitlinien ab:

Der Analytiker soll

- seine Behauptungen auf die vorgefundenen Interaktionen der Kommunizierenden stützen,
- zeigen, dass seine Auslegung mit allen in der fokussierten kommunikativen Einheit erkennbaren verbalen und nonverbalen Einheiten und Einzelheiten übereinstimmt (vgl. Deppermann 2008, S. 51).

2.2.6 Sechs Ebenen der Interaktionskonstitution

Die Konversationsanalyse beschäftigt sich vordergründig mit Gesprächspraktiken, mit denen im Gespräch Sinn hergestellt und sein Verlauf organisiert wird. Um die Gesprächspraktiken adäquat zu beschreiben, muss genau dargestellt werden WIE (Form) die Gesprächspartner handeln und WOZU (Funktion) sie so handeln. Zu den Wirklichkeitsbezügen der Gesprächspartner gehören folgende Ebenen der Interaktionskonstitution nach Kallmeyer (1985):

- GESPRÄCHSORGANISATION (Eröffnung oder Zuweisung der Rederechte)
- DARSTELLUNG VON SACHVERHALTEN (in Form von Argumentation, Erzählung etc.)
- HANDELN (Ziele und Zwecke, um deren Willen das Gespräch geführt wird (z. B. Studienberatung, Streitschlichtung etc.))
- SOZIALE BEZIEHUNGEN ZWISCHEN DEN GESPRÄCHSBETEILIGTEN (z. B. Machtverhältnis, Vertrautheit bzw. Sympathie) und ihre Identitäten (z. B. als Frau, Deutscher oder Akademikerin)
- MODALITÄT DES GESPRÄCHS (Realitätsbezug (z. B. Ernst, Spaß, Spiel) und Art der emotionalen und stilistischen Beteiligung der Gesprächspartner (z. B. Betroffenheit, Ärger)
- HERSTELLUNG VON REZIPROZITÄT (= Verständigung und Kooperation)

An den eben vorgestellten Ebenen der Interaktionskonstitution ist erkennbar, aus wie vielen Perspektiven ein Gespräch beleuchtet werden kann. Diese Ebenen können sehr gut als Quelle für mögliche Ideen für Arbeitsthemen und Fragestellungen genutzt werden. So lässt sich beispielsweise bezüglich der eben genannten Ebene „soziale Beziehungen" folgende Fragen stellen: Wie wird Vertrautheit in Gesprächen unter Freunden/Kollegen zum Ausdruck gebracht? Gibt es in der Ausdrucksweise der männlichen Studierenden Ausdrücke/Wendungen, die als „typisch männlich" gelten? Wenn ja, welche und warum?

2.2.7 Konversationsanalytische Schritte

Die Methode der Konversationsanalyse ergibt sich aus ihrem strikten Empirismus. Der strikte Empirismus liegt darin begründet, dass die Konversationsanalytiker in ihren Untersuchungen weitestgehend auf introspektive und interpretative Analyseverfahren verzichten und sich ausschließlich darauf verlassen, was in der Transkription sichtbar wird (vgl. Furchner 2002). Daraus ergeben sich folgende methodische Schritte:

- EIN BEOBACHTBARES OBJEKT ALS MÖGLICHES ORDNUNGSELEMENT ISOLIE-REN. Zunächst muss ein sichtbares Phänomen in der vorliegenden Transkription ausfindig gemacht werden. Das kann beispielsweise eine bestimmte Äußerung des Gesprächspartners sein, deren interaktive Funktion der Analytiker auf Anhieb nicht verstehen kann, oder deren Verwendungsweise in dem gegebenen Zusammenhang ungewöhnlich erscheint.
- DIESES OBJEKT WIRD VERSTANDEN ALS RESULTAT DER METHODISCHEN LÖSUNG EINES PROBLEMS DER SOZIALEN ORGANISATION. Dieser Schritt besteht aus einer akribischen Untersuchung des Kontextes, in dem sich der fokussierte Untersuchungsgegenstand befindet. Man bemüht sich also – durch die Inbezugnahme der Folgeäußerung oder der Reaktion des Gesprächspartners etc. – die zu untersuchende Einheit als Lösung eines bestimmten kommunikativen Problems zu verstehen.
- AUS DEM DATENMATERIAL WERDEN FUNKTIONAL GLEICHARTIGE PHÄNO-MENE ZUSAMMENGETRAGEN. Der Analytiker sucht nach weiteren gleichen oder ähnlichen Fällen (bspw. nach fokussierten Ausdrücken) in seinem Korpus[12] (vgl. Scherer 2006), um ähnliche Gebrauchsmuster zu entdecken. Diese verschiedenen Verwendungsweisen werden anschließend systematisiert und können der Öffentlichkeit vorgestellt werden (vgl. Deppermann 2008).

2.2.8 Relevante Forschungsbereiche

Zu den relevantesten Forschungsbereichen im Rahmen der Konversationsforschung gehören insbesondere die vielfältigen Untersuchungen von Gesprächspraktiken, welche in den weiteren Kapiteln ausführlich behandelt werden:

- Sprecherwechsel (Kapitel 4)
- Paarsequenzen (Kapitel 5)
- Reparaturen (Kapitel 6)
- Gesprächsorganisation (Kapitel 13)

Zusätzlich werden kommunikative Gattungen (vgl. Knobloch/Günthner 1997) untersucht sowie Kommunikation im institutionellen Rahmen, bspw. Beratungsgespräche, Zeugenbefragungen vor Gericht etc. (Heritage 1997).

2.2.9 Methode der Konversationsanalyse unter Kritik

Diese strikt empirisch phänomenologische Vorgehensweise der Konversationsanalyse hat ihren Preis. Wir erinnern uns: Es gibt in der Konversationsanalyse die Display-These, welche besagt, dass erst die Reaktion des Partners den Sinn des vorangegangenen Beitrags definiert. Dadurch möchte die Konversationsanalyse Mutmaßungen über die dem Forscher unzugänglichen interpretativen (kognitiven) Prozesse der Gesprächspartner vollständig aus der Analyse verbannen. Das Problematische daran ist aber, dass es oftmals Gesprächssituationen gibt, in denen Inhalte kommuniziert wer-

---

[12] Eine Sammlung von transkribierten Gesprächen. Siehe dazu auch Kapitel 3.

den, die nicht von dem Gesprächspartner in der darauffolgenden Reaktion als relevant markiert werden. Sie sind trotzdem vorhanden und haben oftmals einen latenten Einfluss auf den weiteren Gesprächsverlauf.

Gesprächsbeispiel: Die Nachbarin

```
01 ->Justus:    ich bin noch nicht dazu gekommen unsere nachbarin zu
   ->           ZERSTÜCKELN.
02              ((lacht verstohlen))
03    Lotte:    ich habe unsere nachbarin lange nicht mehr gesehen-
04              übrigens. (-) wie war es beim fußballspiel?
```

Justus spricht in dieser Sequenz[13] davon, dass er vorhat, seine Nachbarin zu zerstückeln, und Lotte reagiert lediglich auf eine Teilinformation, die weniger relevant ist. Die Kerninformation: „Justus hat mörderische Pläne" wird von seiner Gesprächspartnerin nicht als relevant gesetzt, was strikt nach der Display-These dann auch aus der Untersuchung herausfallen müsste. Mit anderen Worten: Für Konversationsanalytiker ist die Sinneinheit, dass Justus seine Nachbarin zerstückeln möchte und alles, was damit einhergeht, nicht relevant, weil seine Gesprächspartnerin Lotte es nicht als relevant gesetzt hat.

Vor dem Hintergrund dieser Ausführungen lässt sich die erste Abgrenzung der Konversationsanalyse von der Gesprächslinguistik folgendermaßen formulieren: Eine sprachliche Äußerung muss für den Gesprächslinguisten nicht vom Rezipienten durch Aufzeigeaktivitäten (*display*) vereindeutigt werden, um als bedeutungskonstitutiv bzw. untersuchungsrelevant gelten zu können. Mit anderen Worten: Auch die Aspekte, welche nicht empirisch belegt werden können, können zum Gegenstand einer gesprächslinguistischen Untersuchung gemacht werden. Auf das Problem des strikten Empirismus der Konversationsanalyse hat bereits Kallmeyer hingewiesen, indem er gesagt hat, dass er den „stellenweise zu beobachtenden Rigorismus" einer reinen konversationsanalytischen Lehre „für sachlich nicht gerechtfertigt" (Kallmeyer 1980, S. 124) erachtet. Auch Deppermann vertritt die Meinung, dass „Annahmen über mentale Verarbeitung diskursiven Geschehens unabdingbar sind, wenn Prozesse der Bedeutungskonstitution analysiert werden sollen" (Deppermann 2007, S. 224).

2.3 Gesprächslinguistik

Wie bereits erwähnt, gilt die Gesprächslinguistik als Teildisziplin der Linguistik mit dem Schwerpunkt auf verbalen Praktiken im kommunikativen Kontext. Wenn man sich beispielsweise gesprächslinguistisch mit nonverbaler Kommunikation auseinandersetzt, tut man es stets unter Berücksichtigung der verbalen Handlungen. Im Kapitel 1 sowie in vorangegangenen Abschnitten sind bereits wichtige Aspekte und Prinzipien genannt worden, welche die gesprächslinguistischen Methoden und Annahmen beschreiben. An dieser Stelle möchte ich erwähnen, dass es im deutschsprachigen Raum einige konkurrierende bzw. benachbarte Bezeichungen für eine linguistisch fundierte Auseinandersetzung mit der gesprochenen Sprache gibt. So existiert beispielsweise neben der bereits beschriebenen ethnomethodologischen Konversationsanalyse ebenfalls die DISKURSANALYSE/FUNKTIONALE PRAGMATIK, welche sich

---

[13] Siehe Kapitel 5.

insbesondere mit der institutionellen Kommunikation auseindersetzt (vgl. Ehlich 1996, Becker-Mrotzek/Vogt 2009). DIALOGANALYSE und GESPRÄCHSANALYSE wiederum gelten ähnlich wie Gesprächslinguistik als Sammelbegriff für viele linguistische Untersuchungsbereiche der gesprochenen Sprache (Gerd/Hundsnurscher 1994). Die Dialoganalyse orientiert sich aber stärker als die Gesprächslinguistik an dem sprechakttheoretischen Ansatz (vgl. Götz 1994) und die Gesprächsanalyse ist wiederum stärker an soziologischen Phänomenen interessiert (vgl. Deppermann 2008). Innerhalb der INTERAKTIONALEN LINGUISTIK werden wiederum insbesondere syntaktische/grammatische Phänomene untersucht (vgl. Auer 2007, Günthner 2012, Imo 2007). Dabei betrachtet interaktionale Linguistik Grammatik als ein emergentes Phänomen, das sich stets an die interaktive Praxis der gesprächsteilnehmer anspasst und dadurch restrukturiert (vgl. Hopper 1998).

Bevor die gesprächslinguistischen Alleinstellungsmerkmale etwas genauer beschrieben werden, sollen als Erstes die wichtigsten methodisch relevanten Dimensionen der Gesprächslinguistik vorgestellt werden.

2.3.1 Methodisch relevante Dimensionen der Gesprächslinguistik

Jeder Student und auch Forscher, welcher sich gesprächslinguistisch mit der gesprochenen Alltagssprache auseinandersetzen will, muss sich über die Dimension im Klaren sein, in der sich sein Untersuchungsgegenstand befindet. Die hier vorgestellten Perspektiven geben zugleich einen kleinen Einblick in die gesprächslinguistischen Methoden und Untersuchungsschwerpunkte.

2.3.1.1 Größenordnung des Phänomens

Hierbei geht es darum, wie groß der zu untersuchende Gegenstand ist bzw. um die Frage: Wo ist das fokussierte Untersuchungsphänomen angesiedelt? Es ist hilfreich, zwischen der Mikro- und Makroebene zu unterscheiden (vgl. Schegloff 1987b). Interessiert man sich beispielsweise für grammatische Phänomene in der gesprochenen Sprache (Flexion, Valenz, Komposita etc.) oder für die Funktion einer bestimmten Äußerungsform, dann befindet sich der Untersuchungsgegenstand auf der Mikroebene. Wenn man aber der Frage nachgeht, welche Metaphernarten eine bestimmte soziale Gruppe zu gewissen Zwecken einsetzt oder welche Eigenschaften die heutige Jugendsprache gegenüber der Jugendsprache von vor zwanzig Jahren aufweist, dann befindet sich der Untersuchungsgegenstand auf der Makroebene – der Untersuchungsgegenstand ist also größer:

- MAKROEBENE: Eröffnungsphase, Kernphase, Beendigungsphase
- MESOEBENE: Sprecherwechsel, Gesprächsschritt, Gesprächssequenz, Sprechakt, Gliederungssignal, back-channel-behavior
- MIKROEBENE: sprechaktinterne Elemente (grammatische, lexikalische, phonologische und prosodische Struktur)

2.3.1.2 Kontextspezifizität des Phänomens

Bei der Frage nach der Kontextspezifizität geht es um den Grad der Verbundenheit des Untersuchungsgegenstandes mit dem Kontext. Mit anderen Worten: Will ich etwas Abstraktes aus den gesprochenen Daten erheben oder etwas Konkretes? Wenn man – wie dies in der klassischen Konversationsanalyse der Fall ist – den Fokus auf kontextfreie, allgemeingültige Regeln des Sprecherwechsels setzt, dann sucht man nach etwas Abstraktem, was sozusagen hinter dem Sprechen wirkt. Will man aber hingegen den Gebrauch des Ausdrucks *weil* in politischen Fernsehdiskussionen untersuchen, dann handelt es sich um eine stark kontextgebundene Untersuchung, welche also viele kontextspezifische Informationen in der Analyse mitberücksichtigen muss.

2.3.1.3 Oberflächennähe des Phänomens

Man kann einerseits einen Gegenstand fokussieren, welcher auf der Oberfläche sichtbar ist – sich also unmittelbar in den empirischen Daten „zeigt". Dazu gehören beispielsweise syntaktische und phonetische Phänomene, die systematisch untersucht werden können und außerdem all jene Phänomene, welche ohne einen allzu großen Interpretationsaufwand identifiziert werden können. So ist es in der Regel problemlos möglich, in einem Gespräch eine Transitivkonstruktion von einer Intransitivkonstruktion zu unterscheiden und sie zu gruppieren. Andererseits kann man auch einen Gegenstand fokussieren, welcher sich nicht so ohne Weiteres in den Daten zeigt. Beispielsweise Ironie, Anspielungen oder die Offenlegung von Hintergrundannahmen. Es bedarf oftmals eines hohen interpretatorischen Aufwands, um die Faktoren/Aspekte zu identifizieren, welche beispielsweise zur Erzeugung von Ironie beitragen.

2.3.1.4 Form- vs. funktionsbestimmte Analyse

Es lässt sich auf der einen Seite nach den möglichen Funktionen eines bestimmten Ausdrucks oder einer bestimmten Gesprächspraktik fragen (vgl. Uhmann 2006). Hierbei geht man von der formalen Perspektive aus hin zur Funktion eben dieser zuvor fokussierten Form (Form → Funktion). Eine mögliche Fragestellung, welche von der Form ausgehend auf die Offenlegung der Funktion ausgerichtet ist, kann folgendermaßen lauten: Welche Gebrauchsweisen hat die *ja nein*-Einheit im gesprochenen Deutsch? Auf der anderen Seite kann man auch nach unterschiedlichen formalen Ausgestaltungen einer bestimmten Funktion fragen (Funktion → Form). Eine mögliche Frage, die dieser Perspektive entspricht, wäre: Mit welchen Gesprächspraktiken werden Entschuldigungen unter Jugendlichen durchgeführt (vgl. Deppermann 2008, S. 13f.)? Hier haben wir also eine Funktion (Entschuldigung), die als Ausgangspunkt genommen wird, um nach möglichen formalen Realisierungen (*sorry, tschuligung, jep* etc.) zu suchen.

Selbstverständlich sind diese eben vorgestellten entgegengesetzten Dimensionen skalar/graduell zu verstehen. Das heißt: Es gibt oftmals Untersuchungstypen, die keinem der beiden Pole klar zuzuordnen sind. Eine gut durchgeführte Analyse beharrt allerdings nicht ausschließlich auf einer der eben genannten Perspektiven, sondern versucht ebenfalls, die andere Perspektive – soweit es möglich ist – zu berücksichtigen. Mit anderen Worten: Wenn man nach Gesprächspraktiken sucht, mittels denen Entschuldigungen unter Jugendlichen durchgeführt werden, ist es förderlich, im zweiten Schritt der Frage nachzugehen, ob die identifizierten Gesprächspraktiken auch zu anderen Zwecken von den Jugendlichen eingesetzt werden. Kurzum: Die Funktion-Form-Analyse kann durch die darauf aufbauende Form-Funktion-Analyse erweitert werden. In der Regel erhält man durch eben diese Erweiterung eine präzisere Sicht auf die erste Perspektive – in diesem Fall die Funktion-Form-Analyse.

2.3.2 Gesprächslinguistische Alleinstellungsmerkmale

Die Gesprächslinguistik lässt sich mittels folgender methodischer Herangehensweisen bestimmen:

- IST NICHT AUF DEN INTERAKTIV AUSGEHANDELTEN SINN BESCHRÄNKT (NICHT STRIKT OBERFLÄCHENNAH). Die Gesprächslinguistik ist nicht, so wie das bei der Konversationsanalyse der Fall ist, auf den interaktiv ausgehandelten Inhalt beschränkt. Mit anderen Worten: Auch die Inhalte, welche nicht von dem Gesprächspartner als relevant gesetzt werden, werden von der Gesprächslinguistik als analysewürdig erachtet. Die kognitive Perspektive wird in der Gesprächslinguistik nicht ausgeklammert. Es kann also durchaus sinnvoll sein, innerhalb einer Untersuchung mögliche Interpretationen der Gesprächspartner, ihr Hintergrundwissen, Erwartungen etc. als Unterstützung für die eigene Analyse heranzuziehen. Dazu gehört auch die Beschreibung der gedanklichen (kognitiven) Prozesse, welche bei der Interpretation von Äußerungen ablaufen.
- DIE UNTERSCHEIDUNG ZWISCHEN BEDEUTUNG UND SINN WIRD BEACHTET. Die in der Linguistik weit verbreitete Auffassung von der Bedeutung als eine konventionelle im Lexikon gespeicherte Größe wird innerhalb der Konversationsanalyse in ihrer Relevanz stark abgestuft bzw. vollständig verworfen.

Die lexikalische Bedeutung hat gar keine kontextfreie Existenz. Sie muss selbst durch kontextuelle Bedeutungskonstitutionsaktivitäten hergestellt werden. Lexikalische Bedeutung ist eine Abstraktion aus in gewisser Typikalität und Häufigkeit wiederholten, routinierten und gegebenenfalls schließlich gar standardisierten Wortverwendungen in Kontexten.

Deppermann 2006a, S. 16

Diese Position entspricht dem bereits im vorangegangenen Kapitel thematisierten Prinzip der Konstitutivität von Gesprächen oder der Display-These. Weil man davon ausgeht, dass die Bedeutung erst im Gebrauch entstehen kann, geht man auch davon aus, dass es vor dem Gebrauch keine Bedeutung gibt. In der Gesprächslinguistik ist es anders. Hier unterscheidet man zwischen BEDEUTUNG und SINN. Dies tut man aus mehreren Gründen. Der wesentliche Grund aber besteht darin, dass ohne diese Unterscheidung einer der wichtigsten Wesenszüge der Sprache verloren geht: Die Tatsache, dass die Sprache einem steten Wandel unterworfen ist. Der semantische Wandel spielt sich nämlich zwischen Konvention/Regelbefolgung (Bedeutung) und Innovation/Regelverletzung (Sinn) ab. Mit anderen Worten: Aus einem innovativen Sinn kann bei häufigem Vorkommnis mit der Zeit eine neue konventionelle Bedeutung entstehen (vgl. Keller 2014). So haben die Jugendlichen vor einigen Jahrzehnten den Ausdruck *geil*, welcher bis dahin lediglich im Sinne einer sexuellen Erregung verwendet wurde, im expressiv evaluativen Sinne gebraucht. Also um dem Sprecher anzuzeigen, dass man etwas besonders toll findet: *Anton hat aber ein **geiles** Auto!* Diese am Anfang innovative Verwendung (Sinn) des Ausdrucks *geil* wurde mit der Zeit konventionalisiert (Bedeutung) und ist in den alltäglichen Sprachgebrauch eingeflossen. Aus einem kontextuell erzeugten Sinn ist eine neue Bedeutung entstanden. Kurzum: Ohne die Unterscheidung zwischen Sinn und Bedeutung ist jede Theorie, die sich mit Semantik

(vgl. Busse 2009) oder Pragmatik (vgl. Meibauer 2008) der Sprache auseinandersetzt, zwangsläufig lediglich ein Stückwerk.

Jede Äußerung enthält einen Bedeutungs- und Sinnaspekt. So gehört im Beispielsatz *Es zieht* die Kenntnis der Bedeutung der Wörter *es* und *zieht* zur Bedeutung der
Äußerung, welche als die Grundvoraussetzung gilt, um den Sinn dieser Äußerung
verstehen zu können. Mit anderen Worten: Würden Sie nicht wissen, was *es* und
zieht bedeuten, hätten Sie keine Chance, den Sinn des eben genannten Beispielsat-
zes zu erschließen. Der Sinn dieser Äußerung könnte beispielsweise eine Aufforderung sein, das Fenster bzw. die Tür zu schließen. Der Sinn der Äußerung – aber
nicht deren Bedeutung – ist abhängig vom Kontext, vom vorher Gesagten, vom recipient design etc.

- DIE UNTERSUCHUNG BERUHT NICHT AUSSCHLIESSLICH AUF EMPIRISCHEN
  DATEN (VARIATIONSVERFAHREN). In der Gesprächslinguistik geht man nicht –
  wie das in der Konversationsanalyse der Fall ist – strikt empirisch vor. Das heißt,
  man zieht nicht ausschließlich empirische Daten für die Untersuchung heran, sondern auch introspektive Beispiele, die es einem Linguisten ermöglichen, alle möglichen bzw. nicht möglichen Verwendungsweisen eines Ausdrucks oder einer Konstruktion zu untersuchen. Mit anderen Worten: Ein Gesprächslinguist kann
  beispielsweise eine grammatische Konstruktion aus einem Gesprächsbeispiel her-
  ausnehmen und daraus weitere grammatisch akzeptable und grammatisch inak-
  zeptable Variationen generieren – solche Verfahren sind dem Konversationsanalytiker eher fremd. Dieses VARIATIONSVERFAHREN (vgl. Deppermann 2008, S.
  84ff.) ist umso wichtiger, desto weniger Vorkommnisse in dem zur Verfügung stehenden Korpus vorhanden sind. Wenn die Konstruktionen, Äußerungen etc. in den
  zu untersuchenden Transkripten in großer Anzahl zur Verfügung stehen, dann ist
  das eben beschriebene Verfahren nicht unbedingt notwendig, weil man bereits
  viele mögliche Varianten aus den Daten schöpfen kann. Die momentan zugängli-
  chen Korpora (Kapitel 3) sind aber in der Regel nicht ausreichend und teilweise zu
  einseitig, um eine zufriedenstellende Palette an möglichen Verwendungsweisen
  von Konstruktionen, Äußerungen etc. offenzulegen. Es gibt viele Gebrauchsmuster, die in Korpora kaum oder gar nicht vorkommen. So ist es beispielsweise äußerst schwierig, das emphatische HALLO?, das beispielsweise zur Anzeige von Empörung über das Verhalten bzw. die Äußerung des Gegenübers eingesetzt wird, in
  Korpora zu finden – und das ist lediglich ein Beispiel von vielen. Solange es keine
  hinreichende Menge an Korpora gibt, tut ein Gesprächslinguist gut daran, Variationsverfahren zum Zwecke der Eruierung möglichst umfangreicher Verwendungsweisen einzusetzen. Nichtsdestotrotz sollte er sein Variationsverfahren stets von
  empirischen Fällen ausgehend ausbauen!

- GESPRÄCHSLINGUISTIK BASIERT AUF VIELFÄLTIGEN METHODISCHEN VORGE-
  HENSWEISEN (KEIN METHODENPURISMUS SONDERN METHODENVIELFALT).
  Die Konversationsanalyse wird gelegentlich als „Kunstlehre" bezeichnet, weil sie
  ihre Analysen der gesprochenen Sprache auf keine bzw. auf stark unterentwickelte
  Methodik/Theorie aufbaut. Aus diesem Grund bleiben viele Analysen lediglich als
  Paraphrasen der transkribierten Gesprächsbeispiele stehen, ohne dass der Versuch
  unternommen wird, systematische Analysen auf der Basis theoretisch fundierter
  Methodik einzusetzen. Dies ist in der Gesprächslinguistik anders. Hier wird versucht, gewisse – möglichst standardisierte – methodische Vorgehensweisen zu
  etablieren und sie jeder Analyse zugrunde zu legen. Das soll aber nicht heißen,

dass die Methodik, einmal etabliert, nicht im Zuge der Analyse hinterfragt, modifiziert und ausgewechselt werden kann. Dies ist auf jeden Fall möglich. Die angewendeten Methoden und Theorien (Frame-Semantik, Konzeptuelle Metaphern, Semantische Rollen, Sprechakttheorie, Konversationelle Implikaturen, Präsuppositionen etc.) sind vielmehr als ein Pool an möglichen Werkzeugen zu sehen, aus denen diejenigen ausgewählt werden, welche zur Bearbeitung der entsprechenden Fragestellung auch Verwendung finden.

- ANDERE FORSCHUNGSSCHWERPUNKTE – DIE WORT-, SATZ- UND TEXTEBENE – STEHEN IM FOKUS. Die Gesprächslinguistik ist viel stärker als die soziolinguistisch geprägte Konversationsanalyse an verbalen Phänomenen interessiert. Das heißt, der Ausgangspunkt der gesprächsanalytischen Untersuchung sind die sprachlich-funktionalen Phänomene. Die nonverbalen und paraverbalen Aspekte werden in der Regel ergänzend eingesetzt, um bestimmte, auf das Verbale bezogene Thesen zu untermauern, sie bilden aber nicht den Ausgangspunkt der Untersuchung.

Obwohl in diesem Abschnitt der Versuch unternommen worden ist, die Unterschiede zwischen der Konversationsanalyse und der Gesprächslinguistik herauszustellen, soll das nicht darüber hinwegtäuschen, dass es auch viele Gemeinsamkeiten gibt: Aspekte wie die Display-These, Empiriebezogenheit, das Prinzip order at all points, das recipient design etc. gehören zum festen operativen Wissen eines jeden Gesprächslinguisten.

2.3.3 Relevante Forschungsbereiche

Zur Gesprächslinguistik gehören folgende Forschungsschwerpunkte:

- GRAMMATISCHE AUSGESTALTUNG (Syntax, Morphologie): Hier interessieren insbesondere die grammatischen Strukturen, welche nicht mit der klassischen Grammatikschreibung übereinstimmen. Lange Zeit hat man nämlich die Grammatiken auf der Basis der geschriebenen Sprache verfasst und die gesprochenen Phänomene entweder gar nicht oder sehr spärlich berücksichtigt. Aus diesem Grund gibt es bis heute einen erheblichen Nachholbedarf an Untersuchungen, die besonders auf die für gesprochene Sprache charakteristischen grammatischen Strukturen abzielen (siehe dazu Kapitel 9).
- BEDEUTUNGSKONSTITUTION (auch Schlüsselwörter): Diese Forschungsrichtung interessiert sich für die Erfassung und Beschreibung von semantischen Prozessen in Gesprächen. Es steht die Frage im Vordergrund: Wie etablieren die Gesprächspartner den kommunikativen Sinn/die Bedeutung? Oder auch: Wie verändert sich der Sinn einer bestimmten Äußerung, eines bestimmten Ausdrucks in einem Gesprächsverlauf (siehe dazu Kapitel 11 und 12)?
- WORTARTENGEBRAUCH: Hier geht es vor allem um die Untersuchung von Wortarten, die besonders für die gesprochene Sprache charakteristisch sind. Dazu gehören beispielsweise Modalpartikeln und Diskursmarker (siehe dazu Kapitel 10). Auch die Untersuchung des Gebrauchs von Substantiven, Adjektiven oder auch Verben innerhalb der gesprochenen Sprache kann durchaus lohnenswert sein. Oftmals werden nach genauerer Untersuchung spezifische Verwendungsmuster sichtbar.

- PRAGMATISCHE PERSPEKTIVE: In dieser Forschungsrichtung geht es darum, die Sprache als Handlung zu beschreiben. Dabei wird jeder Äußerung eine bestimmte kommunikative Funktion zugeschrieben (Frage, Bitte, Vorwurf, Entschuldigung etc.) und unter Umständen nach Gelingensbedingungen bzw. nach Wirkungen dieser Sprechhandlungen gefragt (vgl. Staffeldt 2014, Searle 1983, Ehlich 1984).
- SOZIOLINGUISTISCHE PHÄNOMENE: Es lassen sich ebenfalls unterschiedliche Mundarten, Dialekte und funktionale Varietäten in den gesprochenen Daten untersuchen (vgl. Löffler 2005).

Aufgaben

a) Kreuzworträtsel

waagerecht

3. Innerhalb der Gesprächslinguistik ist es üblich, aus den empirischen Daten introspektiv erstellte Konstruktionen zu bilden. Wie wird dieses Verfahren bezeichnet?
7. Einer der wichtigsten Forschungsbereiche der Konversationsanalyse.
8. Das Prinzip "recipient ....." besagt, dass die Gesprächspartner die Ausgestaltung ihrer Beiträge an das Wissen und/oder den sozialen Stand des Gesprächspartners anpassen.
9. Wie bezeichnet man die Reaktion des Gesprächspartners, welche den Sinn der Aussage des Vorredners definiert?
10. Gesprächslinguistik beharrt nicht auf dem strikten ... .

Senkrecht

1. In der Gesprächslinguistik unterscheidet man zwischen Bedeutung und ... .
2. Dieser Begriff ist von Harold Garfinkel geprägt worden und besagt, dass jede sprachliche Äußerung uneindeutig ist.
4. Zu dem zentralen Interessenschwerpunkt der Gesprächslinguistik gehören die ... Besonderheiten der gesprochenen Sprache.
5. Wie heißt die soziologische Forschungsrichtung, welche einen entscheidenden Einfluss auf die Konversationsanalyse und somit auch auf die Gesprächslinguistik hatte?
6. Der Ausgangspunkt einer gesprächsanalytischen Analyse ist die ... Kommunikation.

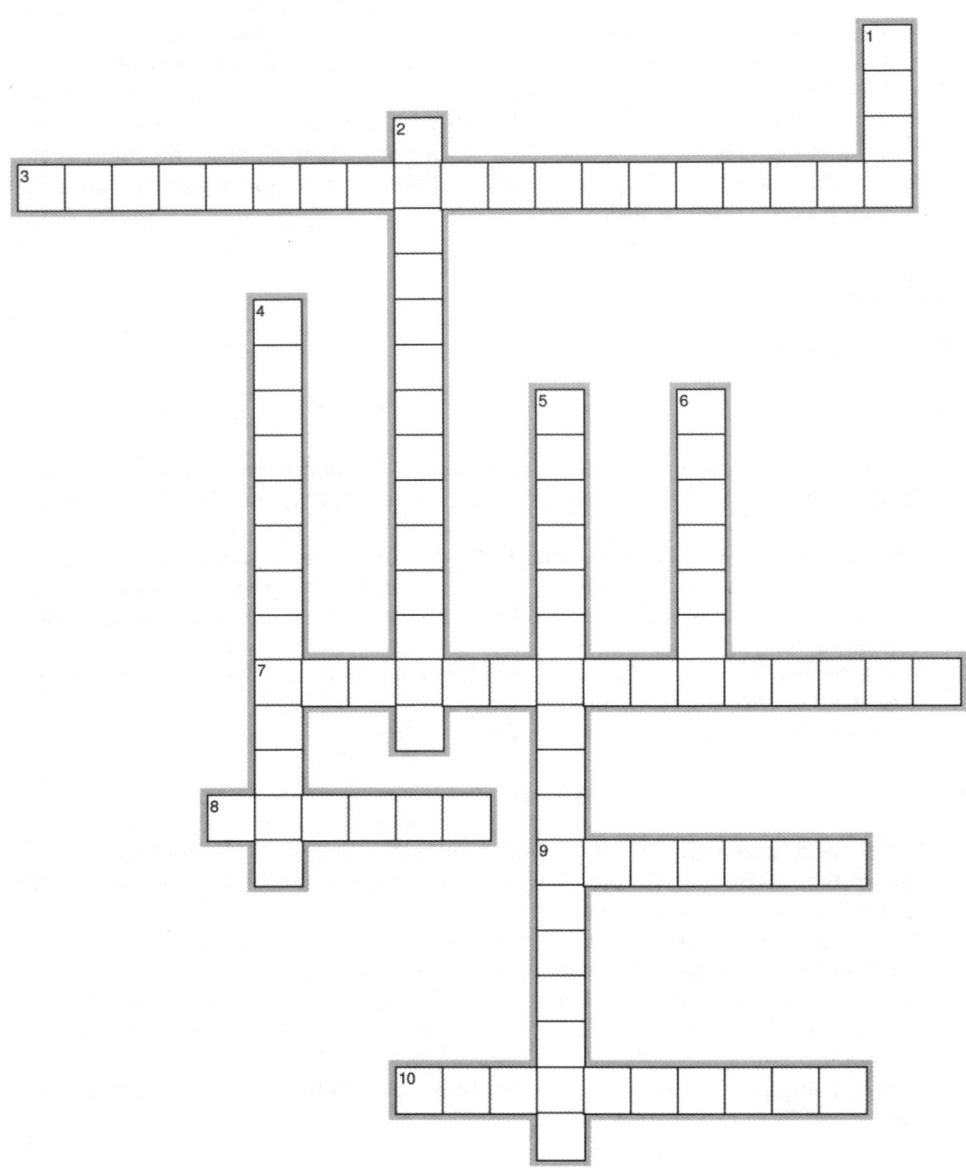

b) Wenden Sie bei dem folgendem Beispiel das Variationsverfahren an, um andere mögliche Formulierungsweisen ausfindig zu machen, welche zwar an Stelle der Äußerung in Zeile 01 stehen können, die aber denselben Zweck erfüllen. Anschließend können Sie versuchen, die Frage zu beantworten, ob die von Ihnen genannten Alternativen den gleichen Sinn in diesem Gesprächszusammenhang haben. Welche Folgen hätten diese alternativen Formulierungen für den weiteren Gesprächsverlauf?

Gesprächsbeispiel: Das Salz

```
01   Lotte:   könntest du mir das salz reichen?
02            mein hasenpups.
03   Anton:   natürlich mein schatz.
```

c) Wie lässt sich die Größenordnung des Untersuchungsphänomens bestimmen, wenn man im folgenden Beispiel die Sprachlautveränderungen identifizieren und charakterisieren will:

Gesprächsbeispiel: Nen Euro

```
01   Anton:   haste mal nen euro?
02   Lotte:   ne; (-) leider nich.
03            warham kein geld mehr.
```

d) Wodurch unterscheidet sich die Gesprächslinguistik von der Konversationsanalyse?

e) Entwickeln Sie eine Forschungsfragestellung, welche von der Form ausgehend auf die Offenlegung unterschiedlicher Funktionen aus ist.

f) Konstruieren Sie ein eigenständiges Gesprächsbeispiel, an dem man den Adressatenzuschnitt (recipient design) gut erläutern kann.

Kommentierte Literaturhinweise

Lesenswerte weiterführende Beiträge zur Konversationsanalyse: Bergmann (2001), Sacks (1984), Kallmeyer (1981). Ebenen der Interaktionskonstitution werden in Kallmeyer (1985) umfassend vorgestellt und diskutiert. Genaueres zum Display-Begriff kann in Schegloff (1997) nachgelesen werden. In diesem Aufsatz kommt der Adressatenzuschnitt-Begriff zur Anwendung: Deppermann/Schmitt (2009).

3 Empirische Dokumentation: Datenerhebung und Transkription

3.1 Ziele und Warm-up

Gesprochene Sprache ist im Gegensatz zur geschriebenen Sprache ein flüchtiges Ereignis.

> Anders als schriftliche Texte, die auf Dauerhaftigkeit angelegt sind, ist die gesprochene Sprache ein flüchtiges Medium: Einen Moment, nachdem etwas geäußert wurde, ist es verflogen. Es bleiben nur die Spuren in den Gedächtnissen der Personen, die diese Äußerung gehört haben, und diese Spuren sind weder besonders genau und verlässlich, noch sind sie vergleichbar dauerhaft. Die Flüchtigkeit gesprochener Sprache schränkt die Möglichkeiten ihrer Sammlung, Archivierung und auch ihrer wissenschaftlichen Untersuchung in massive Weise ein.
>
> Fiehler/Wagener 2005, S. 136

Damit sie angemessen analysiert werden kann, muss sie deshalb vorher niedergeschrieben (transkribiert) werden. Das folgende Kapitel soll insbesondere die Schritte unmittelbar vor und nach der Transkription sowie die Transkription selbst vorstellen und erläutern. Die thematisierten Aspekte lassen sich anhand der folgenden Fragen darstellen:

- Was muss ich vor den Aufnahmen bzw. vor der Materialauswahl beachten?
- Wie und was soll ich aufnehmen?
- Wie kann ich das Aufgenommene auswerten?
- Wie transkribiert man? / Welche Programme sind dabei hilfreich?
- Welche Transkriptionskonvention passt am besten zu meinen aufgenommenen Daten?
- Gibt es Online-Korpora mit gesprochenen Daten, auf die ich als Studierender zurückgreifen kann?

 Bevor Sie weiterlesen, überlegen Sie kurz, wie in Chats besonders akzentuierte bzw. hervorzuhebende Wörter kenntlich gemacht werden.

3.2 Entwicklung der Fragestellung und Hypothesen

Vor jeder Datenaufnahme steht die Überlegung, was man untersuchen möchte. Die Phase wird auch die HEURISTISCHE PHASE genannt (vgl. Brinker/Sager 2010, S. 23). Um zu einer neuen Fragestellung oder einer neuen Hypothese zu gelangen, können zwei unterschiedliche Wege eingeschlagen werden. Die Fragestellung kann aus der Auseinandersetzung mit Theorieansätzen und Begriffen entwickelt werden. Diese Perspektive wird TOP-DOWN-PERSPEKTIVE genannt. Zum anderen kann man die Fragestellung aus der Auseinandersetzung mit dem aufgenommenen Material gewinnen. Diese Herangehensweise wird wiederum BOTTOM-UP-PERSPEKTIVE genannt (vgl. Deppermann 2007, S. 25f.).

Wählt ein Forscher die Top-down-Perspektive, muss er erstens eine These entwickeln, um sie anschließend am Datenmaterial empirisch zu überprüfen. Wenn man hingegen eine Bottom-up-Perspektive einnehmen will, müssen zuerst die Daten aufgenommen und gegebenenfalls teilweise transkribiert werden. Nachdem man sich einen Teil der Gespräche mehrmals angehört bzw. die Transkripte gelesen hat, wird eine bestimmte Fragestellung oder Hypothese entwickelt, die anschließend an weiterem Material überprüft wird. Wichtig in dieser Phase ist, dass die Fragestellung bzw. Hypothese zu Anfang nicht zu spezifisch gestellt wird. Die Fragestellung sollte also zu Anfang nicht zu stark theoriegeladen und mit vielen Vorannahmen behaftet sein. Der Grund dafür ist in der Methode der Gesprächslinguistik zu suchen: Die Fragestellung soll/kann im Zuge der weiteren Auseinandersetzung mit dem Material weiter verfeinert werden. Gelegentlich muss die Fragestellung gänzlich verworfen und eine neue entwickelt werden. Je fortgeschrittener die Analysephase, desto resistenter wird auch die Fragestellung gegen unterschiedliche neue Fälle werden. Diese gezielte Veränderbarkeit lässt den Forscher für Aspekte offen bleiben, die aus seiner ursprünglichen Fragestellung heraus gar nicht oder nur teilweise berücksichtigt werden könnten. Es handelt sich also um eine Offenheit, die den anfänglichen Horizont zu überwinden ermöglicht und dadurch Raum für alternative Sichtweisen schafft (vgl. Deppermann 2008, 21ff.).

3.3 Herstellung des Datenmaterials

Wie bereits in den vorangegangenen Kapiteln erwähnt, gilt die Ton- und/oder Videoaufnahme als unverzichtbare Datengrundlage für die adäquate Durchführung einer gesprächslinguistischen Analyse. Gespräche sind, anders als der Text, flüchtige Ereignisse, die nur durch eine Aufnahme zufriedenstellend festgehalten werden können. So stehen die Aufnahmen für eine endlose Wiederholung zur Verfügung. Aufnahmen bewahren auch die Inhalte, die der Erinnerung entgehen und der Introspektion nicht zugänglich sind. Wie viele Informationen bei einer einzigen Konfrontation mit einem Gespräch unbemerkt bleiben, merkt man spätestens dann, wenn ein aufgenommenes Gespräch mehrmals angehört wurde. Es werden nach mehrmaligem Anhören Aspekte sichtbar, die beim ersten Hören nicht vermutet wurden. Dies kann dazu führen, dass die zuvor gestellten Annahmen über bestimmte kommunikative Phänomene im Nachhinein revidiert werden müssen. Aus diesem Grund sind Aufnahmen ein notwendiges Material, um Gesprächsanalyse betreiben zu können. Vor jeder Aufnahme müssen einige nicht unerhebliche Fragen beantwortet werden:

- Sind für den Forschungsansatz Audio- oder Videodaten erforderlich?
- Wie umfangreich soll das Material sein?
- Wie viel Zeit steht für die Datendokumentation zur Verfügung?

Hat man die oben genannten Fragen beantwortet, kann man mit den Aufnahmen beginnen. Bei den Aufnahmen muss man darauf achten, dass sie möglichst natürlich ablaufen, denn je authentischer die aufgenommenen Gespräche sind, desto wertvolleres Untersuchungsmaterial stellen sie dar. Grundsätzlich gilt es, eine Balance zwischen der Qualität und Natürlichkeit der Aufnahmen herzustellen. Je höher nämlich die Qualität, desto präsenter sind die Aufnahmegeräte für die Gesprächsteilnehmer und desto unnatürlicher das Gespräch. Mit anderen Worten: Der Analytiker befindet sich in einer Zwickmühle, weil er weiß, dass gute Aufnahmequalität häufig auch gleichzeitig eine unerwünschte Künstlichkeit der Gespräche zur Folge hat – man spricht in diesem Zusammenhang von einem BEOBACHTERPARADOXON. Wenn wir aber die Aufnahmegeräte zu stark in den Hintergrund drängen, kann es passieren, dass die Aufnahmen aufgrund ihrer schlechten Qualität unbrauchbar werden. Ideal wäre es, ein Gespräch aufzunehmen, ohne dass die Gesprächsteilnehmer davon wüssten, dass sie aufgenommen werden. Da man aber aus rechtlichen und ethischen Gründen vor den Aufnahmen ein Einverständnis der Gesprächsteilnehmer einholen muss, ist dies nicht möglich. Eine Ausnahme stellt eine pseudo-offene Aufnahme dar, die erst einige Zeit nach dem Einverständnis der Gesprächsteilnehmer durchgeführt wird. Die Aufnahmen können beispielsweise eine Woche nach dem Einverständnis der Teilnehmer mit verstecktem Mikrophon durchgeführt werden, was dem eben thematisierten Beobachterparadoxon effektiv entgegenwirkt. Man hat neben der offenen Aufnahme oder der verdeckten Aufnahme, in der die Aufnahme mit oder ohne Wissen der Beteiligten stattfinden, noch die Möglichkeit, eine provisorisch verdeckte Aufnahme durchzuführen (vgl. Brinker/Sager 2010, S. 33). Hierbei nimmt man die Gesprächsbeteiligten zunächst ohne sie vorher um Erlaubnis zu fragen auf und fragt anschließend, ob die Daten zu wissenschaftlichen Zwecken verwendet werden können. Diese Methode ist aber aus zweierlei Hinsicht mit Vorsicht zu genießen: Erstens, ein solches Verfahren kann gelegentlich negative Reaktionen bei den Aufgenommenen hervorrufen. Man hat sie ja ohne vorher zu fragen aufgenommen. Zweitens ist eigentlich bereits das Aufnehmen von nicht öffentlichen Gesprächen ohne Zustimmung rechtlich nicht gestattet. Die unproblematischsten Möglichkeiten bietet deshalb meines Erachtens entweder die offene oder die pseudo-offene Aufnahme.

3.4 Vier Schritte der Datenaufbereitung

Hat man das Gespräch bzw. die Gespräche aufgenommen, kann man zum nächsten Schritt übergehen: der Datenaufbereitung. Als Erstes sollte ein Deckblatt (Transkriptionskopf) und ein Gesprächsinventar erstellt werden. Diese beiden Schritte liefern dem Forscher einen groben Überblick über das gesamte Gespräch.

3.4.1 Erstellen von Deckblättern und Gesprächsinventaren

Auf dem Deckblatt werden die wichtigsten Informationen zu der Gesprächssituation, den Gesprächsteilnehmern etc. angegeben. Im zweiten Schritt werden in groben Zeitabschnitten die wichtigsten Inhalte, Handlungen, Auffälligkeiten und Aspekte notiert, die für die ausgesuchte Forschungsfrage von Relevanz sind. Deckblatt und ein Gesprächsinventar können z. B. folgendermaßen aussehen:

Gesprächsname und -nummer	Talkshow Nr. 1
Aufnahmedatum und -zeit	27.10.2001
Dauer der Aufnahme	19.24 Minuten
Aufnahmeort	St. Petersburg/Fernsehstudio: ORT
SprecherInnen	Moderator (M), Natalja (N), Alexej (A), Dmitrij (D), Alexandra (AL), Tatjana (T), Igor (I), Anna (AN), Michael (MI), Ina (IN), Natascha (NA), Anton (ANT)
Aufnahme liegt als Tonband vor	ja – nein – fehlt
Aufnahme liegt als Video vor	ja – nein – fehlt
Kurzbeschreibung	Es geht um die Entscheidung: Heirat ja oder nein? Natalja hat einen Freund (Dmitrij) und verheimlicht ihm, dass sie ein Kind hat; er möchte Natalja einen öffentlichen Heiratsantrag machen. Wird er Natalja den Heiratsantrag machen, nachdem er erfährt, dass sie einen Sohn hat?
Allgemeine Bemerkungen	Teilweise schwer verständlich wegen Nebengeräuschen bei der Aufnahme (Transfer), Moderator neigt zu sehr schnellem Sprechen und schluckt Endungen, muss sich gelegentlich korrigieren, Alexej spricht teilweise verwaschen
Als Transkription liegen vor	CD-ROM/Video mit 27 Sequenzen der Talkshow
Transkribenten	Roman Elsner, Maria Kaiser, Irina Koch, Irina Komrat, Theodora Zeidler
Kontrolle der Transkription	Theodora Zeidler

Abb. 6: Deckblatt des Gesprächsinventars[14]

---

[14] http://www.uni-potsdam.de/u/slavistik/vc/rlmprcht/textling/arb_stud/hs05/stirka/ deckblatt_gespraechsinventar.swf

Gesprächsname: Talkshow Nr. 1

Abschnitte	SprecherInnen	Inhalt und Handlung	Forschungsfrage
00	Moderator (M)	Themaankündigung und Einführung	Wann treten (gehäuft) Wort-, Wortgruppenwiederholungen auf? Welche Funktionen können sie ausüben? Wortwiederholung durch Aufforderung 03/08; Aufzählung 09-11
01	Moderator (M)	Ankündigung des ersten Gastes	-
02	Moderator (M), Natascha (NA)	Begrüßung, M fragt NA nach Lebensumständen	Rekurrenz (Gruß/Gegengruß) 20/22; Aufforderung durch M 26
03	Moderator (M), Natascha (NA)	NA antwortet auf Frage, indem sie die Kennenlernphase erläutert	Wortwiederholung durch Übernahme 40/42, durch Bekräftigung 43-44; Grammatische Korrektur 52; Aufzählung 60-62
04	Natascha (NA), Moderator (M)	Konkretisieren des Themas, NA bekennt sich zu ihrem Fehler, das Kind verschwiegen zu haben	Aufforderung 68; Wortwiederholung 75-76
05	Moderator (M), Natascha (NA)	M bemüht sich das Verschweigen des Kindes durch die Mutter zu ergründen	Aufforderung 94; Wortwiederholung mit Bekräftigung 103-104
06	Moderator (M), Natascha (NA)	NA erklärt, dass es schwer ist mit Kind Männerbekanntschaften zu schließen und der Junge einen Vater braucht	Wortwiederholung mit Bestätigung 111-112; Wortwiederholung (themenbezogen und Übernahme) 115, 116, 118; Aufforderung durch M 118
07	Moderator (M)	M geht auf NAs Bemerkung ein	Wortwiederholung 154

Abb. 7: Gesprächsinventar[15]

15   http://www.uni-potsdam.de/u/slavistik/vc/rlmprcht/textling/arb_stud/hs05/stirka/gespraechsinventar.pdf

In dem konkreten Fall kann man unter anderem aus dem Deckblatt entnehmen, dass es sich um eine russische Talkshow handelt, welche dort am 27.10.2001 ausgestrahlt wurde. Im Gesprächsinventar haben wir neben der Spalte mit den Sprechern ebenfalls eine Spalte für Inhalt/Handlung und die Forschungsfrage. In der Spalte „Inhalt/Handlung" werden der Inhalt der Sequenz angegeben und die auffälligen Handlungen genannt (Fragen, Erklären, Konkretisierung etc.). In der Spalte „Forschungsfrage" werden mögliche Fragestellungen genannt, welche zu diesem Abschnitt passen, bzw. welche anhand dieser Sequenz beantwortet werden können. Natürlich gibt es keine klaren Vorgaben für ein Gesprächsinventar. Ein Gesprächsinventar soll in erster Linie den Zielen des Vorhabens oder des Projekts genügen. So kann es beispielsweise sein, dass die Fragestellung bereits vor der Erstellung des Gesprächsinventars feststeht, was beispielsweise die Spalte „Fragestellungen" obsolet macht. Wenn Sie aber z. B. metaphorische Verwendungsweisen untersuchen wollen, wäre es sinnvoll, eine Spalte „Metaphern" anzulegen, in der Sie alle aufgefundenen Metaphern zunächst nennen und dann kurz charakterisieren.

3.4.2 Nähere Bestimmung des Untersuchungsziels

In der Regel ist es so, dass sich durch die Konfrontation mit der Inventarisierung die Notwendigkeit ergibt, seine Forschungsfrage neu zu überdenken. Zumindest ist es in der Regel ein guter Zeitpunkt, um das Erkenntnisinteresse anhand einer ersten Auswahl von Gesprächspassagen zu konkretisieren.

3.4.3 Selektion der zu analysierenden Passagen

Im nächsten Schritt sollten Passagen ausgewählt werden, die in direktem Bezug zu der primären Untersuchungsfrage stehen. Vor allem am Anfang der Untersuchung sollten möglichst thematisch bzw. handlungsschematisch abgeschlossene Einheiten gewählt werden und vor allem solche, die das Phänomen besonders treffend darstellen. Will man alle Vorkommen eines Phänomens erfassen, ist es sinnvoll, einen Katalog aller Transkriptionsausschnitte/ -segmente anzulegen, die für die Beantwortung der Untersuchungsfrage wichtig sind (vgl. Deppermann 2008, S. 35ff.). So hat man alle einschlägigen Ausschnitte gebündelt vorliegen und kann dadurch besser Zusammenhänge und Unterschiede erkennen.

Anschließend steht man vor dem vierten Schritt der Datenaufbereitung: der Transkription. Die aufgenommene und vorstrukturierte gesprochene Sprache muss verschriftlicht werden. Es gibt mehrere Transkriptionssysteme und einige Aspekte, auf die man dabei achten muss.

3.4.4 Transkription

Bei der Transkription handelt es sich um eine Verschriftlichung des Gesprochenen als Weiterverarbeitung der zuvor erarbeiteten Dokumentation im Audio- oder Videoformat. Um die Erstellung einer Transkription zu vereinfachen, kann auf computergestützte Transkriptionseditoren zurückgegriffen werden (siehe Kapitel 3.4.5). Diese Aufbereitung ist der Ausgangspunkt jeglicher weiterführender Analyse. Ihr Charakteristikum ist die Konventionalität und Gültigkeit, da die Transkription eine Form der dauerhaften Gesprächskonservierung darstellt (vgl. Dittmar 2009, S. 17). Viele sehen die Transkription lediglich als Hilfsarbeit an. Für Konversationsanalytiker und auch für einen Gesprächslinguisten ist die Transkription jedoch der entscheidendste Schritt. Bereits im vorangegangenen Kapitel kam das Prinzip *order at all points* zur Sprache, welches besagt, dass kein im Transkript auftauchendes Textelement als Zufallsprodukt anzusehen ist. Für den Transkribenten bedeutet dies, dass jedes noch so unauffällige Detail berücksichtigt werden sollte. Oftmals muss eine Stelle wiederholt angehört werden, um sie im Transkript genauestens festhalten zu können. Man muss lernen, das Gespräch auf eine andere, bewusstere Art und Weise wahrzunehmen. Kleinste Nuancen der Satzmelodie (Intonation) müssen bemerkt werden. Die Atmung und das Tempo können bei der Analyse eine große Rolle spielen (vgl. Sidnell 2010, S. 24).

Dennoch sollte bei der Transkription immer die analytische Fragestellung/Hypothese im Hinterkopf behalten werden, da sie über die Schwerpunkte der Transkription entscheidet. Wenn der Analysierende beispielsweise auf die Struktur der Eröffnungsphase in Talkshowgesprächen aus ist, kann er unter normalen Umständen die Transkription von phonetischen Besonderheiten (Dialekt, Regionalismen) vernachlässigen.

Von welchem Nutzen ist also eine Transkription? Warum sollte man die für einen Laien unverständlichen Zeichen in seine Transkription einbauen? Ein offensichtlicher Grund für diese genaue Arbeit ist die Möglichkeit der Fixierung von etwas Flüchtigem (der gesprochenen Sprache) auf Papier. Zudem ermöglicht eine selektive Transkription (mit Schwerpunkt auf Flexion, Metaphern, Sprecherwechsel etc.) eine klare Sicht auf den ausgewählten Untersuchungsgegenstand.

Ein Doppelpunkt hinter Wörtern oder Buchstaben zeigt zum Beispiel an, ob und wie lange eine sprachliche Einheit gedehnt wurde. Warum sollte nun so etwas angeben werden? Solche Auffälligkeiten niederzuschreiben, kann hilfreich dafür sein, die Reaktion des Gesprächspartners zu verstehen. Wenn jemand *okay* sagt, das aber gedehnt ausspricht (`okay::`), kann er dem Gegenüber dadurch anzeigen, dass er etwas nicht verstanden hat. Von daher ist es also immer wichtig, bei einer Transkription zumindest die Dinge, die man untersuchen möchte, so detailliert wie möglich herauszuarbeiten. All diese Feinheiten müssen exakt transkribiert werden, um am Ende die Reaktionen der Rezipienten und damit die Organisation des Gesprächs nachvollziehen zu können.

Bei einer Transkription handelt es sich somit nicht nur um das bloße Aufschreiben von dem, *was* gesagt wird, wie zum Beispiel bei einem Interview für eine Zeitung, sondern auch darum, *wie* es gesagt wird. Also um das systematische Herausarbeiten von Erscheinungen der Mündlichkeit. Darunter fallen Lautstärke, Intonation, Aussprache, Verschleifungen und noch vieles mehr.

3.4.4.1 Design der Transkription: Partitur- und sequenzielle Schreibweise

Für die Glaubwürdigkeit der Transkription ist zunächst ihre formale Gestaltung wichtig. Dafür ist es notwendig, einen entsprechenden Transkriptionskopf (Deckblatt) mit den wichtigsten Hintergrundinformationen zu erstellen, der Informationen über den Transkribent, die Probanden, örtliche und zeitliche Gegebenheiten der Gesprächsaufnahme oder etwa Angaben zur kommunikativen Gattung enthält.

Obwohl in diesem Kapitel das Hauptaugenmerk auf der sequenziellen Transkriptionsweise liegen soll, werden dennoch zwei weitere mögliche Schreibweisen vorgestellt: die Partitur- und die Spaltenschreibweise.

Bei der PARTITURSCHREIBWEISE (ital. partitura „Einteilung") wird eine endlose Zeile pro Sprecher entwickelt, die nur durch das Papierende unterbrochen wird (vgl. Dittmar 2009, S. 90). Ansonsten läuft die Verschriftlichung weiter. Genau wie in einer untereinander angeordneten Zusammenstellung aller Einzelstimmen einer Komposition eines musikalischen Stücks stellt die Partiturnotation eine untereinander angeordnete Zusammenstellung aller Sprecher dar, die am Gespräch beteiligt sind. Dementsprechend kann der Analytiker das kommunikative Geschehen schnell überblicken.

> Während schriftsprachliche Texte somit nur ein sprachliches Vorher und Nachher graphisch abzubilden vermögen, wird es durch die zweite Dimension der Partiturnotation zusätzlich auch möglich, die in der gesprochenen Sprache so häufig auftretenden zeitlich parallelen Beziehungen graphisch zu repräsentieren.
>
> Rehbein et al. (2004)

Zu der bekanntesten Transkriptionskonvention mit Partiturdesign gehört die von Ehlich und Rehbein entworfene halbinterpretative Arbeitstranskription (HIAT) (vgl. Ehlich/Rehbein 1976). Sie soll an einem exemplarischen Transkriptausschnitt veranschaulicht werden:

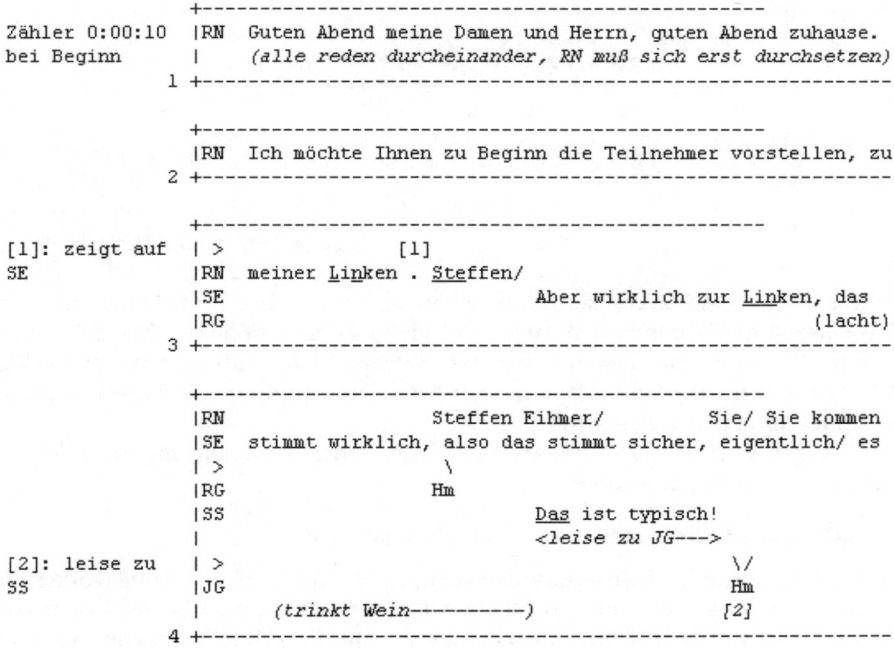

Abb. 8: HIAT-Transkription[16]

Die Stärke der HIAT-Transkription liegt in der Möglichkeit, gleichzeitige Gesprächs-beiträge von vielen Gesprächsteilnehmern zu erfassen. Als Schwäche kann das recht „umständliche" Design genannt werden, das z. B. eine Transkription in Word nicht gerade vereinfacht.

Die SEQUENZIELLE NOTATION stellt den Gegensatz zur Partiturschreibweise dar. Statt in Endloszeilen wird jeder Gesprächsschritt[17] in einer neue Zeile transkribiert.

> Das Untereinander der Zeilen bildet ikonisch das Nacheinander der Sprecherbeiträge ab.
>
> (vgl. Selting et al. 2009)

Repräsentativ für diese Schreibweise ist das gesprächsanalytische Transkriptionssys-tem 2 (GAT2), das am folgenden Gesprächsausschnitt veranschaulicht werden soll:

Gesprächsbeispiel: Uraltes Ehepaar

```
62   S1:        [hehehe]
63   S1:    he [he]
64   S2:        [und] die LAUfen: (.) RUM wie n URaltes ehe
                [paar.=ne,]
65   S1:        [he he
66   S1:    he ho [ho ]
67   S2:          [OUH] mann. (.) heh
68   S1:    und aber a was aus der FRAU geworden is weißt du nich.=ne,
69   S2:    NEE:;
70          nich geNAU;
71          aber die is nach berLIN gegang[en;]
72   S1:                                  [hm,]
73   S2:    und da hat die ihre KINder und-
74   S1:    hm,
75   S2:    GANZ neues LEben wahrscheinli[ch;]=ne,
76   S1:                                 [hm,]
```

(vgl. Selting et al. 2009, S. 394ff.)

Zu der Stärke der GAT 2-Transkription gehört sicherlich ihre Einfachheit, die sich beispielsweise in der ikonischen Motiviertheit vieler Transkriptionszeichen zeigt. Eine Transkription in Word ist ebenfalls denkbar einfach. Problematisch wird es bei Ge-sprächen mit vielen Gesprächspartnern, weil die Transkription durch das sequenzielle Design schnell unübersichtlich wird.

Da in diesem Buch die GAT 2-Konvention verwendet wird, soll im Folgenden ge-nauer auf sie eingegangen werden.

3.4.4.2 GAT 2: Gesprächsanalytisches Transkriptionssystem

Das gesprächsanalytische Transkriptionssystem, kurz GAT 2, wurde 1998 vorgestellt und 2009 weiterentwickelt, um ein allgemeingültiges und einheitliches System zur Verschriftlichung von Gesprächen zu schaffen. Es soll das schnelle Erfassen von Da-ten, eine benutzerfreundliche Lesbarkeit und nicht zuletzt die Auswertung von Korpo-ra der gesprochenen Sprache ermöglichen (vgl. Selting/Auer et al. 2009).

---

[17]   Siehe Kapitel 4.

3.4.4.2.1 Grundsätze des GAT 2

Mittels des GAT 2 wird hauptsächlich Alltagssprache und realitätsnahe Kommunikation untersucht. Aufgrund von deren Komplexität bedarf es einer detaillierten schriftlichen Ausarbeitung. Dabei gibt es drei Detailliertheitsstufen, um den Umfang des Transkripts variieren zu können und so die Überschaubarkeit zu gewährleisten: das MINIMALTRANSKRIPT, das BASISTRANSKRIPT und das FEINTRANSKRIPT (vgl. Dittmar 2009, S. 150). Minimal- und Basistranskript können jederzeit auf die jeweils höhere Stufe erweitert werden.

Das Minimaltranskript richtet sich an die inhaltliche Ebene des Gesprächs und kann z. B. für Analysen in der Soziologie eingesetzt werden. Für gesprächslinguistische Untersuchungen sind vor allem das Basis- und das Feintranskript relevant. Das Basistranskript beinhaltet folgende Aspekte gesprochener Sprache: Gesprächsverlauf, Simultanpassagen, Pausen, Rezeptionssignale, nonverbale Handlungen, Dehnungen sowie prosodische Informationen wie Akzentuierungen, Intonationsphrasen, Tonhöhenbewegungen.

Das Feintranskript enthält weitaus mehr Informationen hinsichtlich prosodischer Phänomene. Hier werden unter anderem Akzentstellen und Akzentstärken, auffällige Tonhöhensprünge am Beginn oder im Verlauf der Einheit, verändertes Tonhöhenregister etc. transkribiert.

3.4.4.2.2 Darstellung und Transkription mit GAT 2

Falls die Transkription nach GAT 2 mit einem Textverarbeitungsprogramm wie z. B. Word festgehalten wird, gelten folgende Formatierungsrichtlinien (siehe z. B. „Uraltes Ehepaar"): Es werden zunächst die Zeilen nummeriert, nach drei Leerstellen folgt der Vorname des Sprechers, nach drei weiteren Leerstellen folgt der Transkriptionstext. Es sollte ein äquidistanter Schrifttyp (wie z. B. Courier in Größe 10) verwendet werden. Wird ein Gesprächsbeispiel in einer Publikation zitiert, muss nicht der gesamte Inhalt des Transkriptionskopfes genannt werden. Es reicht völlig aus, wenn man den Namen des Transkripts, den Gesprächstyp und eine kurze Situationsbeschreibung in (( )) setzt, wenn sie nicht bereits im vorangegangenem Fließtext beschrieben worden sind.[18]

Wie bereits erwähnt, wird das Transkript nach dem GAT 2 in der sequenziellen Schreibweise sowie in Kleinschreibung verfasst. Eine modifizierte orthographische Transkription wird bevorzugt. Das heißt, dass man sich beim Transkribieren an der aktuellen orthographischen Rechtschreibung orientieren soll. Dies gilt bis auf ein paar Ausnahmen: Substantive und Satzanfänge werden kleingeschrieben und es wird keine Interpunktion im eigentlichen Sinne verwendet (kein Komma, Punkt etc.), Interpunktionszeichen werden aber zu anderen Zwecken eingesetzt, die im weiteren Verlauf noch erläutert werden. Schlussendlich können (je nach Fragestellung) auffällige Besonderheiten in der Aussprache durch die sprachlichen Transkription festgehalten werden: statt *das dat* oder statt *haben ham*.[19]

Ein wiederkehrendes Thema bei der Erstellung einer Transkription ist die Frage nach der Einteilung des Gesprochenen in Segmente bzw. Gesprächsschritte, die vom

---

[18] https://www.mediensprache.net/de/medienanalyse/transcription/gat/gat.pdf
[19] Für eine genauere Beschreibung der sprachlichen Transkription siehe Selting/Auer et al. 2009, S. 8-11.

Transkribierenden normalerweise in Form einer erkennbaren, semantischen, prosodischen und syntaktischen Grenze erkannt werden können (vgl. Dittmar 2009, S. 152). Bei der Transkription mit GAT 2 richtet sich die Gliederung der Segmente in der Regel nach der prosodischen Gliederung in INTONATIONSPHRASEN:

> Die Intonationsphrase wird durch einen als kohäsiv wahrgenommenen Tonhöhenverlauf als eine zusammenhängende Einheit gestaltet.
>
> Selting/Auer et al. 2009, S. 370

Sie besitzt eine betonte Silbe sowie einen wahrnehmbaren Tonhöhenverlauf. Die betonte Silbe, der Fokusakzent, wird durch Großschreibung markiert, da sie in semantisch-pragmatischer Sicht wichtig für die Interpretation der Äußerung ist. Für die Tonhöhenbewegung, die bezüglich der Bewegung vom Fokusakzent zum Äußerungsende festgehalten wird, gilt das gleiche.

In der Praxis sollte für jedes Segment eine Tonhöhenbewegung angegeben werden, während der FOKUSAKZENT nur markiert werden sollte, wenn es für die Fragestellung/Analyse von Bedeutung ist.

Die Tonhöhenbewegung am Einheitenende ist in fünf unterschiedliche Grade aufgeteilt:

?	hoch steigend
,	mittel steigend
–	gleich bleibend
;	mittel fallend
.	tief fallend

Die Zusammenführung der Angabe des Fokusakzents, der Beitragskonstruktionseinheit[20] durch die Großschreibung der jeweiligen Silbe sowie die Angabe der Tonhöhenbewegung durch das jeweilige Zeichen sieht folgendermaßen aus:

Gesprächsbeispiel: Schwimmen

```
01   Lotte:   warst du gestern SCHWIMMEN,
02   Anton    ne keine lust.
03   Lotte:   KOPF hoch-
04            du kannst ja noch heute gehen;
05   Anton:   auch kein BOCK-
06            ich bleibe heute lieber zu hause.
```

Studenten, die ihre erste Transkription erstellen, können sich bei der Einteilung des Gesprochenen in Segmente zunächst nach der syntaktischen Gliederung der Beiträge richten. Ein Segment umfasst in der Regel eine Äußerung mit der Länge von ca. 1 bis ca. 4 Sekunden.

Als Nächstes werden insbesondere die Transkriptionszeichen vorgestellt, die sich auf der Detailliertheitsstufe des Basistranskriptes befinden. Kommt es zum Beispiel bei den Sprecherwechseln zu ÜBERLAPPUNGEN, werden diese mit untereinander stehenden eckigen Einklammerungen markiert. Das Eingeklammerte umfasst folglich die simultan gesprochenen Äußerungen.

---

[20] Siehe Kapitel 4.

Gesprächsbeispiel: Justus_1

```
01    Anton:    ich habe dich mit justus [geseh\]
02    Lotte:                             [NEIN ] (.) kann nicht
              sein.
```

In dem oben genannten Beispiel kommt es zur Simultansequenz. Lotte fällt Anton ins Wort und initiiert ihren Gesprächsbeitrag mit der Negationspartikel nein. In solchen Situationen kommt es häufig zu einem Abbruch des Beitrags seitens des Unterbrochenen (Anton). Dies ist auch in diesem Gesprächsbeispiel der Fall. Anton bricht mitten in der Artikulation des Wortes geseh(en) seinen Beitrag ab.

Im GAT 2 werden lediglich die ABBRÜCHE kenntlich gemacht, welche durch einen Glottalverschluss erzeugt worden sind.[21] Da in dieser Einführung nicht zwischen den Arten von Abbrüchen differenziert wird, kommt ein Rückstrich (Backslash „\") zum Einsatz, das auf alle Typen von Abbrüchen verweist. Ein Abbruch liegt beispielsweise in dem eben gezeigten Gesprächsbeispiel „Justus_1" in Zeile 01 vor.

Kommt es zu PAUSEN im Gespräch, werden diese wie folgt gekennzeichnet:

(.)	Mikropause, geschätzt, bis ca. 0.2 Sek. Dauer
(-)	kurze geschätzte Pause von ca. 0.2-0.5 Sek. Dauer
(--)	mittlere geschätzte Pause v. ca. 0.5-0.8 Sek. Dauer
(---)	längere geschätzte Pause von ca. 0.8-1.0 Sek. Dauer
(2.0)	Ungefähre Zeitangabe, die länger als eine Sekunde lang ist

Gesprächsbeispiel: Fernsehturm

```
01    Anton:    weißt du äh (1.0) ich komm nicht drauf- (--)
02    Lotte:    meinst du den äh (---) den den fernsehturm?
03    Anton:    nein (.) ich mein den DIETER-
```

Wenn bestimmte Wörter auffällig gedehnt werden, lässt sich das mittels Doppelpunkten markieren. Die Länge der DEHNUNG richtet sich in GAT 2 nach Näherungswerten:

:	Dehnung um ca. 0.2-0.5 Sek.
::	Dehnung um ca. 0.5-0.8 Sek.
:::	Dehnung um ca. 0.8-1.0 Sek.

Dazu ein kurzes Beispiel:

Gesprächsbeispiel: Ich dich aber nicht

```
01 ->Anton:    ich habe dich so::: lie::b-
02    Lotte:    ich dich aber nicht.
```

NONVERBALE HANDLUNGEN und außersprachliche Ereignisse werden in doppelte einfache Klammern gesetzt: z. B. ((schnieft)), ((hustet)), ((lacht)), ((steht auf)).

---

[21] Sie werden mit einem Buchstaben des lateinischen Alphabets „" markiert.

Gesprächsbeispiel: Schlawiner

```
01   Anton:   ich hab das gar nicht so (.(schnieft)) gemeint;
02   Lotte:   ((seufzt)) DOCH- (-) du schlawiner;
03   Anton:   ((lacht))
```

LAUTSTÄRKE- UND SPRECHGESCHWINDIGKEITSMODIFIKATIONEN werden im GAT 2 wie in der Musik bezeichnet und notiert. Die entsprechenden Abkürzungen sind jedoch zusätzlich in vier spitze Klammern zu setzen.

<<f>	>	forte, laut
<<ff>	>	fortissimo, sehr laut
<<p>	>	piano, leise
<<pp>	>	pianissimo, sehr leise
<<all>	>	allegro, schnell
<<len>	>	lento, langsam
<<cresc>	>	crescendo, lauter werdend
<<dim>	>	diminuendo, leiser werdend
<<acc>	>	accelerando, schneller werdend
<<rall>	>	rallentando, langsamer werdend

Dabei wird die beliebig lange Äußerungseinheit der Sprecher zwischen die erste und zweite abschließende Klammer gesetzt, wie das folgende Beispiel veranschaulicht:

Gesprächsbeispiel: Justus_2

```
01 ->Anton:   <<ff>ich habe dich mit justus> [gesehen.]
02   Lotte:                                   [nein,  ](.) kann
             nicht sein.
```

Anton hat also den Teil seines Beitrags *ich habe dich mit Justus* sehr laut ausgesprochen.

In die spitzen Klammern können ebenfalls INTERPRETIERENDE KOMMENTARE über die Art und Weise der Aussprache transkribiert werden: traurig, wütend, genervt, liebevoll etc. (Bsp.: <<wütend>ich habe dich mit justus gesehen>) oder um bestimmte nonverbale Handlungen parallel zu den verbalen Handlungen abzubilden (Bsp.: <<sich setzend>ich habe dich mit justus gesehen>). Man sollte aber sparsam mit den Transkriptionszeichen umgehen und nur diejenigen einsetzen, die auch für die weitere Untersuchung relevant sind oder die Aspekte verschriftlichen, die tatsächlich eine Relevanz für das Gespräch haben. Es ist in der Regel weniger interessant, wenn beispielsweise jemand grundsätzlich laut spricht; interessant wird es erst, wenn diese Person plötzlich leiser spricht. Dieser Wechsel hat dann oftmals eine kommunikative Bedeutung und sollte auf alle Fälle transkribiert werden.

Wie vieles andere werden auch Auslassungen und Unverständliches in Klammern gesetzt. Für eventuell missverstandene Äußerungen nutzt man eine einfache, für Auslassungen eine doppelte, mit Punkten gefüllte Klammerung.

Gelegentlich liegt ein EIN- oder AUSATMEN vor, das mehr als eine physische/biologische Notwendigkeit darstellt und aus diesem Grund auch transkribiert werden sollte. Man sollte es aber nur an Stellen transkribieren, an denen das Ein-/Ausatmen eine Bedeutung für die Interaktion hat, beispielsweise wenn der Hörer durch ein auffälliges Einatmen dem Sprecher signalisiert, dass er die Sprecherrolle übernehmen will. Das Ein- und Ausatmen wird mit einem „h" und dem Gradzeichen notiert:

```
°h        Einatmen
h°        Ausatmen
```

Gesprächsbeispiel: Justus_3

```
01   Anton:   ich habe dich mit justus [gesehen.]
02 ->Lotte:                            [°h nein-](.) kann nicht sein.
```

Auffällig langes Ein-/Ausatmen kann ikonisch (wie bei der Dehnung) durch zwei oder drei „h" abgebildet werden (hhh° für auffällig langes Ausatmen).

Die EINSCHLÄGIGEN ZEILEN können mit einem Pfeil am linken Rand gekennzeichnet werden. Es ist auch teilweise üblich, die für die Untersuchung relevanten Stellen, Wörter oder Äußerungen fett zu markieren.

Gesprächsbeispiel: Becker

```
01   Anton:   ich habe DICH gesehen-
02 ->         mit justus beim Becker,
03   Lotte:   nö das war dieter.
```

In diesem Beispiel wird mit dem Pfeil die einschlägige Zeile markiert und zusätzlich mit dem Fettdruck das relevante Wort.

GAT 2 ist somit aufgrund seiner Möglichkeiten zu detailliertester und vor allem allgemeingültiger Transkription von Gesprächen in der Alltagssprache das vorrangig genutzte System in der heutigen Gesprächsanalyse. Jegliche noch so kleine Auffälligkeit (non-)verbaler Kommunikation kann dadurch erfasst und in Textform konserviert werden.

3.4.5 EXMARaLDA und FOLKER – computergestützte Transkriptionsprogramme

In diesem Kapitel sollen die computergestützten Transkriptionseditoren EXMARaLDA (Extensible Markup Language for Discourse Annotation) und FOLKER (entwickelt für das „Forschungs- und Lehrkorpus gesprochenes Deutsch" des IDS Mannheim) vorgestellt werden. Beide Programme sind kostenlos aus dem Internet herunterladbar. Transkriptionsprogramme funktionieren prinzipiell so, dass eine eingefügte Aufnahme in Sprecherbeiträge aufgeteilt wird.

Eine Transkription nach den vorgestellten Konventionen von GAT 2 kann problemlos mithilfe von EXMARaLDA und FOLKER erstellt werden. Die Vorteile der Verwendung eines Transkriptionsprogramms liegen darin, dass Editor- und Audiowiedergabefunktion vereint werden und nach einer kurzen Eingewöhnungsphase schnell und einfach transkribiert werden kann. Der Fokus liegt hier auf der Vorstellung von EXMARaLDA, welches neben dem Einfügen von Audio-Dateien auch das Hinzufügen von Video-Dateien zulässt. In FOLKER ist es wiederum möglich eine Aufnahme in Partitur-, Segment- oder Beitragsansicht zu transkribieren.

Die Benutzeroberfläche (Abb. 9) und die Basisfunktionen von EXMARaLDA sollen im Folgenden erklärt werden:

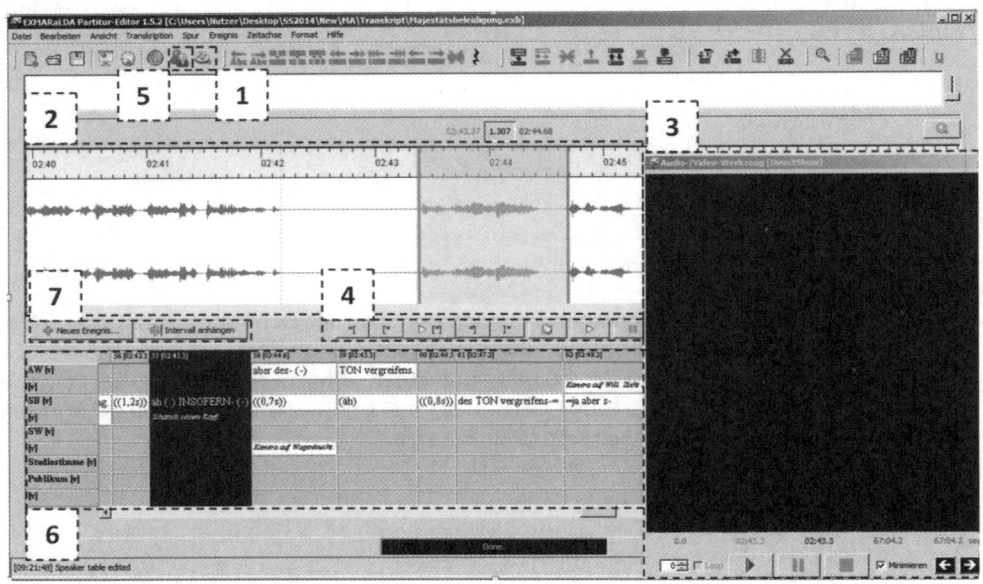

Abb. 9: Benutzeroberfläche von EXMARaLDA

(1) Einfügen einer Aufnahme
(2) Oszillogramm mit angewähltem Segment
(3) Video-Fenster
(4) Abspielbuttons
(5) Sprechertabelle
(6) Partitur
(7) Intervall anhängen/Neues Ereignis

Ein paar Worte zur Handhabung des Editors: Zunächst werden eine Video- (z. B. im *.mp4-Format) und Audioaufnahme (im *.wav-Format) über die Aufnahmerolle (1) in den Editor eingefügt: Im Oszillogramm (2) wird die Audiodatei angezeigt, im Videofenster (3) das Video.

Die gesamte Aufnahme kann nun über die Abspielbuttons (4) wiedergegeben, wiederholt und gestoppt werden. Danach werden die in Erscheinung tretenden Sprecher über die Sprechertabelle (5) angelegt. Sie tauchen jetzt in der Partitur (6) auf.

Über die Markierung im Oszillogramm und die Funktionen ‚Intervall anhängen/Neues Ereignis' (7) werden den Sprechern Zeitabschnitte zugeordnet, die dann in der Partitur transkribiert werden können. Durch das fortlaufende Anhängen von Segmenten und deren Verschriftlichung in der Partitur entsteht eine Transkription in EXMARaLDA.

Die abgeschlossene Transkription kann über ‚Datei/Ausgabe' in verschiedenen Formaten ausgegeben und z. B. in Word weiterverwendet werden.

Die eben beschriebene Benutzeroberfläche und die Basisfunktionen des EXMARaLDA-Editors sind zum Teil vergleichbar mit dem Layout und den Funktionen von

FOLKER. Dies liegt vor allem daran, dass beide Programme von einem Entwickler (Thomas Schmidt) geschrieben wurden.

3.5   Aufnahmen transkribiert – was nun?

Ist die Transkription abgeschlossen, kann die Analyse folgen. Dabei muss die Hauptfragestellung bzw. das Grundphänomen immer im Auge behalten werden. An dieser Stelle kommt es häufig vor, dass nach einer ersten Sichtung der Transkription die Fragestellung präzisiert oder umgeworfen werden muss. Das gehört zur Arbeit eines Gesprächsanalytikers dazu. Also lassen Sie sich bitte nicht entmutigen! Da das Thema der möglichen Fragestellungen und Hypothesen bereits besprochen worden ist und in den kommenden Kapiteln ebenfalls viele ideenspendende Aspekte angesprochen werden, beschränke ich mich in diesem Abschnitt auf einige grundsätzliche methodische Aspekte.

3.5.1   Datensitzung

Es kann hilfreich sein, nach der erfolgreichen Transkription in Gruppen zu arbeiten, da man auf diese Weise viele verschiedene Ideen und Interpretationen sammeln und folglich bessere Ergebnisse erzielen kann. Dieser Arbeitsschritt wird auch Data Session genannt und kann folgendermaßen organisiert sein:

Eine Person stellt ihr Transkript und die dazugehörige Aufnahme zur Verfügung. Beides zusammen stellt die Quelle für die weiteren Arbeitsschritte dar. Die Quelle wird nun den anderen wiederholt vorgespielt. Zudem wird diskutiert, welche Stellen der Konversation relevant für die Analyse sein könnten und worauf der Fokus gesetzt werden sollte. Wurde eine Entscheidung getroffen, machen sich alle Beteiligten eigene Notizen zu ihren Beobachtungen, welche im Anschluss im Plenum geteilt und besprochen werden. Hierbei ist es zunächst wichtig, sich nur auf das Gesagte zu konzentrieren und noch nicht zu interpretieren. Die gesprochene Sprache steht im Mittelpunkt der Beobachtungen (vgl. Sidnell 2010, S. 29).

3.5.2   Ein möglicher analytischer Weg: Sammlungen erstellen

Hier soll ein möglicher, aber bei weitem nicht der einzige Weg der Analyse etwas ausführlicher vorgestellt werden: Das Erstellen von Sammlungen. Wenn man ein potentiell interessantes Phänomen gefunden hat, kann damit angefangen werden, mehrere Fälle dieses Phänomens in einer Sammlung zusammenzufassen. Aber warum nicht einfach für den ersten oder den interessantesten Fall eine Analyse anfertigen? Der Grund dafür ist, dass jeder Fund nur jeweils einen Aspekt des untersuchten Phänomens aufweist. Wenn man sich beispielweise für die Untersuchung des Gebrauchs des Ausdrucks *hallo* entschieden hat, sollte man dann versuchen, die unterschiedlichen Vorkommnisse in bestimmte Typen zu gruppieren. Es fällt dann auf, dass *hallo* nicht ausschließlich zur Begrüßung eingesetzt wird, sondern auch, um jemanden auf etwas aufmerksam zu machen oder als Mittel zur Anzeige von Empörung (*HALLO!)* über die Äußerung eines Gesprächspartners.

3.5.3 Entwicklung einer Analyse

Wenn eine Sammlung erstellt wurde, kann man mit der Analyse beginnen. Dabei sollte man die erhobenen Daten am besten so organisieren, dass die relevanten Aspekte des Dialogs sichtbar werden. Es gibt mehrere Wege, um dies zu erreichen:

- Jeder Transkriptausschnitt wird auf eine eigene Seite kopiert und ihm wird eine Nummer zugewiesen. Anschließend wird jede wichtige Beobachtung notiert.
- Zwei bis drei Phänomene werden ausgewählt. Im nächsten Schritt kann die Analyse beginnen. In der Anfangsphase der Analyse sind Fälle am geeignetsten, welche das zu untersuchende Phänomen besonders deutlich sichtbar werden lassen, ohne von anderen Phänomenen wie Dazwischenreden, Umgebungsgeräuschen oder Husten etc., beeinträchtigt zu sein.
- Im Anschluss an Schritt 2 arbeitet man sich durch seine ganze Sammlung und teilt sie in Untergruppen ein, je nach ihrer Bedeutsamkeit. Beispielsweise kann man das Phänomen nach Reaktion der Beteiligten ordnen oder man gliedert es nach der Position im Gespräch. Dies hängt natürlich davon ab, was genau untersucht wird. Bei größeren Sammlungen empfiehlt es sich beispielsweise, mit Karteikarten zu arbeiten. Sie erlauben es, Gruppen von Fällen zu erkennen, die in mehr als nur eine Untergruppe eingeteilt werden können. Zum Beispiel könnte so auffallen, dass Reparaturen, die durch eine Umformulierung getätigt wurden, nach einer auffallenden Pause auftreten. Dies kann wiederum zu neuen Schlussfolgerungen führen, durch die eine Analyse noch tiefgründiger werden kann.

Wenn man von Beginn an sehr gründlich arbeitet, hat man mit der späteren Auswertung nicht mehr viel Arbeit, weil man im Grunde zu diesem Zeitpunkt bereits alles herausgearbeitet und niedergeschrieben hat, was man braucht. Die Ergebnisse müssen dann lediglich noch in Worte gefasst werden.

3.6 Alternative: Onlinedatenbanken DGD2 und GeWiss im Vergleich

Es gibt auch Situationen, in denen man keine Zeit oder keine Möglichkeiten hat, eine eigenständige Transkription anzufertigen. In solchen Fällen greift man auf vorhandene Onlinekorpora zurück, die bereits fertige Sammlungen von Transkripten bereitstellen. Als Nächstes sollen zwei davon genauer vorgestellt und verglichen werden: Das DGD2-Korpus und das GeWiss-Korpus. Solche Online-Korpora haben den Vorteil, dass sie nach verschiedenen Punkten durchsuchbar und analysierbar sind.

3.6.1 DGD2 – Entstehung und Aufbau

Die Abkürzung DGD2 steht zunächst für den Titel des Korpus, das nun vorgestellt wird. Die Datenbank für Gesprochenes Deutsch ist Teil des Archivs für gesprochenes Deutsch (AFD). Die DGD2 beherbergt weitere Korpora, die am Institut für Deutsche Sprache (IDS) in Mannheim erstellt oder archiviert worden sind. Die in der Datenbank für Gesprochenes Deutsch enthaltene Datenbasis wird fortlaufend erweitert und aktualisiert. So konnte in den letzten Jahren auch der Forschungs- und Lehrkorpus gesprochenes Deutsch (FOLK) in den Bestand aufgenommen werden. Die DGD2 ist eine Sammlung von verschiedenen anderen Korpora, sie enthält insgesamt 19 Sub-korpora. Die DGD2 ist eine umfassendere Version der DGD1.[22]

Für alle Personen, die nicht an der Erstellung oder der Überarbeitung des Korpus beteiligt sind, bietet die DGD2 gegen eine einmalige Registrierung den Zugang zu der Sammlung an. Die Datenbank für Gesprochene Sprache fungiert in der Hinsicht gewissermaßen wie eine Suchmaschine innerhalb der archivierten 19 anderen Korpora. Innerhalb dieser Korpora besteht die Möglichkeit, eine Auswahl aus Metadaten, Audioaufnahmen, Transkripten oder sonstigem Zusatzmaterial herauszufiltern (vgl. Schmidt/Dickgießer/Gasch 2013).

Korpora · Liste Korpusbeschreibungen

KORPORA — **KORPUSBESCHREIBUNGEN** — EREIGNISDOKUMENTATIONEN — SPRECHERDOKUMENTATIONEN — TRANS

Kürzel	KORPORA
BB	Deutsche Mundarten: Kreis Böblingen
BR	Biographische und Reiseerzählungen
DS	Dialogstrukturen
EK	Elizitierte Konfliktgespräche
FOLK	Forschungs- u. Lehrkorpus für gesprochenes Deutsch
FR	Grundstrukturen: Freiburger Korpus
HL	Deutsche Hochlautung
IS	Emigrantendeutsch in Israel
ISW	Emigrantendeutsch in Israel: Wiener in Jerusalem
ISZ	Zweite Generation deutschsprachiger Migranten in Israel
KN	Deutsche Standardsprache: König-Korpus
MV	Binnen- und auslandsdeutsche Mundarten: Varia
OS	Deutsche Mundarten: ehemalige deutsche Ostgebiete
PF	Deutsche Umgangssprachen: Pfeffer-Korpus
SA	Kindersprache: Saarbrücker Korpus
SR	Slawische Mundarten im Ruhrgebiet
SV	Deutsche Mundarten: Südwestdeutschland und Vorarlberg
SW	Deutsche Mundarten: Schwarzwald
ZW	Zwirner-Korpus

Bitte wählen Sie für den Dokumenttyp *"Korpusbeschreibung"* ein Korpus aus der Liste am linken Bildschirmrand.

Korpus	Titel	Anzahl Ereignisse	Zeitraum	Anzahl Sprecher
BB	Deutsche Mundarten: Kreis Böblingen	73	1965-1970	Nicht dokumentiert
BR	Biographische und Reiseerzählungen	7	1985-1990	24
DS	Dialogstrukturen	70	1960-1977	152
EK	Elizitierte Konfliktgespräche zwischen Müttern und jugendlichen Töchtern	107	1988-1990	214
FOLK	Forschungs- und Lehrkorpus gesprochenes Deutsch	137	2005-2012	380
FR	Grundstrukturen: Freiburger Korpus	222	1960-1974	812
HL	Deutsche Hochlautung	27	1971-1975	9
IS	Emigrantendeutsch in Israel	178	1989-2011	181
ISW	Emigrantendeutsch in Israel: Wiener in Jerusalem	28	1998-2011	24
ISZ	Zweite Generation deutschsprachiger Migranten in Israel	68	1999-2012	63
KN	Deutsche Standardsprache: König-Korpus	43	1975/1976	43
MV	Binnen- und auslandsdeutsche Mundarten: Varia	183	1966-1973	184
OS	Deutsche Mundarten: ehemalige deutsche Ostgebiete	981	1962-1965	987 dokumentiert
PF	Deutsche Umgangssprachen: Pfeffer-Korpus	398	1961	402
SA	Kindersprache: Saarbrücker Korpus	48	1982-1984	6
SR	Slawische Mundarten im Ruhrgebiet	23	1969	23
SV	Deutsche Mundarten: Südwestdeutschland und Vorarlberg	242	1966-1970	242
SW	Deutsche Mundarten: Schwarzwald	126	1964/1974	126
ZW	Deutsche Mundarten: Zwirner-Korpus	5796	1955-1970	5888 dokumentiert

Abb. 10: Korpora (DGD2)

---

[22] Seit dem 13.02.12 ist sie unter der Internetadresse: *http://dgd.ids-mannheim.de:8080/dgd/pragdb.dgd_extern.welcome* zu erreichen.

Auf dem oben dargestellten Ausschnitt aus dem DGD2-Internetauftritt sind sämtliche vorhandenen Korpora aufgelistet. Insgesamt umfasst die Datenbank größtenteils Gespräche deutscher Mundart in den unterschiedlichen Regionen Deutschlands wie Bayern, Baden-Württemberg oder Sachsen. Ebenso werden aber auch beispielsweise slawische Mundarten im Ruhrgebiet untersucht. Als Zusatzmaterialien stehen dem Forscher auch Themenlisten, alphabetisch geordnete Wortlisten oder auch Listen mit sprachlichen Besonderheiten zur Verfügung. Heruntergeladen werden können die Materialien zum Teil auch. Inhalts- und sonstige Listen werden als PDF angeboten, Audioaufnahmen im WAVE-Format und sonstige Textdateien lassen sich im TXT-Format herunterladen.

3.6.2 Verwendung der DGD2

Um die Datenbank für Gesprochenes Deutsch benutzen zu können, muss man sich zunächst einmalig und kostenlos registrieren. Anschließend kann man bei der Recherche verschiedene Wege einschlagen. Entweder man recherchiert via einer VOLLTEXTSUCHE in Metadaten und Transkriptionsdaten oder aber man bemüht die sogenannte STRUKTURSENSITIVE SUCHE in Transkripten. Dieser Vorgang wird auch Tokensuche genannt (vgl. Schmidt/Dickgießer/Gasch 2013).

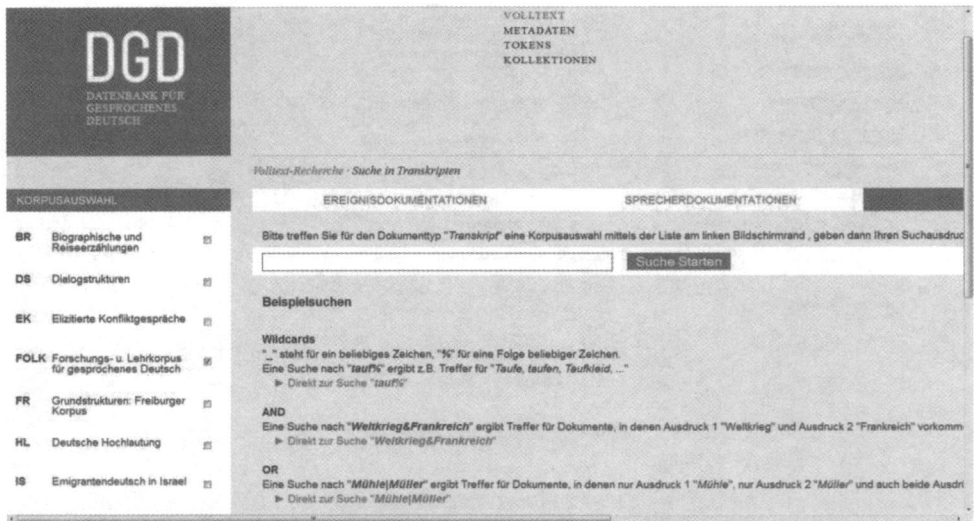

Abb. 11: Suchmaske der Volltextsuche von DGD2[23]

---

23   http://dgd.ids-mannheim.de:8080/dgd/pragdb.dgd_extern.retrieval?v_session_id=CC4E311 4A75C68CAD08F20364B446B29

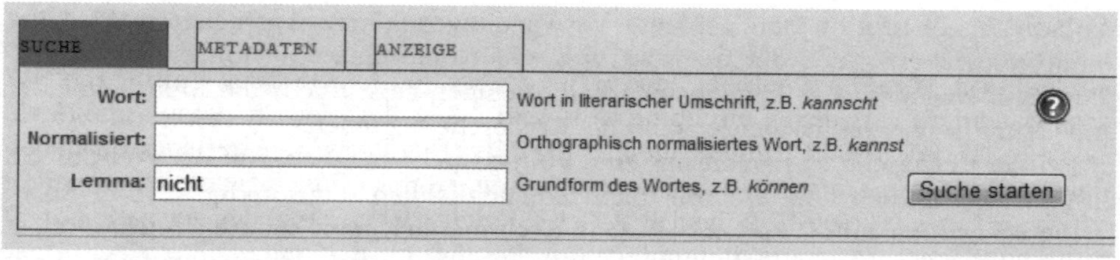

Abb. 12: Suchmaske für die struktursensitive Tokensuche (Schmidt/Dickgießer/Gasch 2013, S. 20).

Zusätzlich hat der Forscher die Möglichkeit, einige ausgesuchte Datensätze herunterzuladen. Dies erfolgt über den Menüpunkt „Download" (Schmidt/Dickgießer/Gasch 2013, S. 22).

3.6.3 GeWiss Korpus – Entstehung und Aufbau

Das GeWiss-Korpus (Vergleichskorpus zur gesprochenen Wissenschaftssprache) wird von der Universität Leipzig zur Verfügung gestellt. Es handelt sich um ein gemeinschaftliches Forschungsprojekt deutscher, englischer und polnischer Institutionen. Es ist Teil des Clarin D Projektes und wird durch das Bundesministerium für Bildung und Forschung gefördert. GeWiss als internationales Forschungsprojekt soll „eine empirische Grundlage für vergleichende Untersuchungen der gesprochenen Wissenschaftssprachen des Deutschen, Englischen und Polnischen [...] schaffen" (vgl. GeWiss-Korpus: „Über GeWiss").

Innerhalb des Korpus wird zwischen zwei wissenschaftlichen Sprachformen unterschieden. Zum einen wird hier der Vortrag einschließlich der Diskussion als Beitragsform archiviert und zum anderen das Prüfungsgespräch. Um das Korpus zu füllen, werden in jeder Universität die zwei angesprochenen Beitragsformen erfasst. In Deutschland in den Bereichen Deutsch als Fremdsprache und Germanistik, in England in Anglistik und in Polen in Polonistik. Die Daten, die in den jeweiligen Ländern erhoben werden, stammen von Muttersprachlern und Nichtmuttersprachlern. Als eines der ersten Korpora, das sich überhaupt mit gesprochener Wissenschaftssprache beschäftigt, bietet der GeWiss ein hohes Vergleichspotenzial. Die unterschiedlichen Wissenschaftssprachen können untereinander verglichen werden, aber auch das Wissenschaftsdeutsche in den verschiedenen Ländern, die am Forschungsprojekt beteiligt sind. Die Ergebnisse der Forschungen in den jeweiligen Ländern lassen sich über die Internetadresse https://gewiss.uni-leipzig.de/index.php?id=home abrufen. Bei der Recherche findet man eine Vielzahl an Audioaufnahmen. Im besten Fall stößt man während der Recherche auch auf entsprechende Videoaufzeichnungen. Sämtliche Audioaufzeichnungen wurden innerhalb des Forschungsprojektes transkribiert, sodass man nicht nur die Aufzeichnungen anhören kann, sondern auch etwas Schriftliches vor Augen hat. Dies sollte insbesondere wieder Studienanfängern einen leichteren Start gewähren.

3.6.4 Nutzung des GeWiss Korpus

Auch für die Nutzung des GeWiss Korpus ist es erforderlich, sich kostenlos zu registrieren. Man muss grundlegende Daten angeben, zu denen Name, Anschrift,

Mailadresse, Institution und geplante Verwendung gehören. Auch hier werden die Daten gespeichert. Nach der Registrierung erhält man eine Mail mit einem Bestätigungslink. Nachdem der Zugang innerhalb weniger Tage durch die Mitarbeiter der Universität freigeschaltet wurde, kann die Recherche beginnen.

Bei der Recherche ist derzeit nur eine Volltextsuche möglich. Auf der Website des GeWiss wird aktuell eine weitere Recherchemöglichkeit angekündigt, die in Kürze verfügbar werden soll. Damit soll es dann auch möglich sein, konkrete Suchanfragen zu beantworten.

Die Volltextsuche stellt sich wie folgt dar:

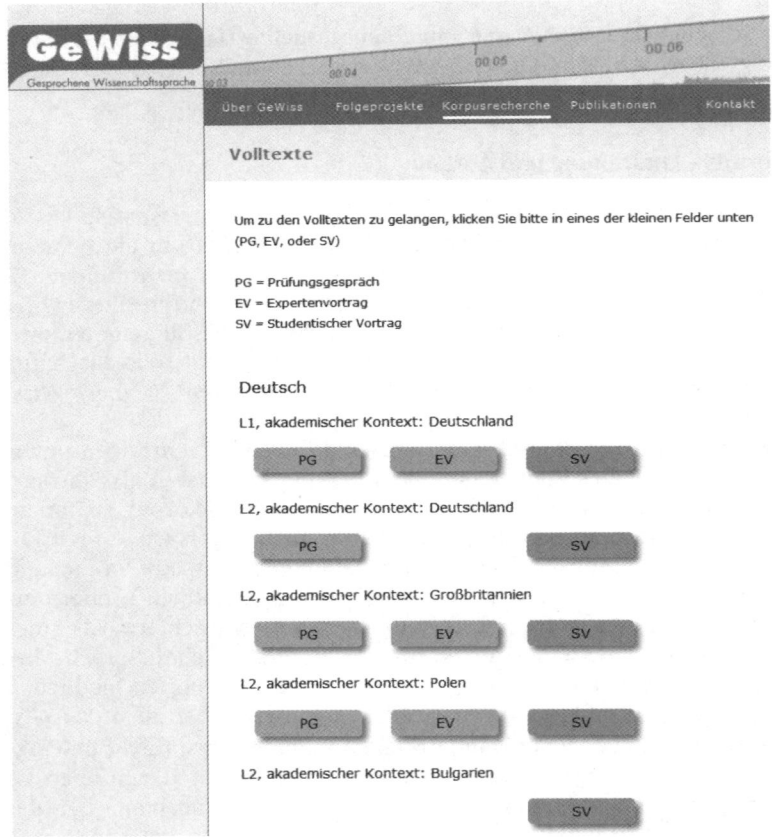

Abb. 13: Suchmaske GeWiss Korpus

Klickt man nun auf die einzelnen Buttons (PG, EV oder SV), so gelangt man zu den einzelnen Kategorien Prüfungsgespräch, Expertenvortrag und Studentischer Vortrag. Zusätzlich wird zwischen unterschiedlichen Leistungsgruppen unterschieden.

3.6.5 Beide Korpora im Vergleich

Beide Korpora unterscheiden sich nicht wesentlich hinsichtlich der Bedienung, da bei beiden zunächst die Volltextsuche angeboten wird. Darüber hinaus wird aktuell beim

DGD2 Korpus bereits eine erweiterte Suche angeboten. Als Erstes widmen wir uns nun dem Arbeiten mit dem DGD2 Korpus.

Bei der Recherche in der DGD2 Datenbank stehen innerhalb der Volltextsuche drei Kategorien zur Verfügung. Man kann seinen Suchbegriff in der Volltextsuche nach Ereignisdokumentationen, nach Sprecherdokumentationen oder nach Transkripten eingeben. Zudem kann man in einer linken Spalte die Korpora auswählen, die man durchsuchen lassen möchte. Eine Spezialisierung der Suchbegriffe ist in jedem Fall erforderlich. Dazu stehen drei Varianten zur Auswahl. Die erste Möglichkeit, den Suchbegriff anzulegen, wird beim DGD2 „Wildcard" genannt. Damit ist folgender Fall gemeint: „_" steht für ein beliebiges Zeichen, „%" für eine Folge beliebiger Zeichen. Eine Suche nach „%mundart" ergibt z. B. Treffer für „Vollmundart, Regionalmundart, etc."

Der zweite mögliche Fall wird vom DGD2 Korpus mit „AND" benannt. Hintergrund der Benennung ist hier, dass zwischen zwei Suchbegriffen ein &-Zeichen gesetzt wird. Als Ergebnis erhält man dann sämtliche Dokumente, die beide Begriffe enthalten.

Eine Suche nach „Vollmundart&südbairisch" ergibt Treffer für Dokumente, in denen Ausdruck 1 „Vollmundart" und Ausdruck 2 „südbairisch" vorkommen.

Die dritte und letzte Möglichkeit bei der Recherche ist die OR-Suche. Diese Recherche ermöglicht eine umfassende Ergebnisliste, da hier sämtliche Suchbegriffe, die eingegeben wurden, in die Recherche einbezogen werden. Sowohl Ergebnisse, in denen nur ein Suchbegriff enthalten ist, werden angezeigt, als auch diejenigen, in denen beide Suchbegriffe enthalten sind. Eine Suche nach „Fastnacht|Fasching" ergibt entsprechend Treffer für Dokumente, in denen nur Ausdruck 1 „Fastnacht", nur Ausdruck 2 „Fasching" und auch beide Ausdrücke zusammen vorkommen.

Die Ergebnisse werden in einer Trefferliste dargestellt. Anhand der einzelnen Ergebnisse kann man dann detailliertere Informationen zum Aufnahmetyp, Sprecher, Aufnahmegerät und dergleichen nachvollziehen (Ereignisdokumentation). Bei der Recherche in den Transkripten besteht die Möglichkeit, sich die dazugehörigen Tonproben anzuhören, damit man die Betonung und die Dialekte nachvollziehen kann.

Die Volltextsuche im GeWiss Korpus stellt sich etwas anders dar. Wie an der Abbildung 12 zu erkennen ist, wird man zunächst vor die Wahl gestellt, in welcher Art von Kommunikationsform man suchen möchte. PG steht für Prüfungsgespräch, SV für Studentischer Vortrag und EV für Expertenvortrag. Zudem hat man die Möglichkeit, zwischen den unterschiedlichen akademischen Kontexten zu wählen. Dadurch, dass es Partnerstädte in Großbritannien und Polen gibt, kann man also zwischen den akademischen Kontexten Deutschland, Großbritannien und Polen wählen. Entscheidet man sich in der Folge für die Prüfungen aus Deutschland und nimmt als wissenschaftlichen Kontext Deutsch, so wird man auf eine Ergebnisseite weitergeleitet, die folgendermaßen aussieht.

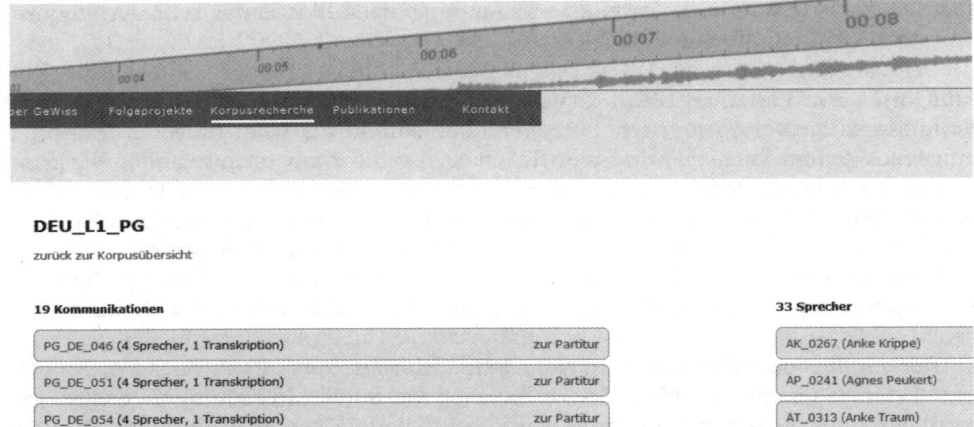

Abb. 14: Ergebnisliste (GeWiss Korpus)

Diese Ergebnisliste besteht aus zwei Spalten. Links ist jeweils die Kommunikationsdatei zu sehen, durch Klicken auf den Dateinamen erhält man detaillierte Informationen zu der Situation, in der die Datei aufgezeichnet worden ist. Klickt man in der linken Spalte auf Partitur, so erhält man eine kleine Transkription des Gesprochenen. Dort hat man die Möglichkeit, sich das Gesprochene in maximal 15-sekündigen Abschnitten anzuhören. Nach den 15 Sekunden hat man die Möglichkeit, sich den nächsten Abschnitt anzuhören, indem man auf den nächsten Playbutton drückt. In der rechten Spalte sind sämtliche Sprecher in alphabetischer Reihenfolge aufgelistet. Mittlerweile ist auch bei GeWiss eine Begriffsuche möglich. Diese Aufgabe erfüllt die Konkordanzsuche, welche neben dem gesuchten Wort die vorangegangenen und nachträglichen Äußerungen zusätzlich einblendet, sodass man den Verwendungskontext unmittelbar erfassen kann.

Bei den Recherchen in den beiden Korpora fällt auf, dass sich auch die Inhalte selbiger unterscheiden. Während die Datenbank für Gesprochenes Deutsch eher Dokumente aufweist, die unterschiedliche Mundarten und Dialekte bearbeiten und sich somit auf den allgemeinen Sprachgebrauch des Deutschen spezialisieren, setzt der GeWiss, wie bereits erwähnt, auf gesprochenes wissenschaftliches Deutsch.

Zusammenfassend lässt sich sagen, dass die Datenbanken DGD2 und GeWiss sich bezüglich Aufmachung und Inhalt recht stark unterscheiden.

Beide Datenbanken beinhalten zwar gesprochene Sprache, doch ist die Zielsetzung der Betreiber unterschiedlich. Die GeWiss Datenbank will eher zum Vergleich anregen und trennt die gesprochene Sprache von Experten und Studenten sowie von Muttersprachlern und Nicht-Muttersprachlern. DGD2 ist allgemeiner gehalten und umfasst ein sehr breites Feld von Gesprächen in deutscher Sprache.

Beide Datenbanken bieten untersuchungswertes Material und können eigene Vorteile und Besonderheiten bieten. Schreibt jemand eine wissenschaftliche Arbeit über gesprochene Sprache, ist es sicherlich förderlich, auf beide Datenbanken, GeWiss und DGD2, zurückzugreifen.

Gerade das GeWiss Korpus sollte man regelmäßig auf Neuerungen überprüfen, da die Datenbank noch nicht vollkommen ausgeschöpft und im stetigen Wandel ist. Eine wünschenswerte Verbesserung wäre eine Erweiterung der Vergleichskorpora durch Material der neuen Partneruniversitäten aus Bulgarien, Italien und Finnland.

Zu weiteren Onlinekorpora gehören unter anderem das MICASE, das über englischsprachige Daten verfügt sowie die französische Sprachdatenbank CLAPI (vgl. Merkel/Schmidt 2009).

Aufgaben

a) Kreuzworträtsel

waagerecht

2. Die Phase vor den Datenaufnahmen, in der man sich Gedanken über einen möglichen Untersuchungsgegenstand etc. macht, wird ... Phase genannt.
4. Wie heißt die Form der Datenaufbereitung, in der die wichtigsten Inhalte, Handlungen, Auffälligkeiten notiert werden?
5. Wenn zwei Gesprächspartner gleichzeitig sprechen, nennt man das... .
6. Verschriftlichung des Gesprochenen.
8. Eins der drei Designs der Transkription, das in seiner Konzeption an die Zusammenstellung aller Einzelstimmen einer musikalischen Komposition erinnert.
9. Welches Onlinekorpus ist am besten geeignet, wenn man verschiedene Mundarten und Dialekte untersuchen möchte?
10. Wenn man aus zeitlichen oder anderen Gründen nicht selbst transkribieren kann, gibt es Möglichkeiten, auf ... zurückzugreifen.

senkrecht

1. Wie wird das Problem bezeichnet, dass das Bestreben qualitativ hochwertige Aufnahmen zu erreichen, ihre (unerwünschte) Künstlichkeit/Unnatürlichkeit begünstigt.
3. Wenn man ein potentiell interessantes Phänomen gefunden hat, kann man anfangen, mehrere Fälle dieses Phänomens in einer ... zusammenzufassen.
7. Im Jahr 1998 hat man das gesprächsanalytische Transkriptionssystem entwickelt, um ein allgemeingültiges und einheitliches System zur Verschriftlichung von Gesprächen zu schaffen. Wie wird das Transkriptionssystem noch bezeichnet?

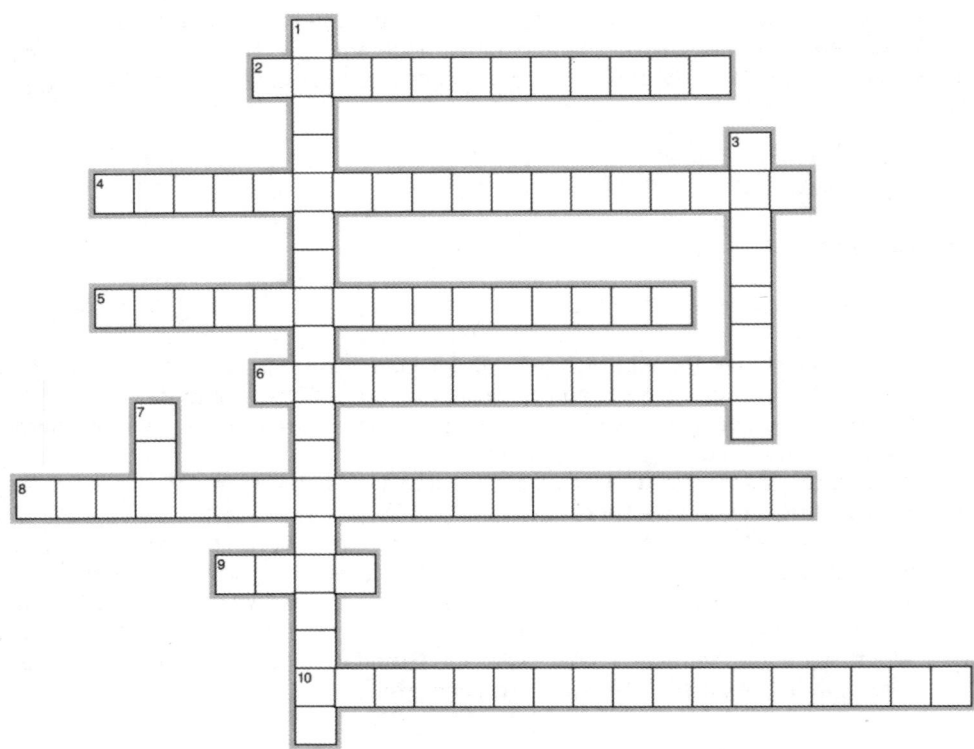

b) Erklären Sie an Beispielen, worin die Unterscheidung zwischen der Top-down- und der Bottom-up-Perspektive besteht.

c) Nennen Sie die vier Schritte der Datenaufbereitung und charakterisieren Sie diese kurz.

d) Wozu dient das Gesprächsinventar und welche Aspekte können darin berücksichtigt werden?

e) Welche Transkriptionszeichen können Sie im folgenden Beispiel identifizieren und was bedeuten sie?

Gesprächsbeispiel: Ausflug

```
01    Lotte:    anton (--) lass uns mal nen AUSFLUG machen?
02    Anton:    <<genervt> du weißt dass ich morgen eine prüfung habe?>
03    Lotte:    <<all> oh sorry> hab GANZ vergessen-
04              ja (-) dann vielleicht übermorgen? ((schmunzelt))
05    Anton:    ja da können wir (schon was) machen.
```

f) Welche Unterschiede bestehen zwischen dem DGD2 und dem GeWiss Online-Korpus?

Kommentierte Literaturhinweise

Einen guten Überblick über gesprächslinguistische Methoden bieten Deppermann
(2008), Brinker/Sager (2010). Zum Thema Transkription sind Dittmar (2009), Sel-
ting/Auer et al. (2009) empfehlenswert. Näheres zu den beiden hier vorgestellten
Transkriptionseditoren können Sie den folgenden Seiten entnehmen:

- Für FOLKER siehe: http://agd.ids-mannheim.de/folker.shtml
- Für EXMARaLDA siehe: http://www.exmaralda.org

Onlinekorpora zur gesprochenen Sprache mit zusätzlichem Audiomaterial:

- Für DGD2 siehe: http://dgd.ids-mannheim.de:8080/dgd/pragdb.dgd_extern.welcome
- Für GeWiss siehe: https://gewiss.uni-leipzig.de/index.php?id = home

Angefertigte Transkripte der gesprochenen Sprache liegen zu verschiedenen Themen
ebenfalls in Buchform vor (Gerichtsverhandlung, medizinische und therapeutische
Kommunikation, Bürger-Verwaltungs-Kommunikation, Einstellungsgespräche etc.)
Teilweise sind die Gespräche auf CD dokumentiert von Redder (1982), Redder/Ehlich
(1994). Die Bücher von Rothstein (2011), Stephany/Claudia (2009) können Ihnen bei
der Erstellung sprachwissenschaftlicher Arbeiten behilflich sein.

4   Gesprächsschritt und Sprecherwechsel

4.1   Ziele und Warm-up

Wie bereits ausgeführt wurde, gehört die Dialogizität zur Natur der gesprochenen Sprache. Mit der Dialogizität geht zugleich der Sprecherwechsel einher, der als Übergang des Rederechts vom Sprecher an den Hörer gilt (vgl. Sacks et al. 1974). An dieser Stelle wird nochmal deutlich, dass in der Gesprächslinguistik sowohl die Perspektive des Sprechers als auch die Perspektive des Hörers in der Analyse berücksichtigt werden und darauf aufbauend die interaktiven Aktivitäten der Gesprächspartner. In diesem und folgenden Kapiteln wird es vor allem darum gehen, die wichtigsten strukturellen Elemente eines Gesprächs zu benennen und zu charakterisieren. Erst dann ist nämlich eine wissenschaftlich angemessene Auseinandersetzung mit dem Untersuchungsgegenstand (dem Gespräch) möglich. Ohne das Wissen über die verschiedenen Phänomene innerhalb der sprachlichen Praktiken und ohne die Fähigkeit sie adäquat zu benennen, ist jede wissenschaftliche Analyse von vornherein zum Scheitern verurteilt. In diesem Kapitel werden folgende Inhalte dargestellt und diskutiert:

- Wie lässt sich ein Gesprächsschritt bestimmen?
- Welche Arten von Gesprächsschritten gibt es?
- Wie lässt sich der Sprecherwechsel charakterisieren?
- Wie wird der Sprecherwechsel organisiert?

Überlegen Sie kurz, welche Reaktionsmöglichkeiten Ihr Gegenüber hat, wenn Sie ihm ein Kompliment machen. Welche von den möglichen Reaktionen wären von Ihnen erwünscht, welche nicht und warum?

4.2   Der Gesprächsschritt

Erving Goffman bestimmt den Gesprächsschritt als all das, was der Sprecher sagt bzw. nonverbal von sich gibt, wenn er an der Reihe ist (vgl. Goffman 1974, S. 201). Dabei impliziert die Bezeichnung, dass es sich um einen Schritt innerhalb eines Gesprächs handelt. Ein Gespräch besteht also aus mehr als einem kommunikativen Beitrag eines Sprechers. Mit anderen Worten: Erst wenn ein anderer Gesprächspartner auf den Gesprächsschritt seines Vorredners selbst mit einem Gesprächsschritt reagiert, handelt es sich um ein Gespräch. Und in dem Augenblick, in dem der Gesprächspartner die Sprecherrolle übernimmt, ist der Gesprächsschritt des Vorredners abgeschlossen. Diese recht vage Bestimmung eines Gesprächsschritts lässt ahnen, dass ein Gesprächsschritt unterschiedliche sprachliche Ausmaße annehmen kann. Ein Gesprächsschritt kann einerseits aus einem einzigen Wort bestehen, andererseits aber aus mehreren Sätzen:

Gesprächsbeispiel: Kino

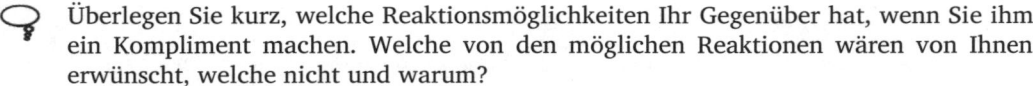

```
01    Lotte:    kommst du morgen ins kino;
02              weil ich kein bock habe allein hinzugehen;
03              wir können danach gemeinsam noch essen gehen.
```

```
04    Anton:    <<dim>ja::->
05    Lotte:    begeistert klingt anders.
```

Wie wir an diesem Beispiel sehen können, gilt sowohl der Gesprächsbeitrag von Lotte (Zeile 01-03), als auch der Beitrag von Anton (Zeile 04) als ein vollständiger Gesprächsbeitrag. Mit anderen Worten: Lotte äußerte zwei Hauptsätze (Zeile 01 und Zeile 03) und einen Nebensatz (Zeile 02) und das alles gilt als ein einziger Gesprächsschritt. Im Vergleich dazu hat Anton lediglich ein einsilbiges Wort ja (eine Antwortpartikel) in Zeile 04 geäußert, das aber ebenfalls als ein vollständiger Gesprächsbeitrag gilt. Dass der Beitrag von Anton vollständig ist, kann man auch daran erkennen, dass Lotte daraufhin in Zeile 05 sinnvoll reagiert. Somit können wir konstatieren, dass ein Gesprächsbeitrag sowohl die Satzgrenze überschreiten als auch unterschreiten kann. An dieser Stelle möchte ich aber betonen, dass der Satzbegriff im Rahmen der gesprochenen Sprache durchaus problematisch ist, weil dieser Terminus sich eher an der schriftlichen Sprache orientiert, welche viel stärker von den grammatischen Regeln, welche wiederum auf der Schriftsprache beruhen, geprägt ist. In der gesprochenen Sprache kommen oftmals Einheiten vor, die zwar funktional satzwertig sind, die aber aus der geschriebensprachlichen Perspektive nicht als korrekter Satz angesehen werden.[24]

Zusätzlich muss an dieser Stelle hervorgehoben werden, dass innerhalb der Gesprächslinguistik die Sprache als Handlung verstanden wird, was zur Folge hat, dass man in der Regel nicht von Sätzen, sondern von Äußerungseinheiten oder Sprechhandlungen spricht (vgl. Ehlich 2006). So besteht Lottes Gesprächsschritt aus drei Äußerungseinheiten. Den einzelnen Sprechhandlungen können meist bestimmte kommunikative Funktionen zugeschrieben werden. In diesem Fall äußert Lotte zunächst eine Frage, dann eine Begründung und schließlich eine Behauptung. Zusammenfassend lässt sich somit sagen, dass innerhalb eines Gesprächsschritts auch mehrere Äußerungseinheiten/Sprechhandlungen vollzogen werden können.

4.2.1 Gesprächsschritt und Hörersignal

Man unterscheidet in der Gesprächslinguistik zwischen Gesprächsschritten und Hörersignalen. Hörersignale (*back-channel-behavior*) sind all die kommunikativ relevanten Aktivitäten des Gesprächspartners, der in diesem Moment des Gesprächs nicht an der Reihe ist. Wenn man spricht wird also der Beitrag stetig durch unterschiedliche Hörersignale des Gesprächspartners begleitet. Sei es nonverbal (bspw. durch: Mimik, Gestik) oder verbal (bspw. durch *ja, mhm* oder *interessant*).

> Um Kooperation zu signalisieren, stehen dem Rezipienten bestimmte kulturell festgelegte verbale (und nonverbale) Mittel zur Verfügung, wie beispielsweise „mhm", „ahja", etc. Diese liefern das notwendige „Öl für das Konversationsgetriebe".

> Günthner 1993, S. 175

Wie wichtig diese begleitende Aktivität für eine erfolgreiche Kommunikation ist, lässt sich austesten, indem man bei einem Telefongespräch versucht, bewusst auf Hörersignale (*ja, mhm* etc.) zu verzichten. Man bekommt nach einiger Zeit folgendes zu hören: *Bist du noch da?, Hallo, bist du eingeschlafen?* etc. Dies liegt darin begründet, dass der Gesprächspartner durch das Fehlen der üblichen Hörersignale verunsichert ist. Er kann beispielsweise denken, dass der Hörer sich für das, was er sagt, nicht

---

[24] Mehr dazu in Kapitel 9.

interessiert, dass er ihm nicht zuhört, dass er seine Meinung nicht teilt, dass die Verbindung abgebrochen ist etc. Wenn wiederum der Hörer während eines Gesprächs den Sprecher auffällig grimmig anschaut, wird das höchstwahrscheinlich Einfluss auf die weitere Ausgestaltung des Beitrags haben. Kurzum: Auch als Hörer ist man an der Gestaltung des Gesprächs beteiligt.

Hörersignal ist dabei nicht gleich Hörersignal. Es gibt unterschiedliche Arten von Hörersignalen, die auch eine andere Rolle in einem Gespräch annehmen können. Zu den wichtigsten Hörersignalen gehören: Kontaktsignale, Höreräußerungen und gesprächsschrittbeanspruchende Signale.

- KONTAKTSIGNALE bestehen in der Regel aus kurzen ein- oder zweisilbigen Einheiten und haben vordergründig die Funktion, das Gespräch „am Laufen zu halten". Mit ihnen signalisiert man dem Gesprächspartner unter anderem, dass man aufmerksam zuhört, folgen kann, an weiterer Interaktion interessiert ist etc. Im folgenden Beispiel gibt Lotte in Zeile 04 zwei Kontaktsignale ja und mhm von sich, die genau die oben genannte Funktion erfüllen:

Gesprächsbeispiel: Oma_1

```
01    Anton:    und meine oma,
02              die hat dann noch mal geheiratet-
03              und [dan]n noch mal [und ]noch mal-
04 ->Lotte:         [ja ]             [mhm ]
05    Anton:    und dann äh und dann hat sie fußpilz bekommen.
```

- HÖRERÄUSSERUNGEN (= Einwürfe) wiederum bestehen in der Regel aus mehrsilbigen Einheiten oder aus mehreren Wörtern. Sie dienen meist der kurzen und prägnanten Kommentierung dessen, was der Sprecher gesagt hat. Sie weisen im Gegensatz zu den Kontaktsignalen einen höheren semantischen Gehalt und dadurch auch vielfältigere semantische Ausprägungen auf. Kurzum: Man kann mit ihnen Unterschiedliches meinen. In dem folgenden Beispiel kommentiert Lotte in Zeile 04, dass das, was Anton sagt, interessant ist.

Gesprächsbeispiel: Oma_2

```
01    Anton:    und meine oma,
02              die hat dann noch mal geheiratet-
03              und [dann noch mal und noch ma] l-
04 ->Lotte:         [das ist aber interessant,]
05    Anton:    und dann äh und dann hat sie fußpilz bekommen.
```

- GESPRÄCHSSCHRITTBEANSPRUCHENDE SIGNALE liegen dann vor, wenn der Gesprächspartner dem aktuellen Sprecher signalisiert, dass er die Sprecherrolle übernehmen will, er damit aber keinen Erfolg hat. Hat ein Sprecher nämlich Erfolg mit seinem Versuch, ist das kein gesprächsschrittbeanspruchendes Signal, sondern ein normaler Gesprächsschritt. Im folgenden Ausschnitt versucht Lotte mit der Äußerung °h aber äh (.) aber meine oma Anton zu verstehen zu geben, dass sie die Sprecherrolle übernehmen will. Da er aber Lotte durch sein (sehr häufig etwas lauteres und schnelleres) Weiterreden zu verstehen gibt, dass er die

Sprecherrolle nicht aus der Hand geben will, bricht Lotte ihren Beitrag ab.[25] So ist ein gesprächsschrittbeanspruchendes Signal entstanden.

Gesprächsbeispiel: Oma_3

```
01    Anton:    und meine oma,
02              die hat dann noch mal geheiratet-
03              und [dann <<acc> noch mal und     ]noch mal->
04  ->Lotte:    [°h aber äh (.) aber meine oma,]
05    Anton:    und dann äh und dann hat sie fußpilz bekommen.
```

Als Oberbegriff für Gesprächsschritte und Hörersignale hat sich die Bezeichnung GESPRÄCHSBEITRAG durchgesetzt (vgl. Brinker/Sager 2010). Das heißt also, dass man mit der Bezeichnung Gesprächsbeitrag sowohl auf einen Gesprächsschritt als auch auf ein Hörersignal Bezug nehmen kann. Dies tut man meist dann, wenn die Zuordnung einer kommunikativen Aktivität nicht klar ist; das heißt, wenn man sich nicht sicher ist, ob es sich bei dieser kommunikativen Einheit um einen Gesprächsschritt oder um ein Hörersignal handelt. Solche Grenzfälle kommen in der gesprochenen Sprache recht häufig vor. Von Gesprächsbeitrag kann man aber auch dann sprechen, wenn die Differenzierung in Gesprächsschritt und Hörersignal für die behandelte Fragestellung nicht relevant ist. Das eben Vorgestellte lässt sich anhand der folgenden Abbildung veranschaulichen:

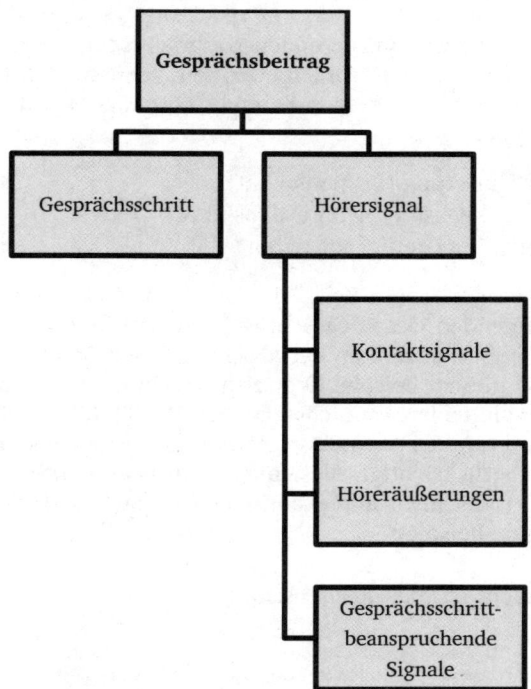

Abb. 15: Gesprächsschritt und Hörersignal

---

[25]   Siehe dazu Kapitel 13.

4.2.2 Klassifikation von Gesprächsschritten

Brinker/Sager (2010, S. 69ff.) unterteilen die Gesprächsschritte in drei Grundtypen: initiierende, respondierende und reaktivierende (gemischte) Gesprächsschritte.

- INITIIERENDE GESPRÄCHSSCHRITTE sind – wie die Bezeichnung ahnen lässt – Gesprächsschritte, welche eine bestimmte Reaktion vonseiten des Gesprächspartners erwartbar machen. Henne und Rehbock (2001, S. 205f.) sprechen hierbei auch von DETERMINIERENDEN GESPRÄCHSSCHRITTEN. Diese Bezeichung hebt hervor, dass dieser Beitragstyp den Reaktionsspielraum des Hörers eingrenzt. Hierzu ein Gesprächsbeispiel:

Gesprächsbeispiel Fußball_1

```
01 ->Lotte:    was hast du gestern abend gemacht?
02   Anton:    mit justus fußball geguckt.
03   Lotte:    okay.
```

Der Gesprächsschritt von Lotte in Zeile 01 ist eine Frage und Fragen gelten als klassische initiierende Gesprächsschritte. Wenn ein Gesprächspartner mit einer Frage – wie im obigen Beispiel Anton – konfrontiert ist, wird von ihm erwartet, dass er auf diese Frage eingeht.

- RESPONDIERENDE GESPRÄCHSSCHRITTE sind all die Beiträge, mit denen der Hörer auf einen initiierenden Gesprächsschritt reagieren kann. Zu den typischen respondierenden Gesprächsschritten gehören Antworten, Rechtfertigungen oder Gegengrüße. Der respondierende Gesprächsschritt wird wiederum unterteilt in drei Typen:

- Akzeptierung (Responsivität)
- Zurückweisung (Nonresponsivität)
- Selektion (Teilresponsivität)

Im eben genannten Beispiel „Fußball_1" hat Anton beispielsweise durch den respondierenden Gesprächsschritt (Antwort) in Zeile 02 die Erwartung von Lotte erfüllt. Dies lässt sich an der abschließenden Bemerkung von Lotte in Zeile 03 ablesen. In diesem Beispiel liegt also ein empirisch fassbarer Beleg dafür vor, dass der respondierende Gesprächsschritt AKZEPTIERT worden ist. Dies muss nicht immer der Fall sein. Es kann beispielsweise passieren, dass der Gesprächspartner zwar die Frage berücksichtigt, diese aber nicht beantwortet – dann liegt eine ZURÜCKWEISUNG (oder auch nonresponsiver Gesprächsschritt) vor. Dies veranschaulicht das folgende Beispiel:

Gesprächsbeispiel: Rechenschaft

```
01   Lotte:   was hast du gestern abend gemacht?
02 ->Anton:   <<cresc>ich bin dir doch keine RECHENSCHAFT schuldig;>
```

Anton weist in diesem Fall eindeutig die von Lotte erwartete Obligation zurück. Dass dies negative Folgen für die Beziehung der Gesprächspartner haben kann, liegt auf der Hand.

Eine dritte sehr häufig vorkommende Art des respondierenden Gesprächsschritts ist die SELEKTION. Selektion liegt dann vor, wenn Anton lediglich auf einen Teil der Frage eingeht und den anderen Teil unbehandelt lässt, wie es im folgenden Beispiel der Fall ist:

Gesprächsbeispiel: Bis zwanzig Uhr

```
01   Lotte:    was hast du gestern abend gemacht?
02 ->Anton:    also bis zwanzig uhr saß ich zu hause.
03   Lotte:    ja und was hast du nach zwanzig uhr so gemacht?
```

In diesem Fall hat Anton die von Lotte erwartete Obligation nur teilweise erfüllt,
was wiederum weiteres Nachhaken vonseiten Lottes in Zeile 03 zur Folge hat.

• REAKTIVIERENDE GESPRÄCHSSCHRITTE gehören zu dem letzten Typ von Gesprächsschritten. Es handelt sich um einen gemischten Gesprächsschritt, welcher
sowohl eine respondierende als auch eine initiierende Komponente enthält. Dazu
erneut ein Beispiel:

Gesprächsbeispiel: Fußball_2

```
01   Lotte:    was hast du gestern abend gemacht?
02 ->Anton:    mit justus fußball geguckt-
03 ->          warum fragst du?
```

In diesem Beispiel äußert Anton einen reaktivierenden Gesprächsschritt, indem er
erstens responsiv die Frage von Lotte beantwortet und anschließend einen initiierenden Gesprächsschritt vollzieht, der wiederum bestimmte Reaktionen von Lotte
erwartbar macht.[26]

Folgende Abbildung soll die unterschiedlichen Grundtypen von Gesprächsschritten
zusammenfassend abbilden:

---

[26] An dieser Stelle muss angemerkt werden, dass Fragen als initiierende und Antworten als
respondierende Äußerungen nur als ein Beispiel von vielen gelten. Siehe dazu Kapitel 5.

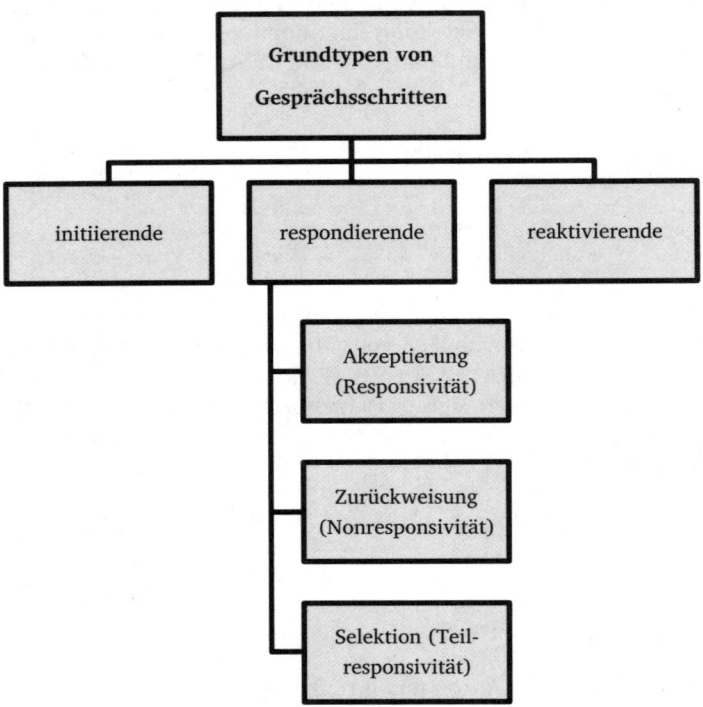

Abb. 16: Grundtypen von Gesprächsschritten

4.3 Sprecherwechsel

Der SPRECHERWECHSEL ist ein unabdingbarer Bestandteil eines Gesprächs und erfolgt in der Regel ohne Störungen (vgl. Rath 2001). Aufbauend auf dem vorangegangenen Kapitel können wir sagen, dass ein Sprecherwechsel immer dann eintritt, wenn ein Sprecher seinen Beitrag beendet und ein anderer Gesprächspartner die Sprecherrolle übernimmt. Unter dem Begriff *Sprecherwechsel* versteht Sacks (2004) eine Maschinerie, welche zwei Probleme im Gespräch lösen soll: Erstens zu lange Pausen zwischen den Gesprächsbeiträgen vermeiden und zweitens Gesprächsüberlappungen, in denen zwei Gesprächspartner gleichzeitig sprechen, minimieren. Dabei hat diese Maschinerie keinen determinativen Status. Es handelt sich vielmehr um Regelmäßigkeiten, welche von Kommunizierenden Selbst entwickelt und praktiziert werden. Mit anderen Worten: Laut der Konversationsanalyse lässt sich der auf den ersten Blick chaotisch wirkende Sprecherwechsel als ein nach bestimmten Regeln ablaufendes Verfahren beschreiben, das in der alltäglichen kommunikativen Praxis sichtbar wird.

4.3.1 Sprecherwechsel nach der Art ihres Verlaufs

Der Sprecherwechsel kann auf unterschiedliche Arten zustande kommen. Es gibt fünf Arten des Sprecherwechsels (vgl. Henne/Rehbock 2001, Brinker/Sager 2010):

- Glatter Sprecherwechsel
- Sprecherwechsel nach Überlappung
- Sprecherwechsel nach Unterbrechung mit Simultansequenz
- Sprecherwechsel nach Unterbrechung ohne Simultansequenz
- Sprecherwechsel nach Pause

Im Folgenden werde ich auf jede dieser genannten Arten des Sprecherwechsels eingehen und dabei einige in diesem Zusammenhang wichtige Termini erläutern, wie beispielsweise die Beitragskonstruktionseinheit (*turn-constructional units* (=TCU)) oder übergaberelevante Stelle (*transition relevant place* (=TRP) (vgl. Sacks et al. 1974).

- DER GLATTE SPRECHERWECHSEL stellt die häufigste Sprecherwechselform dar und gilt als Normalfall. Glatter Sprecherwechsel liegt dann vor, wenn der Hörer die Sprecherrolle in dem Augenblick übernimmt, nachdem der Sprecher seinen Beitrag vollständig beendet hat. Mit anderen Worten: Wenn der Sprecherwechsel durch auffällige Pausen oder durch „ins Wort fallen" gekennzeichnet ist, liegt kein glatter Wechsel vor. Im folgenden Beispiel handelt es sich um einen glatten Sprecherwechsel:

Gesprächsbeispiel: Weiß ich nicht mehr

```
01   Lotte:   was hast du gestern abend gemacht?
02   Anton:   weiß ich nicht mehr.
```

Lotte konnte ihren Gesprächsbeitrag beenden und es sind auch keine auffälligen Pausen vorhanden, was darauf schließen lässt, dass dieser Sprecherwechsel glatt verlaufen ist. Der glatte Wechsel gilt – wie bereits erwähnt – als Normalfall und findet in geregelter Weise statt. Das heißt, dass der (nächste) Sprecher die Sprechersignale, die eine übergaberelevante Stelle einleiten, abwartet und anschließend das Rederecht ergreift. Die übergaberelevante Stelle eröffnet sich nach jeder von dem Sprecher vollendeten BEITRAGSKONSTRUKTIONSEINHEIT. Die Vollendung einer Beitragskonstruktionseinheit und zugleich das Anzeigen der übergaberelevanten Stelle kann durch unterschiedliche Mittel angezeigt werden. Zentral sind die Intonation (z. B. eine fragende Intonation – wie im oben genannten Fall), syntaktische Hinweise (der Satz ist synaktisch abgeschlossen) oder semantisch-pragmatische Hinweise (z. B. Verwendung von Endsignalen *oder?, nicht wahr?*).[27]

As for the unit-types which a speaker employs in starting the construction of a turn's talk, the speaker is initially entitled, in having a turn, to one such unit. The first possible completion of a first such unit constitutes an initial transition-relevance place. Transfer of speakership is coordinated by reference to such transition-relevance places, which any unit-type instance will reach.

Sacks et al. 1974, S. 703

---

[27] Siehe Kapitel 13.

Eine Beitragskonstruktionseinheit kann also nicht mit der bereits von mir genannten ÄUSSERUNGSEINHEIT gleichgesetzt werden, weil die Äußerung sich ausschließlich auf die semantisch-pragmatische Abgeschlossenheit beschränkt, die Beitragskonstruktionseinheit jedoch nicht. Hierzu ein Beispiel:

Gesprächsbeispiel: Weißt wer heute bei uns war

```
((Lotte kommt nach Hause))
01    Lotte:    hallöchen-
02    Anton:    hi.
03  ->Lotte:    du äh::. (1.0)
04    Anton:    weißt wer heute bei uns war? (-)
05              <<f>uschi;>
```

Der Gesprächsschritt von Lotte in Zeile 03 stellt eine Beitragskonstruktionseinheit dar. Es handelt sich aber um keine Äußerungseinheit, weil Lotte mit ihrem Gesprächsschritt keine klare kommunikative Handlung ausführt. Es ist weder eine Behauptung, eine Bitte, eine Erklärung, ein Versprechen, noch eine andere (Handlungs-)Funktion in diesem Beitrag enthalten (vgl. Ehlich 2006). Dennoch handelt es sich um eine Beitragskonstruktionseinheit, da mit der Produktion des gedehnten Häsitationsmarkers äh, fallender Intonation und der abschließenden Pause eine übergaberelevante Stelle angezeigt wird, welche Anton auch prompt ausgenutzt hat, um seinen Beitrag zu elaborieren.

Es gibt aber Kommunikationsformen, in denen die Beachtung der übergaberelevanten Stelle missachtet wird. Dies betrifft beispielsweise emotionsgeladene Gespräche, für die vor allem Streitgespräche charakteristisch sind. In solchen Fällen bemühen sich die Gesprächspartner wechselseitig, durch unkooperative Handlungen dem anderen ihre Überlegenheit und ihre Geringschätzung anzuzeigen. Eine Möglichkeit, dies zu erreichen, ist ein solches Missachten der stillschweigend wechselseitig erwarteten Beachtung der eben beschriebenen Regel. Mit anderen Worten: Im Streit wartet der Hörer nicht auf die übergaberelevante Stelle (wie es sich gehört), sondern legt an einer beliebigen Stelle ohne Rücksicht auf Verluste los.

- Bei SPRECHERWECHSELN NACH ÜBERLAPPUNG fällt der Hörer zwar dem Sprecher ins Wort, er tut es aber an einer sozusagen peripheren (akzeptablen) Stelle, wie das im folgenden Beispiel der Fall ist:

Gesprächsbeispiel: Bei Uschi_1

```
01    Lotte:    was hast du gestern abend ge\ äh gem[acht?]
02    Anton:                                        [war ]bei uschi.
```

Es handelt sich hier um eine harmlose Überlappung, weil Anton Lotte zu einem Zeitpunkt unterbricht, in dem sie nur noch inhaltlich weniger Relevantes bzw. leicht zu Antizipierendes äußert. Die Vollendung ist nur grammatisch notwendig, inhaltlich ist der Beitrag zu diesem Zeitpunkt so gut wie abgeschlossen. Zusätzlich handelt es sich hier um einen initiierenden Gesprächsschritt vonseiten Lottes, was durch die von Anton vollzogene Reaktion war bei uschi als eine zufriedenstellende und somit kooperative Erfüllung der von Lotte gesetzten Obligation deutlich wird (vgl. Henne/Rehbock 2001, S. 195ff.). In der Regel greifen die Überlappungen nicht tiefer als zwei Silben in einen Gesprächsbeitrag des Sprechers ein (vgl. Sidnell 2010, S. 51f.).

- Beim SPRECHERWECHSEL NACH UNTERBRECHUNG MIT SIMULTANSEQUENZ greift der Hörer deutlich tiefer in den Gesprächsbeitrag des Sprechers ein, als das bei der Überlappung der Fall ist. Mit anderen Worten: Ohne dass die Vollständigkeit des Beitrags des Vorredners in Hörweite ist, fällt der Hörer dem Sprecher ins Wort und setzt sich durch. Das ist der entscheidende Unterschied zwischen einer Überlappung und einer Unterbrechung. Hätte sich der Hörer nicht durchsetzen können, wäre es bei einem gesprächsschrittbeanspruchenden Signal geblieben. Im folgenden Beispiel liegt ein Sprecherwechsel nach Unterbrechung mit Überlappung vor:

Gesprächsbeispiel: Oma_4

```
01 ->Lotte:   ich muss dir was erzählen-
02            meine oma sie ha\ sie ähm; (-)
03 ->         sie hat ja gestern geburtstag [gehab\ ]
04 ->Anton:                                 [ich kann] das nicht mehr
              hören,
05            warum müssen wir immer über deine oma reden?
```

Rein strukturell könnte man diese Simultansequenz zur Überlappung zählen, weil antizipierbar ist, was Lotte mit der Äußerung meint. Es liegt hier aber keine Überlappung vor, weil aus dem Kontext ersichtlich ist, dass Lotte nach Vollendung ihrer Äußerung noch nicht am Ende ihres Beitrags angekommen ist. Mit der Äußerung ich muss dir was erzählen in Zeile 01 signalisiert Lotte, dass sie einen längeren Beitrag zu entfalten beabsichtigt.

- Der SPRECHERWECHSEL NACH UNTERBRECHUNG OHNE SIMULTANSEQUENZ zeigt uns, dass man nicht unbedingt jemandem ins Wort fallen muss, um jemanden zu unterbrechen. In diesem Fall wartet der Hörer zwar den Punkt ab, an dem der Sprecher eine Äußerung abschließt. Da es aber viele Anzeichen dafür gibt, dass der Sprecher die Sprecherrolle noch nicht an den Hörer abgeben wollte, liegt eben kein glatter Sprecherwechsel, sondern eine Unterbrechung ohne Simultansequenz vor. Dies soll das folgende Beispiel veranschaulichen:

Gesprächsbeispiel: Oma_5

```
01 ->Lotte:   ich muss dir was erzählen-
02            meine oma äh;
03    Anton:  ich kann das nicht mehr hören-
04            hast du den film gestern auf pro sieben gesehen?
```

Da Lotte durch die Äußerung ich muss dir was erzählen signalisiert, dass sie einen längeren Gesprächsschritt plant, ist es für beide Gesprächspartner klar, dass an dieser Stelle ihre Erzählung noch nicht zu Ende ist – es handelt sich deshalb nicht um eine übergaberelevante Stelle.

Die beiden letzten Formen des Sprecherwechsels werden auch EXPANSIONS-VERHINDERUNG (vgl. Kotthoff 1993, S. 171) genannt, weil der Hörer in diesem Fall den Sprecher an der weiteren Entfaltung seines Gesprächsbeitrags hindert.

- Man spricht von einem SPRECHERWECHSEL NACH PAUSE, wenn zwischen dem Beitrag des einen Sprechers und dem Beitrag des anderen Sprechers eine auffällige Pause liegt, wie das im folgenden Beispiel der Fall ist:

Gesprächsbeispiel: War zu Hause

```
01   Lotte:   was hast du gestern abend gemacht?
02 ->Anton:   (5.0) °h äh ich war zu hause.
```

In diesem Beispiel liegt zwischen den beiden Gesprächsbeiträgen eine fünfsekündige Pause, was eindeutig als eine auffällige Pause und damit als eine „bedeutungsvolle Pause" gilt. In diesem Zusammenhang könnte Lotte beispielsweise annehmen, dass Anton nicht die Wahrheit sagt.

4.3.2 Sprecherwechsel nach der Art des Zustandekommens

Sprecherwechsel lassen sich auch nach SELBST- und FREMDZUWEISUNG unterscheiden. Beim Sprecherwechsel durch Selbstzuweisung übernimmt der Hörer die Sprecherrolle ohne ausdrücklich dazu aufgefordert zu sein, wie das im folgenden Beispiel der Fall ist:

Gesprächsbeispiel: Hunger

```
01   Lotte:   ((Magenknurren))
02            ich habe hunger- (2.0)
02 ->Anton:   ich habe eben schon gegessen.
```

In diesem Beispiel ist Anton nicht direkt dazu aufgefordert, auf die Aussage von Lotte zu reagieren, aber er tut es dennoch. Hier liegt ein Sprecherwechsel durch Selbstwahl bzw. Selbstzuweisung vor.

Beim Sprecherwechsel durch Fremdzuweisung ist der Hörer aufgefordert, auf den Beitrag des Sprechers zu reagieren. Der Sprecher erwartet in solchen Fällen, dass der Hörer eine Reaktion zeigt und das weiß der Hörer. Die bereits vorgestellten initiierenden Gesprächsschritte gelten durchweg als Indikatoren (Anzeichen) für einen Sprecherwechsel durch Fremdzuweisung. Im folgenden Beispiel liegt ein Sprecherwechsel durch Aufforderung vor:

Gesprächsbeispiel: Liebe

```
01   Lotte:   liebst du mich überhaupt?
02 ->Anton:   nö::.
```

In 02 äußert Anton seinen Beitrag nicht aus freien Stücken, sondern deshalb, weil Lotte einen initiierenden Gesprächsschritt des Fragens an ihn gerichtet hat. Es liegt ein Sprecherwechsel durch Fremdwahl bzw. Fremdzuweisung vor.

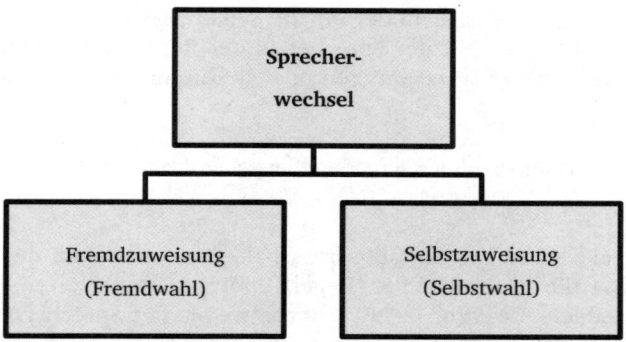

Abb. 17: Die zwei Arten des Zustandekommens von Sprecherwechseln

4.3.3 Regeln des Sprecherwechsels nach Harvey Sacks, Emanuel A. Schegloff und Gail Jefferson

Wie bereits beschrieben, gehört der Sprecherwechsel zu einem der ersten Interessengebiete, welche im Rahmen der ethnomethodologischen Konversationsanalyse untersucht worden sind. Sacks at al. (1974) haben Regeln für den Sprecherwechsel aufgestellt, die für alltägliche Gespräche gelten. Damit widersprachen sie Wissenschaftlern wie beispielsweise dem Vertreter der Generativen Grammatik, Noam Chomsky, der gesprochene Sprache als „chaotic" (Chomsky 1981, S. 14), also regellos, bezeichnet hat. Das alltägliche Gespräch (z. B. in der Cafeteria) wirkt auf den ersten Blick vielleicht tatsächlich chaotisch. Wenn man sich jedoch genauer mit der Interaktion auseinandersetzt, stellt man fest, dass solche Gespräche alles andere als regellos ablaufen. Wäre unsere Kommunikation wirklich chaotisch, würden wir alle durcheinander reden und keiner wüsste, was der andere uns zu sagen beabsichtigt oder wir hätten keine Gelegenheit, auf verstandene Äußerungen zu reagieren etc. Ein Gespräch funktioniert nur, weil die Gesprächspartner bestimmte Regeln/Gesprächsmuster beachten, welche sie im Zuge ihrer Sozialisation erworben haben. Sacks at al. (1974) haben nach der Untersuchung von vielen alltäglichen Gesprächen folgende Muster identifiziert, welche die Sprecher stillschweigend beachten:

An jeder ÜBERGABERELEVANTEN STELLE gilt folgendes:

i. Der aktuelle Sprecher wählt den nächsten Sprecher – nur der Ausgewählte hat das Recht und die Pflicht den Redezug zu übernehmen (Fremdwahl).

ii. Wenn ein Sprecher an eine übergaberelevante Stelle kommt und niemanden auswählt, kann jeder andere Teilnehmer die Sprecherrolle übernehmen (Selbstwahl). Dabei gilt das FIRST STARTER PRINZIP (Sacks et al. 1974, S. 13), das besagt, dass derjenige, der als erster per Selbstwahl das Wort ergreift, die Berechtigung erhält, die Sprecherrolle zu übernehmen.

iii. Erfolgt weder Fremdwahl noch Selbstwahl, dann gilt: Der gegenwärtige Sprecher fährt fort. Mit anderen Worten: Wenn der Sprecher eine Pause einlegt mit der Hoffnung, dass einer der Gesprächspartner das Wort ergreift, es meldet sich aber keiner zu Wort, dann steht der Sprecher in der Pflicht, seinen Gesprächsbeitrag fortzusetzen. In solchen Situationen versucht der Sprecher in der Regel in einem Schleifenmuster seine bisherige Schilderung zu resümieren oder bestimmte wichtige Inhalte nochmal herauszuarbeiten.

iv. Die Regel (i) kommt an der nächsten übergaberelevanten Stelle wieder zur Anwendung.

Was an den Regeln besonders auffällig ist, ist die Tatsache, dass der vom Sprecher ausgewählte Hörer die „Vorfahrt" hat (Regel i). Mit anderen Worten: Es wird erwartet, dass er irgendeine Reaktion zeigt, also entweder die Sprecherrolle übernimmt oder sie an einen anderen Gesprächspartner weiterleitet. Was auch noch hervorzuheben ist: Wenn keiner die Sprecherrolle per Selbstwahl übernimmt, ist der bisherige Redner in der Pflicht, seinen Beitrag fortzusetzen (Regel iii).

Weil wir diese Regeln befolgen, kommt es im Normalfall zu wenigen Überlappungen während eines Gesprächs. Die Kommunikationspartner sind also in der Lage zu antizipieren, wann sie reibungslos den Gesprächsschritt übernehmen können. Die Ordnung im Gespräch ist also kein Zufallsprodukt, sondern basiert auf bestimmten regelhaften Verhaltensformen, welche im Zuge der Sozialisation erworben werden (vgl. Sidnell 2010, S. 47ff.).

In diesem Zusammenhang sind die Untersuchungsergebnisse von Zimmer und West (1975) interessant, welche zeigen, dass Männer eher dazu tendieren, Frauen ins Wort zu fallen als umgekehrt und sie damit ihre Dominanz zur Schau stellen. Kotthoff (1993) hat dies in ihren Untersuchungen allerdings in Frage gestellt. Sie ist der Meinung, dass Zimmer und West nicht den Kontext berücksichtigten, in dem der Sprecherwechsel stattgefunden hat. Es gibt nämlich Situationen, in denen eine Unterbrechung nichts mit Dominanz, sondern vielmehr etwas mit aktivem Zuhören o. Ä. zu tun haben kann. Zudem haben Zimmer und West gesprächsschrittbeanspruchende Signale zu Unterbrechungen gezählt. Das sei aber laut Kotthoff nicht richtig, weil die Tatsache, dass jemand seinem Gegenüber ins Wort fällt, unter Umständen auch bedeuten kann, dass der bisherige Sprecher seinen Beitrag so erfolgreich expandieren kann, dass sein Gegenüber nur durch solche Versuche zu Wort kommt. Mit anderen Worten: In manchen Settings dominieren Frauen in dem Maße die Sprecherrolle, dass den Männern nichts anderes übrig bleibt, als durch gesprächsschrittbeanspruchende Signale überhaupt eine Chance zu erhalten, etwas sagen zu können.

4.3.4 Indikatoren für die Turnübernahme

Wie wir bereits erfahren haben, ist der Sprecherwechsel im Regelfall von der übergaberelevanten Stelle abhängig, die der Sprecher durch bestimmte verbale oder nonverbale Ausdrucksformen anzeigt (indiziert). Es gibt für den Sprecher eine Vielzahl an verschiedenen Möglichkeiten TURNABGABESIGNALE zu produzieren.

Zu den wichtigsten Indikatoren für eine Turnabgabe zählt Folgendes:

- Fragende Intonation
- Fallende Intonation (Behauptung)
- Längung der letzten Silbe
- Grammatische Vollständigkeit

- Vergewisserungssignale
- Nonverbales: Blickkontakt herstellen, durchgeführte Handbewegung während des Beitrags etc.

Auf der anderen Seite kann auch der Hörer, der die Sprecherrolle übernehmen will, dem bisherigen Sprecher signalisieren, dass er die Absicht hat, die Sprecherrolle zu übernehmen. Dies kann er durch Hörersignale erreichen. Am folgenden Gesprächsbeispiel soll das verdeutlicht werden:

Gesprächsbeispiel: Wir gehören zusammen

```
01 ->Lotte:    wir gehören doch zusammen- (1.0)
02 ->          ((schaut Anton an)) oder?
03   Anton     hm (-) ich weiß es selber nicht.
```

In diesem Beispiel markieren mehrere Indikatoren die übergaberelevante Stelle. Im Grunde genommen gibt es in dieser kurzen Sequenz sogar zwei übergaberelevante Stellen. Erstere befindet sich unmittelbar nach Beendigung der ersten Äußerungseinheit von Lotte in Zeile 01. Das Ende des Satzes gilt als einer der Indikatoren für eine mögliche gesprächsschrittübergaberelevante Stelle. Dieser Indikator gehört zu den syntaktischen Mitteln. Als zusätzlicher Indikator gilt die Pause von Lotte. Auch sie lässt sich zu den Turnabgabesignalen einordnen. Lotte ist offenbar an dieser Stelle gewillt, ihre Sprecherrolle abzugeben.[28] Der Intonationsverlauf der Beitragskonstruktionseinheit gehört ebenfalls zu den prosodischen Signalen und zeigt in diesem Fall etwas Widersprüchliches an. Denn eine gleichbleibende Intonation, die mit „-" am Ende des Beitrags von Lotte transkribiert ist, signalisiert im Regelfall, dass der Sprecher seinen Beitrag ausbauen will. Dies kann an dieser Stelle als Begründung dafür angesehen werden, warum Anton trotz der syntaktisch vollständigen Einheit und einer Pause die Sprecherrolle dennoch nicht übernommen hat. Lotte erkennt offenbar, dass ihre Bereitschaft, die Sprecherrolle zu übergeben, bei Anton nicht richtig angekommen ist (sie weiß aus ihren bisherigen Gesprächserfahrungen mit Anton, dass er sich normalerweise kooperativ verhält und die eindeutig markierten gesprächsschrittübergaberelevanten Stellen auch wahrnimmt). Aus diesem Grund versucht sie durch den nonverbalen Indikator ((schaut Anton an)) und anschließend durch die in fragender Intonation realisierte Beitragskonstruktionseinheit oder? die gesprächsschrittübergaberelevante Stelle noch deutlicher zu markieren. Kurzum: Sie greift auf alternative Turnabgabesignale zurück, um ihre Bereitschaft, den Gesprächsschritt abzugeben, noch stärker anzuzeigen.

Diese in Zeile 02 realisierte Einheit oder?, welche in der Regel in der beitragsfinalen Position steht, gehört zu den VERGEWISSERUNGSSIGNALEN (*tag questions* auch *question tags*) (vgl. Sacks et al. 1974). Die in der Regel mit steigender Intonation realisierten Vergewisserungssignale haben eine gesprächsstrukturierende Funktion. Neben der Funktion, einen reibungslosen Sprecherwechsel zu erzielen, dienen sie auch dazu, „Aussagen abzuschwächen und zur Debatte zu stellen sowie die Meinung der InteraktionspartnerInnen einzuholen" (Imo 2010, S. 274). Zu den typischen Vergewisserungssignalen im deutschen Raum gehören meinste nich?, ne?, oder?, oder nicht?,

---

[28] Pausenmanagement gehört zu den prosodischen Indikatoren. Siehe Kapitel 8.

nich?, nicht wahr?. Es gibt ebenfalls das schweizerdeutsche gell? oder die berlineri-
sche Variante wa? (Schwitalla 2002, S. 265).

In dem eben dargestellten Gesprächsbeispiel gelingt es durch den Einsatz des Ver-
gewisserungssignals, die Sprecherrolle an Anton zu übergeben. Anton signalisiert mit
dem Diskursmarker hm (siehe dazu Kapitel 10) unter anderem, dass er das Angebot
der Turnübernahme annimmt – diese Diskurspartikel gilt also als ein Indikator für die
Bereitschaft des Hörers, die Sprecherrolle zu übernehmen. Auch die Diskurspartikel *ja*
und *naja* werden häufig zu diesem Zweck eingesetzt.

4.3.5   Wovon hängt der Sprecherwechsel ab?

Man muss hervorheben, dass sich die im vorangegangenen Abschnitt vorgestellten
Regeln auf kolloquiale (alltägliche) Gespräche beziehen. Mit anderen Worten: Es
handelt sich nicht um Gespräche/Diskussionen, die durch einen Moderator oder Prüfer gesteuert werden, also nicht um institutionelle Gespräche. Es lassen sich zwei
Faktoren unterscheiden, welche die oben genannten Regeln des Sprecherwechsels
gänzlich bzw. teilweise modifizieren können (vgl. Rath 1979, S. 52 ff.):

- ART DER KOMMUNIKATIONSFORM: Dieser Aspekt betrifft die Tatsache, dass die
  Regeln des Sprecherwechsels davon abhängen, in welchem Gesprächsrahmen sich
  die Gesprächspartner befinden (bspw. Parlamentsdebatten, Familiengespräche,
  Prüfungsgespräch, Behördengespräch, Unterrichtsgespräch etc.). In der öffentlichen Kommunikation, wie in Talkshows, im Seminar oder vor Gericht, werden
  diese Regeln für den kolloquialen Sprecherwechsel modifiziert. So ist es beispielsweise üblich, dass sich die Studierenden melden, bevor sie das Rederecht
  übernehmen wollen, worauf der Dozent aber nicht eingehen muss. Selbst während
  eines Referats kann der Lehrende die Sprecherrolle übernehmen, ohne dabei auf
  Widerstand vonseiten des Referierenden zu stoßen.
- SOZIALER STATUS DER KOMMUNIKATIONSPARTNER: Für die Regeln des
  Sprecherwechsels ist es ebenfalls nicht unerheblich, welche Beziehung die beiden
  Gesprächspartner haben. Liegt eine Gleichberechtigung der Interaktanten vor oder
  nicht? Wenn keine Gleichberechtigung vorliegt, wie beispielsweise in der vertika-
  len Kommunikation (Chef-Mitarbeiter-Gespräche), wird sich dies ebenfalls auf die
  Regeln des Sprecherwechsels auswirken. So nehmen in der Regel die Beiträge des
  Chefs einen größeren zeitlichen Anteil des Gesamtgesprächs ein und der Chef ist
  meist derjenige, der mit initiierenden Gesprächsschritten den Mitarbeiter zu reaktiven Gesprächsschritten animiert. Wenn jemand dem anderen ins Wort fällt, dann
  ist das eher der Chef als der Mitarbeiter etc.

Die beiden genannten Faktoren sollen nicht darüber hinwegtäuschen, dass die Sprecherwechselregeln nicht in einer konkreten Interaktion ausgehandelt und modifiziert
werden können. So kann man sich ein Chef-Mitarbeiter-Gespräch vorstellen, indem
der Mitarbeiter zwar nach einer Gehaltserhöhung fragen möchte, er aber bereits konkrete Angebote von anderen Unternehmen in petto hat. Es wäre möglich, dass in
diesem Gespräch bei einer klaren Absage vonseiten des Chefs das Gespräch „kippen"
kann und der Mitarbeiter (weil er eben nichts zu verlieren hat) die dominantere Rolle
übernimmt. Sprecherwechselregeln müssen in jedem neuen Gespräch neu ausgehandelt werden und können sich im Laufe des Gesprächs auch verändern:

In sum, turn-taking seems a basic form of organization for conversation – 'basic', in that it would invariant to parties, such that whatever variations the parties brought to bear in the conversation would be accommodated without change in the system, and such that it could be selectively and locally affected by social aspects of context. Depiction of an organization for turn-taking should fit the facts of variability by virtue of a design allowing it to be context sensitive; but it should be cast in a manner that, requiring no reference to any particular context, still captures the most general properties of conversation.

Sacks et al. 1974, S. 700

Aufgaben

a) Kreuzworträtsel

waagerecht

5. Der gemischte Gesprächsschritt heißt auch ... Gesprächsschritt.
7. Wie kann man die übergaberelevante Stelle noch bezeichnen?
10. Wie wird ein Sprecherwechsel genannt, der ohne Unterbrechung und ohne Pause zustande kommt?

senkrecht

1. Wie werden nonresponsive Schritte noch bezeichnet?
2. Der Sprecherwechsel kommt in der Regel an einer ... Stelle zustande.
3. All das, was der Sprecher sagt, wenn er an der Reihe ist, wird ... genannt.
4. Wenn Sie jemanden darum bitten, eine Frage zu beantworten, dann kommt es zum Sprecherwechsel durch ... .
6. Eine fragende Intonation kann als ... gelten.
8. Wie werden die Reaktionen des Gesprächspartners, der nicht an der Reihe ist, bezeichnet?
9. Der Sprecherwechsel hängt ebenfalls vom ... Status der Gesprächspartner ab.

b) Erklären Sie am folgenden Gesprächsbeispiel den Unterschied zwischen einem Gesprächsschritt und einem Hörersignal:

Gesprächsbeispiel: Alter Opel

```
01   Lotte:   die fährt so nen alten opel [die] renate-
02   Anton:                                [ja,]
03   Lotte:   ich habe ihr schon [taus]end mal gesagt;
04   Anton:                       [mhm-]
05   Lotte:   sie soll sich was neues kaufen.
06            oder meinste nicht?
07   Anton:   ja (-) doch.
```

c) Welche Art von Sprecherwechsel liegt in Zeile 06-07 vor?

d) Aus wie vielen Beitragskonstruktionseinheiten besteht der Gesprächsschritt von Lotte? Woran machen Sie das fest?

e) Gibt es in diesem Gesprächsbeispiel Turn-Abgabesignale? Wenn ja, welche?

f) Konstruieren Sie ein eigenständiges Gesprächsbeispiel, in dem ein Sprecherwechsel nach Unterbrechung mit Simultansequenz vorliegt.

Kommentierte Literaturhinweise

Einen Überblick über den Gesprächsschritt und Hörersignale bietet Rath (2001). In der Einführung von Henne/Rehbock (2001) wird die enge Relation zischen Gesprächsschritt und Sprechakt hervorgehoben. Zum Thema Sprecherwechsel ist weiterhin der Klassiker Sacks/Schegloff/Jefferson (1974) zu empfehlen. Neuere Gedanken von Harvey Sacks zum Thema Sprecherwechsel finden Sie in Sacks (2004).

5 Gesprächssequenz

5.1 Ziele und Warm-up

Im letzten Kapitel haben wir bereits erfahren, dass der Sprecherwechsel nicht chaotisch erfolgt. Er folgt vielmehr bestimmten Regeln, die eine erfolgreiche Kommunikation miteinander ermöglichen. Die Bezeichnung GESPRÄCHSSEQUENZ bezieht sich im Gegensatz zum Sprecherwechsel auf etwas Statisches, das aus zwei zusammenhängenden Gesprächsschritten zweier Gesprächsteilnehmer besteht (vgl. Schegloff 2007, S. 15). In diesem Kapitel werden uns insbesondere folgende Fragen interessieren:

- Welche Regeln und Prinzipien der sequenziellen Organisation von Gesprächen werden unterschieden?
- Was versteht man unter den Begriffen Kohärenz und Kooperation?
- Was versteht man unter grammatischer, thematischer und pragmatischer Kohärenz?
- Welche Sequenzstrukturen gibt es?

Wie würden Sie reagieren, wenn Ihr Gesprächspartner auf Ihre Frage „Was hast du gestern so gemacht?" antworten würde: „Ich liebe Schwarzwälder Kirschtorte!"? Warum würden Sie so reagieren? Wie haben Sie die Reaktion des Gesprächspartners interpretiert?

5.2 Kohärenz und Kooperation

Die Gesprächspartner verfolgen mit ihren einzelnen Beiträgen unterschiedliche Ziele. Eins der basalen Ziele der Kommunizierenden ist es, einen Beitrag so zu gestalten, dass er auch vom Gegenüber verstanden wird. Hierzu ein Beispiel: Wenn wir beispielsweise in einer Bäckerei sind, weil wir zehn Brötchen kaufen wollen, dann müssen wir uns bemühen, uns so auszudrücken, dass die Bäckereiverkäuferin versteht, was wir wollen. Bei der Beschreibung von Verständlichkeit von Gesprächsbeiträgen oder auch Texten spielt der KOHÄRENZBEGRIFF eine wichtige Rolle (vgl. Gertund/ Schade 2000, Fritz 1982). Wenn ein Gespräch kohärent ist, dann ist der Gesprächsbeitrag sinnvoll bzw. in sich zusammenhängend. Halten wir also fest: In einem Gespräch, in dem alle Gesprächsteilnehmer darum bemüht sind, Inhalte zu vermitteln, werden diese klar verständlich und inhaltlich zusammenhängend ausgedrückt. Bei der Produktion werden sowohl bereits geäußerte Gesprächsbeiträge berücksichtigt als auch diejenigen, die ein Sprecher noch äußern möchte. Dieser Zusammenhang wird auf der grammatischen, inhaltlich-thematischen und interaktiven Ebene hergestellt. Täten die Sprecher das nicht, entstünde eine sinnlose Aneinanderreihung von Gesprächsbeiträgen. Ein Gesprächsbeispiel soll das eben Erläuterte veranschaulichen:

Gesprächsbeispiel: Bin so was von krank

```
01    Anton:    gehen WIR heute schwimmen;
02    Lotte:    die hat sich ein neues gekauft,
03    Anton:    den bekommst du erst später-
04    Lotte:    ich verspreche dir dass ich es nicht gestohlen habe.
05    Anton:    bin SO was von krank-
```

Davon ausgehend, dass Anton und Lotte in einem Raum alleine sind und nicht telefonieren, liegt hier ein ziemlich paradoxes Gespräch vor. Warum? Weil eben die oben genannten Kohärenz-Aspekte von den Gesprächspartnern nicht eingehalten worden sind. Lotte erfüllt in Zeile 02 die reaktive Erwartung von Anton in Zeile 01 nicht, weil sie keine Antwort auf die von Anton gestellte Frage liefert. Zudem sind der Beitrag von Lotte sowie alle weiteren Beiträge nicht thematisch an den vorangegangenen Beitrag des Gesprächspartners angepasst. Es fehlen ebenfalls die grammatischen Verknüpfungen, wie beispielsweise in Zeile 03: Man weiß nicht, worauf sich Anton mit dem Demonstrativpronomen den bezieht. Davon ausgehend, dass Gesprächspartner sich im Normalfall etwas mitteilen wollen, stellen inkohärente und unkooperative Gesprächsbeiträge eine „ungesunde" Kommunikationssituation dar.

Wie bereits erwähnt, finden Gespräche dieser Art in der wirklichen Kommunikation so gut wie gar nicht statt. Offenbar bemühen wir uns in der Interaktion, die Kohärenz unserer Gesprächsbeiträge sicherzustellen. Auf die Wahrung der Kohärenz der Gesprächsbeiträge verweist der Begriff der KOOPERATION. Kooperation kann als der Grundbaustein sinnvoller zwischenmenschlicher Interaktion angesehen werden. Sie haben beispielsweise bei der Lektüre des oben genannten Gesprächsbeispiels vergebens versucht, einen Sinnzusammenhang zwischen den Beiträgen herzustellen. Das haben Sie deshalb getan, weil Sie eben davon ausgehen, dass sich die Gesprächspartner kooperativ verhalten. Wer sich kooperativ verhält, beachtet die kommunizierten Inhalte sowie die Ausdrucksweise des Gegenübers und versucht, seine eigenen Gesprächsinhalte angemessen anzupassen. In diesem Fall sind sie aber mit Ihrer Suche nach einem Sinnzusammenhang der Beiträge gescheitert. Bei dem eben genannten Beispiel würden wir nicht von einem kohärenten Gespräch sprechen, weil die Gesprächspartner sich nicht kooperativ verhalten. Man könnte dennoch Vermutungen darüber anstellen, warum sie so reden. Eine der Möglichkeiten wäre Geistesgestörtheit. Von Geistesgestörten erwarten wir (oftmals) nicht, dass ihre Beiträge immer kohärent sind. Im Normalfall aber gehen wir davon aus, dass der Gesprächspartner kooperativ ist und mit einem passenden Beitrag auf unseren Beitrag reagiert. Es handelt sich hierbei um ein sozusagen ungeschriebenes Gesetz, das jeder kennt, es aber selten explizit thematisiert. Wenn Sie beispielsweise genervt ihrem Gesprächspartner äußern: *Beantworte endlich meine Frage: Warum hast du das getan?*, dann thematisieren Sie indirekt das Kooperationsprinzip. Denn wenn jemand kooperativ ist, versucht er eine Antwort auf eine ihm gestellte Frage zu liefern und wer es nicht tut, der verhält sich nicht kooperativ und wer sich nicht kooperativ verhält, der muss mit Sanktionen rechnen. Eine der Sanktionen kann beispielsweise eine Beziehungsverschlechterung oder zumindest eine metakommunikative Abmahnung sein.

Übrigens: Der Aspekt der Kohärenz oder auch Kooperation gilt weder ausschließlich für Gesprächssequenzen noch für Gespräche. Wenn jemand beispielsweise in einem überfüllten Bus einer älteren Dame seinen Platz übergibt, dann hat derjenige sich im weitesten Sinne kooperativ verhalten und das hat sowohl für ihn als auch für die ältere Dame eine gewisse Kohärenz. Die Handlung weist deshalb Kohärenz auf, weil sie eine sinnvolle Reaktion auf die Tatsache ist, dass eine ältere Person in den Bus eingestiegen ist. Die Handlung lässt sich sinnvoll erklären: Die Person ist aufgestanden, um einer älteren Person einen Sitzplatz zu sichern. Sinnstiftend ist in diesem Fall die gesellschaftlich etablierte Regel, dass die Jüngeren den Älteren in überfüllten öffentlichen Verkehrsmitteln den Sitzplatz anbieten sollten. Wir steigen an dieser Stelle aber wieder aus dem Bus aus und kehren zu dem Begriff der Kohärenz zurück. Es soll als Nächstes die grammatische, thematische und interaktive Kohärenz näher erläutert werden.

5.3 Grammatische Kohärenz

Die grammatische Kohärenz betrifft vor allem die WIEDERAUFNAHME (vgl. Brinker 2005). Wenn man sich im Gespräch befindet, ist man im Regelfall bemüht, durch explizite (sichtbare) oder implizite (unsichtbare) Wiederaufnahmen auf seinen eigenen Beitrag oder auf den Beitrag des Vorredners Bezug zu nehmen. Diese rückbezüglichen Verweise sind zentral für das Gespräch, weil sie die Einheitlichkeit des Kommunikationsgegenstands sichern. Wiederaufnahmen in der sprachlichen Kommunikation sind das, was im Hausbau der Mörtel ist. Genauso wie die Verbindung zwischen den Steinen ohne Mörtel nicht gegeben ist und dadurch die Stabilität des Hauses nicht gewährleistet werden kann, so ist auch die Wiederaufnahme für die Verbindungen zwischen den Sätzen verantwortlich. Worin genau diese Verbindung besteht, lässt sich am folgenden Ausschnitt veranschaulichen:

Gesprächsbeispiel: Haus

```
01   Anton:   das haus sieht aber verwahrlost aus;
02   Lotte:   es gehört meiner oma-
03   Anton:   das dach ist aber noch in ordnung.
```

In Zeile 02 liegt beispielsweise eine explizite Wiederaufnahme vor. Das Pronomen *es* nimmt Bezug auf das von Anton genannte Haus. Bei einer expliziten Wiederaufnahme liegt immer REFERENZIDENTITÄT vor, was so viel heißt, dass sowohl das Wort haus als auch das Wort es sich auf ein und dasselbe Objekt beziehen. Beide Ausdrücke referieren nämlich auf das Haus. Das Wort, das den vorher genannten Gegenstand des Gesprächs wieder aufnimmt, wird BEZUGSAUSDRUCK genannt. Das Wort haus ist also in diesem Fall der Bezugsausdruck und das Pronomen es die Wiederaufnahme. Es wird aber nicht nur mittels Pronomen wieder aufgenommen. Sehr häufig kommen Wiederaufnahmen durch Substantive zustande. So kann man – um bei dem gleichen Beispiel zu bleiben – das Haus auch mit demselben Ausdruck (also *Haus*) wiederaufnehmen. Man kann dies aber auch mit bedeutungsähnlichen Ausdrücken tun. In diesem Fall könnten beispielsweise die Ausdrücke *Immobilie* oder *Bude* als Wiederaufnahme eingesetzt werden.

Es ist auch möglich, einen Ausdruck wiederaufzunehmen, ohne dass eine Referenzidentität zwischen der Wiederaufnahme und dem Bezugsausdruck vorliegt. In diesem Fall spricht man von einer IMPLIZITEN WIEDERAUFNAHME. Im oben genannten Beispiel spricht Anton in Zeile 03 vom Dach und nimmt damit indirekt Bezug auf den Kommunikationsgegenstand *Haus*. Es handelt sich hierbei also um eine implizite Wiederaufnahme. Warum? Wenn etwas durch einen Ausdruck wiederaufgenommen wird, der nicht auf dasselbe (aber semantisch verwandte) Objekt verweist, liegt keine direkte, sondern eine indirekte Wiederaufnahme vor. Anton nimmt in Zeile 03 mittels des Ausdrucks dach Bezug auf das Haus, von dem beide sprechen, aber das Wort *Dach* referiert nur auf das Dach des Hauses, nicht auf das ganze Haus. Somit ist das Referenzobjekt bei den beiden Ausdrücken verschieden.

Um die implizite Wiederaufnahme noch deutlicher zu veranschaulichen, möchte ich ein weiteres Beispiel nennen:

Gesprächsbeispiel: Japanisches Restaurant

```
01    Anton:    ich war im japanischen restaurant-
02    Lotte:    und? (-) hast du mit stäbchen gegessen?
```

In diesem Beispiel nimmt Lotte mit dem Ausdruck mit stäbchen gegessen Bezug auf den von Anton genannten Restaurantbesuch. Hier sehen wir, dass die implizite Wiederaufnahme oftmals von unserem HINTERGRUND- bzw. WELTWISSEN (Clark 1992, Schaefer 1989, Busse 1997) abhängig ist. Wüsste jemand beispielsweise nicht, dass man im japanischen Restaurant mit Stäbchen essen kann, könnte er keinen sicheren Zusammenhang zu dem vorangegangenen Gesprächsbeitrag herstellen. Und auch hier liegt keine Referenzidentität vor. Sowohl der Ausdruck restaurant als auch mit stäbchen gegessen weisen auf andere Gegenstände, Sachverhalte oder Handlungen hin.

Wie man in den beiden Beispielen für die implizite Wiederaufnahme sehen kann, wird der Bezug dadurch hergestellt, dass ein Ausdruck als Wiederaufnahme aus dem gleichen Wissensfeld gewählt wird. Sowohl das im Gesprächsbeispiel „Haus" verwendete Wort dach als auch der Ausdruck mit stäbchen gegessen gehören zum festen Kern eines Wissensfelds, das durch die beiden Bezugsausdrücke haus und japanischen restaurant aktiviert wird.

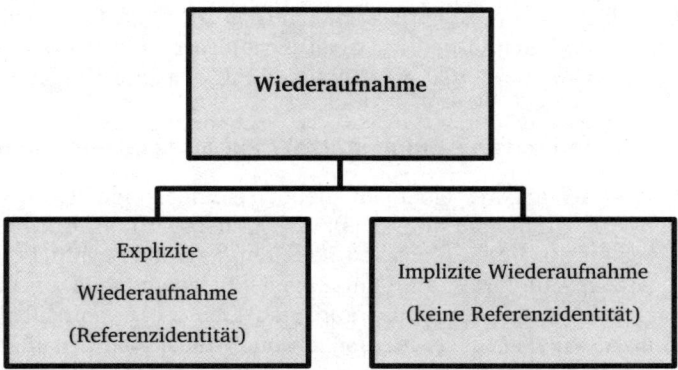

Abb. 18: Typen der Wiederaufnahme

5.4 Thematische Kohärenz

Wie wir bereits im vorangegangenen Abschnitt geklärt haben, gelten die unterschiedlichen Wiederaufnahmen als sinnstiftend für jedes Gespräch. In der Wiederaufnahmestruktur lässt sich oftmals die thematische Struktur des Gesprächs erkennen.

Wenn wir uns die Frage stellen, wovon die beiden letzten Gesprächsbeispiele handeln, dann können wir die Frage folgendermaßen beantworten: Das erste Gespräch handelt vom Zustand eines Hauses und das zweite Gespräch von einem Besuch in einem japanischen Restaurant. Die Benennung des Themas ist also komplexer als die der einzelnen Objekte, welche durch eine Wiederaufnahme verknüpft werden. Das THEMA ist den einzelnen Kommunikationsobjekten übergeordnet und enthält den Grundgedanken eines Gesprächs oder einer Gesprächsphase. Die einzelnen Äußerungen oder die gesamten Gesprächsbeiträge repräsentieren in der Regel ein TEILTHEMA, das zu dem übergeordneten Thema in einer bestimmten Relation steht (vgl. Brinker 2005). Man spricht in diesem Zusammenhang auch von der Art und Weise, wie ein Thema entfaltet wird. Ein Thema kann auf vier unterschiedliche Weisen entfaltet werden (vgl. Brinker/Hagemann 2000):

- Deskriptive Themenentfaltung
- Narrative Themenentfaltung
- Explikative Themenentfaltung
- Argumentative Themenentfaltung

Alle vier Themenentfaltungsformen sollen am folgenden Beispiel veranschaulicht werden:

Gesprächsbeispiel: Der Kaffeevollautomat

```
01    Anton:   wenn du den kaffeevollautomaten einschalten willst-
02             musst du hier drücken.
03             ((Zeigt auf den Einschaltknopf))
04    Lotte:   der gefällt mir ziemlich gut-
05             vor allem diese schwarze farbe-
06             meine eltern haben auch so einen ähnlichen.
07             der machte IMMER einen tollen starken kaffee;
08             ((Drückt auf den Einschaltknopf))
09             ich habe den knopf gedrückt.
10             es passiert aber nichts.
11    Anton:   du musst den knopf etwas länger gedrückt halten.
12    Lotte:   ((Drückt erneut den Einschaltknopf))
13             oh ja,
14             jetzt funktionierts,
```

((zwei Minuten später: beide sitzen am Tisch und trinken Kaffee))

```
15    Lotte:   ähm der schmeckt aber äh nicht so gut wie bei meinen eltern-
16    Anton:   na ja (-) die kaffeebohnen sind vom letzten jahr.
17             gereinigt habe ich den auch noch nie.
18    Lotte:   na super;
```

Da sich die Themenentfaltung zwischen dem Thema und den Teilthemen abspielt, ist es also zunächst wichtig, das Thema des Gesprächs festzulegen. Das Thema lautet in diesem Fall: „Anton stellt Lotte seinen Kaffeevollautomaten vor". Eins der Teilthemen, die in einer DESKRIPTIVEN RELATION zu dem oben genannten Thema stehen, ist die Tatsache, dass Lotte die Farbe des Kaffeevollautomaten benennt (Zeile 05). Sie beschreibt also die Farbe des kommunikativen Gegenstands. NARRATIVE THEMENENTFALTUNG liegt in Zeile 06-07 vor, in denen Lotte von einem vergangenen

Sachverhalt erzählt. Sie berichtet in dieser Passage über den Kaffeevollautomaten ihrer Eltern. Eine einschlägige EXPLIKATIVE THEMENENTFALTUNG liegt wiederum in Zeile 01-02 und 11 vor, in denen Anton versucht, Lotte zu erklären, wie sie den Automaten bedienen soll. ARGUMENTATIVE THEMENENTFALTUNG können in diesem Beispiel die Zeilen 16-17 genannt werden, in denen Anton seinen nicht ausgesprochenen Einwand (die Maschine ist besser als es den Anschein macht) durch zwei Begründungen zu stützen versucht: 1. Die Kaffeebohnen sind alt, 2. Die Maschine ist dreckig.

In diesem Beispiel gibt es aber auch Äußerungen, die zwar in der gesprochenen Sprache häufig vorkommen, sich aber eher schwer einer der vier oben genannten Themenenfaltungsarten zuordnen lassen. So ist es beispielsweise schwierig, die Äußerung na super von Lotte in Zeile 18 oder ihre Äußerung oh ja in Zeile 13 zu einer der Relationen zu zählen. In beiden Fällen wird die subjektive (bewertende) Haltung des Sprechers über einen Gegenstand oder Sachverhalt zum Ausdruck gebracht. Mit na super will Lotte Anton zu verstehen geben, dass sie wütend und enttäuscht ist über den Umstand, dass Anton sich nicht um einen frischen Kaffee bemüht hat. Mit oh ja will sie auf der einen Seite ihre Freude über ihren gelungenen zweiten Versuch, den Kaffeevollautomaten einzuschalten, zum Ausdruck bringen, auf der anderen Seite will Anton zu verstehen geben, dass sein Hinweis richtig war. Es liegt also zusätzlich eine bewertende Komponente vor. In diesen Fällen kann man von einer EMOTIVEN bzw. EXPRESSIVEN THEMENENTFALTUNG sprechen (vgl. Keller 2008).

5.5 Interaktionale Kohärenz

> Der Begriff der Gesprächssequenz bezieht sich weder auf die grammatische noch auf die thematische Gesprächsschritt-Verknüpfung; er ist vielmehr ausschließlich kommunikativ-funktional definiert: Eine Folge von mindestens zwei Gesprächsschritten verschiedener Sprecher konstituiert einen spezifischen Handlungszusammenhang [...].

Brinker/Sager 2010, S. 72

In diesem Zitat wird deutlich, dass weder die eben thematisierte grammatische noch die bereits vorgestellte thematische Kohärenz als definitorisches Merkmal für die Gesprächssequenz gilt. Der Begriff der Gesprächssequenz, welcher aus dem Bereich der Konversationsanalyse[29] stammt, wird ursprünglich genau im Sinne der interaktionalen Kohärenz verstanden (vgl. Schegloff 1990).

Gesprächssequenzen als kommunikative und kohärente Einheiten haben stets interaktiven Charakter und sind an ihre Zeitlichkeit gebunden (vgl. Schegloff 2007). Dies manifestiert sich in dem Schritt-für-Schritt-Charakter von Gesprächen. Im Laufe der menschlichen Entwicklung haben sich durch diese Faktoren bestimmte KOMMUNIKATIVE SEQUENZMUSTER eingeschliffen, welche heute ein konventionelles Mittel sind, um alltägliche und nicht alltägliche Aufgaben zu lösen. Eine Gesprächssequenz ist hier dadurch bestimmt, dass ein Gesprächsschritt einen anderen Gesprächsschritt erwartbar macht. Schegloff (1969, S. 1083) spricht von KONDITIONALER RELEVANZ, die auch BEDINGTE ERWARTBARKEIT genannt wird:

> By conditional relevance of one item on another we mean: given the first, the second is expectable; upon its occurance it can be seen to be a second item to the first; upon its

---

[29] Siehe Kapitel 2.

nonoccurance it can be seen to be officially absent – all this provided by the occurance of the first item.

Schegloff 1968, S. 1083

Noch klarer heben Henne/Rehbock (2001) hervor, dass das Prinzip der bedingten Erwartbarkeit ein definitorisches Merkmal der Gesprächssequenz darstellt:

> Unter dem Begriff Gesprächssequenz werden diejenigen Gesprächsschritte mehrerer Gesprächspartner zu funktionellen Einheiten zusammengefasst, für die die Eigenschaft der „bedingten Erwartbarkeit" [...] gelten soll [...].

Henne/Rehbock 2001, S. 24

Zusammenfassend: Als Gesprächsschritt sollen die Gesprächsbeitragspaarungen gelten, die durch das Prinzip der bedingten Erwartbarkeit miteinander verbunden sind. Das folgende Beispiel soll eine Gesprächspaarsequenz wie oben definiert veranschaulichen:

Gesprächsbeispiel: Schlüssel_1

```
01   Lotte:   wo sind meine schlüssel?   (FRAGE)
→ bedingte Erwartbarkeit ←
02   Anton:   weiß ich nicht.            (ANTWORT)
```

Die abstrakte und selten thematisierte bedingte Erwartbarkeit ist in diesem Gesprächsbeispiel zur Veranschaulichung zwischen die beiden Gesprächsschritte gesetzt worden. Bedingte Erwartbarkeit in dem eben genannten Beispiel lässt sich in aller Kürze wie folgt paraphrasieren: Lotte erwartet, dass Anton ihre Frage beantwortet. Da Anton ein kooperativer Gesprächspartner ist, weiß er um diese Erwartung und versucht Lotte eine passende Antwort zu liefern.

Derjenige, der eine Frage stellt, schränkt den Hörer in seinem Reaktionsspielraum ein. Der Hörer (hier Anton) hat nämlich nicht viele Möglichkeiten auf eine Frage zu reagieren, zumnidest, wenn er weiterhin als kooperativer Gesprächspartner gelten will. Dem Hörer steht nach einer solchen Frage ein bestimmtes Raster an Fortsetzungsmöglichkeiten zur Verfügung, aus dem er die geeignete Reaktion auswählen kann (vgl. Franck 1980, S. 52): Er kann antworten, teilweise antworten, ausweichen. Solche Frage-Antwort-Sequenzen, aber auch Gruß-Gegengruß-Sequenzen, Angebot-Annahme-Sequenzen, Vorwurf-Rechtfertigung-Sequenzen, etc. werden als Adjazenzpaare oder einfach als PAARSEQUENZEN (adjacency pairs) bezeichnet, weil zwischen den beiden Gesprächsschritten eine enge Bindung besteht (vgl. Levinson 2000, S. 330). Sie manifestiert sich auch darin, dass Paarsequenzen in der Regel unmittelbar aufeinanderfolgen und stark konventionalisiert sind (vgl. Gruber 2001). Eine Nichterfüllung der gesetzten Obligation wird in der Regel metakommunikativ thematisiert und führt häufig zu Konflikten, wie das im folgenden Gesprächsbeispiel veranschaulicht werden kann:

Gesprächsbeispiel: Schlüssel_2

```
01   Lotte:    wo sind meine schlüssel?
02 ->Anton:    hat die apotheke noch auf?
03   Lotte:    ich habe dich was gefragt;
04   Anton:    was?
05   Lotte:    <<genervt>NICHTS.>
```

Wie man hier sehen kann, zeigt Anton in Zeile 02 nicht die von Lotte erwartete Reaktion und prompt entsteht ein Konflikt zwischen den Gesprächspartnern, welcher unter Umständen auch im Streit enden kann. In Zeile 03 formuliert Lotte metakommunikativ eine implizite Kommunikationsregel, diese betrifft die eben vorgestellte bedingte Erwartbarkeit. In dem eben dargestellten Fall meint Lotte also Folgendes: Da ich dir eine Frage gestellt habe, erwarte ich, dass du auf meine Frage eine Antwort gibst oder zumindest auf meine Frage eingehst. Solche metakommunikativen Praktiken sind für die Analyse besonders interessant, weil sie auf implizite Regeln hinweisen, die unter normalen Umständen nicht zur Sprache gekommen wären.

Eng verwoben mit der Gesprächssequenz sind die bereits in Kapitel 4 thematisierten initiierenden und respondierenden Gesprächsschritte. Die initiierenden Gesprächsschritte (Fragen, Gruß, Vorwurf etc.) lösen bestimmte Obligationen aus, die dann von dem Hörer mit bestimmten reaktiven Gesprächsschritten (Antwort, Gegengruß, Rechtfertigung) erfüllt werden sollen.[30]

Paarsequenz ist aber nicht gleich Paarsequenz. Sie unterscheiden sich beispielsweise hinsichtlich der Stärke der normativen Erwartungen, die durch ihr Vorkommen im Gespräch aufgebaut werden. Nicht jeder initiierende Gesprächsschritt löst gleich stark einschränkende konditionale Relevanzen aus. So ist bei dem Gesprächsschritt „Gruß" das Raster an Fortsetzungsmöglichkeiten sehr klein. Es besteht eine sehr starke Erwartung, dass das Gegenüber auf den Gruß mit einem Gegengruß antwortet. Bei Vorwürfen aber ist die Stärke der normativen Erwartungen deutlich geringer. So kann der Hörer den Inhalt des Vorwurfs bestreiten, sich rechtfertigen, sich entschuldigen oder gar zu einem Gegenvorwurf übergehen. Dabei zählt ein Gegenvorwurf als eine Reaktion auf einen Vorwurf nicht zu dem Kanon der normativen Erwartungen und deshalb gehört eine Vorwurf-Gegenvorwurf-Sequenz nicht zu den Paarsequenzen, sondern zu den GESPRÄCHSSCHRITTVERKNÜPFUNGEN (vgl. Brinker/Sager 2010, S. 81). Es handelt sich hierbei um diejenigen Paarungen von Gesprächsbeiträgen, welche als nicht kooperativ gelten. So wird beispielsweise ein Gegenvorwurf als Reaktion auf einen Vorwurf als eine in gewisser Hinsicht unkooperative Handlung eingestuft.

5.6   Präferenzorganisation

Bei Paarsequenzen ist außerdem zu beobachten, dass sie entweder eine präferierte oder nicht-präferierte Reaktion beinhalten (vgl. Schegloff 2007, Sacks 1987, Pomerantz 1984). Bei der Präferenzorganisation geht es somit um die Frage: Gilt die Antwort des Hörers als eine vom Sprecher bevorzugte Reaktion oder nicht? Sacks (1992) beschreibt die PRÄFERENZSTRUKTUREN nicht aus der kognitiven Perspektive (also nicht dahingehend, ob jemand diese Antwort hören will oder nicht), sondern aus einer technischen bzw. strukturellen Perspektive. In transkribierten Gesprächen wer-

---

[30]   Siehe dazu auch Kapitel 13.

den die unmarkierten (unauffälligen) Formen lokalisiert. Sie gelten als die präferierten Formen. Abweichende Formen sind markiert und gelten als nicht-präferierte
Strukturen. Dazu zwei Beispiele:

Gesprächsbeispiel: Klaro

```
01   Anton:   kommst du morgen mit ins kino?
02   Lotte:   klaro;
```

Gesprächsbeispiel: Wie soll ich dir das sagen_1

```
01   Anton:   kommst du morgen mit ins kino?
02 ->Lotte:   (2.0) ähm weißt du (-) ich äh ich ähm
03 ->         <<zögernd>wie soll ich dir das sagen.>
04 ->         ähm (1.0) es tut mir leid.
05            aber äh aber ich habe mich leider mit jemand anderem
              verabredet.
```

An diesen beiden Beispielen sehen wir in aller Deutlichkeit, was mit präferierten bzw.
nicht-präferierten Formen der Reaktion gemeint ist. Die Erwiderung Lottes im Beispiel „Klaro" ist eindeutig eine präferierte Form, weil sie prompt (also ohne Pausen)
in einer kurzen und routinierten Form vollzogen worden ist. Die im zweiten Beispiel
nicht-präferierte Reaktion hingegen ist markiert: durch Pausen in Zeile 02 und 04,
Verzögerungselemente in Zeile 02 und 04 und auffällige Länge des Gesprächsbeitrags.
Man kann zusammenfassend sagen, dass die Gesprächspartner ihren responsiven
Beitrag unterschiedlich ausgestalten und diese unterschiedliche Ausgestaltung von
der Präferenz oder Dispräferenz der von ihnen gewählten Alternative abhängt. Gesprächslinguistische Fragestellungen könnten beispielsweise lauten: Welche syntaktischen Besonderheiten weist der dispräferierte responsive Gesprächsschritt auf? Werden bei der Sichtung von zahlreichen nicht-präferierten Gesprächsschritten
grammatische Muster sichtbar? Wenn ja, welche?

Um zu zeigen, wie stark solche Präferenzstrukturen in der alltäglichen Kommunikation verankert sind, möchte ich ein zusätzliches Beispiel anführen:

Gesprächsbeispiel: Wie soll ich dir das sagen_2

```
01   Anton:   kommst du morgen mit ins kino?
02 ->Lotte:   (2.0) ähm weißt du (-) ich äh ich ähm
03 ->         <<zögernd>wie soll ich dir das sagen.>
04 ->         ((schaut weg))
05   Anton:   <<enttäuscht>du kommst nicht mit.>
06   Lotte:   ja.
```

Hier sehen wir, dass alleine die Anzeichen für eine nicht-präferierte Option (Zeile 02-
04) ausreichend sein können, um den Hörer (Anton) erahnen zu lassen, dass eine
Ablehnung folgen wird. In solchen Fällen wird das von den Gesprächspartnern als
wechselseitig vorausgesetzte Wissen über Präferenzorganisation zu Zwecken der Be-
wahrung einer angenehmen und friedlichen Atmosphäre angewandt. Durch solche
Strategien ist nämlich die Ablehnung deutlich gesichtswahrender als es in einer direkten Variante der Fall wäre (nein (.) kein bock.).

Es muss aber hervorgehoben werden, dass die präferierte Reaktion nicht immer Zustimmung oder Akzeptanz sein muss. Es gibt Paarsequenzen, in denen genau umgekehrt eine Zurückweisung oder Verneinung präferiert wird. So gehört bei Komplimenten eine Zurückweisung oder freundliche Bagatellisierung zu den präferierten Alternativen. Dazu ein Beispiel:

Gesprächsbeispiel: Lob

```
01   Anton:    also wenn ich das sagen darf äh- (-)
02             du siehst äh du siehst in dem roten kleid umwerfend aus.
03  ->Lotte:   ach QUATSCH- (--) du übertreibst mein hasenpups.
04  ->         ich sehe aus wie immer.
```

5.7 Komplexe Sequenzstrukturen/Sequenzerweiterungen

Eine Paarsequenz kann auch durch zusätzliche fakultative Sequenzen erweitert werden (vgl. Schegloff 2007). In solchen Konstellationen liegt eine hierarchische Struktur vor. Es gibt die Kernsequenz, die von einer oder mehreren Nebensequenzen flankiert wird. Die Sprecher können vor, zwischen und nach einer Sequenz eine Subsequenz einschieben bzw. bearbeiten. Solche erweiterten Sequenzstrukturen werden auch als Sequenzerweiterungen bezeichnet.

Im folgenden Ausschnitt stellen die Einladung von Lotte in Zeile 03 und die Annahme der Einladung von Anton in Zeile 08 die Kernaktivität der Interaktionsaufgabe dar; sie bilden die Paarsequenz. Die restlichen erweiternden Sequenzen sind fakultative Zusätze, welche die Kernaktivität auf eine bestimmte Art und Weise stützen:

Gesprächsbeispiel: Einladung_1

```
01   Lotte:    was machste denn morgen?
02   Anton:    nix.
03  ->Lotte:   würdest du zu meinem geburtstag kommen?
04   Anton:    ähm um wie viel uhr müsste ich da sein?
05             ((imitiertes Zittern)) boah:: (-) es ist richtig kalt heute;
06   Lotte:    ja mir auch.
07             um zwanzig uhr
08  ->Anton:   ja:. (-) ich komme.
09   Lotte:    super.
10   Anton:    toll-
```

Wie bereits oben erwähnt, weisen die Sequenzpaare in der Regel eine adjazente Struktur auf, was bedeutet, dass die erste Teilaktivität der Paarsequenz unmittelbar auf die zweite Teilaktivität folgt. In diesem Beispiel liegt jedoch eine komplexe Sequenzstruktur vor. Die Einladung (Zeile 03) und die Annahme der Einladung (Zeile 08) liegen durch die dazwischen gelegten Einschubsequenzen einige Gesprächsbeiträge auseinander. Alles, was innerhalb und außerhalb der Kernaktivität passiert, nennt man FAKULTATIVE SEQUENZEN, die – je nach Position und Bezug zum Gesprächsthema – unterschiedlich bezeichnet werden. So nennt man die erste Sequenz 01-02 PRÄSEQUENZ. Präsequenzen gehen der Kernsequenz voraus und oft – wie in diesem Fall auch – sollen mit ihnen bestimmte Bedingungen überprüft werden, die für das Gelingen der Kernsequenz entscheidend sind. In diesem Beispiel wäre nämlich die Einladung hinfällig, wenn sich durch die Präsequenz herausstellen würde, dass Anton am nächsten Tag in den Urlaub fliegt etc. POSTSEQUENZEN hingegen folgen auf die Kernaktivität. In Zeile 09-10 handelt es sich um eine solche Sequenzart. Ihre Funktion besteht darin, sich wechselseitig Freude zu signalisieren – über die Zusage (von Lotte aus gesehen) bzw. über die Einladung (von Anton aus gesehen). Bewertende Aspekte wie Bestätigungen oder Würdigungen werden in Postsequenzen besonders häufig thematisiert. Die dritte Art der fakultativen Sequenzen bildet die EINSCHUBSEQUENZ. Dieser Sequenztyp tritt auf, nachdem der initiierende Teil der Kernaktivität vollzogen worden ist. Im Gesprächsbeispiel ist dies nach der Einladung von Lotte in Zeile 03 der Fall. Es kommt nämlich in Zeile 04-07 zu einem Einschub, bevor Anton in Zeile 08 schlussendlich die Einladung annimmt. Innerhalb der Einschubsequenz können zwei Sequenzen identifiziert werden. Erstens liegt hier eine Frage-Antwort-Sequenz in Zeile 04 und 07 vor und zweitens eine Feststellung-Zustimmung-Sequenz in Zeile 05-06. Es gibt einen qualitativen Unterschied zwischen den beiden Sequenzen: Wo die Frage-Antwort-Sequenz einen unmittelbaren thematischen Bezug zu der Kernaktivität herstellt, liegt dieser bei der Feststellung-Zustimmung-Sequenz nicht vor. Solche Einschubsequenzen, die keinen thematischen Bezug zu der Kernaktivität herstellen, werden NEBENSEQUENZEN genannt (vgl. Gruber 2001, S. 1233). Nebensequenzen teilen somit die Eigenschaft mit den Einschubsequenzen, zwischen den beiden Teilaktivitäten der Kernsequenz aufzutreten, haben aber keinen Bezug zum aktuellen Gesprächsthema. In diesem Fall könnte man davon ausgehen, dass Anton und Lotte im Winter an einer Haltestelle stehen und entsprechend den Bezug zu der kontextuell gegebenen Umgebung herstellen, aber nicht zu dem Thema des Gesprächs. Diese Nebensequenz wäre natürlich keine Nebensequenz, wenn das aktuelle Gesprächsthema das Wetter wäre. Nebensequenzen verletzten das im Kapitel 1 vorgestellte Prinzip der lokalen Kohärenz, das besagt, dass der folgende Beitrag auf den unmittelbar vorangegangenen Bezug nehmen soll. Aus diesem Grund wird meistens auf bestimmte routinierte Partikel oder Phrasen zurückgegriffen, um einen kurzen Themenwechsel anzuzeigen. In diesem Fall signalisiert Anton in Zeile 05 durch sein imitiertes Zittern und die begleitende Äußerung *boah* seinen thematischen Ausreißer (vgl. Sidnell 2010, S. 95ff.).

Wie wir in dem vorangegangenen Beispiel gesehen haben, kann ein Sequenzmuster einen recht verwickelten Aktivitätenkomplex darstellen, in dem unterschiedliche kommunikative Aufgaben gelöst oder unterschiedliche Strategien verfolgt werden. So hat jede dieser fakultativen Sequenzen einen bestimmten kommunikativen Sinn und dieser Sinn wird nicht nur durch die Bedeutung der sprachlichen Zeichen, die syntaktische Struktur, Intonation etc. erzeugt, sondern ebenfalls durch eine bestimmte Position innerhalb der gegebenen Sequenzstruktur. Diese Einsicht sollen die beiden folgenden Beispiele veranschaulichen:

Gesprächsbeispiel: Einladung_2

```
01 ->Lotte:    was machste denn morgen?
02 ->Anton:    nix.
03   Lotte:    würdest du zu meinem geburtstag kommen?
04   Anton:    ja:. (-) ich komme.
```

Gesprächsbeispiel: Einladung_3

```
01   Lotte:    würdest du zu meinem geburtstag kommen?
02   Anton:    ja:. (-) ich komme.
03 ->Lotte:    was machste denn morgen?
04 ->Anton:    nix.
```

Beide Gesprächsbeispiele behandeln die gleichen Themen und sind von der verbalen Realisierung identisch. Der einzige Unterschied besteht darin, dass die fakultative Sequenz (Vergewisserungssequenz) einmal als Präsequenz (Einladung_2) und einmal als Postsequenz (Einladung_3) realisiert wird. Im Gesprächsbeispiel „Einladung_2" dient offenbar die Sequenz als Präsequenz dazu, sich zu vergewissern, ob Anton zum Geburtstag kommen kann. Im letzten Beispiel ist diese Interpretationsmöglichkeit geblockt, weil der Sprecher bereits zugesagt hat. Mit der Postsequenz möchte sich der Sprecher möglicherweise vergewissern, ob der Gesprächspartner bei der Geburtstagsfeiervorbereitung einen Tag davor behilflich sein kann o. Ä.

Zusammenfassend lässt sich die komplexe Sequenz in folgende Strukturelemente unterteilen:

		← Präsequenz
	Erste Teilaktivität	
Kernsequenz		← Einschubsequenz
	Zweite Teilaktivität	
		← Postsequenz

Abb. 19: Komplexe Sequenzstruktur

Aufgaben

a) Kreuzworträtsel

waagerecht

3. Wie wird eine komplexe Sequenzstruktur noch bezeichnet?
4. Wie werden die Sequenzen genannt, die durch das Prinzip der bedingten Erwartbarkeit motiviert sind?
5. Bei expliziter Wiederaufnahme liegt ... vor.
6. Wenn die Gesprächspartner den kommunikativen Erwartungen der anderen Gesprächspartner entsprechen, dann handeln sie ... .
7. Wie heißt eine Sequenz, die zwischen dem ersten und dem zweiten Teil der Kernaktivität bearbeitet wird?
9. Welche Form der Verknüpfung ist die wichtigste bei der Beschreibung der grammatischen Kohärenz in Gesprächen?
10. Wie wird bedingte Erwartbarkeit noch bezeichnet?

Senkrecht

1. Wie wird eine Vorwurf-Gegenvorwurf-Sequenz genannt?
2. Wie werden die Sequenzen mit bevorzugten responsiven Gesprächsschritten bezeichnet?
8. Wie wird ein bestehender Sinnzusammenhang noch genannt?

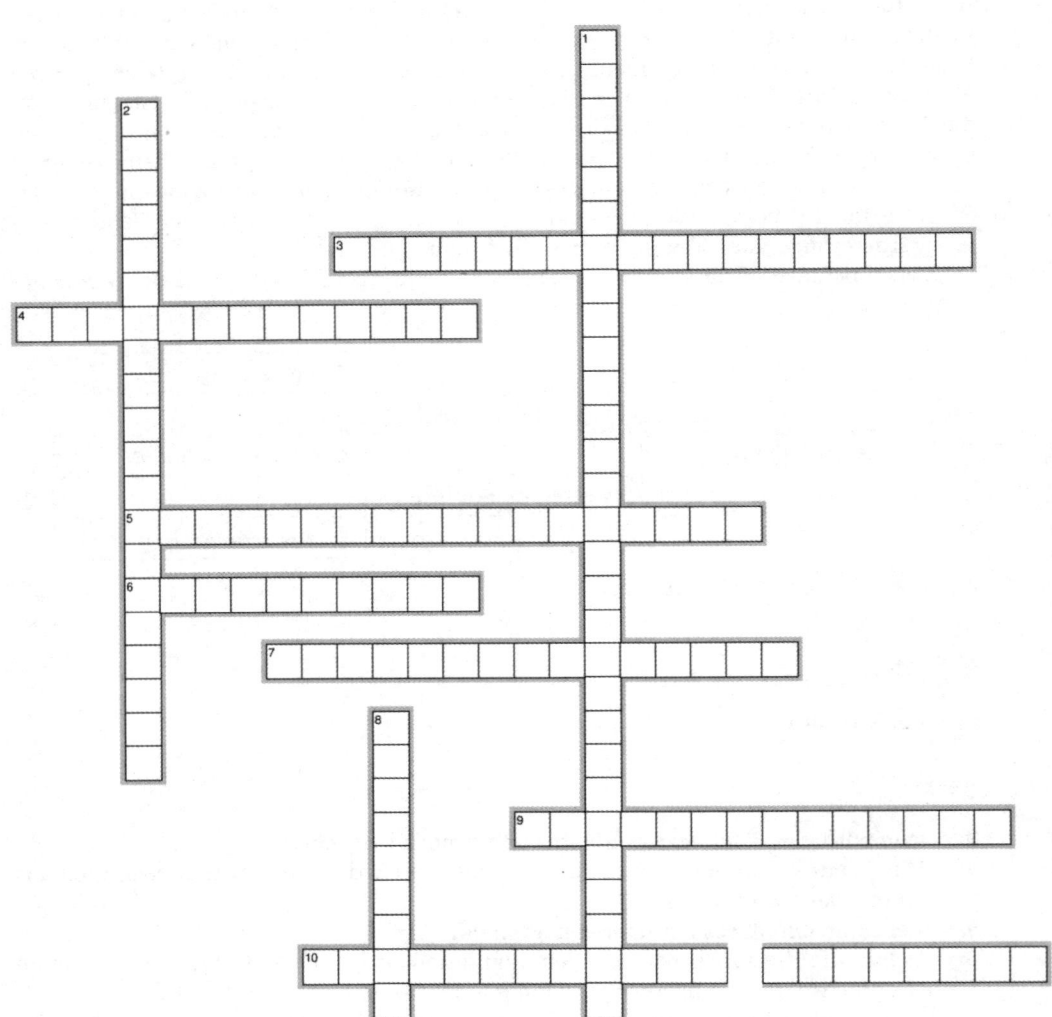

b) Erklären Sie an dem folgenden Gesprächsbeispiel den Kohärenz- und Kooperations-begriff:

Gesprächsbeispiel: Du auch

```
((Anton und Lotte sitzen einander zugewandt im Wohnzimmer))
01   Lotte:    das haus gefällt mir.
02   Anton:    meine leberwerte sind nicht in ordnung?
03   Lotte:    ja NE; (--) ich mein den grünen-
04   Anton:    du auch?
```

c) Welche Arten von Wiederaufnahme sind in dem folgenden Gesprächsbeispiel iden-tifizierbar?

Gesprächsbeispiel: Bruchbude

```
01   Lotte:    das haus gefällt mir.
02   Anton:    es ist zu alt.
03   Lotte:    die eingangstür müsste zwar weg-
04             aber ansonsten ist alles wunderschön.
05   Anton:    ich will diese bruchbude nicht.
```

d) Erklären Sie, warum die Sequenz Vorwurf-Gegenvorwurf nicht als Paarsequenz angesehen wird.

e) Welche Arten der Themenentfaltung liegen in folgenden beiden Gesprächsbeispie-len vor?

Gesprächsbeispiel: Meer

```
01   Anton:    wie kommt es eigentlich dass das meer so blau ist?
02   Lotte:    nun ja äh: sonnenlicht besteht aus unterschiedlichen farben-
03             und das meer reflektiert aufgrund seiner zusammensetzung-
04             nur die äh die blaue farbe.
```

Gesprächsbeispiel: Schatten

```
01   Anton:    was ist mit dir?
02   Lotte:    merkwürdig- (---) mir war als hätte ich da vorne-
03             ich mein an der straßenlaterne einen schatten gesehen.
```

f) Konstruieren Sie ein Gesprächsbeispiel, in dem eine Post- und eine Präsequenz vorkommen.

Kommentierte Literaturhinweise

Einen umfassenden Einblick in das Thema Gesprächssequenz gibt Schegloff (2007). Gruber (2001) bietet gut lesbare und knappe Erläuterungen zum Thema Gesprächsse-quenzen. In Schegloff (1990) wird die Gesprächssequenz in Relation zum Kohärenz-begriff gesetzt. Themenentfaltung wird in Brinker/Hagemann (2000) kurz und auf-schlussreich dargestellt.

6 Reparaturen

6.1 Ziele und Warm-up

Reparaturen kommen beinahe in jedem Gespräch vor und gehören zu den charakteristischen Merkmalen von spontanen Gesprächen. Der Begriff Reparaturen (vgl. Schegloff 1979, S. 272f.) bezieht sich auf die Methoden und Verfahren der Teilnehmer mit Störungen umzugehen. Bei allen Fällen, in denen ein Element im Gespräch als problematisch markiert und ein Versuch unternommen wird, dieses Element zu bearbeiten, handelt es sich um ein Reparaturverfahren. Im Grunde genommen gibt es in der geschriebenen Sprache ebenfalls Reparaturen. Diese sind aber in der Regel nicht sichtbar. Denken Sie beispielsweise an den Verfasser einer Hausarbeit. Bevor er seine fertige Arbeit einreicht, korrigiert er viele Sätze, stellt sie um, behebt Tippfehler etc. Der Unterschied besteht darin, dass diese Reparaturen nicht während eines kommunikativen Aktes stattfinden, sondern „im stillen Kämmerlein", ohne Interaktionspartner. In diesem Kapitel soll auf folgende Fragen eingegangen werden:

- Was sind die konstitutiven Elemente einer Reparatur?
- Welche Reparaturverfahren werden unterschieden?
- Wie ist das Reparaturverfahren sequenziell aufgebaut?
- Welche Problemquellen werden mittels eines Reparaturverfahrens behandelt?

 Was wird im folgenden Beispiel repariert und wie wird es angezeigt?

Gesprächsbeispiel: Geburtstag

```
01   Lotte:   justus hat morgen geburtstag.
02   Anton:   nein- (-) übermorgen,
03   Lotte:   ach ja stimmt, (-) ÜBERMORGEN meine ich.
```

6.2   Allgemeines: Störungsquellen und die klassischen Reparaturroutinen

Es gibt unterschiedliche Quellen für Störungen in der sprachlichen Kommunikation. Die häufigsten Störungen werden in der folgenden Liste genannt (vgl. Schegloff 1979, S. 269):

- Artikulationsstörungen
- Gedächtnisversagen
- Grammatikfehler
- Verstehensprobleme
- Störende Geräuschkulisse

Im Grunde genommen kann all das, was bei der Produktion und Rezeption von Gesprächen eine Rolle spielt, versagen und muss dann häufig wiederhergestellt bzw. repariert werden. Um das wechselseitige Verstehen zu sichern, sind die Gesprächspartner stets bemüht, ihre Beiträge möglichst verständlich zu gestalten. Da die oben genannten Störungen alltäglich sind, haben sich in allen Sprachgemeinschaften Routinen entwickelt, mit denen solchen Problemen prompt begegnet werden kann. Zu den klassischen Routinen gehören beispielsweise

* Abbrüche,
* Neustarts,
* Wiederholungen und
* Verzögerungen.

6.3 Konstitutive Elemente einer Reparatur

In diesem Abschnitt werden die wichtisgten sequenziellen Verfahren der Bearbeitung von Störungen beleuchtet. Man kann die hier vorgestellten sequenziellen Verfahren als einzelne Aspekte/Schritte bezeichnen, welche für ein Reparaturverfahren konstitutiv sind. Der erste Aspekt ist die Problemquelle selbst, gefolgt von Reparaturinitiierung und Reparaturdurchführung. Anschließend kann die Reparaturdurchführung ratifiziert (bestätigt, bejaht) werden. Dies soll am folgenden Beispiel veranschaulicht werden:

Gesprächsbeispiel: Liebst du mich_1

```
01    Lotte:    liebst du mich?
02  ->Anton:    nein\ äh: (-) DOCH (.) ich liebe dich.
03    Lotte:    ja dann haste noch mal glück gehabt.
```

In diesem Gespräch ist die PROBLEMQUELLE (auch als reparaturbedürftiges Element bezeichnet) das `nein` in Zeile 02, das durch unmittelbare REPARATURINITIIERUNG angezeigt (als ein Reparandum gekennzeichnet) wird. In diesem Fall besteht die Initiierung der Reparatur erstens durch den Abbruch des Beitrags von Anton. Dieser Abbruch wird im Transkript mit dem rückwärtigen Schrägstrich in Zeile 02 angezeigt und zweitens durch den (etwas gedehnt ausgesprochenen) Häsitationsmarker `äh:` ebenfalls in Zeile 02. Anschließend kommt es zur DURCHFÜHRUNG DER REPARATUR. Hierzu gehört das von Anton geäußerte `DOCH (.) ich liebe dich.` Damit nimmt Anton seine vorangegangene Aussage *nein* zurück und ersetzt sie durch die gegenteilige affirmative, also bejahende Äußerung. Das vierte konstitutive Element, die RATIFIZIERUNG, kommt in Zeile 03 vor. Hier ratifiziert Lotte die Reparatur von Anton mit den Worten: `ja dann haste noch mal glück gehabt.` Das Reparaturverfahren ist somit abgeschlossen (vgl. Egbert 2009, S. 55f.).

Zusammenfassend lässt sich sagen, dass eine Reparatursequenz idealerweise aus einer Problemquelle besteht, welche durch Initiierung und Durchführung der Reparatur behoben wird und ratifiziert werden kann. Der letzte Bestandteil des Reparaturverfahrens, die Ratifizierung, fällt oftmals weg. Wenn jemand sich beispielsweise verspricht und es anschließend korrigiert, bedarf es in der Regel keiner Ratifikation vonseiten des Hörers. Typische Kontexte, in denen Ratifizierungen hingegen relativ häufig vorkommen, sind Prüfungssituationen, Unterrichtssituationen etc.

Die eben genannte Durchführung der Reparatur kann in zwei Unteraktivitäten gesplittet werden. Zum einen in REPARATUR-OPERATION und zum anderen in REPARATUR-AUSGANG. Unter der Reparatur-Operation versteht man das, was man normalerweise auch primär unter der Durchführung der Reparatur versteht, also die Äußerung jenes Teils, welcher mit der Intention hervorgebracht wird, die Problemquelle zu reparieren. Der Reparatur-Ausgang bezieht sich wiederum auf das Gelingen bzw. das Misslingen der Reparaturoperation (vgl. Egbert 2009, S. 55f.). In dem obigen Beispiel ist die Reparatur eindeutig gelungen. Es gibt aber auch Fälle, in denen die Reparatur nicht gelingt. In solchen Situationen wird in der Regel das Reparaturverfahren wiederholt. Dazu das folgende Beispiel:

Gesprächsbeispiel: Visagist

```
01   Lotte:   die ute die ist heftig drauf.
02            sie lässt über fünfhundert euro bei einem visa\ äh vischa\
03            ich kanns nicht aussprechen. ((lacht))
04            ich mein den ähm der im gesicht was macht.
05   Anton:   ah: du meinst VISAGISTEN?
06   Lotte:   ja den vischa\
07            °h ich kanns einfach nicht,
08            ((schmunzelt))
08            ja; (.) den meine ich.
```

In diesem Beispiel wird zwar die Operation der Selbstreparatur ausgeführt, aber mit einem missglückten Reparatur-Ausgang – Lotte ist nämlich nicht in der Lage, ihre Reparaturoperation erfolgreich durchzuführen.

Die Reparatur-Initiierung, die wir eben kennengelernt haben, sollte bei der Analyse nicht unterschätzt werden. Sie spielt im gesamten Reparaturverfahren eine wichtige Rolle. Die Reparatur-Initiierung hat die Aufgabe, die Problemquelle als solche zu kennzeichnen und von der Reparaturdurchführung zu trennen. Der Beitrag wird dadurch transparenter. Um die Relevanz der Reparaturinitiierung zu veranschaulichen, werde ich ein Beispiel nennen, in dem es zur (reparatur-)initiierungsfreien Reparatur kommt:

Gesprächsbeispiel: Darmessen

```
01 ->Lotte:   justus ist in darmessen.
02   Anton:   WAS:?
```

Sehr wahrscheinlich haben Sie Probleme damit, nachzuvollziehen, was Lotte genau meint bzw. was sie in ihrem Beitrag korrigiert hat. Hier kommt die Auflösung:

Lotte wollte in diesem Beispiel *Darmstadt* sagen (justus ist in darmstadt), setzt aber prompt nach der Äußerung der erste Silbe darm ohne Reparaturinitiierung mit der Durchführung der Reparatur an essen (justus ist in essen). Dadurch steigert Lotte die Wahrscheinlichkeit, vom Hörer missverstanden zu werden. In diesem Fall könnte Anton – weil eben die Reparaturinitiierung ausgeblieben ist – nach dem Sinn des befremdlich klingenden Wortes darmessen suchen. Dass die ausgebliebene Reparaturinitiierung von Lotte für Verwirrung sorgte, ist an Antons unmittelbarer Reparaturinitiierung erkennbar. Er weiß nämlich: Ohne Verstehen keine sinnvolle Kommunikation.

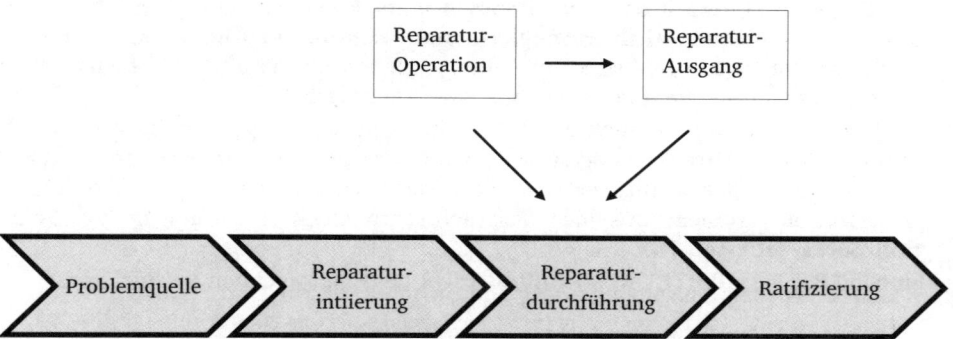

Abb. 20: Konstitutive Elemente einer Reparatur in Anlehnung an Egbert (2009)

6.4 Sequenzieller Aufbau des Reparaturverfahrens

Man unterscheidet zwischen vier Grundtypen von Reparaturen, die auf zwei Kriterien basieren. Das erste Kriterium bezieht sich auf die Frage, wer die Reparatur initiiert hat (der Sprecher selbst oder der Hörer) und das zweite Kriterium betrifft die Frage nach demjenigen, der die Reparatur schlussendlich durchgeführt hat. Entweder ist die Reparatur durch den Sprecher selbst oder von dem Hörer durchgeführt worden. Aus der Verschränkung der beiden Kriterien ergeben sich folgende vier Möglichkeiten:

- Selbstinitiierte Selbstreparatur
- Selbstinitiierte Fremdreparatur
- Fremdinitiierte Selbstreparatur
- Fremdinitiierte Fremdreparatur

- Im folgenden Beispiel liegt eine SELBSTINITIIERTE SELBSTREPARATUR vor, weil sowohl die Initiierung als auch die Durchführung der Reparatur ausschließlich von Anton ausgeübt wird (Zeile 02).

Gesprächsbeispiel: Liebst du mich_2

```
01    Lotte:    liebst du mich?
02 ->Anton:    nein\ äh: DOCH <<all>ich liebe dich;>
03    Lotte:    ja dann haste noch mal glück gehabt.
```

Dieses Gesprächsbeispiel entspricht der typischen Struktur einer Reparaturdurchführung. Die selbstinitiierte Selbstreparatur macht den Löwenanteil aller Reparaturen aus. Der Grund dafür liegt unter anderem in unserem Höflichkeitsverhalten. Es besagt, dass man dem Gesprächspartner zunächst Gelegenheit einräumen sollte, seinen Fehler selbst zu korrigieren, bevor man eine Fremdkorrektur durchführt (vgl. Sidnell 2010, S. 113ff.). Es liegt aber hier ebenfalls auf der Hand, dass es Kommunikationsformen bzw. Gesprächspartnerkonstellationen gibt, in denen man weniger Hemmungen hat, den anderen auf eine Problemquelle (bspw. einen Versprecher oder undeutliche Aussprache) hinzuweisen. Dazu gehört beispielsweise ein familiäres Gespräch oder ein Gespräch unter Freunden. In asymmetrisch aufgebauten Gesprächen (Lehrer-Schüler-, oder Eltern-Kinder-Kommunikation) ist wiederum die Regel, dass eher der Lehrer oder ein Elternteil die Problemquellen identifizieren, anzeigen und beheben können als umgekehrt.

Als Ursache für die Präferenz der selbstinitiierten Selbstreparatur lässt sich auch eine strukturelle Ursache nennen: Da der Sprecher, der die problematische Äußerung produziert hat, in diesem Augenblick selbst an der Reihe ist, ist es durchaus praktisch, das Problem im selben Gesprächsschritt noch zu bereinigen (vgl. Schegloff/Sacks/Jefferson 1977, S. 370ff.).

- Eine SELBSTINITIIERTE FREMDREPARATUR liegt im folgenden Beispiel vor:

Gesprächsbeispiel: Zwei Wochen

```
01    Anton:    wir kennen uns seit zwei woch\ äh: NEIN- äh.
02    Lotte:    wir sind bereits seit sieben wochen zusammen
                mein liebster.
```

Hier sehen wir, dass Anton zwar mit dem Abbruch \, gedehntem Häsitationsmarker äh: sowie der Negationspartikel NEIN- die Reparatur initiiert, Lotte aber die von Anton veranlasste Reparatur mit der Reparaturdurchführung abschließt.

- Das folgende Gesprächsbeispiel soll wiederum eine FREMDINITIIERTE SELBSTREPARATUR veranschaulichen:

Gesprächsbeispiel: In Paris

```
01    Anton:    wie war es in london?
02 ->Lotte:    in london? (-)
03 ->Anton:    ähh in paris meine ich;
04    Lotte:    ja:: (-) so lala.
```

Es liegt in diesem Beispiel eine fremdinitiierte Reparatur vor, weil Lotte in Zeile 02 Anton durch ihre Frage in london? auf eine Problemquelle aufmerksam macht, die er in seinem vorangegangenen Beitrag (Zeile 01) geäußert hat. Daraufhin führt Anton in Zeile 03 eine Reparatur seines Beitrags durch. Er ersetzt den Eigennamen *London* durch den Namen *Paris*, was durch eine sinnvolle Reaktion von Lotte (Zeile 04) als „richtig" ratifiziert wird.

- Anschließend soll die letztgenannte Variante an einem Beispiel kurz veranschaulicht werden, die FREMDINITIIERTE FREMDREPARATUR:

Gesprächsbeispiel: Ute

```
01    Lotte:    was hatte UTE bei dir zu suchen?
02 ->Anton:    ja nein (--) das war nicht ute-
03 ->          das war uschi.
```

In diesem Beispiel liegt das gesamte Verfahren der Reparatur bei dem Hörer. Es ist hier Anton, der in Zeile 02 durch ja nein und kurze Pause (--) die Reparaturinitiierung einleitet und anschließend die Reparatur durchführt (Zeile 02-03).

Wie bereits gesagt, gehört die selbstinitiierte Selbstreparatur zu den häufigsten Fällen der Reparatur, aus diesem Grund soll auf sie im nächsten Abschnitt genauer eingegangen werden.

6.5 Sequenzieller Einfluss auf das Reparaturverfahren

Die Ausgestaltung des Reparaturverfahrens hängt unter anderem davon ab, wie weit die Problemquelle von der Reparatur-Initiierung zurückliegt. Schegloff (1992b) spricht in diesem Zusammenhang von REPAIR INITIATION OPPORTUNITY SPACE. Mit anderen Worten: Die Entfernung zwischen der Problemquelle und der Initiierung der Reparatur bestimmt die Qualität bzw. die Art des Reparaturverfahrens. Die Reparaturinitiierung wird mit jedem Sprecherwechsel unwahrscheinlicher, weil jeder neue Gesprächsbeitrag neue Räume mit neuen potentiellen Problemquellen eröffnet, die wiederum zum Gegenstand von neuen Reparaturverfahren werden können.

Die erste Gelegenheit für eine Reparatur hat natürlich der Sprecher selbst. Anschließend kann der Hörer nach dem Sprecherwechsel eine Reparatur initiieren, dann nach dem Sprecherwechsel der Sprecher selbst etc. Die Positionen der Reparatur lassen sich in folgende Grundtypen einteilen:

- Im selben Turn/Gesprächsschritt (selbstinitiierte Reparatur)
- Nach dem ersten Sprecherwechsel (fremdinitiierte Reparatur)
- Nach mehreren Sprecherwechseln als Selbstreparatur
- Nach mehreren Sprecherwechseln als Fremdreparatur

Vergleichen wir als Nächstes die beiden ähnlichen Gespräche:

Gesprächsbeispiel: Berlin_1

```
01   Lotte:   danach bin ich nach ber\ (-) äh nach potsdam gezogen.
02   Anton:   okay
```

Gesprächsbeispiel: Berlin_2

```
01   Lotte:   danach bin ich nach berlin gezogen.
02   Anton:   und da hast du mit dem studium angefangen?
03            oder wie;
04 ->Lotte:   ja so war da\
05 ->         obwohl; (-) sorry. äh(.) das war nicht in berlin-
06 ->         das war in potsdam.
07            in berlin habe ich später noch ne zeitlang gewohnt.
```

Im ersten Gesprächsbeispiel ist die Entfernung zwischen der Problemquelle und der Reparatur gering. Im zweiten Beispiel wird erst im dritten Gesprächsschritt zur Reparatur angesetzt. Das wirkt sich auch darauf aus, wie das Reparaturverfahren ausgestaltet wird. In der Regel benötigt eine solche Reparatur mehr explizite Verweise darauf, was repariert werden soll. Im ersten Beispiel „Berlin_1" wird die Reparatur durch einen Abbruch, eine kurze Pause und einen Häsitationsmarker äh angezeigt. Es handelt sich also um kleine unauffällige Elemente/Muster, die durch die Nähe zu der Problemquelle vollkommen ausreichen, um dem Gesprächspartner unmissverständlich zu Verstehen zu geben, *dass* eine Reparatur eingeleitet wird und *was* einer Reparatur unterliegt. Das liegt insbesondere an dem bereits erläuterten Prinzip der LOKALEN PRÄFERENZ[31]: die Sprecher gehen im Normalfall davon aus, dass die Gesprächspartner sich auf die unmittelbar davorliegenden Gesprächsbeiträge beziehen.

Liegt das Reparandum[32] weiter weg, muss die Reparatur mit einem deutlich höheren Aufwand betrieben werden. In unserem zweiten Beispiel „Berlin_2" hat Lotte den eher unauffälligen Pausen (Zeile 05), dem Häsitationsmarker (Zeile 05) und Abbruch (Zeile 04) die Diskursmarker *obwohl* und *sorry* hinzugefügt und zusätzlich explizit eine erneute Referenz auf das Reparandum mit der Äußerung: das war nicht in berlin- (Zeile 05) hergestellt.

Man kann generell sagen, je größer die Entfernung zwischen der Reparatur und dem Reparandum, desto eher die Wahrscheinlichkeit, dass die Reparatur durch unterschiedliche REPARATURSIGNALE/Diskursmarker (*obwohl, oh nein, ja ne, quatsch* etc.) oder explizite Bezugnahmen (*das war nicht x*) eingeleitet wird.[33] Diese Ausdrücke weisen im Gegensatz zu den Abbrüchen und Häsitationsmarkern stärker das Potenzial auf, Bezüge zwischen weiter zurückliegenden Gesprächseinheiten herzustellen.

6.6 Unterschiedliche Arten von Problemquellen am Beispiel von selbstinitiierten Selbstreparaturen

Als Erstes sollen die unterschiedlichen Arten von Problemquellen an konkreten Fällen vorgestellt werden. Obwohl sich dieser Abschnitt an selbstinitiierter Selbstreparatur orientiert, gelten viele der hier besprochenen Eigenschaften auch für die anderen Reparaturformen. Man kann grundlegend zwischen folgenden Problemquellen unterscheiden:

- Wortwahl
- Grammatik
- Aussprache
- Kommunikativer Sinn/Zweck
- (Personen-)Referenz
- Auswahl des nächsten Sprechers

- Wenn die WORTWAHL repariert wird, versucht der Sprecher ein bestimmtes Wort durch einen alternativen – in der Regel passenderen oder auch adäquateren – Ausdruck zu ersetzen. Hierzu ein Beispiel:

Gesprächsbeispiel: Negerküsse

```
01   Anton:   hast du die negerküsse noch?
02   ->       äh:: dickmanns wollt ich sagen-
03   Lotte:   NATÜRLICH;
```

---

[31] Siehe dazu Kapitel 1-2.
[32] Das Reparaturwürdige.
[33] Siehe dazu Kapitel 10.

Da das Lexem *Negerkuss* heutzutage aus Gründen der political correctness in bestimmten gesellschaftlichen Kreisen eine nicht angemessene Ausdrucksweise darstellt, repariert Anton seine Wortwahl in eine der political correctness entsprechenden Form `dickmanns`.

- Eine Problemquelle, welche sich als GRAMMATISCH kategorisieren lässt, liegt im
  folgenden Beispiel vor:

Gesprächsbeispiel: Ja und

```
01 ->Lotte:   ich habe ihm geseh\ äh IHN gesehen.
02   Anton:   JA und?
```

In diesem Fall korrigiert Lotte die hier grammatisch inkorrekte Wahl eines dati-
visch flektierten Personalpronomens (ihm) in die korrekte akkusativische Form
(ihn). Es handelt sich also eindeutig um ein grammatisches Reparandum.

- Im nächsten Gesprächsbeispiel korrigiert Lotte ihre nicht korrekte AUSSPRACHE:

Gesprächsbeispiel: Wo ist Uschi hin?

```
01   Anton:   wo ist uschi hin?
02 ->Lotte:   zur vischafisti\ äh zur visagistin ist sie gegangen.
```

Hier wird das falsch ausgesprochene Wort *Visagistin* anschließend korrigiert.

- Kommen wir nun zu einem Beispiel, in dem der KOMMUNIKATIVE SINN der Äußerung zur Problemquelle wird.

Gesprächsbeispiel: Ich mag dich

```
01   Anton:   ich mag di[ch (-) äh ich mein (.) ich liebe dich.]
02   Lotte:          [((Schaut traurig Anton an))            ]
```

In diesem Fall versucht Anton den Sinn seiner Äußerung zu korrigieren, indem er
die offenbar emotional zu schwach formulierte Erstäußerung durch eine emotional stärker geladene ersetzt. Dass der erste Teil der Gefühlsbekundung nicht den
Erwartungen von Lotte entspricht, hat Anton an der nonverbalen Reaktion in Zeile
02 erkannt und daraufhin zur Reparatur angesetzt.

An dieser Stelle könnte man sich die Frage stellen, inwiefern sich das eben be-
sprochene Beispiel von dem Wortwahlbeispiel unterscheidet. Es unterscheidet sich
dadurch, dass hier der Sinn nicht an ein bestimmtes Wort, sondern an eine komplexe Äußerungskette `ich mag dich` gekoppelt ist. Zusätzlich wird aus dieser Äußerung zwangsläufig ein kommunikativ zentraler Sinn interpretiert. Wenn man
jemandem sagt, dass man ihn mag, dann meint man in der Regel, dass man ihn
nicht liebt. Bei der Wortwahl `negerküsse`, die durch `dickmanns` ersetzt wird, handelt es sich bei der Ursache für die Reparatur um einen Nebensinn, der nicht als
zentral kommunikativer Sinn gilt.

- Als Nächstes kommen wir zu einem Beispiel, in dem es zur Korrektur des Bezugs,
  also der (PERSONEN-)REFERENZ, kommt:

Gesprächsbeispiel: Müll raustragen

```
01   Lotte:   hat justus äh (-) ich mein anton den müll rausgetragen?
02   Uschi:   warum fragst du mich das?
```

Lotte nennt zunächst den Namen justus, um ihn anschließend selbst zurückzunehmen und durch den Namen anton zu ersetzen.

- Abschließend kommen wir zu dem letzten Typ von selbstinitiierten Selbstreparaturen, der Reparatur der AUSWAHL DES NÄCHSTEN SPRECHERS. Im folgenden Gesprächsbeispiel will Anton Uschi etwas fragen, aber Lotte geht auf die Frage ein. Anton fühlt sich gezwungen, an dieser Stelle einzugreifen:

Gesprächsbeispiel: Was machst du heute abend

```
01  ->Anton:   was machst du heute abend?
02    Lotte:   NI::chts;
03  ->Anton:   dich habe ich nicht gefragt- (-)
04  ->         die frage war an uschi gerichtet.
05    Uschi:   ich wollte ins kino-
06             kommst du mit?
```

Offenbar hat Anton in Zeile 01 nicht hinreichend (beispielsweise durch seine Blickrichtung oder hinweisende Handbewegung) seinen nächsten präferierten Gesprächspartner angezeigt und dies hatte einen unbeabsichtigten Sprecherwechsel zufolge. Da aber – wie bereits im vorangegangenem Kapitel erläutert – derjenige, der die Sprecherrolle hat, über die Entscheidungsmacht verfügt, wer als Nächstes sprechen soll/darf, kann er an dieser Stelle eingreifen und dem eigentlichen Gesprächspartner (Uschi) das Rederecht übergeben, was auch gelingt – wie in Zeile 05 zu sehen ist.

6.7   Sieben Reparaturverfahren nach Emanuel A. Schegloff

Zu den eben angeführten Reparaturquellen lassen sich sieben verschiedene Reparaturverfahren unterscheiden, welche sich aber teilweise mit den einzelnen Problemquellen überschneiden (Schegloff/Sacks/Jefferson 1977, S. 370ff., Papantoniou 2012, S. 42f.). Bei den im Folgenden dargestellten Reparaturverfahren wird vor allem die Organisation der Reparatur beleuchtet:

- ERSETZUNG (Replacement): Eine sprachliche Einheit wird gegen eine andere ausgetauscht:

    – das wird\ (.) es wird super.

- EINFÜGUNG (Insertion): Ein Ausdruck wird innerhalb einer Gesprächseinheit hinzugefügt:

    – das war sup\ (.) das spiel war super.

- TILGUNG (Deletion): Eine sprachliche Einheit wird gelöscht:

  – das haus ist **so** schön ähm (--) das haus ist schön.

  Anton korrigiert in diesem Fall seine Aussage, in dem er die Partikel so auslässt.

- UMORDNUNG (Reordering): Eine angefangene Äußerungseinheit wird abgebrochen, um eine weitere Beitragskonstruktionseinheit zu produzieren, wonach die Anfangsäußerung erneut aufgenommen wird:

  Gesprächsbeispiel: Opel

  ```
  01  Anton:   er hatte\ (.) du wirst es nicht glauben.
  02           er hatte früher einen OPEL.
  03  Justus:  NEIN,
  ```

- SATZARTWECHSEL (Reformating): Ein Satzwechsel liegt beispielsweise dann vor, wenn eine Bitte in einen Befehl umformuliert wird:

  – könntest du mir das salz rei\ (.) äh **GIB mir das salz.**

- PARENTHESEN (Parentheticals): Es handelt sich hierbei (häufig) um parenthetische Einschübe zur Erläuterung von Ausdrücken/Sachverhalten, bei denen zu erwarten ist, dass sie vom Gesprächspartner missverstanden werden können. Mit anderen Worten: Es wird mit einer Parenthese versucht, einem möglichen (weil noch nicht eingetretenen) Verstehensproblem des Rezipienten entgegenzuwirken. Ein Beispiel dazu:

  Gesprächsbeispiel: Blau

  ```
  01   Lotte:   das wort blau ist ein adjektiv;
  02 ->         hm: du weißt (-) adjektive sind eigenschaftswörter.
  03   Anton:   o::kay;
  ```

- SUCHE (Search): Bei diesen Reparaturverfahren ist die Reparaturinitiierung der Problemquelle vorangestellt. In der Regel handelt es sich um Fälle, in denen der Sprecher nach einem geeigneten Ausdruck sucht:

  Gesprächsbeispiel: Justus anrufen

  ```
  01 ->Anton:   hast du gestern den ähm (--) äh:: justus angerufen?
  02   Lotte:   ja (.) habe ich.
  ```

In diesem Ausschnitt ist die Problemquelle der Reparatur (in Zeile 01) nur an den durch die Häsitationsmarker *ähm* und *äh* sowie die Verzögerung (--) sichtbaren kognitiven Anstrengungen von Anton abzulesen, die darauf schließen lassen, dass er Probleme hatte, sich an den Namen von Justus zu erinnern.

6.8 Missverständnisse als entfernte Selbstreparaturen in dritter Position

Missverständnisse treten in Gesprächen häufiger auf, als man meinen könnte. Die wenigsten Sprecher machen sich aber Gedanken darüber, mittels welcher Strategien sie die entstandenen Missverständnisse aus der Welt schaffen. In diesem Abschnitt sollen ENTFERNTE SELBSTREPARATUREN näher beleuchtet werden. Man spricht von entfernten Reparaturen, wenn zwischen der missverständlichen Aussage und dem Reparaturvorgang mindestens ein Sprecherwechsel liegt (vgl. Schegloff 1992a). Es wird unterschieden zwischen einer REPARATUR IM DRITTEN GESPRÄCHSSCHRITT und einer REPARATUR IN DER DRITTEN POSITION (*third-turn/third-position repair*, vgl. Schegloff 1987a). Eine Reparatur im dritten Gesprächsschritt liegt im folgenden Beispiel vor:

Gesprächsbeispiel: Begrüßung

```
01    Lotte:    hey olga- na was geht?
02    Olga:     ähm nichts.
03  ->Lotte:    nein ich meine (-) wie geht es DIR?
04    Olga:     oh gut- danke.
```

Wie in diesem Beispiel zu sehen ist, begrüßt Lotte Olga auf eine Art und Weise, welche diese nicht ganz versteht. Sie interpretiert die Frage nach dem Wohlergehen falsch, woraufhin Lotte das Missverständnis Olgas erkennt und ihre Frage deutlicher formuliert. Olga zeigt somit Lotte durch ihre inadäquate Reaktion an, dass sie die Äußerung nicht im von Lotte intendierten Sinne verstanden hat. Zwischen der missverstandenen Aussage und der Reparatur steht bloß ein Turn: die Reaktion von Olga: ähm nichts. (vgl. Egbert 2009, S. 126f.).

Bei einer Reparatur in der dritten Position bahnt nicht bloß ein einzelner Turn den Weg zur Reparatur, sondern gleich mehrere:

Gesprächsbeispiel: Telefonat mit Coreen

```
01  ->Coreen:   darla du lebst ja noch-
02    Darla:    was soll das denn jetzt heißen?
03              NATÜRLICH lebe ich noch;
04    Coreen:   was hast du denn so getrieben?
05    Darla:    also das sage ich dir jetzt bestimmt nicht mehr-
06  ->Coreen:   ich meinte doch nur;
07  ->          weil wir lange nichts mehr voneinander gehört haben.
08    Darla:    ach so (-) tut mir leid.
09              dann habe ich das falsch verstanden.
10              (0.5)
11    Darla:    ich war mit meinem mann im schwarzwald.
12              und das war das REINSTE funkloch.
```

Darla interpretiert die Aussage Coreens in Zeile 01 darla du lebst ja noch offenbar als Vorwurf und reagiert dementsprechend unfreundlich. Bis es zur Reparatur in Zeile 06 kommt, finden noch mehrere Sprecherwechsel statt, die auf eine Reparatur in der dritten Position hindeuten. In diesem Beispiel wird deutlich, dass in Darlas Position als Hörer keine Störung auftritt, da sie von dem Missverständnis nichts ahnt. Ausschließlich die Position des Sprechers – in diesem Fall die Position Coreens – nimmt eine Störung wahr und kann somit die Reparatur einleiten. Coreen klärt in Zeile 06-

07 das Missverständnis durch eine Erklärung auf, woraufhin Darla sich bei ihr entschuldigt und das Gespräch so weiterführt, als hätte es diesen Irrtum nie gegeben.

Es wird deutlich, dass bei der Selbstreparatur in dritter Position der Sprecher die Problemquelle verursacht und die Reparatur durchführt. Der Hörer hingegen führt die Reparaturinitiierung durch.

Doch was verursacht überhaupt diese Missverständnisse und welches Ausmaß können sie annehmen? Dieser Frage wird im nächsten Kapitel nachgegangen.

6.8.1 Was sind die typischen Problemquellen von Missverständnissen?

In diesem Abschnitt werden typische Problemquellen für Missverständnisse als entfernte Selbstreparaturen in dritter Position vorgestellt. Im folgenden Beispiel entsteht ein Missverständnis aufgrund einer uneindeutigen (PERSONEN-)REFERENZ (problematic reference) (Schegloff 1987a):

Gesprächsbeispiel: Das Auto und die Frisur

```
01    Anton:    wow (--) wie geil ist das denn?
                ((Zeigt in Richtung Lotte))
02    Lotte:    oh danke.
03              (0.1) ich komme gerade frisch vom friseur.
04    Anton:    das meine ich doch gar nicht-
05              (0.1) das auto hinter dir ist der WAHNSINN
```

In diesem Beispiel zeigt Anton starke Begeisterung für einen in seiner Äußerung nicht definierten Gegenstand. Lotte versteht diese Begeisterung als Kompliment für ihre neue Frisur, weil Anton dabei in ihre Richtung zeigt. Sie fasst die Absicht von Anton, seine Begeisterung zum Ausdruck zu bringen und sie zu teilen, richtig auf. Jedoch versteht sie den Bezug, auf den Antons Begeisterung gemünzt ist, falsch.

Die Ursache dieses Missverständnisses liegt in dem Demonstrativpronomen *das* in Zeile 01, welches sowohl den Bezug auf das Haar als auch auf das Auto zulässt. Hätte Anton das Auto vorher irgendwann angesprochen oder es in seine Äußerung mit eingebracht, wäre es nie zu diesem Missverständnis gekommen.

Die zweite Art der Problemquelle, welche häufig zu Missverständnissen führt, ist die des KOMMUNIKATIVEN SINNS (problematic sequential implicativeness, Schegloff 1987a). In diesen Fällen wird schlicht und ergreifend die Handlungsabsicht des Sprechers missverstanden. In den folgenden Gesprächsbeispielen soll veranschaulicht werden, welche unterschiedlichen Arten des gemeinten Sinns es gibt und inwiefern diese als Ursache für Missverständnisse gelten können.

Im ersten Gesprächsbeispiel handelt es sich um das falsche Verstehen von scherzhaften bzw. ernsthaften Äußerungen:

Gesprächsbeispiel: Geburtstagsessen

```
01    Lotte:    morgen habe ich ENDLICH geburtstag,
02    Uschi:    stellst du mehrere tische fürs essen auf?
03  ->Lotte:    nee wir essen auf dem boden.
04    Uschi:    oh (0.5)
05    Lotte:    das war nur ein scherz.
```

Uschi fragt Lotte, inwiefern die Gäste Platz beim Essen finden. Lotte macht daraufhin eine scherzhafte Bemerkung (Zeile 03), die Uschi jedoch ernst nimmt (Zeile 04). Durch das fehlende Lachen von Uschi erkennt Lotte das Missverständnis und kann die Reparatur anhand der Auflösung, dass es ein Scherz war, einleiten.

Eine weitere Ursache für ein sinnorientiertes Missverständnis ist ein UNBEAB-SICHTIGTER VORWURF:

Gesprächsbeispiel: Kette

```
01   Ben:    du trägst immer diese kette um den hals.
02           wieso?
03   Matt:   musst ja nicht hingucken?
04   Ben:    nein nein ich wollte nur wissen-
05           ob sie eine bestimmte bedeutung für dich hat.
06   Matt:   ach so:: ja ich habe sie von meinem großvater vererbt bekommen.
```

Ben stellt Matt eine persönliche Frage zu seiner Kette (Zeile 01-02), woraufhin dieser sich von ihm angegriffen fühlt und eine barsche Antwort gibt (Zeile 03). Matt fasst Bens Frage als eine Beschwerde zu seinem Schmuck auf und macht ihn durch seine aggressive Reaktion indirekt auf das Missverständnis aufmerksam. Da Ben seine Frage keinesfalls als Beschwerde gemeint hat, gibt er sie nochmals konkreter wieder (Zeile 05), sodass Matt auf eine angemessene Art und Weise antworten kann.

Missverständnisse können ebenfalls dadurch entstehen, dass der Hörer statt der wörtlichen Bedeutung einer Aussage die nicht-wörtliche als die gemeinte Information versteht oder umgekehrt. Das folgende Beispiel soll eben diesen Fall WORTWÖRT-LICH vs. NICHT-WÖRTLICH veranschaulichen:

Gesprächsbeispiel: Party

```
01   Ronja:    bist du fertig umgezogen?
02 ->Betty:    ich glaube ich kann nicht mitkommen-
03 ->          und meinen dad hier einfach so alleine lassen.
04   Ronja:    nimm ihn doch einfach mit zu der party.
05   Betty:    hm nein ich meine ich möchte hier zuhause bleiben.
```

Um nicht zur Party gehen zu müssen, gibt Betty vor, ihren Vater nicht allein Zuhause lassen zu wollen. Ronja nimmt diese Ausrede wörtlich und schlägt ihr eine Alternati-ve vor. Betty klärt Ronja daraufhin auf, dass sie nicht vorhat, auf die Party zu gehen. Ihre Aussage mit ihrem Vater hat also eine darüber hinausgehende Bedeutung, die Ronja wortwörtlich nimmt.

Im letzten Gesprächsbeispiel handelt es sich um ein GESPIELTES MISSVER-STÄNDNIS:

Gesprächsbeispiel: Bin süß

```
01   Anton:    bist du sauer?
02 ->Lotte:    nein ich bin süß;
03   Anton:    ha ha ha ha.
```

Lotte hat Antons Äußerung genau verstanden, mit ihrem Gesprächsschritt in Zeile 02 gibt sie jedoch vor, die Aussage von Anton missverstanden zu haben. Da das Missverständnis so offensichtlich ist, entlarvt Anton den dahinter steckenden Witz und reagiert mit Lachen.

Aufgaben

a) Kreuzworträtsel

waagerecht

1. Welches Element einer Reparatur wird häufig durch Abbrüche, Pausen und Häsitationsmarker angezeigt?
5. Die Reparaturoperation wird unterteilt in Reparaturoperation und ...
7. Welche Art von Reparaturverfahren liegt im folgendem Beispiel vor: *er ist sehr nett\ (--) er ist nett.*
10. Wenn der Gesprächspartner signalisiert, dass er etwas Falsches gesagt hat, der andere ihn aber korrigiert, dann liegt eine selbstinitiierte ... vor.

senkrecht

2. Wie wird die Durchführung der Reparatur genannt?
3. Eine Quelle für Störungen in der sprachlichen Interaktion.
4. Eines der konstitutiven Elemente einer Reparatur.
6. Wie wird eine positive Bewertung einer Reparatur genannt?
8. Man unterscheidet zwischen einer Reparatur in dritter Position und einer Reparatur im dritten ...
9. Welche Art von Problemquelle liegt im folgenden Beispiel vor: *ich habe ihm geseh äh IHN gesehen?*

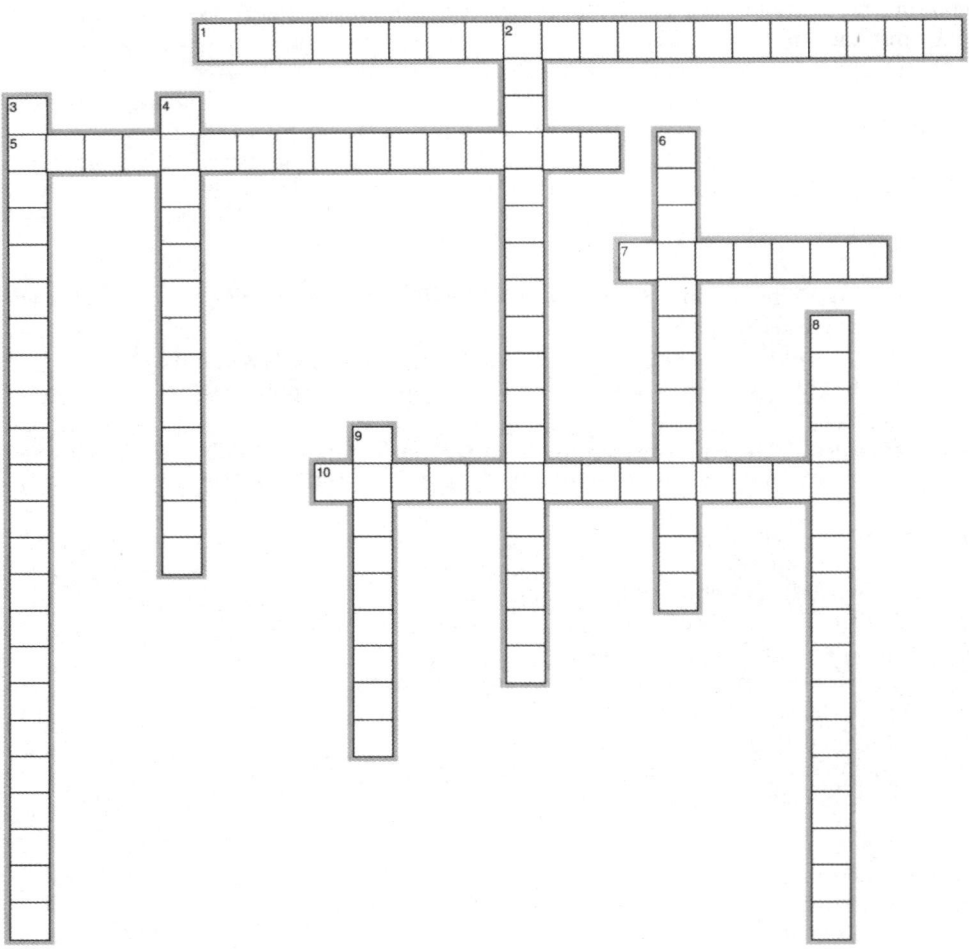

b) Um was für einen Reparaturtyp handelt es sich im folgenden Beispiel:

Gesprächsbeispiel: Bei Uschi_2

```
01    Anton:    wie war es bei uschi?
02    Lotte:    bei uschi? (-)
03    Anton:    ähh bei renate wollt ich sagen;
04    Lotte:    ja:: (-) okay.
```

c) Welches Reparaturverfahren liegt im folgenden Beispiel vor:

●   mein gel\ (.) mein letztes geld wollten die klauen-

d) Identifizieren Sie im folgenden Gesprächsbeispiel die Problemquelle für ein Missverständnis.

Gesprächsbeispiel: Schwein

```
01   Anton:    der niko ist ein schwein;
02   Lotte:    ich kenne keinen niko-
04   Anton:    nein (-) justus hat ein schwein das äh das niko heißt;
05   Lotte:    ach so::: okay.
```

e) Nennen Sie die vier Elemente einer Reparatur.

f) Konstruieren Sie eigenständig ein Gesprächsbeispiel, an dem man den Unterschied zwischen der Reparaturoperation und dem Reparaturausgang veranschaulichen kann.

Kommentierte Literaturhinweise

Schegloff (1979) ist ein Klassiker zum Thema Reparatur aus dem angelsächsischen Raum. Einen umfassenden Überblick über den Reparaturbegriff liefert Egbert (2009). Papantoniou (2012) setzt in seiner Dissertation zum Thema Reparaturaktivitäten den Fokus auf Signalisierung und Bearbeitung von Wortfindungsstörungen, Versprechern etc.

7 Gesprächsphasen

7.1 Ziele und Warm-up

Wir sind nun bei der gesamtstrukturellen Ebene (Makrostruktur) eines Gesprächs angekommen. Das Gespräch wird während der Analyse von Gesprächsphasen in seiner Gesamtheit betrachtet. Die Beschreibung der MAKROSTRUKTUR von Gesprächen ermöglicht es zum einen, die Struktur und Entwicklung eines Gesprächs zu erkennen und zu bestimmen, zum anderen können bei einer anschließenden Detailanalyse (also einer Analyse der MIKROSTRUKTUR) die Ergebnisse aus der gesamtstrukturellen Ebene zur Stützung der Ergebnisse aus der Detailanalyse herangezogen werden (vgl. Deppermann 2008, S. 52). Das Gespräch wird in drei Phasen unterteilt: Eröffnungsphase, Kernphase und Beendigungsphase. Dies entspricht in etwa einer klassischen Seminararbeit, welche in Einleitung, Hauptteil und Zusammenfassung unterteilt ist. Folgende Fragen werden hier im Vordergrund stehen:

- Was sind die charakteristischen Merkmale der Eröffnungs-, Kern- und Beendigungsphase?
- Wie lässt sich die jeweilige Phase untersuchen?
- Wie sind die Phasen strukturiert?

 Denken Sie an eine Begrüßung unter Bekannten am Telefon und an eine Begrüßung in einer Face-to-face-Situation. Fällt die Begrüßung in beiden Fällen identisch aus?

7.2 Die Eröffnungsphase des Gesprächs

Gesprächsbeispiel: Es muss

```
01   Anton:   hey justus!
02   Justus:  jo anton wie gehts?
03   Anton:   gut soweit und dir?
04   Justus:  es muss.
05            was gibts neues?
```

Jeder Einzelne von uns kennt solche oder ähnliche Begrüßungen mit seinen Freunden, Familienmitgliedern oder flüchtigen Bekannten. Je nach emotionaler und sozialer Beziehung zu dem Gesprächspartner fallen diese unterschiedlich in ihrer Art und Weise aus. Doch was steckt genau hinter unseren alltäglichen Begrüßungsritualen?

7.2.1 Eröffnungsphase

Die Eröffnungsphase weist im Vergleich zu der Kernphase einen relativ einfachen Aufbau auf, jedoch entscheidet sie darüber, ob und wie ein Gespräch zwischen den Gesprächspartnern im Weiteren verlaufen wird (Brinker/Sager 2010, S. 92f.). Sie dient als Koordinator für das verlaufende Gespräch. Die Gesprächspartner gehen in dieser Phase beispielsweise auf soziale Belange ein. Unbekannte Gesprächspartner stellen sich gegenseitig vor oder bereits bekannte Gesprächspartner sprechen über ihr letztes Treffen, um den Stand ihrer Beziehung deutlich zu machen. Darin zeigen sich bereits soziale und persönliche Einschätzungen und Einstellungen, welche sich auf den gesamten weiteren Gesprächsverlauf auswirken. In der Eröffnungsphase wird in der Regel bereits der Zweck des Gesprächs zwischen den Gesprächspartnern ausgehandelt, die ungefähre Dauer des Gesprächs oder auch generell die Bereitschaft, das Gespräch fortzusetzen, signalisiert. Etwas konkreter: In der Eröffnungsphase werden organisatorische Punkte abgehandelt, wie beispielsweise die Bestimmung eines Protokollführers oder das Anbieten von Getränken.

Die Gesprächssituationen werden koordiniert und bieten somit den Beteiligten die Möglichkeit, sich auf das Gespräch einzustellen. Es können vorab Absprachen und Fragen geklärt werden, bevor man zu dem eigentlichen Grund des Gesprächs kommt.

Gesprächsbeispiel: Umzugsservice

```
01   Lotte:   du: (-) ich kann leider nicht lange; (--)
02            ich bin noch verabredet.
03   Uschi:   kein problem- (-)
04            es dauert nicht lange.
05            ich wollte nur wissen-
06            ob du mir die nummer von dem umzugsservice geben kannst-
07            von dem du so begeistert warst.
```

In diesem Beispiel vermitteln sich beide Gesprächspartner ihre Wünsche in Bezug auf den Gesprächsablauf, und können sich während der Begrüßungsphase auf den weiteren Gesprächsverlauf einstellen und vorbereiten. Lotte signalisiert mit ihrem Beitrag in Zeile 01-02 fehlende Bereitschaft ein ausschweifendes Gespräch zu führen und Uschi wiederum teilt Lotte den Grund ihres Anrufs mit und erklärt, dass ihr Anliegen nicht viel Zeit in Anspruch nimmt.

7.2.2   Varianten der Begrüßung

Die Gesprächseröffnung kann natürlich je nach Situation unterschiedlich ausfallen, wie beispielsweise bei einem Telefongespräch, Beratungsgespräch oder Verkaufsgespräch.

Üblicherweise wird jedoch ein Gespräch mit einer Begrüßung eingeleitet. Diese kann verbal, aber auch nonverbal, z.B. als Blickkontakt oder ein Lächeln, auftreten. Unsere Begrüßungen bestehen aus ritualisierten Elementen, welche bei jedem von uns unterschiedlich realisiert werden können. Dies hängt mit unseren sozialen Strukturen und deren Verständnis, Auffassung und Ausprägung bei jedem Einzelnen zusammen. Die Art und Weise, wie sich die Gesprächsteilnehmer ausdrücken, gibt Aufschluss über ihre sozialen Beziehungen und oftmals spielt auch der jeweilige Situationszusammenhang eine große Rolle. So ist es beispielsweise durchaus möglich, dass ein Chef seinem Angestellten gegenüber während der Arbeitszeit anders auftritt, als wenn er ihn privat nach der Arbeit auf ein gemeinsames Feierabendbier treffen würde.

Wie wir unsere sozialen Beziehungen innerhalb eines Gesprächs einschätzen, je nachdem, ob wir unseren Gesprächspartner schon kennen oder nicht, und wie das Gespräch weiter verlaufen soll, wird – wie bereits erwähnt – in der Eröffnungsphase entschieden.

7.2.3 Eröffnungsphase und Beziehungsgrad

Treffen wir auf eine(n) Bekannte(n), einen Freund oder eine Freundin, dann fallen unsere Begrüßungsfloskeln anders aus, als wenn wir mit jemand Fremden ins Gespräch kommen.

Die Eröffnungsphase dient bei bekannten Gesprächspartnern dazu, sich gegenseitig Rückmeldung über ihre soziale Beziehung zu geben und sie bestenfalls zu bestätigen. Oftmals sieht man schon bei nonverbalen Begrüßungen eine emotionale Bindung. Die Begrüßung fällt herzlicher aus, z. B. durch ein Lächeln oder eine Umarmung. Kennen wir unser Gegenüber jedoch nicht, dann dient die Eröffnungsphase als „Beschnuppern". Man will herausfinden, mit wem man es zu tun hat und ob beide Parteien überhaupt zu einem Gespräch bereit sind. Man reagiert wesentlich reservierter als bei einer Person, die man kennt (vgl. Spiegel/ Spranz-Fogasy 2001, S. 1247f.). Es liegt auf der Hand, dass die Verständigung im Gespräch erheblich einfacher verläuft, wenn die Gesprächspartner sich bereits kennen und somit Vorwissen über Einstellungen, Meinungen und Verhaltensweisen haben (Schank/Schoenthal 1976, S. 75).

Gesprächsbeispiel: Umarmung

```
((Die Freunde Max und Moritz treffen sich zufällig))
01  Max:    ((lächelt)) mein lieber (--) lange nicht gesehen;
02  Moritz: ((schmunzelt)) da hast du recht mein bester.
((Max und Moritz umarmen sich))
```

vs.

Gesprächsbeispiel: Schreckliches Wetter

```
((Max trifft zufällig einen Bekannten (Heinz) von Moritz))
01  Max:     ach hallo wie geht es ihnen?
((Max und Heinz geben sich die Hand))
02  Heinz:   danke gut und ihnen?
03           schreckliches wetter heute (-) oder?
```

Je nach Rollenverteilung der Personen oder der gegebenen Situation können die Verhaltensweisen stark voneinander abweichen. Wir werden als Gesprächspartner oftmals vor kommunikative Aufgaben gestellt, welche wir durch unser erlerntes Muster von Sprachverhalten meistern können. So werden oftmals dieselben Themen, wie das Wetter oder das Wohlbefinden, zur Eröffnung eines Gesprächs aufgegriffen.

Man kann festhalten, dass die Eröffnungsphase generell kürzer ist, wenn die Gesprächspartner sich bereits kennen. Die Personen können sich dank ihrer bereits aufgebauten Beziehung gegenseitig einschätzen und müssen sich nicht neu kennenlernen. Die Grundbasis für ein funktionierendes und anhaltendes Gespräch ist vorhanden.

Bisher sind wir von einem Aufeinandertreffen von zwei Gesprächspartnern, also von Face-to-face-Gesprächen, ausgegangen. Um verschiedene Gesprächseröffnungen zu erläutern, wird im Weiteren auf ein Telefongespräch eingegangen.

7.2.4 Telefongespräch

Die Struktur der Eröffnungsphase kann am deutlichsten anhand eines Telefongesprächs verdeutlicht werden, da in diesem Fall alle Schritte verbalisiert werden müssen, weil die Gesprächsteilnehmer nicht physisch anwesend sind. Ein klassisches Telefongespräch besteht aus folgenden Sequenzen:

- Klingeln-Antwort-Sequenz
- Identifikation und Gegenidentifikation (Identifikationssequenz)
- Gruß-Gegengruß (Begrüßungssequenz)
- Wohlergehens-Sequenz
- Übergang von der Eröffnungs- zur Kernphase

Das Klingeln zeigt die Gesprächsbereitschaft des Anrufers und die Antwort erfolgt je nach Interesse und Gesprächsbereitschaft des Angerufenen durch das Abnehmen des Hörers. Nimmt der Angerufene einen Anruf entgegen, dann erfolgt meistens die Identifikation durch Nennung seines Namens. Die Namensnennung fordert gleichzeitig den Anrufer zu einer Gegenidentifikation auf. Die Identifikationssequenz wird oftmals mit einer Begrüßungssequenz vermischt.[34] Diese Sequenzen bilden den Kern des Eröffnungsrituals. Zusätzlich kann beispielsweise noch eine Wohlergehens-Sequenz folgen. Diese besteht aus der Frage nach dem Wohlergehen und dem Dank des Befragten (vgl. Brinker/Sager 2010, S. 92).

Mit den Formulierungen wie *Ich habe folgendes Problem, und zwar ...* oder *Ich habe da einen Fall, über den ich gerne mit dir sprechen möchte, nämlich ...* wird die Kernphase eingeleitet. Der Übergang von der Eröffnungs- zur Kernphase geschieht somit meist nicht plötzlich, sondern wird deutlich (meist vom Anrufer) angekündigt.

Gesprächsbeispiel: Max Müller

```
((Telefon klingelt))
01   Max:       hallo? max müller.
02   Moritz:    hi (-) moritz hier.
03              was machst du heute?
```

Das Beispiel zeigt eine typische Eröffnung eines Telefongesprächs. Eine Identifikation durch die Namensnennung erfolgt allerdings nicht immer. Auch am Telefon kann durch eine innigere soziale Beziehung zu einer Person die Eröffnungsphase anders ausfallen, wenn man z. B. jemanden an der Stimme erkennt (Berens 1981, S. 413ff.).

Gesprächsbeispiel: Aushelfen

```
01   Max:       du ich bins (--) kannst du mir aushelfen?
02   Moritz:    hi MAX wobei denn?
```

Ein weiteres Kontrastbeispiel zu einer normalen Eröffnung stellen Telefongespräche dar, in denen die Interaktanten in einer asymmetrischen Beziehung stehen, wie es beispielsweise bei der TV- und Radiosendung „Domian" der Fall ist. Hierzu ein konstruiertes Beispiel:

---

[34] Siehe Gesprächsbeispiel „Max Müller".

Gesprächsbeispiel: Domian

```
01   Domian:   schönen guten abend (-) mit wem spreche ich?
02   Anton:    schönen guten abend anton ist mein name-
03             ähm ich möcht etwas erzählen-
04             was mir sehr unangenehm ist.
05             (0.5) ((atmet durch)) es hat mit meiner familie zu tun.
```

Domian nimmt Anrufe entgegen und agiert in der Rolle des Beraters und Zuhörers, wenn Menschen von ihrem Anliegen erzählen. Bei solch einem Beratungsgespräch stellt sich der Berater, in unserem Fall Domian, oftmals hinter die Institution, für die er arbeitet. Die Identifikationsphase erfolgt zwar durch die Namensnennung, jedoch kennt Domian die Person und ihr Anliegen noch nicht. Der Anrufer hingegen hat mit großer Wahrscheinlichkeit die Sendung schon öfter verfolgt, sodass ihm Domian nicht völlig unbekannt ist. Der erste Schritt zum Anruf bestand wahrscheinlich darin, dass die Person ein gewisses Vertrauen aus medialer Distanz aufgebaut hat, ohne dass Domian etwas davon bemerkte. Diese untypische Ausgangssituation bei einem Telefongespräch nennt man ASYMMETRISCHE BEZIEHUNG. Der Anrufer kennt Domian, aber Domian kennt den Anrufer nicht. Die asymmetrische Beziehung bietet keine hinreichende Grundbasis für die Verständigung. Es ist keinerlei Vorwissen über den Anrufer vorhanden, wie man es normalerweise aus den eigenen Freundeskreisen kennt. Der Anrufer vermittelt lediglich sein Anliegen, welches der Berater zunächst ohne Hintergrundinformationen bezüglich des Anrufers erfasst. Eine Stellungnahme, um gemeinsam mit dem Anrufer eine Handlungsmöglichkeit für das Anliegen zu finden, erfolgt erst in der Endphase des Gesprächs, sofern der Anrufer sich überhaupt verstanden fühlt und der Berater sich dazu bereit erklärt, zu helfen (vgl. Schank/Schoenthal 1976, S. 75ff.).

7.2.5 Markierte Eröffnungsphasen

Neben unserem gewohnten Ablauf einer Eröffnungsphase kann es auch dazu kommen, dass wir in ein Gespräch geraten, in welchem der sequenzielle Aufbau der Eröffnungsphase nicht dem typischen Muster entspricht. Im folgenden Beispiel wird auf die Eröffnungsphase gänzlich verzichtet und direkt auf das eigentliche Thema des Gesprächs eingegangen.

Gesprächsbeispiel: Etwas zu erzählen

```
((Max sieht Moritz vor seiner Wohnung))
01   Max:   ich hab letztens TOTAL vergessen dir was wichtiges zu
            erzählen-
02          das muss jetzt raus;
```

Es wird mit dem eigentlichen Anliegen des Gesprächs unmittelbar „mit der Tür ins Haus gefallen", ohne dem Gegenüber die Gelegenheit zu bieten, sich darauf einzustellen. Solche Abweichungen von der Norm haben häufig einen kommunikativen Charakter. In dem oben genannten Beispiel verstärkt Max mit dem Verzicht auf die Eröffnungsphase die Dringlichkeit seiner Mitteilung.

Die Phasen können auch überdehnt werden. Fällt die Eröffnungsphase ungewöhnlich lang aus, dann kann es unter Umständen bedeuten, dass der Sprecher in der Kernphase eine unangenehme Nachricht verkünden möchte.

Gesprächsbeispiel: Schlechte Neuigkeiten

```
01    Anton:    hi lotte;
02    Lotte:    hallo anton. (1.0)
03              na wie isset?
04    Anton:    ganz gut soweit und bei dir?
05    Lotte:    danke auch. (1.0)
06              ja ähm (--) wie läufts aufer arbeit?
07    Anton:    so la la.
08    Lotte:    okay? äh (---) und sonst so?
09              was macht de\ äh (-) dein bruder?
10    Anton:    seit wann interessierst du dich für meinen bruder?
11              alles bestens soweit.
12    Lotte:    ach nur so; (0.5)
13              läuft dein roller wieder?
14    Anton:    <<cresc>WAS ist los lotte?>
15              gibt es schlechte neuigkeiten?
```

Lotte verzögert auffällig die Eröffnungsphase, was häufig auch von dem Gesprächspartner metakommunikativ kommentiert wird, wie es auch in dem eben dargestellten Beispiel der Fall ist (Zeile 14-15). An dem Beispiel kann man erkennen, dass unsere Gespräche immer in Anbetracht unserer sozialen Beziehungen zu verstehen sind und mal besser, mal weniger gut, oder anders als gedacht, verlaufen.

7.3 Kernphase

Die KERNPHASE (= GESPRÄCHSMITTE) eines Gesprächs befindet sich dort, wo die Eröffnungsphase abgeschlossen und die Beendigungsphase, also die gemeinsame Auflösung des Gesprächs, noch bevorsteht (vgl. Brinker/Sager 2010, S. 91, Spiegel/Spranz-Fogasy 2001, S. 14ff.). In der Kernphase widmen sich die Interaktanten dem eigentlichen Grund ihres Zusammentreffens. Die Kernphase eines Gesprächs wirft für den Analytiker zahlreiche Probleme auf, da sie häufig komplexer/unregelmäßiger ist als die Eröffnungs- oder Beendigungsphase. Es gibt so gut wie keine ritualisierten Sequenzen innerhalb der Kernphase, wie zum Beispiel die Begrüßungssequenz in der Eröffnungsphase oder die Verabschiedungssequenz in der Beendigungsphase. Sie ist stets offen für individuelle Gestaltungsmöglichkeiten der Gesprächsteilnehmer. Trotz der Offenheit sind auch hier bestimmte Ablaufmuster erkennbar, die den Gesprächsteilnehmern als Leitfaden dienen. Dieses Ablaufmuster wird allerdings nicht – wie das noch bei der Eröffnungssequenz der Fall war – auf der sequenziellen Ebene sichtbar (vgl. Henne/Rehbock 2001). Bei der Analyse der Kernphase muss der Forscher sich von der Sequenzebene lösen und vielmehr versuchen, Strukturen/Muster auf höherer Ebene zu finden. Leider sind diese übergeordneten Ablaufmuster bislang nur für wenige Gesprächstypen analysiert worden. Zu den bereits untersuchten gehören unter anderem Verkaufsgespräche (Pothmann 1977), Reklamationsgespräche (Fiehler 2009) und Kurzberatungen (Hartung 2004, Schank 1981).

7.3.1 Beginn und Ende der Kernphase

Wie findet der Übergang von der Eröffnungsphase zur Kernphase eigentlich statt, beziehungsweise woran kann man den Beginn der Kernphase erkennen? Bei Gesprächen, die an ein Thema gebunden sind, wie zum Beispiel Beratungsgespräche oder Konferenzen, lassen sich die Abschnitte leicht voneinander abgrenzen. Dazu soll als Erstes ein kurzes Beratungsgespräch am Telefon zwischen einem Ratsuchenden (Rats) und einem Berater (Ber) in drei Phasen unterteilt werden:

Gesprächsbeispiel: Mathe

- Eröffnungsphase

```
01   Rats:   hallo hier spricht lisa pflaume;
02           ich studiere äh. (-)
03           ich will mathe bei ihnen an der universität studieren.
04   Ber:    hallo frau pflaume meier hier;
05           wie kann ich da weiterhelfen?
```

- Kernphase

```
06   Rats:   ja also wann muss ich mich denn da bewerben?
07           weil ich hab mein abiturzeugnis noch gar nich.
08           die von der schule geben mir das erst ende juni- glaub ich.
09   Ber:    das ist aber doch gar kein problem-
10           die bewerbungsfrist geht bis zum fünfzehnten juli;
11           da ham sie noch genug zeit.
```

- Beendigungsphase

```
12   Rats:   ja WUNDERBAR, super dann weiß ich bescheid-
13           schönen tag noch.
14   Ber:    auch so;
```

Die Kernphase beginnt dort, wo es um das eigentliche Thema geht, nämlich die Frage nach der Bewerbungsfrist. Als ein Scharnier, das von der Eröffnungsphase in die Kernphase überleitet, gilt in diesem Gesprächsbeispiel die Wendung wie kann ich da weiterhelfen? in Zeile 05. Ist die Frage vollständig beantwortet, setzt die Beendigungsphase ein, weil das Gespräch seine Funktion erfüllt hat und aufgelöst werden kann.

Bei kurzen Alltagsgesprächen ist es schwieriger, sich am Thema zu orientieren und dadurch eine Gliederung vorzunehmen. Auch hierfür ein Beispiel (Kontext: Uschi und Lotte treffen sich beim Einkaufen):

Gesprächsbeispiel: Paradies

```
01   Uschi:  grüß dich lotte gut siehste aus.
02           haste die haare anders?
03           andere farbe oder kürzer?
04   Lotte:  uschi schön dich mal wieder zu sehen.
05           warste KRANK?
06           oder wieso warst du so lange nicht beim sport?
07           wir haben dich schon vermisst;
```

```
08                  ja ja die haare hab ich anders-
09                  ist aber schon länger her;
10                  haste schon das von den schmidts gehört?
11      Uschi:      ne krank war ich nich.
12                  war nur viel zu tun-
13                  was ist denn mit den schmidts?
14      Lotte:      ja da gabs ärger IM paradies- sag ich dir.
15                  hat sich wohl ausgeturtelt;
16                  die scheidung steht vor der tür.
17      Uschi:      ach nee das hätt ich nich jedacht.
18      Lotte:      tja ist ja meist so-
19                  du da hinten kommt mein bus-
20                  wir sehen uns hoffentlich beim sport;
21                  da quatschen wir weiter.
22      Uschi:      alles klar.
23                  tschüssi;
24      Lotte:      bye bye.
```

In diesem Gesprächsbeispiel kommt es erstens zur Vermischung der Eröffnungsphase mit der Kernphase und zweitens zum thematischen Changieren: Es sind in dem Beispiel zwei versuchte thematisch belegte Gesprächseinstiege erkennbar: erstens die Frage nach den Haaren und zweitens nach der Krankheit. Es gibt ebenfalls ein durch äußere Umstände (Bus) abgebrochenes Thema bezüglich der Scheidung eines beidseitig bekannten Paars. Dieses Beispiel sollte veranschaulichen, dass in der Praxis häufig die thematische Trennung, aber auch die Trennung zwischen den Gesprächsphasen, nicht immer eindeutig bestimmt werden kann.

7.3.2 Thematische Ausgestaltung

Gespräche können unterschiedliche Themen zum Inhalt haben, die in der Kernphase ihre Entfaltung finden. Allerdings gibt es zwei Arten von Gesprächen in Bezug auf das Thema. Es gibt Gespräche, bei denen das Gesprächsthema im Vorfeld festgelegt ist, zum Beispiel bei Tagungen oder in politischen Talkshows. Bei solchen Gesprächen gibt es ein zentrales Thema, welches möglicherweise Subthemen hat, also Themen, die dem zentralen Thema untergeordnet werden können. Zum Beispiel könnte das zentrale Thema einer Talkshow „Arbeitslosigkeit in Deutschland" lauten. Subthemen dazu könnten „Hartz IV", „Armut" oder „Wirtschaftslage" sein. In solchen Gesprächen kommunizieren die Gesprächsteilnehmer miteinander, um ein bestimmtes Thema zu diskutieren. Umgekehrt verhält es sich jedoch bei Gesprächen, bei denen das Thema zufällig ausgewählt wird, also die situations- oder bedürfnisabhängig sind. Ein Beispiel für ein solches Gespräch wäre eine Geburtstagsfeier. Hier können viele verschiedene Themen behandelt werden, wie Neuigkeiten aus dem Berufsleben oder das Wetter. Die Wahl eines Themas ist allerdings immer auch abhängig von der jeweiligen Situation und dem Gesprächspartner. Mehr oder weniger bewusste Normen geben vor, was man wann mit wem besprechen darf. Diese Normen sind zum einen alltagspraktischer Natur und zum anderen sozial und gesellschaftlich bestimmt. Solche sozialen und gesellschaftlichen Normen können sich im Laufe der Zeit verändern und sind in der Regel von der Gesellschaftsschicht abhängig, in der man sich bewegt (vgl. Schank 1981). Es gibt Themen, die in der Öffentlichkeit generell oder auch nur in bestimmten Gruppen tabuisiert werden, zum Beispiel Homosexualität im Fußball, Alkoholismus oder Depressionen.

7.3.2.1 Thema und Subthema

Die freie Themenwahl erfordert mehr Gesprächsarbeit der Gesprächsteilnehmer, als dies bei einem Gespräch der Fall ist, bei dem das Thema bereits vorab klar ist. Der Themenwechsel bei einem Gespräch mit freier Themenwahl muss unter wechselseitigem Einverständnis erfolgen. Ein Gesprächsteilnehmer macht einen Vorschlag, auf den die anderen Gesprächsteilnehmer eingehen kann oder nicht. Wer ein Thema einführt und wessen Themen behandelt werden, ist häufig von sozialen Faktoren abhängig. Aber was ist eigentlich ein Thema? Laut Schank ist ein THEMA einer Interaktion das, was in einer Interaktion explizit von den Gesprächsteilnehmern zur Sprache gebracht wird. Dies bedeutet, ein Thema ist das, worüber in einer Interaktion gesprochen wird und worauf die gemeinsame Aufmerksamkeit aller Gesprächsteilnehmer gerichtet ist (vgl. Schank 1981 S. 21f.). Ein thematischer Abschnitt ist nach Schank das Stück, welches zwischen zwei Themenwechseln liegt und durch die Einhaltung der Bedingungen für die Einheitlichkeit eines Themas gekennzeichnet ist. Konkret beinhalten diese Bedingungen, dass die Gesprächsteilnehmer sich auf nur einen Gegenstand oder Sachverhalt konzentrieren und dieser nicht gewechselt wird. Verschiedene Signale und Formulierungshandlungen können einen solchen Themenabschnitt beenden oder einleiten (vgl. Schank 1981, S. 51f.). Innerhalb eines thematischen Abschnitts lassen sich in der Regel bestimmte SUBTHEMEN erkennen, also Unterthemen, die unmittelbar oder mittelbar mit dem Thema zu tun haben. Dazu ein Beispiel:

Gesprächsbeispiel: Arbeit

```
01   Anton:    was arbeitest du?
02   Lotte:    bin krankenschwester in [der ]urologie.
03   Anton:                            [okay]
04   Lotte:    und du?
05   Anton:    bin arbeitslos.
06   Lotte:    okay was bist du von beruf?
07   Anton:    GERMANIST.
08   Lotte:    ist bestimmt schwer mit arbeit. oder?
09   Anton:    ne; aber ich ähm.
10   Anton:    ich will einen guten job haben;
11   Lotte:    versteh- (1.0) du bist äh anspruchsvoll-
12   Anton:    ja (-) genau.
13             als krankenschwester in der urologie-
14             da passieren viele lustige sachen- (-) oder?
15   Lotte:    ja. (-) das stimmt. (---)
16             gestern ist ein patient zu uns gekommen;
17             der hatte eine colaflasche im arsch-
18             meinte er (-) er ist von der leiter gefallen.
19             und dann ist ihm die flasche rein[gerutscht;]
20   Anton:                                     [((lacht)) ]
21             ja (-) NA:TÜR::lich.
22   Lotte:    ((schmunzelt))
```

Das Thema des Gesprächsbeispiel liegt klar auf der Hand: „Arbeit". Die Subthemen sind in diesem Fall: 1. Berufe (Zeile 01-07), 2. Arbeitslosigkeit/Arbeitssuche (Zeile 05-12), 3. (Lustige) Vorfälle auf der Arbeit (Zeile 14-22).

Trotz der von Schank entworfenen Signale und Formulierungshandlungen ist es häufig nicht leicht, die Kernphase in thematische Abschnitte aufzugliedern. Gründe dafür gibt es mehrere: Die Anzahl der Themen beziehungsweise deren Unterteilung in Hauptthema und Subthemen ist stark interpretationsabhängig. Mit anderen Worten:

Es hängt von der subjektiven Sichtweise des Forschers und seiner konkreten Fragestellung ab, wie die Unterteilung in thematische Abschnitte ausfällt – verschiedene
Forscher können somit bei ein und demselben Gespräch zu unterschiedlichen Gliede-
rungen kommen. Häufig sind auch Themenwechselsignale nicht vorhanden und er-
schweren dadurch eine eindeutige Identifikation des Themenwechsels.

Trotzdem ist die Gliederung der Kernphase in thematische Abschnitte eine wichtige Grundlage für die Analyse eines Gesprächs, auf deren Basis weiterführende Untersuchungen aufbauen können (vgl. Brinker/Sager 2010, S. 101f.).

7.3.2.2 Formulierungshandlungen

FORMULIERUNGSHANDLUNGEN sind metakommunikative Handlungen bei denen
die Gesprächsteilnehmer darüber sprechen, was sie als Nächstes zu tun beabsichtigen.
Die Gesprächsteilnehmer erklären, charakterisieren oder beschreiben ihr Gespräch,
sie gliedern es. In Formulierungshandlungen werden Merkmale der sozialen Situation
des Gesprächs dargestellt. So wird beispielsweise der Kontakt, die Sprechintention der
Gesprächsteilnehmer oder der Rang zwischen den Gesprächsteilnehmern sowie deren
Bereitschaft zur Fortsetzung des Gesprächs sichtbar. Im Idealfall werden die Formulierungshandlungen explizit verbalisiert, allerdings ist dies in den meisten Fällen
nicht so (vgl. Schank 1981, S. 70f.). Ein Beispiel für eine explizite Verbalisierung
wäre:

Gesprächsbeispiel: Schulausflug

```
01   Lotte:   hattest du heute nicht diesen schulausflug simon?
02   Simon:   ja hatte ich.
03   ->       soll ich dir erzählen was wir da so alles gesehen haben?
04   Lotte:   oh ja;
05   Simon:   okay-
06            also-
```

In diesem Beispiel handeln die Gesprächspartner aus, was im weiteren Gespräch folgen soll, nämlich dass Simon der Mutter berichten wird, was er auf dem Schulausflug
gesehen hat: soll ich dir erzählen was wir da so alles gesehen haben? Nach
der Ratifizierung in Zeile 04 oh ja; steht einer metakommunikativ ausgehandelten
Ausführung einer Handlungsaufforderung (erzählen) nichts mehr im Weg. Es gibt
noch weitere Formulierungshandlungen wie beispielsweise die Anrede, die Einführung eines neuen Themas oder auch Evaluierung, die im Folgenden in aller Kürze
beschrieben werden:

- Die ANREDE fungiert als Adressierung für die Aufforderung. Beispiel: jetzt
  kannst du ja endlich mal erzählen was dich beschäftigt.
- Eine weitere Formulierungshandlung ist, dass bei der EINFÜHRUNG EINES NEU-
  EN THEMAS derjenige, der das Thema einführt, um Aufmerksamkeit bei den anderen Gesprächsteilnehmern bittet (vgl. Schank 1981, S. 76f.). Beispiel: pass mal
  auf du glaubst nicht was mir heute passiert ist.
- EVALUIERUNGEN (Schank 1981, S. 85) in Bezug auf Formulierungshandlungen
  bezeichnen Beiträge, die am Anfang oder am Ende einer Erzählung stehen und
  durch die der Erzähler die gesamte Geschichte oder einen Teil dieser bewertet.
  Die Evaluierung bezieht sich in der Regel auf Ereignisse, die in der Vergangenheit

stattgefunden haben (vgl. Schank 1981, S. 85ff.). Beispiel: `mir ist gestern was blödes wiederfahren`. Durch das Adjektiv `blöd` wird die folgende Erzählung auf eine bestimmte (negative) Art bewertet.

7.3.3   Handlungsschematische Ausgestaltung

Ein anderes Verfahren zur Gliederung von Gesprächen findet auf der Handlungsebene statt. Auch diese Ebene wurde von Schank (1981) verstärkt untersucht, besonders im Hinblick auf Beratungsgespräche. Schank geht davon aus, dass es für eine bestimmte Art von Gesprächen einen bestimmten Handlungsplan gibt. Unter HANDLUNGSPLAN versteht er, dass die Gesprächspartner durch eine gewisse Abfolge von Teilzielen/Aufgaben einen bestehenden (Ausgangs-)Zustand in einen angestrebten Zielzustand überführen wollen. Schank konzentriert sich in seinem Buch auf die Kurzberatung und legt entsprechend den Handlungsplan „Beraten" zugrunde. Bei einem Beratungsgespräch soll ein negativer Ausgangszustand in einen positiven Zielzustand überführt werden (vgl. Schank 1981, S. 181f.). Der Ausgangszustand wird durch das Problem des Ratsuchenden definiert. Der Zielzustand ist dann erreicht, wenn eine Handlungsanweisung gefunden wird, die den negativen Ausgangszustand in den positiven Zielzustand umwandeln kann, wenn also eine Lösung für das Problem des Ratsuchenden gefunden werden konnte. Schank zufolge sind bestimmte Teilziele für den Handlungsplan „Beraten" fundamental. Zunächst muss der Ratsuchende sein Problem explizieren, das heißt er muss es dem Berater verständlich machen. Anschließend erfolgt die Erfassung der Lage und der Person des Ratsuchenden durch den Berater. Dann gehen die Gesprächspartner über zu einer gemeinsamen Lösungssuche, bei der nach einer akzeptablen Lösung für das vorhandene Problem gesucht wird. Ist ein Ratschlag, also eine mögliche Lösung für das Problem gefunden, wird dieser durch den Ratsuchenden geprüft und stößt entweder auf Akzeptabilität (in diesem Fall würde die Kernphase hier enden und das Gespräch in die Beendigungsphase übergehen), oder auf Ablehnung, dann müsste entweder die Ratsuche erneut beginnen, oder ein weiter vorne im Gespräch angesiedeltes Teilziel erneut in Angriff genommen werden. Sollte dies der Fall sein, hätte sich eine SCHLEIFE (Schank 1981, S. 213) gebildet. Schleifenbildung bedeutet, dass man ein früheres Teilziel wieder aufgreifen muss, weil es nur unzureichend behandelt wurde und in Folge dessen kein akzeptabler Ratschlag erfolgen konnte. Schleifen können sowohl vom Ratsuchenden als auch vom Berater verursacht werden. Wird eine der Phasen nur unzureichend gelöst, hat das in der Regel negative Konsequenzen für den weiteren Ablauf des Gesprächs. Hat beispielsweise der Berater den Ratsuchenden nicht hinreichend Raum gegeben, sein Problem zu explizieren, kann dies eine Expansion des Gesprächs durch Schleifenbildung zur Folge haben. Folgen alle Teilziele aufeinander und erfolgt am Ende ein Ratschlag, der vom Ratsuchenden akzeptiert wird, handelt es sich um einen glatten Ablauf (vgl. Schank 1981, S. 213).

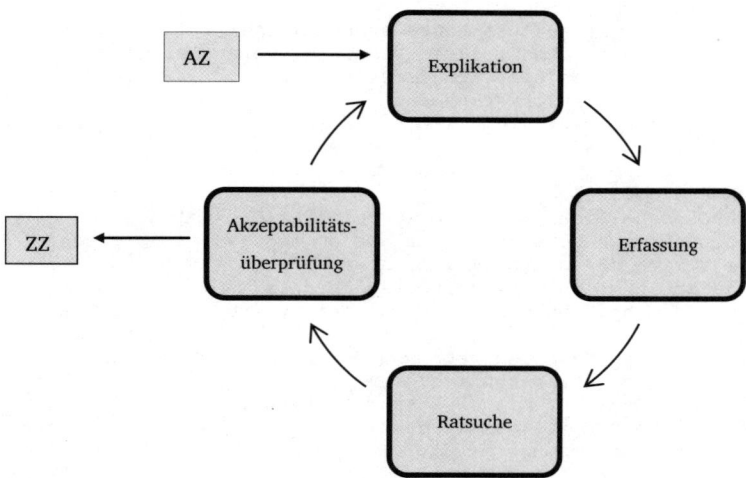

Abb. 21: Segmentierungsverfahren auf der Handlungsebene – Handlungsplan Beraten (in Anlehnung an Schank 1981)

Die Skizze soll nochmal die wichtigsten Schritte innerhalb eines Handlungsplans „Beraten" veranschaulichen: Ausgangzustand (AZ), Explikation, Erfassung, Ratsuche, Akzeptabilitätsüberprüfung. Ist die Akzeptabilitätsüberprüfung positiv ausgefallen, ist der Zielzustand (ZZ) erreicht. Ist sie negativ ausgefallen, beginnt das Spiel von vorne: Explikation etc. Dabei betont Schank, dass die eben genannten vier Teilziele für ein Beratungsgespräch obligatorisch sind. Ohne Erfüllung der Teilziele kann ein Beratungsgespräch nicht erfolgreich durchgeführt werden (vgl. Schank 1981, S. 187).

7.3.3.1 Gesprächsbeispiel: Blitzeinschlag

Um sowohl alle Teilphasen als auch das Phänomen der Schleifenbildung verständlicher zu machen, folgt nun ein Beispiel, anhand dessen ich nochmal auf Bestandteile des Handlungsplans „Kurzberatung" eingehen möchte. Das Gespräch beginnt ab der Kernphase, Eröffnungs- und Beendigungsphase werden außen vorgelassen:

Gesprächsbeispiel: Blitzeinschlag

```
01    Anrufer:   ja also ich hab hier nämlich schon mal angerufen-
02               und da haben se mir echt gut geholfen-
03               weil wir haben keinen strom mehr;
04               gestern nacht hier bei dem gewitter.
05               da ist wohl der blitz eingeschlagen-
06               da hats nachts einmal laut GESCHEPPPERT,
07               und da bin ich von aufgewacht.
08               naja jedenfalls gabs morgens dann SCHREIEREI-
09               weil die kinder den fernseher nicht mehr anbekommen haben.
10    Berater:   funktioniert denn noch was nicht?
11               oder nur der fernseher?
12    Anrufer:   nene das hab ich natürlich schon ausführlich untersucht-
13               und die anderen elektrogeräte.
14               und das licht gehen auch nicht-
```

```
15              was mach ich denn jetzt?
16              hab nämlich keine lust heute abend mit meiner frau hier
                notgedrungenes candle light dinner zu veranstalten.
17   Berater:   ((lacht)) ja das kann ich verstehen.
18              ist das in der nachbarschaft;
19              denn auch so vielleicht liegts ja an den leitungen?
20   Anrufer:   ne das liegt nicht an den leitungen.
21              hier hat n blitz eingeschlagen;
22              hab ich doch gesagt.
23   Berater:   achso tschuldigung das hab ich nicht mitbekommen.
24              haben se denn schon geschaut obs an der sicherung liegt?
25              die fliegt da ja manchmal dann raus.
26   Anrufer:   jaja schon alles überprüft passiert nix mehr.
27   Berater:   mhmm ja dann dann müssen se mal bei unserem hausservice
                anrufen-
28              die schicken jemanden raus und der guckt sich das an.
29   Anrufer:   ja das wäre gut. glaub ich.
30              sie können da jetzt auch schwer ne ferndiagnose machen ne?
31   Berater:   genau haben se die nummer denn?
32   Anrufer:   ah ne die können sie mir mal durchgeben wenns geht.
33   Berater:   alles klar das ist die null sieben zwo acht vier fünf sechs
                sieben.
```

Schank 1981, S. 275ff.

Der Ausgangszustand ist, dass es durch einen Blitzeinschlag keine Stromversorgung mehr im Haus des Anrufers gibt. Zielzustand soll sein, dass es wieder eine Stromversorgung gibt. In Zeile 03-09 folgt die Problemexplikation. Der Anrufer schildert dem Berater des Handwerkernotdienstes, was passiert ist. Daraufhin folgt in Zeile 10ff. die Erfassung des Ausgangszustands und der Berater geht zur Ratsuche über (Zeile 17ff.). Als er jedoch nach der Nachbarschaft und den Leitungen fragt, wird dem Anrufer bewusst, dass der Berater nicht mitbekommen hat, dass ein Blitz eingeschlagen ist und er muss erneut zur ersten Teilphase zurückgehen und dem Berater nochmals erläutern, was die Ursache für den Stromausfall ist (Zeile 20ff.). Der Berater bekundet anschließend erneut, dass er die Lage erfasst hat (Zeile 23). In diesem Fall hat sich eine Schleife gebildet. Ursächlich war, dass der Berater nicht genau zugehört hat und daher die Phase der Problemexplikation wiederholt werden musste, damit die Beratung erfolgreich abgeschlossen werden konnte. Die Zeile 24 beinhaltet die erneute Lösungssuche. Zunächst gibt der Berater einen Ratschlag, der vom Ratsuchenden nicht akzeptiert wird, da dieser die Sicherung bereits überprüft hat. Auf diesen gescheiterten Vorschlag hin, sucht der Berater nach einer anderen Vorgehensweise und schlägt vor, sich an den Hausservice zu wenden. Dieser Vorschlag wird vom Anrufer akzeptiert (Zeile 29).

Zusammenfassend lässt sich sagen, dass sich der Unterschied zwischen der Gliederung durch Orientierung am Handlungsplan und der thematischen Ordnung durch eine grundverschiedene Ausgangsfragestellung ergibt. Während in der handlungsschematischen Sicht nach den Teilzielen des Gesprächs gefragt wird, fragt man in der thematischen Perspektive nach den abgehandelten Themen/Subthemen. So kann es beispielsweise der Fall sein, dass ein Teilziel, also zum Beispiel die Problemexplikation, aus mehreren thematischen Abschnitten besteht.

Methodisch ist es sinnvoll, zuerst eine thematische Gliederung durchzuführen, um die anschließende handlungsorientierte Gliederung auf diese beziehen zu können. Durch dieses Vorgehen können Erkenntnisse über den Zusammenhang zwischen dem

Erreichen bestimmter Ziele und der Behandlung von Themen gewonnen werden (Schank 1981, S. 268ff.). Abschließend darf nicht unberücksichtigt bleiben, „dass typenspezifische, lineare Gesprächssegmentierungen mit Hilfe von thematischen und/oder handlungsschematischen Orientierungen empirisch problematisch sind, da die Modelle einer linearen und schrittweise prozessualen Abfolge von Gesprächs- phasen nicht der Gesprächsrealität entsprechen und die Organisationsanstrengungen von Gesprächsteilnehmern unzulässig verkürzen" (Spiegel/Spranz-Fogasy 2001, S. 17ff.). Somit ist die sowohl in der thematischen als auch in der handlungsschemati- schen Abfolge eine lineare Abfolge von Phasen, Teilzielen oder Themen in den Analy- sedaten oftmals nicht gegeben (vgl. Pothmann 1997).

7.4 Die Beendigungsphase

Die Endphase eines Gesprächsverlaufs nennt man BEENDIGUNGSPHASE. Brinker führt als Funktion der Beendigungsphase die gemeinsame Auflösung der Gesprächs- bereitschaft an (vgl. Brinker/Sager 2010, S. 91). Ein Gesprächsteilnehmer macht einem anderen Gesprächspartner ein Beendigungsangebot und ergreift somit die Be- endigungsinitiative. Für gewöhnlich reagiert der angesprochene Gesprächspartner daraufhin mit einer Beendigungszustimmung (vgl. Henne/Rehbock 2001, S. 168).

Ein Gespräch lässt sich auf verschiedene Arten beenden. Die Voraussetzung liegt in der Zustimmung beider Gesprächspartner für das Ende eines Dialoges.

> Die gemeinsame Themenbeendigung geht also als Abschluss der Kernphase der Been- digungsphase voraus.
>
> Brinker/Sager 2010, S. 95

Ist diese Zustimmung nicht gegeben, kann aus einem Beendigungsversuch schnell neuer Gesprächsstoff werden.

7.4.1 Sequenzen der Beendigungsphase

Eine typische Beendigungsphase lässt sich in folgende Sequenzen unterteilen, welche anschließend an Gesprächsbeispielen am Telefon veranschaulicht werden (vgl. Hen- ne/Rehbock 2001, S. 165):

- Resümeesequenz
- Danksequenz
- Wunschsequenz
- Verabschiedungssequenz

- Die RESÜMEESEQUENZ tritt auf, sobald ein Gesprächspartner (telefonisch) ein Beendigungsangebot macht und der andere es annimmt. In der Regel wiederholt der Anrufer in der Resümeesequenz bedeutende Themen des vorangegangenen Gesprächs und gibt folglich eine Art Konklusion. Der Angerufene bezieht dazu Stellung, indem er dem anderen durch Worte wie *ja* oder *gut* seine Zustimmung signalisiert.

Gesprächsbeispiel: Wetter

```
01   Lotte:   also dann werd ich die getränke mitbrin[gen-]
02   Uschi:                                          [ja  ]
03   Lotte:   und DU und alex kocht dann was ne?
04   Uschi:   ja gut okay.
05   Lotte:   und wir gucken dann ob wir danach noch raus[gehen-]
06   Uschi:                                              [genau]
07   Lotte:   je nachdem wie das wetter ist.
08   Uschi:   seh ich auch so bis nachher;
09   Lotte:   gut bis später;
```

Anhand dieses Beispiels lässt sich das Beendigungsangebot von Lotte an Uschi sehr gut erkennen. Lotte beginnt damit die wichtigsten Inhalte des Telefongesprächs noch einmal zu verdeutlichen, indem sie sie schlichtweg wiederholt, während Uschi durch typische Worte wie `ja gut okay` ihre Zustimmung signalisiert.

Die Resümeesequenz ist demnach sowohl eine Form der Beendigung eines Gesprächs als auch eine Art Absicherung des Verständnisses untereinander.

- Die DANKSEQUENZ ist ein weiterer charakteristischer Sequenztyp in der Phase einer Gesprächsbeendigung. Dieser Sequenztyp tritt ein, wenn der Gesprächspartner, der zumeist das Gespräch begonnen hat, seinem Gesprächspartner dankt. Die Reaktion des Gegenübers kann je nach Situation variieren. Zum einen kann sie bloße Zustimmung signalisieren oder einen Gegendank beinhalten. Zum anderen kann der Gesprächspartner den Dank des Anderen auch bagatellisieren und ihn so erkennen lassen, dass er die Handlung als selbstverständlich und simpel betrachtet.

Gesprächsbeispiel: Urlaub

```
01   Anton:   naja nochmal vielen dank justus,
02            dass du auf den hund aufpasst während [wir im urlaub] sind-
03   Justus:                                        [kein ding.  ]
04   Anton:   hoffe er benimmt sich.
05   Justus:  ja ja klar ist total lieb alles kein problem.
06   Anton:   hatte mir nur gerade sorgen gemacht-
07            dass er DIR bei deinem STRESS zur la[st fallen könnte.  ]
08   Justus:                                      [nein nein alles gut-]
09            ich mach das gerne-
10            habe genug zeit;
11            genieß deinen urlaub.
```

Dieses Beispiel zeigt einen Ausschnitt eines Gesprächs unter Bekannten. Anton befindet sich zu diesem Zeitpunkt im Urlaub, während Justus zu Hause auf den Hund von Anton aufpasst. Anton spricht seinen Dank aus und will gleichzeitig den Abschluss des Gesprächs durch Themenabschlusssignale (`naja` und Anrede `justus`) einleiten (Zeile 01). Noch während des Danks erfolgt eine eingeworfene Bagatellisierung der getanen Leistung bzw. eines Danks durch Justus (Zeile 03). Daraufhin quittiert Anton den von ihm selbst eingeleiteten Beendigungsversuch und äußert seine Besorgnis (Zeile 04 + 06-07). Justus unterbricht nochmals in Zeile 08, unterstreicht seine Bagatellisierung ein letztes Mal und hebt Antons Bedenken auf (Zeile 09-11).

Die Zustimmung zum Dank zeigt, dass derjenige, dem der Dank gebührt, seine Tat durchaus als bereichernd empfindet und sich selbst bewusst ist, dass ihm dieser Dank wirklich gebührt. Seine Tat macht ihn eventuell sogar stolz. Die Form des Gegendanks tritt dann ein, wenn beide Gesprächspartner etwas füreinander geleistet haben, das sie als gleichsam positiv betrachten. Die Bagatellisierung eines Danks hingegen erfolgt, wenn eine Handlung gerne ausgeführt worden ist und somit vom Akteur als nicht besonders belangvoll eingeschätzt wird.[35]

- Bei der WUNSCHSEQUENZ handelt es sich um eine Paarsequenz, welche als initiierender Gesprächsschritt einen Wunsch oder Ratschlag beinhaltet und als responsiven Gesprächsschritt Dank erwartet.

Gesprächsbeispiel: Schlechtes Zeugnis

```
01   Lehrerin:   am besten du gehst jetzt GLEICH zu deinen eltern-
02               und zeigst ihnen dein zeugnis;
03               [gemeinsam könnt ihr   ] nach einer LÖSUNG suchen.
04   Fritz:      [ja ja sie haben recht-]
05   Lehrerin:   vielleicht melden sie dich bei der nachhilfe an;
06               das wird alles halb so schlimm.
07   Fritz:      ja okay-
08               ich geh dann nach hause (-) danke;
```

Bei diesem Beispiel handelt es sich um eine typische Schüler-Lehrer-Situation. Fritz hat ein schlechtes Zeugnis bekommen und weiß nun nicht, wie er sich seinen Eltern gegenüber verhalten soll. Die Lehrerin gibt zum Ende des Gesprächs einen Ratschlag, welcher gleichzeitig als kurzes Resümee angesehen werden könnte (Zeile 01-03). Fritz stimmt daraufhin zu (Zeile 04). Die Lehrerin beruhigt Fritz noch einmal und versichert, dass alles halb so schlimm sein wird (Zeile 06). Anschließend signalisiert Fritz nochmals seine Zustimmung und bedankt sich bei ihr (Zeile 07-08).

- Die VERABSCHIEDUNGSSEQUENZ ist der letzte Schritt zum endgültigen Gesprächsende und beinhaltet den gegenseitigen Abschiedsgruß zweier Gesprächspartner.

Gesprächsbeispiel: Mach's gut

```
01   Anton:    also [dann-]
02   Justus:        [ja.   ]
03   Anton:    machs gut.
04   Justus:   du auch bis dann.
05   Anton:    ja tschü::ss,
```

Bei diesem Beispiel handelt es sich um das unmittelbare Ende eines Telefongesprächs unter Bekannten oder Freunden. Der Interaktant Anton macht seinem Gesprächspartner Justus ein Beendigungsangebot (Zeile 01). Justus ergreift die Initiative und reagiert mit einem zustimmenden Einwurf (Zeile 02). In Zeile 03 und 04 folgt eine Wunschsequenz, wobei in Zeile 04 ein Abschiedsgruß angeschlossen wird (reaktivierender Gesprächsschritt). Anton beendet das Gespräch mit einem abschließenden Abschiedsgruß (Zeile 05).

---

[35] Bagatellisierung ist eine gängige Höflichkeitsfloskel, die verschiedene Ausprägungen haben kann: „nichts zu danken", „keine Ursache", norddeutsch „da nicht für".

Die vier eben vorgestellten Sequenzen könnten natürlich auch unterbrochen werden, indem während der Beendigung des Gesprächs ein neues Subthema eröffnet wird, wie es im folgenden Gesprächsbeispiel der Fall ist:

Gesprächsbeispiel: Schöne Grüße an Anna

```
01    Lotte:    schöne grüße an ANNA-
02    Urschi:   ja was anna angeht-
03              sie hatte letztens einen UNFALL.
04    Lotte:    WIRKLICH?
05    Uschi:    ja und zwar- ((…))
```

In Zeile 02-03 hat Uschi ein neues Thema eröffnet, das durch Lotte mit Interessensbekundung aufgenommen wird (Zeile 04). Daraufhin setzt Uschi in Zeile 05 zur weiteren Themenentfaltung an. Daraus kann man schlussfolgern: Dass die Gesprächspartner sich in der Beendigungsphase befinden, heißt nicht, dass Sie das Gespräch auch gleich beenden.

Aufgaben

a) Kreuzworträtsel

waagerecht

1. Wie wird der Hauptteil des Gesprächs genannt?
4. Welche Phase neben der Eröffnungsphase lässt sich gut sequenziell beschreiben?
5. Wenn in einem Gespräch ein früheres Teilziel wieder aufgegriffen werden muss, weil es nur unzureichend behandelt wurde, dann spricht man von ...
6. Unter einem Handlungsplan versteht man, dass die Gesprächspartner durch eine bestimmte Abfolge von ... einen bestehenden Zustand in einen angestrebten Zielzustand überführen wollen.
8. Die Kernphase kann entweder thematisch oder ... unterteilt werden.
10. Wie werden metakommunikative Handlungen bezeichnet?

senkrecht

2. In welcher Phase kommt die Wohlergehens-Sequenz vor?
3. Nennen Sie eine der Sequenzen, die in der Beendigungsphase vorkommt.
7. Die Eröffnungsphase gilt als ... für das Gespräch.
9. Bei der thematischen Analyse wird die Kernphase in Thema und ... unterteilt.

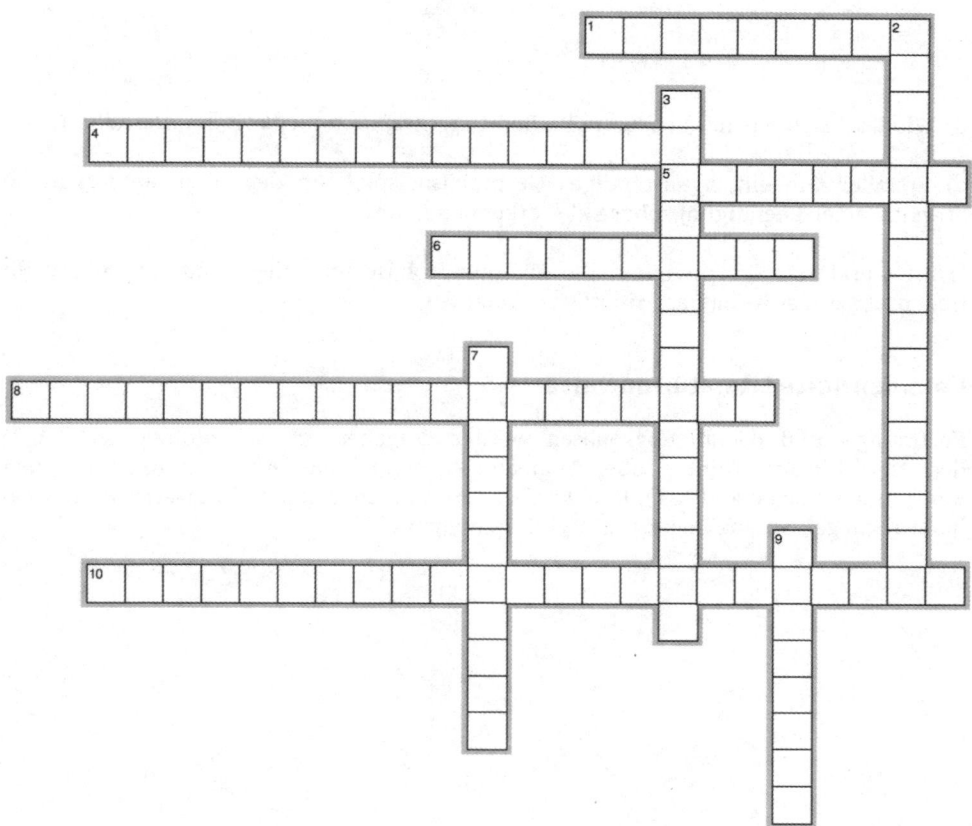

b) Um welche Gesprächsphase handelt es sich im folgenden Gesprächsbeispiel:

Gesprächsbeispiel: Danke gut

```
01    Anton:    hi.
02    Lotte:    hi?
03              wie geht es dir?
04    Anton:    gut danke.
```

c) Welche Teilziele/Aufgaben werden im folgenden Gesprächsbeispiel von dem Sachbearbeiter gelöst?

Gesprächsbeispiel: Telefon

```
01    Anton:    mein telefon funktioniert nicht-
02              man hört nichts.
03    Sachb:    wie lange haben sie ihren telefonapparat schon?
04    Anton:    drei jahre?
05    Sachb.:   ja (-) dann kaufen sie sich ein neues telefon.
06    Anton:    danke für den tipp;
```

```
07   Sachb.:   kann ich ihnen sonst noch helfen?
08   Anton:    nein danke-
09             · ich bin bedient.
```

d) Wie lässt sich das in c) vorgestellte Beratungsgespräch thematisch unterteilen?

e) Erstellen Sie ein eigenständiges Gesprächsbeispiel, an dem man eine typische Struktur einer Beendigungsphase klar erkennen kann.

f) Bitte erklären Sie, inwiefern die Eröffnungsphase und die Beendigungsphase im Gegensatz zu der Kernphase ritualisiert ablaufen.

Kommentierte Literaturhinweise

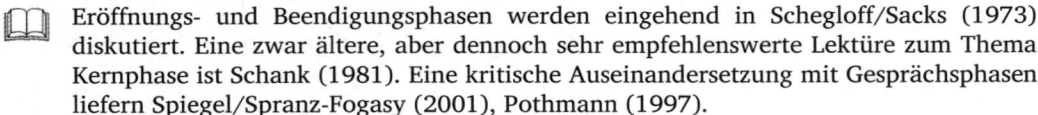

Eröffnungs- und Beendigungsphasen werden eingehend in Schegloff/Sacks (1973) diskutiert. Eine zwar ältere, aber dennoch sehr empfehlenswerte Lektüre zum Thema Kernphase ist Schank (1981). Eine kritische Auseinandersetzung mit Gesprächsphasen liefern Spiegel/Spranz-Fogasy (2001), Pothmann (1997).

8 Prosodie

8.1 Ziele und Warm-up

Dass gesprochene Sprache nicht mit der geschriebenen Sprache gleichgesetzt werden kann, haben wir bereits in den vorangegangenen Kapiteln erfahren. Sehr deutlich wird der Unterschied zwischen den beiden medialen Realisierungen der Sprache, wenn man bedenkt, dass nur die gesprochene Sprache über verschiedene Grade und vielfältige Variationen der Lautstärke, Intonation, Sprechgeschwindigkeit, Rhythmus etc. verfügt. Diese eben genannten paraverbalen Parameter und einige mehr werden unter dem Begriff Prosodie zusammengefasst. Die geschriebene Sprache hat zwar einige prosodische Zeichen, wie das Fragezeichen „?" oder Ausrufezeichen „!" etc., diese vermögen aber bei weitem nicht die prosodische Vielfalt der gesprochenen Sprache abzudecken. So macht es beispielsweise einen Unterschied, ob man eine abenteuerliche Geschichte liest oder sich denselben Inhalt in Form eines Hörbuchs anhört. Im Hörbuch kann ein Sprecher durch prosodische und stimmliche Mittel viel mehr Spannung erzeugen und Emotionen hervorrufen. Wie bereits erwähnt, gehören zur Prosodie Intonationsverläufe, Lautstärke, Sprechgeschwindigkeit, Pausen/Schweigen und Stimmfärbung (Timbre) sowie Akzent und Rhythmus (vgl. Couper-Kuhlen/Selting 1996, Lösener 1999). In diesem Kapitel wird der Fokus insbesondere auf den Akzent, die Intonationsverläufe, Pausen/Schweigen sowie die Sprechgeschwindigkeit gelegt.

Überlegen Sie, wie sich die Bedeutung des folgenden Satzes verändert, wenn man jeweils ein anderes Wort betont:

* er hat die jacke nicht gekauft

8.2 Akzent

Unter Akzent versteht man innerhalb der Gesprächslinguistik das, was man geläufig unter Betonung versteht. Der Akzent kann durch verschiedene Mittel bzw. eine Kombination der Mittel realisiert werden:

* Lautstärke
* Dauer (lange vs. kurze Vokale im Deutschen)
* Artikulationsgenauigkeit
* Veränderungen der Grundfrequenz
* Akzenttöne (steigend, fallend, steigend-fallend und fallend-steigend)

Man muss beachten, dass prosodische Realisierungen relative Phänomene darstellen. Sie ergeben sich erst aus dem Zusammenhang, in dem sie vorkommen (vgl. Schönherr/Beatrix 1997, S. 14f.). Wenn jemand beispielsweise in einem Gespräch durchgehend laut spricht, kann eine Akzentuierung dadurch erzeugt werden, dass er eine Silbe bzw. ein Wort leiser (also normal) artikuliert. Daraus folgt: Das was üblicherweise als nicht akzentuiert gilt, kann in bestimmten Situationen als akzentuiert gelten. Dies veranschaulicht das folgende Beispiel:

Gesprächsbeispiel: Allein

```
((Anton und Lotte sind in der Disco))
01   Anton:    ist sie etwa ALLEIN gekommen?
02   Lotte:    hast du das nicht gehört?
03  ->         sie haben sich <<p>getrennt>
```

Da die Gesprächspartner durch die laute Geräuschkulisse gezwungen sind, sich laut zu unterhalten, gilt das kurze Leiserwerden von Lotte in Zeile 03 als bedeutungsvoll und sollte transkribiert werden, obwohl es die übliche Lautstärke von Lotte ist. Diese Grundregel betrifft ebenfalls die Dauer, Artikulationsgenauigkeit und Veränderung der Grundfrequenz (vgl. Schwitalla 2012, 56ff.). Wenn beispielsweise jemand die ganze Zeit ungenau spricht, dann gelten die Stellen als akzentuiert, an denen der Sprecher plötzlich deutlich spricht.

Man unterscheidet allgemein zwischen Satz- und Wortakzent.

8.2.1 Wortakzent

Von WORTAKZENT spricht man, wenn innerhalb eines Wortes bestimmte Laute oder Silben betont werden. Hierzu zwei Beispiele:

Beispiele: Umfahren

- `paul hat das hindernis` **`umFAHren`**
- `paul wollte die mülltonne nicht` **`UMfahren`**

Beispiele: Übersetzen

- `anna muss für die schule einen text` **`überSETZen`**
- `auf klassenfahrt mussten anna und ihre klassenkameraden mit dem schiff auf eine insel` **`übersetzen`**

Beide Beispielpaare verdeutlichen, dass ein identisches lexikalisches Wort (hier: `umfahren` und `übersetzen`) nur durch eine unterschiedliche Akzentsetzung einer bestimmten Silbe zwei grundlegend verschiedene Bedeutungen haben kann.

8.2.2 Satzakzent

Mit dem SATZAKZENT (auch Äußerungsakzent genannt) werden diejenigen Äußerungseinheiten betont, die als informativ neu und/oder wichtig übermittelt werden sollen (vgl. Schwitalla 2012, S. 57). Die Einheiten, die als neu oder wichtig in einem Satz gelten, werden als RHEMA bezeichnet und die Satzteile, welche bereits die bekannten oder weniger wichtigen Information enthalten, heißen wiederum THEMA (vgl. Hoffmann 1997, S. 508ff.). Im folgenden Satz *Anton ist krank* ist *Anton* das Thema des Satzes, also etwas bereits Bekanntes. Der restliche Teil des Satzes *ist krank* ist das Rhema, weil es eben eine neue Information darstellt. Das Rhema hat für den Hörer einen informativen Mehrwert im Gegensatz zu dem Thema, das bereits bekannte oder als bekannt vorausgesetzte Informationen enthält. (vgl. Pittner/Bermann 2010, S. 141ff.).

Jeder Satz hat seine STANDARDAKZENTUIERUNG. Bei der Standardakzentuierung wird in der Regel im Satz entweder das Prädikatsnomen oder das Objekt akzentuiert. Ist eine andere Einheit im Satz akzentuiert, spricht man von Kontrastbetonung. Je nachdem welches Wort im Satz akzentuiert wird, kann der Satz eine andere Bedeutung haben bzw. der Satz erhält ein anderes Rhema. Man spricht hierbei von RHEMATISIERUNG. So wird in der Äußerung ANTON ist krank durch die Kontrastbetonung der Ausdruck ANTON zum Rhema und die restliche Einheit zum Thema. Wie viele verschiedene Möglichkeiten der Sprecher hat, durch eine Kontrastbetonung die Bedeutung einer Äußerung zu verändern, soll an dem folgenden Beispiel veranschaulicht werden:

Beispiel: Düsseldorf

- fahren sie heute nach düsseldorf?   nein.
- FAHREN sie heute nach düsseldorf?   nein ich fliege.
- fahren SIE heute nach düsseldorf?   nein mein kollege.
- fahren sie HEUTE nach düsseldorf?   nein erst morgen.
- fahren sie heute nach DÜSSELDORF?   nein nach münchen.

Bis auf die erste Version, welche die Normalbetonung veranschaulicht, liegt in den weiteren Beispielen eine Kontrastbetonung vor. An den möglichen Antworten kann man die spezifische Bedeutungsverschiebung der Kontrastbetonung ablesen. Liegt also „ein Akzent nicht auf der für das Wort oder den Satz erwartbaren Silbe, so kann man daraus erkennen, dass ein enger Fokus gemeint ist" (Schwitalla 2012, S. 58).

Beispielsweise wird durch die Akzentuierung des Wortes heute erreicht, dass der Hörer davon ausgehen kann, dass der Fragende weiß, dass er nach Düsseldorf fahren will, aber nicht weiß, ob er heute oder an einem anderen Tag dorthin fährt. Der Fragende kann unter Umständen auch meinen, dass er sich wundert, dass der Hörer (ausgerechnet) heute nach Düsseldorf fährt.

Es gibt natürlich auch Fälle, in denen der Sprecher mehrere Einheiten im Satz hervorhebt. Der Satz kann somit mehrere primäre Akzente haben, wie dies im folgenden Beispiel der Fall ist:

- fahren sie HEUTE nach DÜSSELDORF?

Neben dem eben genannten Beispiel der Rhematisierung, bei der der Sprecher mittels Kontrastakzent eine vom Standard abweichende Information mit Akzent hervorhebt (Rhematisierung), kann der Sprecher mit einer Akzentuierung ebenfalls die Funktion der Äußerung modifizieren, bestimmte Emotionen zum Ausdruck bringen oder auch Fremdkategorisierungen vornehmen. Was sich hinter diesen Bezeichnungen genau verbirgt, soll im Folgenden erläutert werden.

8.2.2.1 Veränderung der Satzfunktion

Zur Hervorhebung von Nicht-Wissen setzen Sprecher speziell bei W-Fragen Akzente ein. Betont ein Sprecher das Fragepronomen besonders stark, wird dem Gesprächspartner fehlendes Wissen nahe gelegt. Dass man durch eine bestimmte Akzentsetzung in der Lage ist, die Sprechhandlungsfunktion des Satzes zu verändern, sollen die folgenden beiden Beispielsätze hervorheben:

- `wieso hast du uns das nicht gleich geSAGT`
- `WIESO hast du uns das nicht gleich gesagt`

Während im ersten Beispiel durch die Akzentuierung des Verbstamms eine Vorwurfsfrage erzeugt wird, liegt im zweiten Beispiel mittels der Betonung des Fragepronomens `WIESO` eine Begründungsfrage vor.

8.2.2.2 Ausdruck affektiver und evaluativer Haltung

AKZENTVERDICHTUNG bedeutet, dass mehrere akzentuierte Silben ohne Pausen und ohne/weniger unakzentuierte Silben aufeinander folgen. Dies gilt als sehr auffallendes prosodisches Phänomen, da in der Regel aufeinander folgende Akzentuierungen vermieden werden. In der Fachsprache wird das Auftreten mehrerer akzentuierter Silben hintereinander als BEAT CLASH (vgl. Schwitalla 2012, S. 62) bezeichnet. Es konnte bei alltäglichen Gesprächen, vor allem bei starken Wertungen und subjektiven Meinungsäußerungen, eine auftretende Akzentverdichtung feststellt werden. Doch trotz der Notwendigkeit von Dehnung und Mikropausen nach vielen akzentuierten Silben, übernimmt Akzentverdichtung einige wichtige sprachliche Funktionen. Sprechakte, die Behauptungen, Appellen, Vorwürfen oder der Empörung dienen, können durch starke, aufeinanderfolgende Akzente einer Äußerung maßgeblich Unterstützung bieten und eine Aussage intensivieren (vgl. Schwitalla 2012, S. 62f.). Im Falle eines Vorwurfs bedienen sich Sprecher gerne dem Phänomen der Akzentverdichtung. Das Gesagte erhält so den entsprechenden Nachdruck:

Gesprächsbeispiel: Vorwurf

```
01   Tim:    alle ANderen aus meiner klasse DÜRfen alleine wegfahren-
02           UND NUR ICH MUSS IMMER noch mit EUCH in den URlaub fahren.
03   Vater:  SOLANG du NICHT VOLLJÄHRIG bist WIRD es auch SO bleiben;
```

Prosodische Akzentuierung wird auch dazu eingesetzt, um jemanden oder etwas negativ zu bewerten. Man spricht hierbei von ABWERTENDER FREMDKATEGORISIERUNG. Beispiele findet man am laufenden Band, insbesondere in der Jugendsprache. Abwertende Ausdrücke wie *ASSI*, *ALTER*, *FETT* o. Ä. intensivieren den Aussagegehalt umgangssprachlicher Kommunikation. Auffällig in solchen Äußerungen ist neben der akzentuellen Hervorhebung ebenfalls eine singende Intonation, die der wertenden Aussage entsprechenden Nachdruck verleiht (vgl. Deppermann 2006b, S. 164). Stark negativen Begrifflichkeiten wird also zusätzlich eine aufmerksamkeitserregende Intonation unterlegt und das oftmals mit voller Absicht der Sprecher. Nicht selten werden außerdem stark akzentuierte Onomatopoetika verwendet, um die Verachtung gegenüber einem Gegenstand, einem Thema oder einer Person zum Ausdruck zu bringen.

Das heißt im Klartext, dass einer Aussage negative Interjektionen wie *IIH*, *BAH*, *WÄH*, *OHJE* etc. hinzugefügt werden (vgl. Deppermann 2006b, S. 164ff.).

8.3 Intonationsverläufe

Im vorangegangenen Abschnitt haben wir den Akzentgebrauch und Akzenttypen besprochen. Intonationsverläufe sind im Gegensatz zu Akzenten nicht punktuell sondern betreffen eine ganze Äußerungseinheit. Wie kann man nun einzelne Intonationsverläufe voneinander unterscheiden? Aus dem Bereich der Musik und des Gesangs kennt man hohe und tiefe Töne und auch beim Sprechen ist das nicht anders. Hier unterscheidet man danach, ob die Tonhöhe am Einheitenende steigt, der Ton also höher wird, oder ob sie fällt, der Ton tiefer wird. Der erste Fall wird als STEIGENDE INTONATION bezeichnet, den zweiten nennt man FALLENDE INTONATION. Darüber hinaus gibt es die Möglichkeit einer gleichbleibenden Intonation. Diese drei Typen von Intonationsverläufen haben einen unterschiedlichen Einfluss auf die Bedeutung und gesprächsorganisatorische Funktion der Äußerung. Diese wollen wir uns im Folgenden genauer ansehen.

8.3.1 Steigende und gleichbleibende Intonation

Äußerungen, in denen die Tonhöhe der Stimme steigt oder in der Schwebe gehalten wird, deuten oft auf eine Unabgeschlossenheit der sprachlichen Einheit hin. Die steigende Tonhöhenbewegung kommt darüber hinaus häufig in Frageäußerungen vor. Hierzu ein Gesprächsbeispiel:

Gesprächsbeispiel: Zeitung

```
01    Peter:     zu hause ist sie nicht-
02               habt ihr meine zeitung gesehen?
03    Thomas:    tim (-) das warst DU doch,
04    Tim:       ja (-) ich habe sie weggeschmissen.
```

In Zeile 01 bleibt der Intonationsverlauf konstant (auch häufig leicht steigend), was dem Gesprächspartner (Thomas) signalisiert, dass der Gesprächsbeitrag noch expandiert wird. Anschließend in Zeile 02 wird eine syntaktisch angezeigte Frage (Verberststellung) durch steigende Intonation zusätzlich als Frage kontextualisiert, was in diesem Fall eine Abgeschlossenheit der Aussage indiziert. Anders verhält es sich in Zeile 03. Hier liegt zwar syntaktisch gesehen keine Frage vor – es handelt sich nämlich um einen Aussagesatz (Verbzweitstellung). Die Fragefunktion wird aber durch die steigende Intonation erzeugt. Dass diese Absicht auch Wirkung hatte, kann man an Tims Reaktion in Zeile 04 ablesen. In Aussagesätzen kommt der steigenden Intonation eine besondere Funktion zu. Sie kann (neben der Akzentuierung und Lautstärke) deutlich machen, dass es sich um eine Warnung, Aufforderung oder einen Vorwurf etc. handelt. Weitere Vorkommen von Steigungen in der Tonhöhe findet man in Aussagen der Unsicherheit oder, wie bereits gezeigt, in bestimmten Gefühlsäußerungen, wie etwa einem Ausruf der Empörung (vgl. Féry 1993, S. 87). Kurzum: Je nachdem, ob die Tonhöhe zum Ende des Satzes ansteigt oder abfällt, kann eine syntaktisch gesehen als Aussage formulierte Äußerung als Frage, Warnung etc. fungieren.

8.3.2 Fallende Intonation

Eine Absenkung der Tonhöhe hat genau umgekehrte Funktion: Fallende Intonation deutet in der Regel auf die Abgeschlossenheit einer Redeeinheit hin, was man auch in vielen anderen Sprachen beobachten kann. Mit der Absenkung der Tonhöhe kann der Sprecher signalisieren, dass er das Rederecht abgeben will. Je tiefer dabei der letzte Ton ist, desto abgeschlossener ist der Gesprächsabschnitt, etwa bei der Beendigung eines Gesprächsbeitrags (vgl. Schwitalla 2012, S. 66).

Gesprächsbeispiel: Spaß

```
01    Tim:    dann hattet ihr ja bestimmt viel spaß?
02    Anna:   JA (-) es war ein sehr schöner abend.
```

Fallende Tonhöhen kommen häufig, wie im obigen Beispiel, in einfachen Aussagesätzen vor. Sie werden zudem in vielen anderen Situationen verwendet, etwa beim Ausdrücken bestimmter Wünsche oder in Grußformeln. Schnelle Tonabfälle können auch Erstaunen oder Erschrecken und negative Reaktionen ausdrücken (vgl. Schwitalla 2012, S. 67ff.).

Gesprächsbeispiel: Gar nicht glücklich

```
01    Lotte:  hast du ihre neue Frisur gesehen?
02    Anne:   nein wieso? wie sieht sie aus?
03    Lotte:  ich sag nur sie ist GAR nich glÜcklich-
04    Anne:   <<laut tief fallend>NEin.>
```

Im Folgenden sollen die intonatorischen Besonderheiten der Fragesätze genauer beschrieben werden.

8.3.3 Intonationsverläufe in Fragesätzen

Wie es an dem eben dargestellten Beispiel „Zeitung" gezeigt werden konnte, sind Tonhöhenbewegungen grundsätzlich unabhängig von der Struktur eines Satzes. Wenn man von dem Intonationsverlauf abstrahiert und die beiden folgenden Sätze vergleicht: *Anton ist krank* vs. *Ist Anton krank*, dann lässt sich feststellen, dass der erste Satz eine Aussage/Behauptung ist und der zweite eine Frage. Insbesondere der erste Satz, der strukturell eine Behauptung ist, kann durch eine steigende Tonhöhenbewegung `anton ist krank?` seine Funktion verändern. Die Äußerung wird zu einer Frage. Bei dem zweiten Beispielsatz ist es nicht mehr ohne Weiteres möglich, durch Intonation die ursprüngliche Fragefunktion des Satzes in eine Behauptungsfunktion oder eine andere Funktion umzuwandeln. Daraus kann man schlussfolgern, dass die strukturellen Aussagesätze anfälliger sind für die intonatorische Funktionsänderung, als die strukturellen Fragesätze.

Selting (1995) hat in ihren Analysen der Fragesätze in der gesprochenen Sprache gezeigt, dass man Fragesätze mündlich ohne steigende Intonation realisiert. Das ist insofern bemerkenswert, als innerhalb der breiten Bevölkerung die Meinung vertreten wird, die Fragesätze würden mit steigender Intonation realisiert. Aus diesem Grund schlägt Selting vor, „mit einem viel präziser definierten und differenzierten Fragebegriff, der sich nur auf eine bestimmte konversationelle Aktivität bezieht" (Selting 1995, S. 270), zu arbeiten. Um kurz skizzieren zu können, wie ein differenzierter Fragebegriff herausgebildet worden ist, sollen einige unterschiedliche Fragetypen genannt, vorgestellt und diskutiert werden.

Besonders intensiv betrachtet wurden in der Forschung bisher zwei Arten von Fragesätzen: OFFENE FRAGEN, die auf einen neuen thematischen Mittelpunkt im Gespräch hinwirken, sowie einschränkende, ENGE NACHFRAGEN, die sich stärker auf den vorhergehenden Turn beziehen und Details bzw. neue Informationen abfragen sollen. Zu der ersten Kategorie gehören Ergänzungsfragen, die mit einem W-Wort beginnen, sowie Entscheidungsfragen, bei denen ein Verb an erster Stelle im Satz steht. In die zweite Gruppe lassen sich Vergewisserungsfragen und Bestätigungsfragen einordnen. Auch sie werden anhand ihres Satzbaus und der sprachlichen Realisierung in W- oder Verb-Erst-Fragen unterschieden (vgl. Selting 1995, S. 258). Im Folgenden sollen diese vier Fragetypen genauer betrachtet und mit Beispielen veranschaulicht werden.

8.3.3.1 Ergänzungsfragen

Ergänzungsfragen werden insbesondere dazu eingesetzt, um ein neues Thema zu eröffnen bzw. ein bestehendes Thema zu erweitern. Sie werden in der Regel mit steigender Intonation gesprochen und gehören der Gruppe der W-Fragen an, da sie meist mit einem Fragewort wie *wer, was, wie* oder *warum* eingeleitet werden. Sie sind zudem häufig darauf ausgerichtet, dem Antwortenden das Rederecht für einen längeren nachfolgenden Gesprächsbeitrag zu erteilen und ihm großen Freiraum für eine ausführliche Fortsetzung zu geben (vgl. Selting 1995, S. 247).

Gesprächsbeispiel: Sommerferien

```
01    Tim:      seit gestern sind SOMMERFERIEN.
02 ->Lotte:     was habt ihr denn in diesem schuljahr so alles gelernt?
```

Auf Tims Aussage reagiert Lotte in diesem Beispiel mit einer W-Frage (was habt ihr denn in diesem schuljahr so alles gelernt?), die sie mit steigender Intonation realisiert. Eine explizite Benennung (Fokussierung) eines bestimmten Gesprächsinhalts innerhalb der Ergänzungsfrage verstärkt die Annahme, dass Lotte eine längere, erzählende Antwort von Tim erwartet. Die Fortsetzung des Gesprächs mit einem anderen thematischen Schwerpunkt ist das Hauptziel ihrer Frage, wenngleich sie sich zu gewissen Anteilen auch auf den vorangegangenen Gesprächsbeitrag bezieht (vgl. Selting 1995, S. 243).

8.3.3.2 Entscheidungsfragen

Auch die Entscheidungsfragen gehören zu „offenen" Fragen, die ein neues Thema einleiten oder den inhaltlichen Fokus in einem Gespräch ändern können. Sie werden ebenfalls steigend intoniert. Formuliert werden sie als Verb-Erst-Fragen, da das Verb stets an erster Stelle im Fragesatz steht (vgl. Selting 1995, S. 249).

Gesprächsbeispiel: London

```
01    Peter:    vor zwei wochen war ich beruflich in london.
02 ->Anna:      bist du hingeflogen?
03              oder mit der fähre gefahren,
```

In diesem Beispiel erwidert Anna Peters Aussage mit einer Verb-Erst-Frage, bei der das Hilfsverb `bist` der Perfekt-Form `bist hingeflogen` an erster Stelle steht. Im Partizip, dem zweiten Teil dieser Konstruktion, liegt der Tonhöhenanstieg. Das Gesprächsthema wird mit einem neuen Fokus weitergeführt, die Frage kann aber auch auf andere Themen (hier z. B. den Vorteilen des Flugzeugs gegenüber dem Reisen mit der Fähre) überleiten (vgl. Selting 1995, S. 249).

8.3.3.3 Vergewisserungsfragen

Im Gegensatz zu den ersten beiden Fragetypen wird bei Vergewisserungs- und Bestätigungsfragen das Gesprächsthema enger betrachtet und mit demselben inhaltlichen Fokus weitergeführt. Wesentlicher Unterschied zu den bisher genannten Fragetypen ist, dass diese Fragen mit fallender Intonation gesprochen werden. Die Tonhöhe zum Abschluss des Satzes sinkt somit (vgl. Selting 1995, S. 258).

Vergewisserungsfragen werden häufig verwendet, um zu überprüfen, ob der Fragende die Ausführungen seines Gesprächspartners richtig verstanden hat. Sie dienen damit der „Verständigungsbearbeitung und Verständigungssicherung" (Selting 1995, S. 262). Inhaltlich werden nähere Details zum vorhergehenden Gesprächsbeitrag und somit weiterführende Informationen erfragt; Vergewisserungsfragen werden ebenfalls in die Gruppe der W-Fragen eingeordnet.

Gesprächsbeispiel: Ausbildung

```
01    Peter:    meine ausbildung hat DREI JAHRE gedauert.
02 ->Tim:       was hast du denn da genau gelernt;
03    Peter:    industriekaufmann-
```

Tim nimmt in diesem Beispiel Bezug auf Peters Aussage, ohne jedoch einen neuen inhaltlichen Fokus zu schaffen. Vielmehr fragt er fallend intoniert Details ab, um das Gespräch auf derselben thematischen Ebene fortführen zu können. Auffällig bei Vergewisserungsfragen ist das häufige Vorkommen von Modalpartikeln wie *denn* oder *eigentlich* (vgl. Deppermann 2009, S. 23ff.). Diese verstärken die engere thematische Bindung der Frage sowie deren Bezug zum vorhergehenden Turn. Auch die Verwendung von Pronomen wie *das* dient oft dazu, die Frage stärker auf den vorherigen Gesprächsverlauf bzw. die unmittelbar vorhergehende Aussage zu beziehen (`was hast du denn da genau gelernt`) (vgl. Selting 1995, S. 261).

Vergewisserungsfragen fallen häufig recht kurz aus, wodurch sich die Antwort oft nur auf die reine Nennung der neuen Information beschränkt und ebenfalls, wie im oben aufgeführten Beispiel (Ausbildung), sehr kurz ist. Sie geben, im Gegensatz zu den „offeneren" Ergänzungs- und Entscheidungsfragen, einen kleineren Spielraum für die nachfolgende Antwort, die vom Fragenden auch in eher knapper Form erwartet wird. Eine längere und weiterführende Erklärung ist somit nicht das Ziel der Frage, dies kann jedoch im späteren Gesprächsverlauf noch eingebracht werden.

Ein weiteres Einsatzgebiet für Vergewisserungsfragen sind Probleme bei der Formulierung eines Satzes oder beim Verständnis bestimmter Wörter oder Aussagen (vgl. Selting 1995, S. 264). Auch dazu wird eine fallende Intonation verwendet. Im folgenden Beispiel artikuliert Anna in Zeile 03 eine Vergewisserungsfrage mit einer fallenden Intonation:

Gesprächsbeispiel: Borussia Dortmund

```
01   Anna:    dann haben wir uns noch ein autogramm geholt von dem trainer-
02            äh:: von borussia dortmund. äh- (--)
03 ->         wie heißt der noch gleich;
04   Tim:     jürgen klopp-
05   Anna:    ja genau.
```

8.3.3.4 Bestätigungsfragen

Bestätigungsfragen dienen dem Fragenden dazu, seine eigenen Schlussfolgerungen, die sich aus dem unmittelbar zuvor stattgefundenen Gesprächsverlauf ergeben haben, zu überprüfen. Die Aussagen des Gesprächspartners können dafür teilweise wiederholt, um- oder weiter ausformuliert werden. Sie gehören zur Klasse der Verb-Erst-Fragen und werden ebenfalls fallend intoniert (vgl. Selting 1995, S. 264).

Gesprächsbeispiel: Geburtstagsparty

```
01   Anna:    ich habe ALLES für die geburtstagsparty eingekauft.
02 ->Peter:   hast du also auch getränke mitgebracht.
03   Anna:    ja;
```

Dieses Beispiel zeigt eine einfache Bestätigungsfrage. Hier versucht Peter, Annas Behauptung dahingehend zu überprüfen, ob Anna wirklich alles eingekauft habe. Da er inferiert, dass darin auch die Getränke eingeschlossen sind, stellt er zur Sicherung seiner Schlussfolgerung die Frage mit fallender Intonation.

Die Antworten auf Bestätigungsfragen fallen, wie im obigen Beispiel, ebenfalls relativ kurz aus: Der Antwortende entgegnet meist entweder mit einer Bestätigung durch *ja* oder ähnlichen Formulierungen, oder mit einer Zurückweisung mittels *nein* oder Ähnlichem. Daraus lässt sich schließen, dass seitens des Fragenden auch hier keine ausführliche Antwort des Sachverhalts erwartet wird, sondern gegebenenfalls nur eine kurze Erklärung oder Begründung der Reaktion (vgl. Selting 1995, S. 269).

8.3.4   Regionalspezifische Intonationsverläufe

Dialekte und Regiolekte unterscheiden sich nicht nur durch die Lautung, sondern auch durch spezifische Intonationsverläufe, welche für „Außenstehende" auffällig sind. Sowohl von Laien als auch von Dialektologen wird diese Auffälligkeit oft als „Singsang" bezeichnet (Gilles 2005, S. 1). Besonders im westmitteldeutschen und westoberdeutschen Raum gilt der Tonfall als eines der wichtigsten Unterscheidungsmerkmale hinsichtlich dialektaler Unterschiede (vgl. Peters 2014, S. 87).

Abb. 22: Regionalspezifische Intonationsverläufe[36]

An diesem Beispiel kann man erkennen, dass es im Deutschen Intonationsverläufe gibt, die den „Eindruck einer ‚Umkehrung‘ der Melodieverläufe entstehen lassen" (Peters 2014, S. 88). Das heißt: Wo in einer Region der Sprecher eine hohe Tonlage wählt, sprechen die anderen sie in einer tiefen Tonlage aus und an den Stellen, „wo die einen die Tonhöhe steigen lassen, ließen die anderen sie fallen" (Peters 2014, S. 88).

8.4 Pausen und Schweigen

Pausen und Schweigen gehören zu den Fällen des Nicht-Sprechens. Eine klare Unterscheidung zwischen den beiden Typen des Nicht-Sprechens ist nicht immer einfach. Es gibt aber auch Fälle, die uns eine deutliche Unterscheidung ermöglichen. So würden wir bei einer kurzen Zögerung eines Sprechers eher von Pause als vom Schweigen sprechen und auf der anderen Seite würden wir bei stummer Reaktion eines Gesprächspartners auf eine Frage eher vom Schweigen als von Pause reden wollen (vgl. Baldauf 2002, S. 173). Dass sich Pausen und Schweigen allerdings nicht eindeutig trennen lassen, zeigt beispielsweise die Gesprächsflaute, die im Folgenden noch genauer erklärt wird.

8.4.1 Pausen

Bei Pausen handelt es sich um ein wichtiges Gliederungssignal in der gesprochenen Sprache; vergleichbar mit der Interpunktion in der geschriebenen Sprache. Ganz allgemein kann man Pausen als Grenzsignale bzw. als Abgrenzungsmarker von Intonationsgruppen sehen (vgl. Cruttenden 1986, S. 36). Man darf aber nicht vergessen, dass eine Pause stark kontextabhängig ist. Ihre Funktion ergibt sich aus dem Gesprächszusammenhang, in dem sie auftritt (vgl. Stein 2003, S. 337).

Pausen können physiologisch bedingt (um Luft zu holen), kognitiv begründet (bspw. bei Wortfindungsschwierigkeiten), kommunikativ hervorgerufen (bspw. bei Problemen beim Sprecherwechsel) oder rhetorisch motiviert (bei Witzen etc.) sein.

Es lässt sich zum einen zwischen gefüllten und stillen Pausen unterscheiden. GEFÜLLTE PAUSEN (wie z. B. *äh, öh, m:*) gehören im Gegensatz zu den STILLEN PAUSEN zu den Gesprächspartikeln. Daraus geht hervor, dass diese beiden Arten der Pausen funktional nicht gleichwertig sind (vgl. Schwitalla 2012, S. 76).

Des Weiteren unterscheidet man Pausen, „die eine Äußerungseinheit unterbrechen (HALTEPAUSE) von solchen nach Äußerungseinheiten, die eine segmentierende Funktion haben (AUSLAUFPAUSE)" (Schwitalla 2012, S. 76).

---

[36] In dieser Abbildung ist eine autosegmentale Repräsentation der Intonation verwendet worden.

Gesprächsbeispiel: Kafka_1

```
01 . Anton:    ich habe gestern ein buch von äh von diesem (.) einen autor-
02             er heißt äh (--)kafka (-) gelesen.
```

Gesprächsbeispiel: Kafka_2

```
03    Lotte:   und wie hat dir das buch gefallen;
04    Anton:   es war VIEL zu kompliziert.
05             ich habe es sofort wieder weggelegt.
06 ->          (15.0)
07    Lotte:   wollen wir heute abend ins kino gehen?
```

Beim ersten Beispiel ist zu erkennen, dass Anton der Name des Autors nicht sofort einfällt und er daher sowohl gefüllte als auch stille Pausen in seine Äußerung einlegt. Beim zweiten Beispiel sind sich beide Gesprächsteilnehmer einig darüber, das Thema zu wechseln, da sie nichts mehr über das Buch zu sagen haben. Bei dieser Art der Pause vor einem Themenwechsel spricht man auch von einer sogenannten GE-SPRÄCHSFLAUTE. Diese entsteht dann, wenn ein Thema im weitesten Sinne ausdiskutiert ist. Neben der Gesprächsflaute gibt es noch weitere Schweigetypen. Dazu gehören die Häsitationspause, der Abbruch und der Schweigezug[37] (vgl. Meise 1996, S. 36ff.).

Ein weiterer Aspekt von Pausen wird von Adam Kendon aufgezeigt: „Speech is paused to allow a gesture to stand on its own" (Kendon 2004, S. 147). Hierbei geht es offensichtlich weder um Probleme beim Sprecherwechsel, noch um Wortfindungsschwierigkeiten etc., sondern um die bloße Möglichkeit, eine Geste (auch ohne einen verbalen Ausdruck) „sprechen" zu lassen:

Gesprächsbeispiel: Brötchen

```
01    Lotte:   wie viele brötchen hättest du gerne?
02 ->Anton:    ((zeigt zwei Finger))
03             zwei.
```

Bei diesem Beispiel wird vor dem verbalen Ausdruck eine Geste gemacht; Kendon weist allerdings auch auf Beispiele hin, bei denen die Geste dem verbalen Ausdruck folgt (vgl. Kendon 2004, S. 147). Es ist allerdings auch denkbar, innerhalb eines Ausdrucks zu pausieren, um zu gestikulieren:

Gesprächsbeispiel: Kafka_3

```
01    Lotte:   wie dick ist denn das buch von diesem äh: KAFKA?
02    Anton:   in etwa so:: (1.0) ((Zeigt mit den Fingern die Dicke)) dick;
```

Im Gegensatz zu willkürlich scheinenden Pausen stehen vom Sprecher gewollte und inszenierte Pausen. Wenn man eine spannende Geschichte erzählt, macht man viele Pausen, um die Spannung aufrecht zu erhalten. Wenn man einen Witz erzählt, pausiert man vor der Pointe. Solche rhetorischen Mittel sind den meisten von uns be-

---

[37] Siehe dazu Kapitel 8.4.2.

kannt. Doch wie sieht es aus, wenn ich beim Arzt sitze und er mir meine Diagnose mitteilt? Klar ist, dass mein Arzt mich sicher nicht auf die Folter spannen will. Warum pausiert er also, wie im folgenden Beispiel?

Gesprächsbeispiel: Bluttest

```
01    Anton:      was fehlt mir nun?
02                hat der bluttest etwas ergeben?
03    Arzt:       ich muss ihnen LEIDER mitteilen-
04                dass sie an einer (-) latenten (---) hypothyreose leiden-
05                was ihre beschwerden erklärt-
06                ich verschreibe ihnen erst mal (--) levothyroxin.
```

Diese Pausen sind in zwei Richtungen zu interpretieren: Vom Berater aus gesehen erlauben sie die Auswahl des exakten Terminus aus seinem professionellen Wissen. Sie erlauben ihm auch, diese Expertise im Diskurs vorzuzeigen. So signalisieren diese Pausen dem Hörer gleichzeitig, dass ein bewusst ausgewählter Terminus folgt, so dass er seine Aufmerksamkeit punktuell fokussieren kann. Denn wenn der Terminus besonders ausgesucht wurde, könnte er wichtig sein und die Aufmerksamkeit des Hörers erfordern (vgl. Hartog 1996, S. 231f.).

Ein Pausentyp, der noch nicht näher erläutert wurde, ist die sogenannte TRANSITIONSPAUSE (konversationsanalytisch: GAP). Sie beschreibt die Pause „zwischen den einzelnen Redebeiträgen verschiedener Sprecher, d.h. an den Stellen des Sprecherwechsels" (Meise 1996, S. 36) und wird in den meisten Fällen nicht wahrgenommen, da sie den Gesprächsfluss nicht unterbricht. Sie macht den sogenannten glatten Sprecherwechsel aus.

8.4.2 Schweigen

Da im vorigen Kapitel schon die Gesprächsflaute als eine der vier verschiedenen Schweigetypen erläutert worden ist, sollen nun der Abbruch und der Schweigezug näher beschrieben werden.

- Bei einem ABBRUCH handelt es sich um eine Schweigephase, bei der der Sprecher plötzlich aufhört zu sprechen. In solch einem Fall übernimmt meistens der Gesprächspartner die Sprecherrolle:

Gesprächsbeispiel: Magenschmerzen

```
01    Lotte:      ich habe totale magenschmerzen weil\ (3.0)
02  ->Anton:      warum?
03    Lotte:      weil äh weil (.) weiß ich nicht warum
```

Hier unterbricht Anton die Schweigephase, da er keinen Grund erkennen kann, warum Lotte ihre Äußerung abgebrochen hat und zudem eine Antwort bekommen möchte.

Im folgenden Beispiel kann sich der Hörer denken, warum der Sprecher seine Äußerung abbricht und beendet die Schweigephase durch einen Themenwechsel:

Gesprächsbeispiel: Hamster

```
01   Lotte:    ich bin total traurig.
02             weil mein hamster gestorb\
03 ->          (4.0)
04 ->Anton:    hast du vielleicht lust auf kino heut abend?
```

- Eine Pause kann unter Umständen die Qualität eines SCHWEIGEZUGES bekommen (vgl. Meise 1996, S. 57ff.). Dieser tritt ein, wenn im vorangegangenen Gesprächsbeitrag eine Frage/Aufforderung etc. vorliegt. Schweigezüge finden ausschließlich bei vom Sprecher beabsichtigten, aber nicht zu Stande gekommenen Sprecherwechseln statt, wie es im folgenden Beispiel demonstriert wird:

Gesprächsbeispiel: Kaffee

```
01   Anton:    hättest du gerne einen kaffee?
02 ->          (1.0)
03   Anton:    mit milch,
04 ->          (2.0)
05   Anton:    ich habe auch tee da-
06 ->          (2.0)
07   Anton:    kein durst?
08   Lotte:    doch ja- (-)
09             einen tee bitte.
```

Generell ist es ratsam, Levinsons Vorschlag zu folgen und von dem Oberbegriff Pause ausgehend die weiteren Bezeichnungen (Schweigen, Gesprächsflaute etc.) als kontextuell bedingte Verwendungen anzusehen (vgl. Levinson 2000, S. 325).

8.5 Sprechgeschwindigkeit

Die Sprechgeschwindigkeit bezieht sich vor allem auf das Tempo des Sprechens. Dabei lässt sich Sprechtempo durch die Anzahl der Silben oder Wörter, die pro Minute geäußert werden, bestimmen. Im Deutschen variiert die normale Sprechgeschwindigkeit zwischen 100 und 400 Silben pro Minute. Während eine Sprechrate von 100 Silben pro Minute als sehr langsam bewertet wird, gelten 400 Silben pro Minute als sehr schnell (vgl. Müller 1999, S. 59). Die Wahrnehmung, ob man Gesprochenes als schnell oder langsam empfindet, liegt jedoch nicht an der absoluten Zahl der Silben pro Sekunde, sondern die Relation zur Normalgeschwindigkeit eines Sprechers ist hierfür verantwortlich (vgl. Schwitalla 2012, S. 72).

Ein weiterer wichtiger Faktor sind Pausen. Wer ausgiebe Pausen und Dehnungen in seinem Beitrag einlegt, der vermittelt ein Eindruck von niedrigerem Sprechtempo. Laut Schwitalla (2012, S. 72ff.) hat die Sprechgeschwindigkeit Auswirkungen auf die folgenden drei:

- das Rederecht
- den Relevanzgrad einer Äußerung
- den Abbildungscharakter von Erzählungen

- Sprechgeschwindigkeit hat insofern Einfluss auf das REDERECHT, als dass man durch die Veränderung der Sprechgeschwindigkeit beispielsweise die Sprecherrolle beibehalten kann:

Gesprächsbeispiel: Oma_6

```
01   Anton:    und meine oma,
02             die hat dann noch mal geheiratet-
03 ->          und [dann <<acc/cresc> noch mal und noch] mal-
04 ->Lotte:        [aber äh (.) aber meine oma,          ]
05   Anton:    und dann äh und dann hat sie fußpilz bekommen.>
```

In Zeile 04 versucht Lotte Anton die Sprecherrolle abzunehmen, es geling ihr aber nicht, weil Anton plötzlich schneller und lauter zu spricht. Es ist ein impliziter Hinweis an Lotte, dass Anton nicht gewillt ist, seine Sprecherrolle abzugeben.

- Bei der zweiten Funktion (Sprechtempo und Relevanzgrad einer Äußerung) werden spezielle Redeeinheiten besonders schnell (und leiser) oder langsam (und lauter) ausgesprochen, um der sprachlichen Einheit RELEVANZ zuzusprechen oder abzusprechen. Wenn man eine sprachliche Einheit im schnelleren Tempo ausspricht bedeutet das oftmals, dass diese Einheit weniger relevant für den Beitrag ist. So werden häufig Einschübe oder nachgeschobene Hintergrundinformationen tendenziell schneller und gelegentlich leiser ausgesprochen. Die sprachlichen Einheiten, welche eine wichtige Information enthalten, werden dafür häufig langsamer und lauter ausgesprochen.

Gesprächsbeispiel: Die Freundin von Justus

```
01   Anton:   USCHI habe ich gestern getroffen;
02 ->         <<acc/dim> die freundin von justus->
03 ->         <<rall/cresc>war die aber latten dicht> war se;
04   Lotte:   ja ne (-) ist klar.
```

In diesem Gesprächsbeispiel ist sichtbar, dass in Zeile 03 die wichtige Information (der Zustand von Uschi) langsamer und lauter im Vergleich zur Normallage ausgesprochen worden ist und die lediglich fürs bessere Verständnis notwendige Zusatzinformation in Zeile 02 dafür schneller und leiser als die durchschnittliche Sprechgeschwindigkeit und Lautstärke realisiert wird.

- Sprechgeschwindigkeit hat drittens eine ABBILDENDE (IKONISCHE) Funktion. Diese tritt besonders häufig in Höhepunkten von Witzen oder kurzen Erzählungen auf. Verlangsamungs- oder auch Beschleunigungsstrategien werden angewandt, um außersprachliche Ereignisse, Zustände etc. abzubilden. Hierzu ein Gesprächsbeispiel:

Gesprächsbeispiel: Eine Axt

```
01   Anton:   er setzte sich erst mal hin ne-
02            raucht in ruhe eine-
03 ->         <<all>und dann RENNT er aus dem haus-
```

```
04              nimmt eine AXT-
05              und rennt hinter ihr her;
06              sie rauf aufs fahrad und WEG war se,>
07    Lotte:   ist DAS aber spannend;
08              erzähl weiter.
```

Hier wird das von Anton beschriebene Ereignis ab Zeile 03 durch das schnellere Sprechen ikonisch abgebildet. So ist das schnellere Sprechen in diesem Fall dem von Anton erzählten schnell verlaufenden Ereignis ähnlich. Langsames Sprechtempo kann wiederum besonders langsame Ereignisse o. Ä. abbilden.

Eine klare Trennung zwischen den drei Funktionen soll aber nicht darüber hinwegtäuschen, dass es in der Praxis unterschiedliche Mischformen zwischen den Funktionstypen gibt. Generell gibt es auch Gesprächsbeiträge, in denen beispielsweise relevante Inhalte nicht besonders langsam und laut, sondern schnell und leise ausgesprochen werden, oder langsam verlaufende Ereignisse auf eine schnelle Art und Weise beschrieben werden etc.

Aufgaben

a) Kreuzworträtsel

waagerecht

5. Wie heißen Pausen, die eine segmentierende Funktion haben?
7. Worauf bezieht sich die erste Funktion der Sprechgeschwindigkeit?
9. Ein Mittel, das zur Realisierung des Akzents eingesetzt wird.
10. Wie wird das Verfahren der Sprecher bezeichnet, die durch eine Kontrastbetonung eine bestimmte Information hervorheben wollen?

senkrecht

1. Welcher Fragetyp wird mit fallender Intonation realisiert?
2. Eine gleichbleibende oder steigende Intonation bedeutet häufig für den Hörer ...
3. Akzentuierung wird auch zur abwertenden ... eingesetzt.
4. Man unterscheidet zwischen Wortakzent und ...
6. Gewollter, aber nicht eintretender Sprecherwechsel.
8. Prosodisches Merkmal (bzw. Teilbereich).

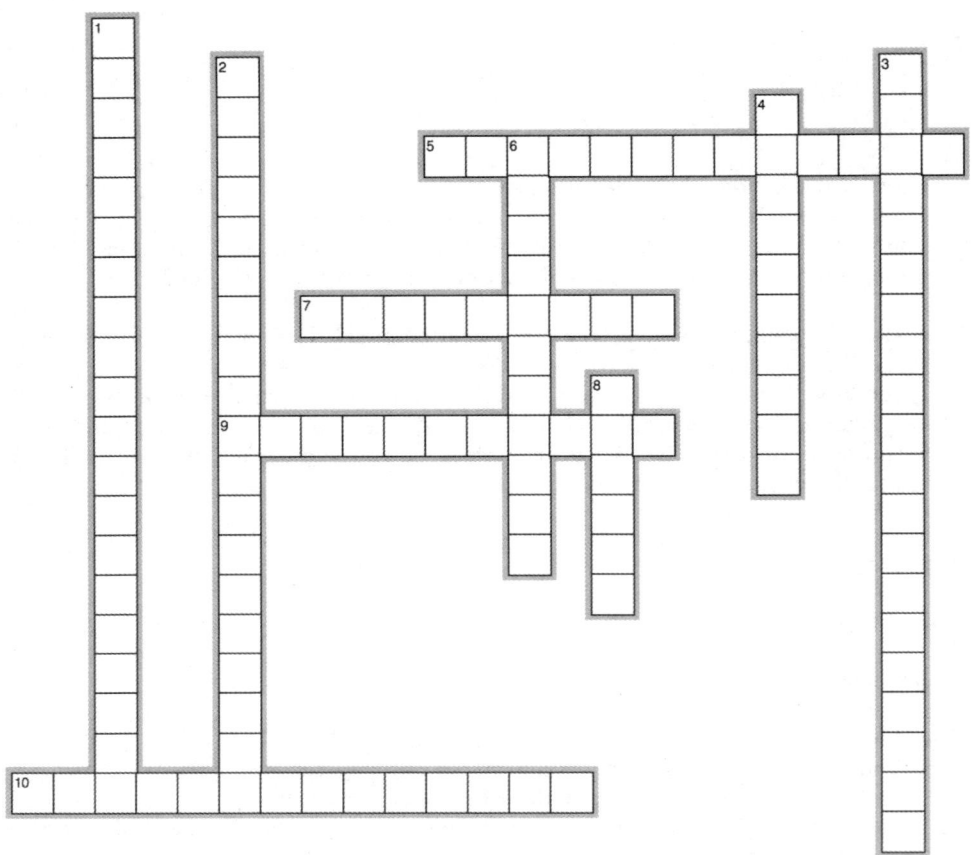

b) Erläutern Sie an der folgenden Äußerung den Zusammenhang zwischen Akzentuierung und Rhematisierung:

Gesprächsbeispiel: Uschi lässt dich grüßen

```
01    Lotte:    USCHI lässt dich grüßen-
02    Anton:    O:ka::y;
```

c) Um was für einen Fragetyp handelt sich im folgenden Beispiel und was zeichnet ihn aus?

Gesprächsbeispiel: Bier_1

```
01    Lotte:    ich habe alles eingekauft.
02    Anton:    hast du auch bier gekauft,
03    Anna:     ja;
04    Anton:    DU bist die BESTE.
```

d) Wie würden Sie die Pause vom Schweigen in einem alltäglichen Gespräch unterscheiden?

Welche unterschiedlichen Arten von Pausen und vom Schweigen gibt es? Finden Sie geeignete Beispiele, die die Unterschiede deutlich machen.

e) Welche Funktionen hat die Sprechgeschwindigkeit in der gesprochenen Sprache?

f) Konstruieren Sie ein eigenständiges Gesprächsbeispiel, an dem man die Funktion der Relevanzindikation mittels der Variation der Sprechgeschwindigkeit zeigen kann.

Kommentierte Literaturhinweise

Einen komprimierten Überblick über die aktuelle Forschung zum Thema Prosodie mit wertvollen Hinweisen für Studierende bietet Selting (2010). Ein umfassendes Werk zur Prosodie in Interaktion liegt vor von Selting (1995). Prosodische Besonderheiten im Deutschen werden eingehend thematisiert in Gilles (2005). Zu den Relationen zwischen Prosodie, Syntax und nonverbaler Kommunikation in Gesprächen ist Schönherr (1997) empfehlenswert.

9 Syntax

9.1 Ziele und Warm-up

In diesem Kapitel geht es um die Syntax, also den Satzbau der gesprochenen Sprache. Man kann bereits an dieser Stelle vorausschicken, dass die gesprochene Sprache gewisse syntaktische Besonderheiten aufweist, die es in der geschriebenen Sprache entweder gar nicht, selten oder lediglich in einer bestimmten medialen Form (Chat, SMS etc.) gibt. Häufig sind die Strukturen, die in der gesprochenen Sprache verwendet werden, laut der klassischen Grammatik nicht zulässig. Dennoch werden diese Konstruktionen von den Gesprächspartnern akzeptiert und nicht angemahnt – häufig nicht einmal als „nicht korrekt" wahrgenommen. Im Folgenden sollen einige dieser syntaktischen Besonderheiten erläutert und an Beispielen veranschaulicht werden. Der Schwerpunkt liegt dabei auf Kurzformen, Herausstellungsstrukturen sowie Verbgebrauch.

 Was ist an der folgenden Sequenz auffällig? Versuchen Sie es mit eigenen Worten zu beschreiben.

Gesprächsbeispiel: Äpfel_2

```
01   Anton:   du bist nett weil äh weil äh:-
02   Lotte:   weil ich dir viele äpfel mitgebracht habe?
```

9.2 Was ist Syntax?

Syntax (von griech.: Sýntaxis = Zusammenstellung) bezeichnet allgemein die Beschreibung der Struktur von Sätzen. Syntax ist neben der Morphologie (Wortbau) ein wichtiger Teilbereich der Grammatik.

> Syntax: ein System von Regeln, nach denen aus einem Grundinventar kleiner Einheiten (Wörter und Wortgruppen) wohlgeformte (= grammatische) Sätze einer Sprache gebildet werden. […] Ein Satz ist eine abgeschlossene Einheit, die nach den Regeln der Syntax gebildet ist.
>
> Busch/Stenschke 2014, S. 116f.

Diese Bestimmungen der Syntax und des Satzes gelten sowohl für Sätze der geschriebenen als auch der gesprochenen Sprache, allerdings mit dem Unterschied, dass die Satzbauregeln der geschriebenen Sprache nicht mit den Regeln der gesprochenen Sprache gleichgesetzt werden können (vgl. Schneider 2011). Ein Satz, der in der gesprochenen Sprache als wohlgeformt gilt, muss nicht auch in der geschrieben Sprache als wohlgeformt gelten. Gesprochene Sprache gilt für den Moment, in dem sie ausgesprochen wird, und ist deshalb flüchtiger. Nichtsdestotrotz befolgt man auch beim Sprechen Regeln, die analog zur geschriebenen Sprache existieren. Bei einer syntaktischen Untersuchung der gesprochenen Sprache versucht der Forscher die Besonderheiten im Bau der Sätze in Abgrenzung zur geschriebenen Sprache zu beschreiben. Als Erstes wenden wir uns den Kurzformen zu.

9.3 Kurzformen

Die Kurzformen findet man meist in der gesprochenen Sprache und da vorwiegend in der Alltagssprache. In unserer heutigen schnelllebigen Zeit kommt man kaum ohne den Gebrauch von Kurzformen aus. Wer hat schon Lust sich langes Gerede anzuhören, wenn man etwas auch verkürzt auf den Punkt bringen und sich trotzdem verständlich ausdrücken kann? Aus diesem Grund werden in der Alltagsrede oft kürzere oder unvollständige Sätze verwendet. Dies ist aber im großen Maße ebenfalls der Tatsache geschuldet, dass viele Informationen durch die gegebene Situation (Kontext) bereits vorhanden sind und nicht mehr sprachlich realisiert werden müssen. Ein weiterer Grund für diese Komprimierung liegt in dem Medium selbst: Das gesprochene Wort ist flüchtig. Anders als bei schriftlichen Texten hat der Zuhörer keine Möglichkeit, sich das Gesagte noch einmal anzuhören, um es besser verstehen zu können. Der Sprecher verwendet also in der Regel einfache oder gar unvollständige Sätze, um dem Zuhörer das Verständnis zu erleichtern. Zu den typischen Kurzformen gehören Analepse, Ellipsen, Anakoluth und Aposiopese, welche im Folgenden einzeln charakterisiert werden.

9.3.1 Analepse

Die Analepse beschreibt die Weglassung von Satzteilen, welche aufgrund vorher geäußerter Satzstrukturen (Konstruktionsübernahme) bzw. bereits genannter Informationen (Strategie rhematischer Orientierung) vom Rezipienten ergänzt werden können (vgl. Hoffmann 1999).

> Der kommunikative Wert von Analepsen ist die stärkere Bindung der eigenen Äußerung an die vorhergehende und die Verstehenserleichterung, die dadurch zustande kommt, dass der Hörer auf die Informationsteile gelenkt wird, die rhematisch sind.

Schwitalla 2012, S. 104

Oftmals folgen Analepsen der im Zitat genannten STRATEGIE DER RHEMATISCHEN ORIENTIERUNG. An dieser Stelle muss der Rhema-Begriff in aller Kürze geklärt werden. Die Unterscheidung zwischen Thema und Rhema ist eine Unterscheidung, welche sich auf den Informationsgehalt eines Satzes bezieht. Beinahe jeder Satz enthält eine bereits bekannte Komponente (Thema) und eine neue Information (Rhema). So ist in dem einfachen Satz *Anton ist krank* der Teil Anton das Thema des Satzes und *ist krank* das Rhema, weil das die neue Information ist, die – sehr wahrscheinlich – dem Gesprächspartner vorher nicht bekannt ist. Selbst wenn sie bereits bekannt war, wird sie offenbar vom Sprecher als nicht bekannt vorausgesetzt. Kommen wir nun zu der eben genannten Strategie der rhematischen Orientierung zurück. Wenn der Gesprächspartner weiß, um welches Thema es sich in der gegebenen Gesprächssituation dreht, dann beschränkt man sich in seinen Äußerungen meistens auf das Rhema, also auf die neue Information, die das Thema in einer bestimmten Weise näher charakterisiert. Das Thema wird nicht genannt, weil der Sprecher es als gegeben (bekannt) voraussetzt. Infolgedessen kann man Gesprächsgegenstände, die in einem Dialog konstant bleiben, auf Pronomen reduzieren oder sogar komplett weglassen. Dies kommt häufig im Zusammenhang mit den sogenannten W-Fragen vor.

Gesprächsbeispiel: Wo, wann, was

```
01   Anton:    wo gehst du hin?
02   Lotte:    zu paul.
03   Anton:    wann kommst du wieder?
04   Lotte:    in drei stunden.
05   Anton:    was willst du da machen?
06   Lotte:    nur quatschen.
```

Es wird deutlich, dass sobald die Frage gestellt ist, auch das Thema zwischen den
Dialogpartnern geklärt ist und Lotte lediglich die Antwort semantisch zu füllen
braucht und Prädikat, Subjekt und alles andere „Unwichtige" weglassen kann. Anton
hört von Lotte nur das, was er für sein Verständnis hören muss – also den rhematischen Teil der Äußerung.

Als Analepse gelten auch grammatisch unvollständige Strukturen, welche sich auf
die vorangegangene syntaktische Struktur stützen. Man spricht hierbei von einer
KONSTRUKTIONSÜBERNAHME.

Im folgenden Beispiel liegt eine BESTÄTIGENDE WIEDERHOLUNG vor:

Gesprächsbeispiel: Schule

```
01   Luka:    wir haben morgen um SIEBEN uhr fünfzig schule?
02 ->Mia:     ja sieben uhr fünfzig.
```

Die in Zeile 02 von Mia realisierte Konstruktion stützt sich an dem vorangegangenen
Beitrag von Luka und deshalb ist sie trotz syntaktischer Unvollständigkeit (es wird
sowohl das Subjekt als auch das Verb weggelassen) für den Rezipienten (Luka) verständlich.

Es gibt auch Fälle, in denen eine syntaktische Einheit von einem anderen Gesprächspartner vervollständigt wird. Man spricht in solchen Fällen von einer KOLLA-
BORATIVEN KONSTRUKTION oder einer KO-KONSTRUKTION (vgl. Günthner 2012).

Gesprächsbeispiel: Was unternehmen

```
01   Anton:    vielleicht könnten wir morgen äh::-
02 ->Lotte:    was unternehmen?
03             ja ich hätte lust ahm:
04 ->Anton:    auf einen ausflug in den ZOO-
05             das wolltest du ja schon IMMER mal machen.
```

In dem eben genannten Beispiel können zwei kollaborative Konstruktionen ausge-
macht werden. In Zeile 01 beginnt Anton eine syntaktische Konstruktion, die aber in
Zeile 02 von Lotte vervollständigt wird und in Zeile 03 entfaltet Lotte einen Satz, der
wiederum von Anton in Zeile 04 abgeschlossen wird. Auch in diesen Fällen sind die
vervollständigten Konstruktionen nur dann verständlich, wenn man das vorher Gesagte berücksichtigt.

Im letzten Beispiel liegt in Zeile 03 eine Analepse vor, welche die Funktion einer
Rückfrage hat. Diese Rückfrage kann nur deshalb aus einem Wort bestehen – ist also
syntaktisch extrem unterbesetzt –, weil sie auf der vorangegangenen Äußerungseinheit von Lotte in Zeile 02 aufbaut.

Gesprächsbeispiel: Pulli

```
01   Anton:    wo hast du den pulli gekauft?
02 ->Lotte:    eh in dem laden gegenüber von mäc donalds.
03 ->Anton:    fashionmode?
04   Lotte:    JA genau.
```

Durch die Kürze von manchen Analepsen drücken sie eine gewisse Resolutheit oder ein Kurz-Angebundensein aus und in manchen Fällen auch die Schnelligkeit und Plötzlichkeit von Ereignissen. Solche Konstruktionen, im Zusammenhang mit anderen Merkmalen wie der Weglassung des Subjekts (*bin schon wieder da*), der Weglassung des Verbs (*ich nix wie hin*) oder der Weglassung von Subjekt und Hilfsverb (*kein Essen mehr gekriegt*) zählen zu den DICHTEN KONSTRUKTIONEN (vgl. Schwitalla 2012, S. 106).

9.3.2 Ellipse

Als Ellipsen werden Konstruktionen bezeichnet, die der Sprechsituation oder des Weltwissens wegen unvollständige Sätze darstellen (vgl. Imo 2012b). Mit anderen Worten: Aufgrund der in der Gesprächssituation gegebenen (Kontext-)Informationen ist eine ausführliche Verbalisierung nicht nötig oder wäre gar in gewisser Hinsicht markiert.

> Die elliptische Prozedur ist ein Verbalisierungsverfahren für kommunikative Minimal-einheiten, bei dem der Sprecher systematisch nicht versprachlicht, was aufgrund gemeinsamer Orientierung in der Sprechsituation, im aktuellen Handlungszusammenhang oder auf der Basis sprachlichen Wissens in den Hintergrund eingehen und mitverstanden werden kann. [...] Ellipsen sind als kommunikative Minimaleinheiten vollständige Formen, mündlich abgeschlossen durch Grenztonmuster, schriftlich durch graphisches Schlusszeichen.
>
> Hoffmann 1997, S. 413

Ludger Hoffmann (1997, S. 413ff.) unterscheidet zwischen vier Typen von Ellipsen: situative Ellipse, empraktische Ellipse, phatische Ellipse und Struktur-Ellipse, wobei die letzte Ellipsenart (Struktur-Ellipse) insbesondere innerhalb der geschriebenen Sprache vorkommt. Eine STRUKTUR-ELLIPSE kommt in der Regel in Telegrammen (*Ankomme Freitag zwölf Uhr Flughafen*) und Schlagzeilen (*Baby ausgesetzt*) vor. Sie ist durch extreme Ökonomieanforderungen geprägt.

Charakteristischer für die gesprochene Sprache sind die weiteren drei Typen. Dabei wird die PHATISCHE ELLIPSE zu den Anakoluthen gezählt und als Aposiopese bezeichnet. Sie wird im nächsten Kapitel ausführlich behandelt. Im Folgenden soll daher auf die situative Ellipse und die empraktische Ellipse genauer eingegangen werden:

- Die SITUATIVE ELLIPSE bezeichnet Kurzformen, welche durch Informationen, die kontextuell gegeben sind, ergänzt werden können. So kommt es häufig in der gesprochenen Sprache vor, dass der Sprecher das Pronomen, das sich auf seine eigene Person bezieht, nicht ausspricht, weil es kontextuell offensichtlich ist. Im folgenden Beispiel war Anton kurz einkaufen, um gemeinsam mit Lotte zu kochen. Lotte bereitete inzwischen den Tisch vor:

Gesprächsbeispiel: Bin wieder da_1

```
((Anton kommt nach Hause))
01 ->Anton:    bin wieder DA::-
02   Lotte:    ging aber schnell-
```

Der Satz in Zeile 01 ist unvollständig, weil das Subjekt sprachlich nicht realisiert worden ist. Diese Art der situativen Ellipse wird PERSON-ELLIPSE genannt (vgl. Hoffmann 1997, S. 413ff.). Von dieser unterschieden wird die EREIGNIS-ELLIPSE. Diese Konstruktion lässt die Ereignisse unerwähnt, auf welche sie Bezug nimmt, weil sie kontextuell so präsent sind, dass ihre Erwähnung nicht notwendig ist.

Gesprächsbeispiel: Bin wieder da_2

```
((Anton kommt nach Hause))
01 ->Lotte:    ging aber schnell-
02   Anton:    hab das auto genommen.
```

In diesem Beispiel verbalisiert Anton seine Ankunft nicht wie im vorangegangenen Fall. Aus diesem Grund bezieht sich Lotte mit ihrem Gesprächsschritt in Zeile 01 auf das Heimkommen Antons. Es liegt hier also ein klarer Fall einer situativen Ellipse vor. Hätte Anton beim Reinkommen gesagt, dass er wieder da ist, würde es sich um keine situative Ellipse handeln, sondern um eine Analepse, welche ja KOTEXTUELL (textimmanent) gestützt ist. Daran kann man erkennen, dass es oftmals nicht anhand des Ausdrucks (ausdrucksseitig), sondern lediglich von Kontext zu Kontext entschieden werden kann, ob es sich um eine Analepse oder doch um eine situative Ellipse handelt.

Zu situativen Ellipsen gehören ebenfalls OBJEKT-ELLIPSEN, bei denen – wie der Name bereits verrät – Gegenstände/Objekte ausgelassen werden, weil sie in der gegebenen Situation präsent sind – das Objekt ist ein Teil des gemeinsamen Situationswissens der Gesprächspartner. Im folgenden Beispiel befindet sich Lotte mit Anton in einem Museum:

Gesprächsbeispiel: Museum

```
((Anton und Lotte stehen vor einer Skulptur))
01 ->Lotte:    ist einfach GEIL;
02   Anton:    find ich nicht.
```

In Zeile 01 liegt eine Objekt-Ellipse vor, weil Lotte keinen sprachlich realisierten Bezug auf den Gegenstand herstellt, der aber dennoch durch die gegebene Situation und nonverbale Signale (wie z. B. Blickrichtung) eindeutig bestimmbar ist (vgl. Hoffmann 1997, S. 413f.).

- Zu dem zweiten Typ der Ellipsen gehören die EMPRAKTISCHEN ELLIPSEN. Bei dieser Ellipsenart muss ein gemeinsamer HANDLUNGSPLAN/WELTWISSEN gegeben sein, da der syntaktische und semantische Kontext sonst nicht eindeutig ergänzt werden kann. Hierzu ein paar Beispiele:

Ein Alt!	→	in der Kneipe
Pommes mit Ketschup.	→	am Imbißstand
Skalpel.	→	im Operationssaal

Wer hier die spezifischen Kontextinformationen (also auch den Handlungsplan) nicht kennt, ist nicht in der Lage, diese elliptischen Äußerungen zu verstehen. Mit anderen Worten: Da die Gesprächspartner wechselseitig über ein bestimmtes Wissen verfügen (bspw.: jetzt sind wir in der Kneipe), ist es möglich, empraktische Ellipsen-Konstruktionen zu äußern (vgl. Hoffmann 1997, S. 419f.).

9.3.3 Anakoluth

Das Wort Anakoluth stammt aus dem Griechischen und bedeutet „nicht folgerichtig" (an-akólouthon). Darunter werden ABBRÜCHE von syntaktischen Konstruktionen verstanden. Das bedeutet, es handelt sich dabei um Äußerungen, die einen sichtbaren Bruch im grammatischen Aufbau aufweisen. Sätze werden abgebrochen und es wird der Beitrag entweder mit einer neuen unzusammenhängenden Satzeinheit fortgesetzt oder der Gesprächsbeitrag wird nach dem Abbruch beendet. Es gibt mehrere Anakoluthformen, welche im Folgenden kurz charakterisiert werden:

9.3.3.1 Aposiopese

Die APOSIOPESE wird ebenfalls als PHATISCHE ELLIPSE (Hoffmann 1997, S. 413) bezeichnet. Bei einer Aposiopese liegt ein kalkulierter Ausstieg eines Sprechers aus einer syntaktischen Konstruktion vor, welcher zur Andeutung von emotionaler Betroffenheit, Zorn oder einer Drohung verwendet wird (Glück 2000, S. 52). Der Ausstieg ist bei der Aposiopese insofern vom Sprecher kalkuliert, als er davon ausgeht, dass der Hörer den fehlenden Teil der Mitteilung entweder in Gedanken oder artikulierend vervollständigen kann. Diese Klassifizierung macht deutlich, dass die Aposiopese nur adäquat bestimmt werden kann, wenn man dabei auch gedankliche Aspekte (Kognition), wie beispielsweise Gedanken und Intentionen, heranzieht (vgl. Hoffmann 1997, S. 431). Folgende Eigenschaften zeichnen eine Aposiopese aus:

*   SYNTAKTISCH: Es liegt ein Abbruch der syntaktischen Einheit vor
*   PROSODISCH (siehe Kapitel 8): gleichbleibende (weder fallende noch steigende) Intonation
*   SEMANTISCH/PRAGMATISCH (siehe Kapitel 11): Der Hörer kann auf der Basis des bereits Gesagten die fehlenden Informationen rekonstruieren (vgl. Hoffmann 1999, S. 88).

An dieser Stelle könnte man sich fragen, warum jemand seinen Satz abbricht. Zu den häufigsten Ursachen gehören vor allem die SPRACHÖKONOMIE (Wiederholungen/Offensichtliches werden dem Hörer erspart) und der Verzicht auf bestimmte (oft tabuisierte) Ausdrücke (vgl. Hoffmann 1997, S. 431ff.).

Im folgenden Gesprächsbeispiel liegt ein eindeutiger Fall von Aposiopese vor:

Gesprächsbeispiel: Das Licht

```
01    Lotte:    ute hat gestern vergessen das licht im auto auszuschalten;
02              und HEUTE (-) musste sie zum vorstellungsgespräch [um acht-]
03    Anton:                                                      [hahaha- ]
04 ->Lotte:     die ist so\
05    Anton:    ja:: selber schuld. (1.0)
```

```
06    Lotte:    übrigens (-) die meinte-
07              dass wir sie mal wieder besuchen sollen.
```

Während Lotte skizzenhaft den gestrigen und heutigen Tagesablauf von Ute darstellt, signalisiert Anton als Hörer in Zeile 03, dass er den Ausgang der angesetzten Geschichte bereits antizipiert. Dies führt dazu, dass Lotte es nicht mehr für notwendig hält, den Beitrag zu vervollständigen. Dass Anton den weiteren Verlauf der Erzählung rekonstruiert hat, bestätigt er zusätzlich mit seiner passenden Reaktion in Zeile 05. Daraufhin eröffnet sich für Lotte die Möglichkeit, ein anderes (Teil-)Thema anzusprechen (Zeile 06-07). An diesem Beispiel wird sichtbar, dass die Aposiopese nicht ausschließlich mit einer syntaktischen Vervollständigung einhergeht (folglich: Wie kann der Satz abgeschlossen werden?), sondern auch eine Vervollständigung eines Teils der Erzählung vom Rezipienten erfordern kann. Denn Anton ist offenbar nicht nur in der Lage, Lottes unvollständigen Satz `die ist so` durch (beispielsweise) ein Prädikatsnomen zu ergänzen, z. B. durch (*ein*) *Schussel* – er ist ebenso fähig, den Ausgang der Geschichte zu rekonstruieren. Zudem wird hier sichtbar, dass Aposiopesen vom Hörer durch Hörersignale (Zeile 03) initiiert oder abschließend vom Hörer bestätigt resümiert werden können (Zeile 05). Sie können also interaktional erzeugt werden und sind somit auch empirisch fassbar (vgl. Imo 2011, S. 277ff.). In dem oben genannten Beispiel wird die Ursache für die Aposiopese einerseits durch die Ökonomie, anderseits durch den Verzicht auf bestimmte Ausdrücke bedingt. Lotte verhält sich ökonomisch, weil sie auf die Fortsetzung einer Erzählung verzichtet, die vom Hörer bereits antizipiert wird. Gleichzeitig weicht sie einer abwertenden Bezeichnung (bspw. *Schussel*) aus und steigt vorzeitig aus dem Satz aus.

9.3.3.2 Retraktion

Bei einer Retraktion liegt ein Abbruch mit anschließender Reparatur/Korrektur vor. Egbert setzt Retraktion mit Reparaturdurchführung gleich (siehe Kapitel 6, vgl. Egbert 2009). Eine Reparatur wird an dem Teil vorgenommen, der korrigiert werden soll. Dabei wird der inkorrekte Teil ungültig. Reparaturen dieser Art erfolgen besonders dann, wenn der Sprecher sich versprochen hat. Die Abbrüche, die dabei entstehen, sind meist Ablenkungen oder dem schnellen Sprechen des Interaktanten geschuldet.

Gesprächsbeispiel: Telefonieren

```
01 ->Lotte:    <<all>ich habe heute mit\ (-)
02             NEE gestern mit meiner mutter telefoniert.>
```

Lexeme wie *also, nein, nee* oder auch nonverbale Zeichen wie *Kopfschütteln* gelten oftmals als Signale für den Hörer, dass im folgenden Beitrag eine Reparatur folgen wird. Die syntaktische Position der Elemente ist meist korrekt, nur wird ein Lexem ausgetauscht und an die Stelle des inkorrekten Teils gesetzt. Man spricht bei dieser Form von Anakoluth auch von RETRAKTION im Sinne vom Rücktritt: Der Sprecher geht in seinem Beitrag einen Schritt zurück, um eine bestimmte sprachliche Einheit zu ersetzen/modifizieren (vgl. Hoffmann 1997, S. 449).

9.3.3.3 Abbruch und Wiederholung

Während einer Unterhaltung kann es passieren, dass dem Sprecher in seinem Redebeitrag etwas nicht einfällt, also bricht er seine anfängliche Konstruktion ab und fängt noch einmal mit dem Redebeitrag an. Dies kann schubweise mit demselben Anfang erfolgen (vgl. Schwitalla 2012, S. 119):

Gesprächsbeispiel: Probleme

```
01 ->Lotte:    ich hab gestern-
02 ->          ich hab gestern die neue\
03 ->          ich hab gestern die neue von justus gesehen
04   Anton:    ECHT?
```

Desweiteren gibt es Abbrüche und Wiederholungen, welche nicht wie der eben genannte „schubweise" mit demselben Anfang erfolgen. Sie werden jedes Mal umgestaltet, behalten aber einen ähnlichen Sinn:

Gesprächsbeispiel: Ins Kino

```
01   Anton:    lass uns HEUTE zuerst?
02             also wir können ja auch erst;
03             wir gehen am besten zuerst ins äh-
04             <<all>wieso gehen wir nicht zuerst ins Kino?>
```

Solange der Sprecher eine steigende Tonhöhe beibehält, signalisiert er dem Hörer, dass der Satz, bzw. die Überlegung zu der passenden Formulierung der Konstruktion, noch nicht abgeschlossen ist. Mit der schnelleren Formulierung in Zeile 04 signalisiert Anton wiederum, dass er auf den von ihm gesuchten Begriff gekommen ist. Zusätzlich stuft er die Äußerung als eine längst fällige ein.

9.3.3.4 Abbruch, Parenthese und Fortsetzung

Eine Parenthese erfolgt genau dann, wenn eine begonnene Satzkonstruktion unterbrochen und eine neue nebengeordnete Konstruktion eingeschoben wird. Dabei beendet der Sprecher die übergeordnete Satzkonstruktion nach Äußerung des Einschubs (Parenthese). Es kann passieren, dass dem Sprecher etwas spontan einfällt, was das Verständnis des Gesprächspartners erheblich erleichtert. Im Anschluss wiederholt der Sprecher häufig das Satzgefüge der abgebrochenen Rede, um einen schlüssigen Übergang zum weiteren Redebeitrag zu finden.

Gesprächsbeispiel: Uni

```
01   Anton:    und dann bin ich abends mit meinen freunden ausgegangen-
02 ->          äh also die kennst du auch die von der uni;
03             ja und dann sind wir in die Bar gegangen.
```

Durch eine Unterbrechung verliert der Sprecher die ursprüngliche Intonationshöhe, was dem Hörer den Bruch in der Äußerung signalisiert. Sobald die Unterbrechung beendet ist, findet der Sprecher wieder zu der normalen Intonationshöhe zurück. Außerdem können sich Tempo und Lautstärke des Sprechens bei der Realisierung der Parenthese erhöhen.

9.4 Herausstellungsstrukturen

In der klassischen Grammatik geht man meist von einem vollständigen Satz aus. Wie bereits angesprochen, gibt es zwischen der geschriebenen und der gesprochenen Sprache in dieser Hinsicht erhebliche Unterschiede: Beim Schreiben versucht man, alle Informationen möglichst korrekt innerhalb eines Satzes zu integrieren. Beim Sprechen wiederum kommt es eher zur Vereinzelung von verschiedenen Satzeinheiten bzw. Informationseinheiten, die zeitlich versetzt durch den Sprecher vermittelt werden. Diese Vereinzelungen werden als isolierte Einzelstücke wahrgenommen, die wir als etwas Vorweggenommenes, Abgebrochenes im Gesprächsbeitrag identifizieren. Hier stellt sich die Frage: Warum werden in der gesprochenen Sprache Sätze gespalten? Die Ursache dafür liegt insbesondere – wie bereits angemerkt – in der Flüchtigkeit der gesprochenen Sprache. Will der Sprecher verstanden werden, tut er gut daran, seine Sätze so zu strukturieren, dass sie vom Rezipienten einfach verarbeitet werden können. Bestimmte Einheiten werden zudem herausgestellt, da der Sprecher einen bestimmten Inhalt als besonders relevant hervorheben will.

Herausstellungsstrukturen, auch SYNTAKTISCHE DISKONTINUITÄT (Schwitalla 2012, S. 111) genannt, treten in verschiedenen Formen auf. Diese lassen sich in Links- und Rechtsherausstellung sowie Satzverschränkung einteilen. Grundlage hierfür ist, dass man sich einen Satz als ein von links nach rechts geschriebenes Gebilde vorstellt, welches an verschiedenen Stellen Unregelmäßigkeiten aufweisen kann. Als Erstes soll die Linksherausstellung charakterisiert werden.

9.4.1 Linksherausstellung

Bei Linksherausstellungen geht es um Herausstellungsstrukturen, die den Satzanfang betreffen:

Gesprächsbeispiel: Badeanzug_1

```
01   Margarethe:   dann ist der werner mit mir zum arzt gefahren.
02                 das war aber auch schlimm war das.
03   Renate:       margarethe guck mal,
04 ->              frau meier die da gerade ins becken kommt- (-)
05                 ich glaube die hat einen NEUEN badeanzug an,
```

Renate bedient sich bei ihrer Aussage in Zeile 04 einer Linksherausstellung durch ein freies Thema. Oft geht man beim Sprechen so vor, dass man erst durch einen sprachlichen Ausdruck auf einen Gegenstand, oder in diesem Fall auf eine Person, verweist (in diesem Fall Frau Meier) und diesen bzw. diese im Anschluss wieder aufgreift. Ziel dieser Herausstellung ist es, das laufende Gespräch auf ein anderes Thema zu lenken. Dabei spielt es keine Rolle, ob dieses vorher schon besprochen wurde, es sich um ein untergeordnetes Thema handelt, oder man ein ganz neues Thema einführen möchte. Es gibt Linksherausstellungen in Form von LINKSVERSETZUNGEN oder in Form von FREIEN THEMEN, wie bei unserem ersten Beispiel.

> Das Freie Thema kann isoliert stehen, es kann aber auch mit sogenannten Einleitungsfloskeln versehen sein und damit syntaktisch integriert erscheinen.
>
> Altmann 1981, S. 49

Die Floskel ist in unserem Fall die Einleitung durch `margarethe guck mal` in Zeile 03, die Hilde unterbricht und sie auf die Äußerung ihrer Freundin aufmerksam macht. Im Anschluss folgt das Satzgebilde mit dem Freien Thema. Vorangestellt ist `frau meier` – die in der darauffolgenden Äußerung in Zeile 05 durch das Pronomen `die` wieder aufgegriffen wird.

Der Unterschied zwischen Freien Themen und Linksversetzungen besteht in der Frage, ob das bisherige Gespräch an die Vorgängereinheiten anknüpft, oder ob ein neuer Themenaspekt fokussiert wird (vgl. Selting 1993, S. 22).

Bei einer Linksversetzung greift man das bisherige Thema wieder auf. Es folgen zwei Gesprächsbeispiele, welche zwei Varianten der Linksversetzungen illustrieren:

Gesprächsbeispiel: Badeanzug_2

```
01   Margarethe:    meinen badeanzug habe ich schon seit zehn jahren;
02                  ein olles ding ist das.
03 ->Renate:        frau meier (.) die hat einen neuen badeanzug.
```

Gesprächsbeispiel: Badeanzug_3

```
01   Margarethe:    meinen badeanzug habe ich schon seit zehn jahren;
02                  ein olles ding ist das.
03 ->Renate:        oh ja (-) den badeanzug den hattest du sogar schon mit
                    in unserem spanienurlaub.
```

Die beiden Beispiele sollen auch veranschaulichen, dass bei Linksversetzungen unterschiedliche Satzglieder vorangestellt werden können. Im ersten Gesprächsbeispiel „Badeanzug_2" wird das Subjekt (Frau Meier) und im zweiten „Badeanzug_3" das Objekt (Badeanzug) nach links versetzt. Wenn man die Sätze losgelöst aus dem Gesprächsverlauf betrachtet, ist die Unterscheidung zwischen Freiem Thema und Linksversetzung kaum sichtbar. Allerdings ist es so, dass das Freie Thema syntaktisch viel lockerer an die folgende Einheit angebunden ist, als das bei einer Linksversetzung der Fall ist. Dieser Unterschied wird auch innerhalb der Prosodie sichtbar. So liegt zwischen der Linksversetzung und dem Folgesyntagma in der Regel keine auffällige Pause vor (vgl. Altmann 1981, S. 48). Das freie Thema wird hingegen häufig zusätzlich durch Pausen von dem Folgesyntagma abgegrenzt. Wie bereits erwähnt wird mit einem freien Thema ein neues Thema oder Subthema eingeleitet und mit einer Linksversetzung an das eben Gesagte angeknüpft. So gelten beide auch als themenmarkierende Strukturen, was bedeutet, dass sie anzeigen, worüber gesprochen wird und dass über sie ein Themenwechsel zustande kommen kann. Die Unterscheidung zwischen Freiem Thema und Linksversetzung fällt schwer, ist im Einzelnen aber möglich und nützlich, wobei es sich bei beiden Formen um Linksherausstellungen handelt.

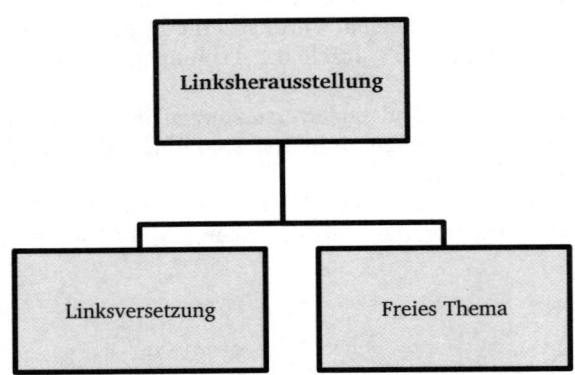

Abb. 23: Formen der Linksherausstellung

Reinhard Fiehler fasst die beiden Formen der Linksherausstellung unter dem Begriff
REFERENZ-AUSSAGE-STRUKTUREN zusammen. Dies wird mit der Tatsache begründet, dass sich die Bezeichnungen „Linksversetzung" und „Freies Thema" zu stark am
schriftsprachlichen Satz und nicht an dem für gesprochene Sprache so wichtigen zeitlichen Verlauf der Äußerungsproduktion und der „kommunikativen Funktion der
einzelnen Elemente dieser Konstruktion" (Fiehler 2009, S. 1199) orientieren. Auch
Frank Jürgens ist der Meinung, „daß man sich in einer pragmatischen Syntax noch
radikaler vom Satz als der zentralen syntaktische Kategorie und damit auch von der
Vorstellung satzäquivalenter Strukturen zu lösen hat, als das gewöhnlich [...] geschieht" (Jürgens 1999, S. 174).

Hier ein Beispiel für eine Referenz-Aussage-Struktur:

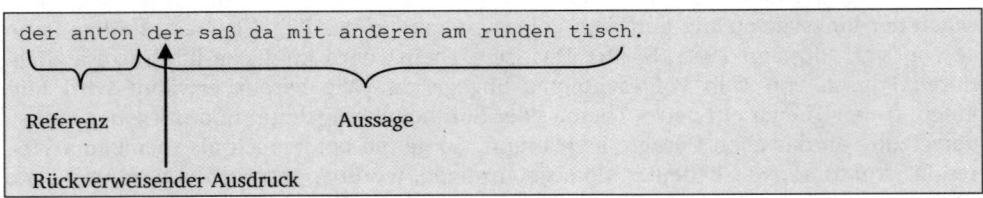

Abb. 24: Referenz-Aussage-Strukturen

In der Regel bestehen die Referenzausdrücke (Referenz = Bezugnahme) aus einer
Nominalphrase, wie es im obigen Beispiel der Fall ist. Die Nominalphrase besteht im
Normalfall entweder aus einem Nomen oder, wie im oben genannten Beispiel, aus
einem Artikel und einem Nomen. Die Referenz-Aussage-Strukturen haben somit im-
mer die gleiche Struktur: Am Anfang steht eine Einheit, welche einen Bezug zu einem
Objekt, Sachverhalt o. Ä. herstellt. Im nächsten Schritt wird ein rückverweisender
Ausdruck produziert, der zugleich die Trennung zwischen dem vorangegangenem und
dem folgenden Syntagma verstärkt. Schließlich kommt die Aussageeinheit, die das

Referenzobjekt näher charakterisiert. Die Aussageeinheit kann unter Umständen auch in Form einer Frage formuliert sein.

- **der klaus** (-) wann war der bei uns das letzte mal da?

Es gibt aber Fälle, in denen der Sprecher aufgrund von Schwierigkeiten bei der Referenzherstellung den Referenzausdruck stark expandiert, wie im folgenden Beispiel:

- **aber der klaus den den wir mal in der uni gesehen haben der große mit den langen schwarzen haaren** der ist jetzt verheiratet.

Zwischen Referenzausdruck und Aussage können beispielsweise Interjektionen oder Bewertungen eingeschoben werden. Vom Hörer treten gelegentlich an dieser Stelle auch Hörersignale auf. Im folgenden Beispiel schiebt Anton eine bewertende Einheit zwischen Referenzausdruck und Aussage. Lotte gibt zwei bestätigende Hörersignale (vgl. Fiehler 2009, S. 1200f.):

Gesprächsbeipiel: Blamage

```
01 ->Anton:    der klaus (-) dumm [wie b]rot- (--)
02   Lotte:                       [ja ja]
03   Anton:    der hat sich voll blamiert gestern.
```

9.4.2 Rechtsherausstellung

Analog zur Linksherausstellung gibt es auch die Form der Rechtsherausstellung. Hierbei handelt es sich um Zusätze, die am Satzende erfolgen und die sich somit als Wiederholung, Vervollständigung oder Nachtrag bestimmen lassen. Die Rechtsherausstellung wird genauso wie die Linksherausstellung dadurch bestimmt, dass sie eine sprachliche Einheit darstellt, die nicht in den (vorangestellten) Bezugssatz integriert ist.

9.4.2.1 Paradigmatische Wiederholungen

Bei dieser Form der Rechtsherausstellung handelt es sich um Einheiten, welche bestimmte Aspekte aus der vorangegangenen Äußerung wiederaufnehmen. Häufig wird in der Haupteinheit ein Pronomen genannt, welches in der paradigmatischen Wiederholung mit einer eindeutigeren Bezeichnung wiederaufgenommen wird:

- immer schwimmt sie im weg- (-) **die frau meier.**

Auch ohne diese Wiederholung wäre der Satz vollständig gewesen, aber um sicherzugehen, dass die Schwimmfreundin weiß, über wen da gerade gelästert wird, ergänzt unsere Dame hier am Ende des Satzes noch den Namen. Dieser löst dann ganz unmissverständlich auf, auf wen sie sich mit dem Pronomen *sie* bezieht.

Diese rechtsversetzte Vervollständigung kann funktional auch mit einer Floskel eingeleitet werden (vgl. Auer 1991, S. 143):

Gesprächsbeispiel: Wegen Frau Meier

```
01   Margarethe:    der würde aber auch nie was sagen wegen der- äh.
02 ->                ich meine den bademeister- wegen frau meier.
```

Die Floskel ich meine in Zeile 02 kennzeichnet hier die anschließende Äußerung als eine Präzisierung des vorangegangen Beitrags. Dabei referiert das erste der auf den Bademeister und das zweite der gilt Frau Meier.

9.4.2.2 Syntagmatische Ergänzungen

Anders verhält es sich bei den syntagmatischen Ergänzungen. Hier erfolgt im Nachtrag eine Ergänzung, welche den Satz erst syntaktisch vollständig macht. Ohne die syntagmatische Ergänzung die frau meier in dem unten genannten Beispiel hätte der Satz kein Subjekt und wäre somit grammatisch unvollständig. Das Subjekt gilt aber als die grundlegendste Ergänzung eines Verbs. Damit ist gemeint, dass es viele syntaktisch vollständige Sätze gibt, in denen kein Objekt nötig ist (*es regnet, sie schläft, er schnarcht*) aber sehr wenige, welche ohne Subjekt als vollständig gelten. Im folgenden Beispiel wird das fehlende Subjekt ergänzt:

- schwimmt immer im weg; (-) **die frau meier.**

Als übliche Satzkonstruktion hätte man *Die Frau Meier schwimmt immer im Weg* formuliert. In der gesprochenen Sprache kommt es aber häufig vor, dass dem Sprecher während des Sprechens noch wichtige Informationen einfallen, die er dann an das Satzende hängt. Nehmen wir noch ein zweites Beispiel zur Verdeutlichung hinzu. Anstatt: *Der Bademeister würde aber auch nie was sagen* haben wir:

- würde aber auch nie was sagen- **der bademeister.**

Die Beispielsätze sollen verdeutlichen, dass es sich bei der paradigmatischen Wiederholung um zusätzliche Informationen handelt, welche aber nicht syntaktisch von der vorangegangenen Konstruktion gefordert werden, wohingegen bei einer syntagmatischen Ergänzung eine Einheit nachträglich geäußert wird, die erst mit der ergänzenden Einheit als syntaktisch vollständige Konstruktion angesehen werden kann.

9.4.2.3 Nachtrag

Unter Nachtrag wird eine weiterführende Information verstanden, welche im Anschluss an die erste sprachliche Einheit folgt. Sie ist weder syntaktisch noch durch Wiederaufnahme mit der vorangegangenen Einheit verbunden. Nachträge werden auch deutlich prosodisch hervorgehoben – sie bilden eine eigenständige Intonationsphrase (vgl. Schwitalla 2012, S. 115).

- hab mir schöne weiße badelatschen geholt. **voll GEMÜTLICH-**

Bei einem Nachtrag gibt es keine Möglichkeit die Information in die vorangegangene Konstruktion zu integrieren.

9.4.3 Satzverschränkung

Wie der Name schon sagt, hat man es bei einer Satzverschränkung mit einem Satz zu tun, der nicht dem „normalen" Muster folgt, sondern durch verschobene Elemente verschränkt auftritt.

> Satzverschränkung bedeutet, dass man ein Satzglied eines von einem Verb des Sagens oder Denkens abhängigen Satzes zu Beginn eines Matrixsatzes spricht.
>
> Schwitalla 2012, S. 117

Als MATRIXSATZ bezeichnet man den jeweils nächsthöheren, also übergeordneten Satz aus der Sicht der untergeordneten (Neben-)Sätze (vgl. Busch/Stenschke 2014, S. 129). Zu den typischen Verben des Sagens und des Denkens, welche die Matrixsätze einleiten, gehören *ich weiß, ich meine* oder *ich glaube* und sie haben vordergründig die Funktion, die Rede zu präsentieren (vgl. Imo 2007, S. 50). Diese Verben werden auch als „psychologische Verben" bezeichnet, „die mit der menschlichen Psyche verbundene Zustände oder Vorgänge bezeichnen" (Andersson/Kvam 1984, S. 25).

Gesprächsbeispiel: Mittwoch_1

```
01   Margarethe:   am mittwoch weiß ich nicht-
02                 ob da wasseraerobic stattfindet.
03   Renate:       weiß ich auch nicht
```

Die Einheit `weiß ich nicht` ist in diesem Beispiel als Matrixsatz zu verstehen, das vorgeschobene Satzglied ist `am mittwoch` und der untergeordnete Nebensatz ist `ob da wasseraerobic stattfindet`. Die Funktion von Satzverschränkungen ist, dass man den Informationsteil heraushebt, auf den sich das Prädikat (Verb) bezieht (vgl. Schwitalla 2012, S. 117). Der Satz hätte auch wie folgt formuliert werden können:

Gesprächsbeispiel: Mittwoch_2

```
01   Margarethe:   ich weiß nicht ob da am mittwoch wasseraerobic
                   stattfindet.
02   Renate:       weiß ich auch nicht
```

Bei dieser Formulierung wäre der Geltungsbereich, auf den sich das Nicht-Wissen bezieht, nicht fokussiert worden, wie das in dem Beispiel „Mittwoch_1" der Fall ist.

Zwei weitere Beispiele für Satzverschränkungen:

Gesprächsbeispiel: Kann ich mir vorstellen

```
01 ->Margarethe:   am mittwoch kann ich mir vorstellen
02                 dass FRAU MEIER wieder dabei ist.
03   Renate:       die alte schabracke soll besser zu hause bleiben;
```

Gesprächsbeispiel: Glaube ich

```
01   Margarethe:   SECHS bahnen glaube ich
02                 dass du schon geschwommen bist.
03   Renate:       ja UND?
```

Für alle hier vorgestellten Herausstellungsstrukturen gilt: Sie sind in der geschriebenen Sprache möglich, würden aber in der Regel in der geschriebenen Sprache sanktioniert werden – es sei denn sie werden genutzt, um Gesprochenes nachzuahmen (vgl. Schwitalla 2012, S. 111).

9.5 Das Verb

Das Verb spielt innerhalb der Syntaxforschung eine herausragende Rolle. Von den Valenztheoretikern wird es sogar als das strukturelle Zentrum des Satzes angesehen (vgl. Ágel 2000, S. 163f.). Im Folgenden sollen die gesprochensprachlichen Besonderheiten im Gebrauch von Verben veranschaulicht werden.

9.5.1 Verbal- und Nominalkonstruktionen

Beginnen wir mit dem Unterschied zwischen verbalen und nominalen Konstruktionen. Es besteht nämlich ein auffälliger Unterschied im Gebrauch von Verbalisierungen und Nominalisierungen zwischen der gesprochenen Sprache und der geschriebenen Sprache. Während Verbalisierungen sich in der gesprochenen Form des Deutschen anhäufen, findet man Nominalisierungen dafür 11,5-mal häufiger im geschriebenen Deutsch (vgl. Chafe 1982, S. 39f.). Hierzu ein Beispiel:

- Verbalkonstruktion: *(Lotte **hat geschrien**) und daraufhin **empörten** sich die Nachbarn*
- Nominalkonstruktion: *(Lottes Schreien) empörte die Nachbarn*

In diesem Vergleich wird das Verb in Perfektform *hat geschrien* in das Substantiv *Schreien* umgewandelt. Dabei ist es auffällig, dass die Verbalkonstruktion länger ist und dadurch eines erhöhten artikulatorischen Aufwands bedarf.

Es ist aber nicht so, dass überall in der gesprochenen Sprache wenige Nominalisierungen vorkommen. So wird in Fußballreportagen (vgl. Jürgens 1999, S. 170) aufgrund von großem Zeitdruck eine hohe Anzahl an Nominalphrasen verwendet (vgl. Chafe 1982, 39f.):

Gesprächsbeispiel: Ballverlust

```
01    Reporter:   BALLverlust müller (-) LEWANDOWSKI-
02                pass auf schimanski- (1.0)
03                SCHUSS.
04                <<ff>TOR TOR> (-) ein wunderschönes tor-
```

Ob eine Verbalisierung oder eine Nominalisierung genutzt wird, hängt häufig von der Situation ab, in der sich der Sprecher befindet. Soll etwas anschaulich dargestellt werden, werden Verbalisierungen bevorzugt. Nominalisierungen hingegen finden sich in Abstraktionen und Raffungen wieder (vgl. Schwitalla 2012, S. 136f.).

9.5.2 Tempus

Kommen wir nun zu dem Gebrauch der verschiedenen Tempora im Deutschen. Tatsächlich sind die am häufigsten verwendeten Zeiten in der gesprochenen Sprache neben Präsens (*sie läuft*) das Perfekt (*sie ist gelaufen*) und das Präteritum (*sie lief*). Im Deutschen wird bereits seit der mhd. Zeit vermehrt PERFEKT statt PRÄTERITUM gebraucht. Man spricht in diesem Zusammenhang auch vom Präteritumschwund. Diese Entwicklung läuft regional gesehen unterschiedlich ab. So ist der Präteritumschwund insbesondere in den süddeutschen Mundarten beinahe abgeschlossen und schreitet momentan Richtung Norden (vgl. Nübling 2006; Fabricius-Hansen 2006). Der Präteritumschwund ist aber auch verbabhängig. So werden starke (unregelmäßig konjugierte) Verben tendenziell schneller in der Perfektform gebraucht. Dies kann man an folgenden Beispielsätzen recht eindeutig erkennen:

- *Lotte **buk** einen Kuchen.*
- *Lotte **aß** eine Pizza.*
- *Lotte **kaufte** ein Kleid.*

All drei Beispielsätze enthalten ein Vollverb im Präteritum. Während die ersten beiden Beispielsätze geradezu Befremden auslösen, ist der dritte vollkommen „normal". Dies liegt daran, dass *kaufen* zu den schwachen Verben gehört. Man muss aber an dieser Stelle anmerken, dass es auch einige starke Verben gibt, deren Präteritumform entweder sehr gebräuchlich oder gar die einzige Möglichkeit ist:

- *Lotte **war** zu Hause.*
- *Lotte **ging** nach Hause.*

Es gibt vielfältige Versuche, die Ursache für den Präteritumschwund zu finden. Einer der Gründe ist semantischer Natur: Die Präteritumform ist nicht immer bedeutungsgleich mit der Perfektform. Das heißt: Die beiden Tempusformen stellen eine Möglichkeit dar, das Tempus im Deutschen auf verschiedene Art und Weise darzustellen. Dies soll das folgende Gesprächsbeispiel verdeutlichen:

Gesprächsbeispiel: Zauberberg

```
01   Anton:   justus las ein BUCH von thomas mann äh den zauberberg.
02   Lotte:   das heißt er hat das buch noch nicht zu ende gelesen?
03   Anton:   ja NE nein ich mein er HAT das buch gelesen.
04   Lotte:   HEFTIG (-) der liest ja so gut wie nie was.
```

Da Anton in dem konstruierten Gesprächsbeispiel nicht nur den Vergangenheitsaspekt betonen will, sondern zugleich auch den Aspekt der Abgeschlossenheit, kann er dies mit einer Perfektform stärker indizieren als mit der Präteritumform, welche eher den Verlauf und eben nicht die Abgeschlossenheit der vergangenen Handlung fokussiert (Ballweg 1997, S. 1702ff.). Interessant ist eine recht neue Erscheinung in der gesprochenen Sprache, welche als die doppelte Perfektbildung (Fabricius-Hansen 2006, S. 470) bezeichnet wird. Es handelt sich hierbei um eine zweifache Perfektbildung innerhalb einer Satzkonstruktion: justus hat das buch gelesen gehabt.

9.5.3 Modus: Konjunktiv

Als Nächstes möchte ich auf die Verwendung des Konjunktivs und die des Indikativs eingehen. Der Konjunktiv II wird deutlich häufiger verwendet als der Konjunktiv I. In der Alltagssprache findet der Konjunktiv I kaum Verwendung. Die innerhalb der geschriebenen Sprache übliche Funktion des Konjunktivs I der indirekten Rede wird in der gesprochenen Sprache in der Regel mittels der Indikativ-Form ausgedrückt:

- *Lotte sagte, du **bist** doof.* statt *Lotte sagte, du **seist** doof.*

Bei Konjunktiv II gestaltet es sich etwas komplexer. Innerhalb der gesprochenen Sprache hat sich eine eigenständige Form des Konjunktiv II herausgebildet. Die sogenannte „würde"-Form. Der Konjunktiv II hat sowohl in der gesprochenen als auch in der geschriebenen Sprache hauptsächlich die Funktion, Aussagen als irreal (Irrealis) darzustellen. Innerhalb der gesprochenen Sprache wird dies aber meist nicht mit der „reinen" Konjunktivform ausgedrückt:

- *Er hat gesagt, dass er ins Theater **gehen würde**.* statt *Er sagte, dass er ins Theater **ginge**.*

Man kann also festhalten, dass die reine Form des Konjunktivs II innerhalb der gesprochenen Sprache häufig aus einer Zusammensetzung des Hilfsverbs (*würde*) und der Infinitivform (*gehen*) gebildet wird („würde"-Form).

Das soll aber nicht heißen, dass die reine Form des Konjunktiv II gar nicht in der gesprochenen Sprache gebraucht wird. Gelegentlich wird er in höflichen Wendungen eingesetzt:

- ***Könntest** du mir das Bier bringen? **Hätten** Sie einen Moment Zeit? Ich **hätte** gerne eine Tasse Kaffee.*

Oder auch zum Ausdruck des Zweifels am Inhalt des Berichteten:

- *Uschi sagte, sie **hätte** den George Clooney **getroffen**.*

Der Hörer lässt mit dieser Formulierungsform gewisse Zweifel an der Wahrheit des Gesagten erkennen. Dies kann zusätzlich durch eine ironische Intonation verstärkt werden.

Stefan Lotze und Peter Gallmann (2009) weisen darauf hin, dass es ebenfalls eine „tun"-Form des Konjunktivs II in der deutschen Umgangssprache gibt, welche aber standardsprachlich keine Anerkennung findet (Lotze/Gallmann 2009, S. 11):

- *Wenn ich so arbeiten **täte**, wäre ich längst gefeuert oder pleite.*

9.5.4 Rheinische Verlaufsform

Unter der rheinischen Verlaufsform ist eine syntaktische Konstruktion zu verstehen, die ursprünglich im Ruhrgebiet und im Rheinland gebraucht wurde. Deshalb wird sie auch gelegentlich als Ruhrpott-Verlaufsform bezeichnet. Heute ist sie aber fast im gesamten deutschen Sprachgebiet verbreitet. Mit dieser hebt der Sprecher hervor (wie der Name bereits verrät), dass sich die zum Ausdruck gebrachte Handlung in einem Prozess befindet – es soll somit Progressivität ausgedrückt werden. Hier ein Beispiel: *Anton ist **am Feiern**.* Paraphrasiert werden kann diese Form durch eine finite Verbform, die durch die Partikel *gerade* begleitet wird: *Anton **feiert gerade**.* Es handelt sich hierbei um ein gesprochensprachliches Phänomen, das in der geschriebenen Sprache häufig unzulässig ist. Die Verlaufsform wird aus drei Einheiten gebildet: Kopula *sein* + Präposition *am*[38] + substantivierter Infinitiv des Verbs.

Diese Form ist vergleichbar mit der englischen progressiven Zeitform, die aus *to be* und dem Infinitiv *-ing* (*Lotte **is reading** a book*) gebildet wird. Die rheinische Verlaufsform ist noch nicht so vollständig grammatikalisiert[39] wie das englische Pendant und gilt im Deutschen deshalb nicht als Zeitform. Zudem betrachtet man den auf eine Handlung referierenden Ausdruck (Feiern) als eine substantivierte Form des Verbs. Dies spiegelt sich in der korrekten Schreibweise wieder, in der der Ausdruck großgeschrieben wird. Es gibt aber Argumente, die dafür sprechen, dass es sich bei der deutschen Verlaufsform um ein Verb handelt. So gehört die Möglichkeit der attributiven Erweiterung zu den wichtigen Eigenschaften von Substantiven, die bei der Verlaufsform nicht möglich ist: *Lotte hat ein **schönes** Haus* vs. **Lotte ist am **schönen** Feiern* (vgl. Zifonun 1997, S. 1878ff., vgl. Rödel 2004, S. 220ff.).

Aufgaben

a) Kreuzworträtsel

waagerecht

4. Die Weglassung von Satzteilen, die aufgrund zuvor geäußerter Satzstrukturen (Konstruktionsübernahme) bzw. bereits genannter Informationen (Strategie rhematischer Orientierung) vom Rezipienten ergänzt werden können.
8. Womit beschäftigt sich die Syntax?
9. Abbruch einer Äußerung.
10. Eine Form von Herausstellungsstrukturen.

senkrecht

1. Eine Form der Linksherausstellung.
2. Durch welche Verbform wird das Konjunktiv I in der Umgangssprache ersetzt?
3. Welche Vergangenheitsform kommt am häufigsten in der Alltagssprache vor?
5. Eine unvollständige sprachliche Konstruktion, welche durch den gemeinsamen Handlungsplan oder das gemeinsame Weltwissen vom Rezipienten ergänzt werden kann.

---

[38] Es handelt sich bei dieser Präposition um eine Verschmelzung der Präposition *an* mit einem bestimmten Artikel.
[39] Unter dem Prozess der Grammatikalisierung versteht man den Wandel von einem Lexem (bspw. einem Substantiv) zu einem Grammem (bspw. einem Verb).

6. Wie bezeichnet man den jeweils nächsthöheren, also übergeordneten, Satz aus der Sicht der untergeordneten Nebensätze?
7. Eine Form der Rechtsherausstellung.

b) Welche Art von Kurzform liegt im folgenden Gesprächsbeispiel vor? Begründen Sie Ihre Bestimmung:

Gesprächsbeispiel: Bäckerei

```
01   Lotte:       zehn RUNDE bitte;
02   Verkäuferin: natürlich- (10.0)
03                darf es sonst noch etwas sein?
04   Lotte:       noch einen laib bitte.
05   Verkäuferin: (10.0)
06                bitte sehr- (--)
07                das macht dann vier äh vier euro neunzig.
```

c) Welche Form der syntaktischen Diskontinuität liegt im folgenden Gesprächsbeispiel vor? Begründen Sie Ihre Wahl:

●   quatscht immer dazwischen der anton.

d) Konstruieren Sie ein eigenständiges Gesprächsbeispiel mit einem freien Thema (Herausstellungsstruktur).

e) Nennen und erklären Sie die charakteristischen Besonderheiten des Verbgebrauchs in der gesprochenen Sprache.

f) Worin besteht der Unterschied zwischen Retraktion und Aposiopese?

Kommentierte Literaturhinweise

Der Artikel von Fiehler (2006) stellt nicht nur syntaktische, sondern auch andere grammatische Phänomene innerhalb der gesprochenen Sprache kurz und klar dar. Zum Thema Kurzformen ist Hoffmann (1997) empfehlenswert. Auer (1991) bietet wertvolle Einblicke in die Herausstellungsstrukturen des gesprochenen Deutsch. Einen interessanten Beitrag zum Thema „Mit dem deutschen Konjunktiv II stimmt etwas nicht" liefern Lotze/Gallmann (2009).

10 Partikeln

10.1 Ziele und Warm-up

Partikeln werden in der Regel einer Restklasse von Wortarten zugeordnet, welche nicht flektiert werden (Hentschel/Weydt 2013, S. 248ff.). Innerhalb der nicht flektierbaren Wortarten werden einige nicht zu den Partikeln im engeren Sinn gezählt. Dazu gehören Konjunktionen *(und, oder)*, Präpositionen *(aufgrund, nach)* und Adverbien *(hier, immer)* (vgl. Eisenberg 2006, S. 211). Zwar gibt es auch Grammatiken, in denen Präpositionen und Konjunktionen zu den Partikeln (im weiteren Sinne) gezählt werden (vgl. Hentschel/Weydt 2013, S.248ff.); hier wird der Fokus jedoch auf Partikeln im engeren Sinn gelegt.

Die eben genannten Unterschiede soll die folgende (unvollständige) Tabelle veranschaulichen:

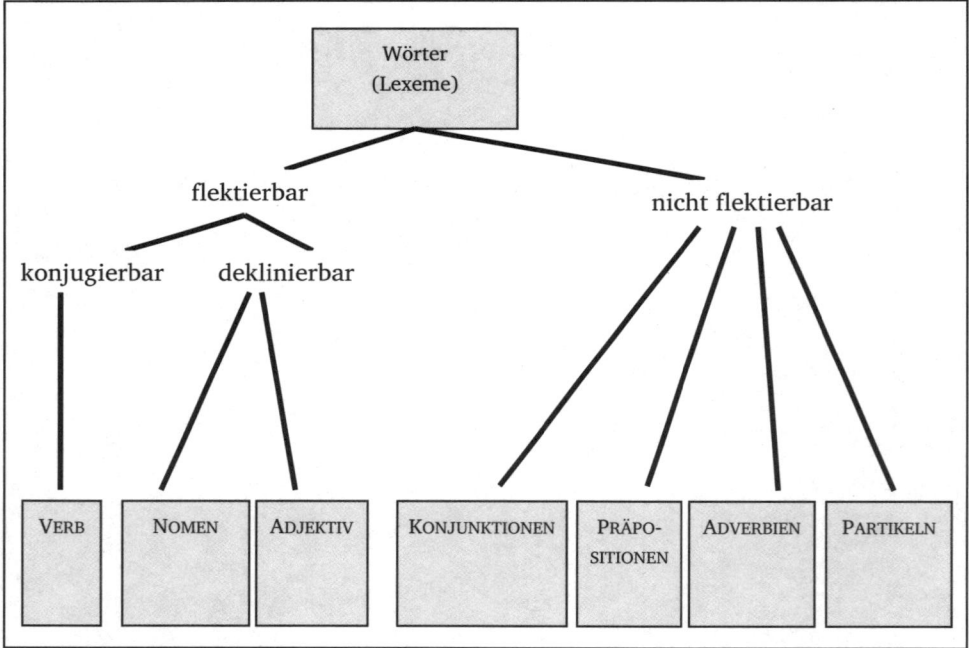

Abb. 25: Partikeln und andere Wortarten

Zu den prominentesten Partikeln gehören wohl die Modalpartikeln/Abtönungspartikeln *(doch, ja, vielleicht)*. Da diese Restklasse besonders auffällige Unterschiede im Vergleich der gesprochenen Sprache mit der geschriebenen Sprache aufweist, soll sie hier genauer vorgestellt werden. Dazu wird ein syntaktisches Stellungsfeldermodell erläutert, welches es ermöglicht, die anschließend vorgestellten Vertreter der Partikelklasse besser zu differenzieren. Zum Ende des Kapitels wird der Fokus insbesondere auf Modalpartikeln und Diskursmarker gelegt.

Die folgenden zwei Sätze sind bis auf eine im zweiten Satz enthaltenen Modalpartikel identisch. Versuchen Sie den unterschiedlichen Sinn der beiden Sätze zu beschreiben.

- *Anton hat Hunger.*
- *Anton hat **ja** Hunger.*

10.2 Stellungsfeldermodell

Wie bereits erwähnt ist es sinnvoll, sich bei der Beschreibung des Partikelngebrauchs innerhalb der gesprochenen Sprache an dem syntaktischen Stellungsfeldermodell – auch topologisches Satzmodell genannt – zu orientieren. Das Stellungsfeldermodell ist bereits 1937 von Erich Drach in dem Werk „Grundgedanken der deutschen Satzlehre" ausführlich erläutert worden (vgl. Drach 1937). Nach dem Stellungsfeldermodell wird der deutsche Satz in Felder unterteilt. Diese Felder können durch syntaktische Einheiten besetzt werden. Zur Besonderheit der deutschen Sprache gehört die Klammerbildung, welche im Stellungsfeldermodell Berücksichtigung findet. Mit der Klammerbildung ist gemeint, dass es im Deutschen möglich ist, das Verb zu spalten und mit den beiden Verbbestandteilen andere syntaktische Einheiten zu umklammern.

> Stellungsfelder werden mit Hilfe der Satzklammer definiert: Der Satzbereich zwischen den Klammerteilen bildet das MITTELFELD (MF), die Satzabschnitte vor der linken und hinter der rechten Klammer heißen VORFELD (VF) bzw. NACHFELD (NF).
>
> Hoberg 1997, S. 1502

In dem Satz *Anton **hat** ein schnelles Auto **gesehen*** wird beispielsweise durch das mehrteilige Prädikat[40] *hat gesehen* ein nicht unerheblicher Teil des Satzes umklammert. Graphisch dargestellt sieht das Stellungsfeldermodell wie folgt aus:

Vorfeld	Linke Satzklammer	Mittelfeld	Rechte Satzklammer	Nachfeld
Anton	*hat*	*ein schnelles Auto*	*gesehen*	*mit einem Schiebedach*

Abb. 26: Topologisches Satzmodell

Diese Struktur entspricht einem klassischen deutschen Satz. Wir haben das Vorfeld *Anton*, dann kommt die linke Satzklammer, welche hier durch das finite Hilfsverb *hat* realisiert ist. Als Nächstes kommt das Mittelfeld, hier in Form einer Nominalphrase *ein schnelles Auto*. Im nächsten Slot befindet sich die rechte Satzklammer, in der das Partizip *gesehen* steht. Anschließend kommt das Nachfeld, das einfach dadurch bestimmt ist, dass es die sprachlichen Einheiten bezeichnet, die nach der rechten Satzklammer vorkommen.

Insbesondere unter Berücksichtigung der gesprochenen Sprache musste ein zusätzlicher Slot eröffnet werden, welcher sich vor dem Vorfeld befindet, das Vor-Vorfeld:

---

[40] Mehrteiliges Prädikat bezeichnet alle Bestandteile, welche etwas über das Subjekt des Satzes aussagen. Da diese Funktion in der Regel den Verben zukommt, bilden sie die prädikative Einheit im Satz.

Erweiterung	Klassisches Feldermodell für den deutschen Aussagesatz				
Vor-Vorfeld	Vorfeld	Linke Rahmenposition	Mittelfeld	Rechte Rahmenposition	Nachfeld
Obwohl:	*Das*	*hat*	*gestern super*	*geklappt*	*mit dem Auto*

Abb. 27: Topologisches Satzmodell und seine Erweiterung (vgl. Schröder 2006)

Wie noch im weiteren Verlauf deutlich wird, spielt dieses Feld insbesondere bei der Bestimmung der Diskursmarker eine Schlüsselrolle (Fraser 1999, S. 931f.). Zunächst sollen jedoch die unterschiedlichen Partikelarten vorgestellt werden.

10.3 Arten von Partikeln

Partikeln können in verschiedene Klassen unterteilt werden (vgl. Helbig 1988, S. 13f.), gängig sind die folgenden sieben, die kurz vorgestellt und anhand von Beispielen erläutert werden:

- MODALWÖRTER (*vielleicht, wahrscheinlich* etc.) modellieren die Aussage hinsichtlich der Wahrscheinlichkeit ihrer Richtigkeit, sie bewirken häufig eine Abschwächung des Gesagten und drücken eine Vermutung aus. Beispiele: ***Vielleicht*** *hat sie einfach Angst. Da hast du* ***wahrscheinlich*** *recht.*
- NEGATIONSPARTIKELN (*nicht, gar nicht, kein* etc.) verneinen eine Aussage. Beispiel: *Ich war gar* ***nicht*** *in der Stadt.*
- ANTWORTPARTIKELN (*ja, nein, okay* etc.) beziehen sich immer auf vorhergehende Äußerungen und werden syntaktisch immer vor dem Vorfeld eingeordnet. Beispiele: ***Nein***, *ich bin ins Kino gegangen mit Paul.* ***Okay***, *du hast recht.*
- FOKUSPARTIKELN (*nur, sogar, auch, selbst* etc.) richten die Aufmerksamkeit auf ein bestimmtes Wort oder eine bestimmte Aussage und heben diese hervor. Beispiele: *Das ist* ***nur*** *dir möglich. Ich bin* ***sogar*** *vom Zehner gesprungen.*
- INTENSIVPARTIKELN/STEIGERUNGSPARTIKELN/GRADPARTIKELN (*sehr, ziemlich, etwas* etc.) steigern eine Aussage oder schwächen sie ab. Beispiele: *Das war* ***sehr*** *mutig von dir. Ich bin* ***ziemlich*** *schüchtern. Sie ist* ***etwas*** *unordentlich.*
- MODALPARTIKELN/ABTÖNUNGSPARTIKELN (*aber, eben, ja, denn, eh* etc.) haben keine eigene lexikalische Bedeutung und sind syntaktisch immer im Mittelfeld eingeordnet. Sie sind ein typisch gesprochensprachliches Phänomen. Beispiele: *Du bist* ***eben*** *nicht dabei gewesen. Du bist* ***ja*** *kreidebleich.*
- DISKURSMARKER/OPERATOREN (*obwohl, weil, apropos* etc.) sind ebenfalls ein typisch gesprochensprachliches Phänomen. Dabei geht es um Wörter oder Satzteile, die vor die eigentliche Aussage gestellt werden, um diese auf eine bestimmte Art und Weise zu rahmen. Sie weisen auf vorangegangene und/oder nachfolgende Äußerungen hin. Syntaktisch sind sie vor dem Vorfeld eingeordnet. Beispiele: ***Obwohl****: das ist irgendwie unlogisch.* ***Weil****: ich finde das schön.* ***Apropos****: Paul hat heute Geburtstag.*
- AUSDRUCKSPARTIKELN/INTERJEKTIONEN/SYMPTOMINTERJEKTIONEN (*ohje!, igitt!, juhu!,* etc.) dienen in der Regel zum Ausdruck von emotionalen Zuständen. Sie sind, ähnlich wie die Diskursmarker, zumeist innerhalb der gesprochenen Sprache vorzufinden und kommen in der Regel außerhalb des Satzes vor. Es han-

delt sich hierbei um eine eigenständige Partikelart, die auch alleine eine bestimmte kommunikative Funktion tragen kann. Beispiel: *Igitt, was ist das?*

Nach der kurzen Charakterisierung der unterschiedlichen Typen von Partikeln soll als Nächstes genauer auf die Modalpartikeln und Diskursmarker eingegangen werden, welche besonders spezifische Gebrauchsmöglichkeiten innerhalb der gesprochenen Sprache aufweisen.

10.4 Modalpartikeln

Modalpartikeln sind (meist) unbetonte sprachliche Einheiten und besitzen in erster Linie eine METAKOMMUNIKATIVE FUNKTION (vgl. Dittmar 2002, S. 154). Unter metakommunikativer Funktion ist zu verstehen, dass Modalpartikeln den geäußerten Inhalt auf eine bestimmte Art und Weise rahmen/kommentieren. Um dies zu veranschaulichen, vergleichen wir im Folgenden zwei beinahe identische Gesprächsbeispiele.

Anton steht mit Lotte vor einem halb aufgebauten Regal und versteht den nächsten Schritt in der Bauanleitung nicht:

Gesprächsbeispiel: Regal_1

```
01    Lotte:   lass uns deine mutter fragen;
02             vielleicht kann SIE uns helfen.
03 ->Anton:    sie weiß das nicht.
```

Gesprächsbeispiel: Regal_2

```
01    Lotte:   lass uns deine mutter fragen;
02             vielleicht kann SIE uns helfen.
03 ->Anton:    sie weiß das eh nicht.
```

Wie man an den beiden Gesprächsbeispielen erkennen kann, ist es ein Unterschied, ob Anton sie weiß das nicht oder sie weiß das eh nicht sagt. Im ersten Fall handelt es sich um eine Tatsache, einen Fakt. Mit der Modalpartikel eh im zweiten Beispiel verändert sich der Sinn der Äußerung in Zeile 03. Es handelt sich nicht mehr um eine Tatsache, sondern um eine Annahme, die Anton trifft. Grund dafür können zum Beispiel frühere Erfahrungen sein, die Anton mit seiner Mutter bei handwerklichen Tätigkeiten machte. Diese früheren Erfahrungen reichen zwar aus, um anzunehmen, dass sie es diesmal auch nicht können wird, sind aber nicht hinreichend, um es als eine Tatsache darzustellen. Im ersten Beispiel ist anzunehmen, dass Anton bereits seine Mutter gefragt hat, ob sie helfen kann, was verneint worden ist. Zusätzlich hat die Partikel eh hier auch eine abwertende Funktion. Dieser Vergleich verdeutlicht, dass Modalpartikeln keine leeren Füllwörter sind.

Woran lassen sich Modalpartikeln erkennen? Modalpartikeln lassen sich durch einige Merkmale eindeutig charakterisieren:

• Modalpartikeln können nicht im Vorfeld stehen, sondern gehören ins Mittelfeld. Das bedeutet, dass wir keinen Satz mit Modalpartikeln beginnen können, wie sich wieder an unserem oben genannten Beispiel zeigen lässt: *`eh sie weiß das nicht.`

- Zudem sind Modalpartikeln nicht fokussierbar. Damit ist gemeint, dass wir diese nicht hervorheben können, weder durch Betonung, noch durch Veränderung der Satzstellung. Das lässt sich sehr gut an der Modalpartikel *doch* erkennen: Je nachdem, ob Sie die Partikel im folgenden Satz betonen oder nicht, handelt es sich entweder um ein Adverb (betont) oder um eine Modalpartikel (nicht betont): *Uschi ist DOCH/doch verheiratet.*

- Sie sind nicht erfragbar. Es lässt sich in Bezug auf das Gesprächsbeispiel „Regal_1" eine sinnvolle Frage nach den Handelnden stellen: *Wer baute das Regal?* Die Antwort würde in diesem Fall lauten: *Lotte und Anton.* Doch die Formulierung einer sinnvollen Frage, deren Antwort *eh* beinhaltet, ist nicht möglich.

- Modalpartikeln sind nicht koordinierbar, das heißt, sie können nicht durch Konjunktionen miteinander verbunden werden. Ohne Konjunktionen ist es aber möglich, Modalpartikeln zu kombinieren. Um einige Verbindungen zu nennen: *doch nur, denn auch, nur mal oder ruhig mal* (vgl. Thurmair 1989, S. 36).

- Zu guter Letzt tragen Modalpartikeln keine referenzielle Bedeutung und sie leisten keinen Beitrag zu dem Gehalt der Proposition des Satzes. Mit anderen Worten: Mit der Modalpartikel *eh* können wir auf nichts Bezug nehmen, wie wir das beispielsweise mit Eigennamen wie *Anton* oder Gattungsnamen wie *Regal* tun können. Mit Proposition ist der wahrheitsfunktionale Gehalt einer Aussage gemeint. Der wahrheitsfunktionale Gehalt der Aussage `sie weiß es eh nicht` ist die Tatsache, dass Anton behauptet, dass seine Mutter etwas nicht weiß. Diese Proposition kann wahr oder falsch sein. Mit Proposition ist also die inhaltliche Essenz des Satzes gemeint, die entweder wahr oder falsch sein kann. Wenn wir an dieser Stelle zu der Aussage zurückkehren, dass Modalpartikeln den Gehalt der Proposition nicht tangieren, heißt es: Die Modalpartikeln haben keinen Einfluss darauf, ob ein Satz wahr oder falsch ist. Einfluss auf den Gehalt der Proposition hat in diesem Beispielsatz vor allem das Referenzobjekt, also die Mutter. Weiß die Mutter nämlich, wie man das Problem von Lotte und Anton lösen kann, ist die eben genannte Aussage eindeutig falsch gewesen. Wie es aber an dem oben genannten Vergleich (Regal_1 vs. Regal_2) sichtbar geworden ist, kann die Modalpartikel *eh* die Art der Äußerung (den Handlungscharakter) verändern: von der Behauptung hin zur Annahme/Vermutung.

10.4.1 Funktionen von Modalpartikeln

Wie bereits im vorangegangenen Abschnitt kurz angerissen, werden Modalpartikeln als METAPRAGMATISCHE INSTRUKTIONEN (vgl. König 1997, S. 64ff.) oder METAKOMMENTATOREN (vgl. Hentschel/Weydt 2013, S. 286) umschrieben. Mit ihnen werden bestimmte Instruktionen erzeugt, die dem Interpreten Hinweise darauf geben, wie er den in der Äußerung ausgedrückten Sachverhalt angemessen verstehen bzw. kontextuell einordnen soll (vgl. Hoffmann 2009, S. 195ff.). So gibt Anton mittels der Modalpartikel `eh` im Beispiel „Regal_2" den Hinweis, dass er von den handwerklichen Fähigkeiten seiner Mutter nicht überzeugt ist.

Mit Modalpartikeln kann auch eine gewisse Zusatzinformation vermittelt werden, die dem Hörer signalisiert, dass der Sprecher über den Wissensstand des Hörers Bescheid weiß (vgl. Weydt 2010, S. 19): *Das hat die Annemarie **doch** gestern erzählt.*

Der Sprecher selbst kann aber auch Informationen über das eigene Wissen preisgeben. Sprich: ob ihm die Informationen bereits bekannt sind, er sie erwartet hat oder nicht: *Das hab ich ja letzte Woche zu hören bekommen* (vgl. Schwitalla 2012, S. 154f.).

Der Sprecher kann auch seinem Gegenüber vermitteln, dass er ihn wahrnimmt und dessen Information durch den Gebrauch bestimmter Modalpartikeln mehr oder minder kommentiert (vgl. Weydt 2010, S. 19): *Das hätte dir **vielleicht** auch schon früher bewusst sein können.*

Modalpartikeln können unter Umständen auf den Handlungscharakter einer Äußerung Einfluss haben. So können Modalpartikeln dazu dienen, Sprechakte – wie zum Beispiel Aufforderungen, Bitten, Behauptungen – hervorzuheben, zu verstärken oder abzuschwächen. Um zu unserem Regal-Beispiel zurückzukommen: Die Modalpartikel *eh* verändert den Handlungscharakter der Äußerung *Sie weiß es eh nicht* insofern, als sie aus einer Behauptung eine Vermutung macht.

Der Gebrauch bestimmter Modalpartikeln kann auch die Beziehung zwischen den Gesprächspartnern regeln. Wenn jemand sagt *Kannst du das mal machen?*, dann lässt das darauf schließen, dass beide Personen sich kennen und die eine vielleicht gerade keine Hand frei hat und die andere darum bittet, etwas zu übernehmen. Keiner würde davon ausgehen, dass diese beiden Beteiligten einander feindlich gesinnt wären oder nur gezwungenermaßen zusammenarbeiten, weil sie es einfach müssen. Ein Beispiel, das eine anders geartete Beziehung suggeriert, könnte lauten: *Sei du **mal** still. Du hast mir **ja** gar nix zu sagen!* (vgl. Schwitalla 2012, S. 154f.).

Modalpartikeln können auch eingesetzt werden, um eine fehlende Bereitschaft zu indizieren, ein bestimmtes Thema zu entfalten:

Gesprächsbeispiel: Leben

```
01   Lotte:   °h das leben mit dir ist nicht so einfach-
02   Anton:   ja (--) das ist eben so.
```

Da Anton offenbar nicht über das von Lotte angesprochene Thema sprechen will, signalisiert er neben einer leeren Begründung mittels eben seine Unwilligkeit, das Thema fortzusetzen.

Um die Wirkung von Modalpartikeln zu untersuchen, hat Harald Weydt (1993, S. 13) eine experimentelle Befragung zu Dialogtexten durchgeführt. Den Befragten wurden zwei nebeneinander abgedruckte Dialoge vorgelegt (Dialog A und Dialog B). Beide Texte waren bis auf die Tatsache, dass der eine Text (Dialog A) viele Modalpartikeln beinhaltete und der andere (Dialog B) keine, identisch. Die Probanden sollten nun die Dialoge auf ihre Wirkung hin bewerten. Die Wirkung wurde z. B. in Bezug auf Natürlichkeit, Echtheit oder Freundlichkeit erfragt. Die Auswertung zeigte deutlich, dass die Version des Dialoges mit Modalpartikeln positiver bewertet wurde als die Version ohne Modalpartikeln. Sprich: Der Dialogtext mit Modalpartikeln wirkte auf die Informanten „authentischer und sozialer" (Weydt 1993, S. 10). Die folgende Tabelle hält die Durchschnittswerte der wesentlichen Ergebnisse fest:

	Dialog A (mit Partikeln)	Dialog B (ohne Partikeln)
natürlich	5,7	2,8
abweisend	1,7	3,3
warm	4,4	2,7
hölzern	1,4	5,0
flüssig	6,0	2,7
echt	5,7	2,7
kontakschwach	2,4	4,0
freundlich	5,7	3,7

Abb. 28: Ergebnisse des Modalpartikeln-Tests (Weydt 1993, S. 11)

Demzufolge können Modalpartikeln auch in Filmdialogen oder Dialogen in der belletristischen Literatur nützlich sein, um das inszenierte Gespräch authentischer, lebendiger und flüssiger für den Rezipienten erscheinen zu lassen.

10.4.2 Kombinierbarkeit der Modalpartikel *ja*

Wie bereits erläutert, sind Modalpartikeln zwar nicht koordinierbar, aber kombinierbar. Mit anderen Worten: Modalpartikeln dienen nicht dazu, zwei sprachliche Einheiten auf eine bestimmte Art zu verknüpfen, können aber mit anderen Modalpartikeln zusammen vorkommen, was dazu führt, dass ihre Funktion sich verändert. Im folgenden Kapitel werden eben einige solcher Kombinationen mit der Modalpartikel *ja* vorgestellt. Ein unbetontes *ja* tritt in Aussagesätzen auf und ist eine der häufigsten Modalpartikeln in unserer Sprache. Diese Modalpartikel „ist mit fast allen Modalpartikeln (außer halt) kombinierbar" (Thurmair 1989, S. 208). Es soll an drei Gesprächsbeispielen exemplarisch veranschaulicht werden, worin der Gebrauchsunterschied besteht:

10.4.2.1 *Ja auch*

Gesprächsbeispiel: Kleider

```
01   Anton:   MENSCH- (-) lina näht aber schöne kleider?
02 ->Lotte:   sie ist ja auch gelernte schneiderin.
```

Mit `ja` signalisiert Lotte, dass ihr der Sachverhalt bereits bekannt war. Mit `auch` zeigt sie an, dass sie mit dem Inhalt der vorausgegangen Äußerung schon gerechnet hat.

> [...] *auch* stellt eine Beziehung zu der Vorgängeräußerung her [...], indem der Sprecher durch *auch* signalisiert, daß der dort geäßerte Sachverhalt für ihn durchaus erwartbar war [...]

> (Thurmair 1989, S. 208)

Durch die Verwendung der Zusammensetzung `ja auch` meint der Sprecher, dass die darauffolgende sprachliche Äußerungseinheit `gelernte schneiderin` als eine (für den Sprecher offensichtliche) Begründung für die im vorausgegangenen Turn genannte Tatsache gilt.

10.4.2.2 *Ja eben*

Gesprächsbeispiel: Wohnung

```
01   Anton:   ich dachte du willst mit justus zusammenziehen?
02 ->Uschi:   das ist ja eben das problem-
03            wir finden KEINE bezahlbare wohung.
```

Eben signalisiert, dass etwas offenkundig oder einleuchtend, also evident ist. Ja zeigt an, dass eine Information dem Sprecher bereits bekannt war. Die Kombination der beiden Modalpartikeln bedeutet demnach, dass dem Dialogpartner der Sachverhalt einleuchtend ist und längst bekannt war.

10.4.2.3 *Ja wohl*

Gesprächsbeispiel: Geld

```
01   Anton:   justus hat mir gestern wieder nicht das geld mitgebracht.
02 ->Lotte:   damit haste ja wohl nicht gerechnet?
03   Anton:   ne (--) damit habe ich WIRKLICH nicht gerechnet.
```

Mittels der Modalpartikel wohl wird in der Regel die zustimmende Haltung gegenüber der Aussage des Vorredners abgeschwächt. In der Kombination mit *ja* in negierten Fragesätzen – wie im obigen Beispiel der Fall – wird wiederum dem Hörer (Anton) signalisiert, dass die von ihm genannte Tatsache ohne Einschränkungen gilt/zutrifft, was die Erwartungshaltung bestärkt, die in der Frage enthaltene Proposition vom Gesprächspartner zu bestätigen. Mit anderen Worten: Lotte verneint in dem oben genannten Beispiel – trotz der darin enthaltenen Negationspartikel – nicht das Gehörte, sondern schafft die Möglichkeit der in der Frage enthaltenen Tatsache zuzustimmen oder sie abzulehnen (vgl. Thurmair 1989, S. 212).

10.5 Diskursmarker

Diskursmarker machen sprachliches Handeln interpretierbarer und werden auch als OPERATOR-SKOPUS-STRUKTUREN bezeichnet (vgl. Fiehler et al. 2004, S. 239ff.). Der Skopusbegriff in der Bezeichnung für die Diskursmarker soll verdeutlichen, dass diese Wortart eine bestimmte Art von Bezügen zu den benachbarten Äußerungen herstellt (Imo 2012a). Was genauer unter Bezügen zu verstehen ist, wird im weiteren Verlauf noch erläutert. Fiehler et al. (2004, S. 239ff.) entwerfen einen achtteiligen Kriterienkatalog zur Bestimmung von Operator-Skopus-Strukturen, der im Folgenden kurz vorgestellt wird.

- VERSTEHENSANWEISUNG: Diskursmarker charakterisieren die nachfolgende Aussage in einer bestimmten Weise, sie können sie beispielsweise einschränken, begründen, hervorheben oder relativieren. Zusätzlich haben Diskursmarker eine rückbezogene Funktion, die einen verweisenden oder zusammenfassenden Charakter hat.
- SYNTAKTISCHE STELLUNG: Diskursmarker sind der syntaktischen Bezugseinheit (= dem Skopus) vorangestellt. Sie sind im Vor-Vorfeld angesiedelt.

- SATZSTRUKTUR: Diskursmarker und Skopus (Bezugseinheit) bilden eine zweigliedrige Satzstruktur. Die syntaktische Trennung der beiden Teile kann zusätzlich durch kleine Pausen oder Veränderung der Tonhöhe kenntlich gemacht werden (= Prosodie, siehe Kapitel 9).
- INTERAKTIVE EINHEIT: Diskursmarker können nicht alleine stehen, nur gemeinsam mit dem Skopus ergibt sich eine vollständige Aussage. Somit gehören Antwortpartikeln nicht zu den Diskursmarkern, obwohl sie ebenfalls im Vor-Vorfeld stehen.
- HIERARCHIE: Diskursmarker erzwingen einen nachfolgenden Satz, beeinflussen jedoch nicht seine syntaktische Gestaltung. So entsteht eine Ambivalenz von Bindung und Nicht-Bindung zwischen Diskursmarker und Skopus.
- PROJEKTIONSKRAFT: Inhaltlich machen Diskursmarker bestimmte Skopus-Gestaltungen mehr beziehungsweise weniger erwartbar. Das bedeutet, auf den Diskursmarker *kurz gesagt* ist eine nicht allzu lange Erläuterung zu erwarten und der Diskursmarker *zum Beispiel* kündigt eine verständliche Anwendung des zuvor Gesagten an.
- POTENTIELLE SELBSTSTÄNDIGKEIT: Während ein Diskursmarker nicht alleine stehen bleiben kann, ist es möglich ein Skopus in einem anderen Zusammenhang selbstständig zu gebrauchen.
- Zusätzliche formale Eigenschaften von Diskursmarkern sind ihre KÜRZE, FORMELHAFTIGKEIT und LEXIKALISIERUNG (vgl. Fiehler et al. 2004, S. 242ff.).

10.5.1 Diskursmarker im Gebrauch: *aber, weil* und *obwohl*

Im folgenden Abschnitt werden wir die Verwendung der Ausdrücke *aber, weil* und *obwohl* in der Funktion eines Diskursmarkers genauer betrachten.

10.5.1.1 *Aber* als Diskursmarker

Als Konjunktion leitet *aber* Sätze oder Phrasen ein, in denen etwas der vorherigen Aussage vergleichend gegenübergestellt wird. Ein klassisches Beispiel aus der geschriebenen Sprache ist:

- *Anton ist klein,* **aber** *sehr stark.*

Außer dieser Kontrastfunktion kann *aber* in der gesprochenen Sprache als Diskursmarker fungieren. Dann wird er eingesetzt, um die Themen innerhalb eines Gesprächs zu organisieren. So kann mit *aber* ein neues Thema initiiert und damit das vorherige Thema abgeschlossen werden (vgl. Schlobinski 1992, S. 286).

Gesprächsbeispiel: Schweißarbeit

```
01    Anton:    die arbeit ist heute mal wieder richtig ANstrengend.
02    Justus:   ja (.) °h und bei der hitze müssen wir noch SCHWEIßarbeiten
                machen;
03 ->Anton:     aber dafür habe ich nächste woche urlaub.
04    Justus:   WOhin gehts denn?
05    Anton:    dieses jahr ist BALKONIEN angesagt.
```

In diesem Beispiel thematisiert Anton zunächst die harte Arbeit. Sein Arbeitskollege Justus stimmt Anton zu und äußert seinen Unmut über ihre Situation. Mit *aber dafür* leitet Anton anschließend das neue Thema „Urlaub" ein. Das vorausgegangene Thema „harte Arbeit" ist damit abgeschlossen und nachfolgend dreht sich das Gespräch um den bevorstehenden Balkonien-Urlaub.

Mit *aber* kann auch die Wiederaufnahme eines Themas geregelt werden. So kann mit *aber* ein zuvor bereits angesprochenes (Sub-)Thema erneut aufgegriffen werden. Ein Sprecher schließt mit dieser Funktion die Nebensequenzen ab und kommt auf das für ihn wichtige Thema. Der mit *aber* eingeleitete Rückbezug auf das relevante Thema kann dabei direkt, durch eine entsprechend gesteuerte Formulierung des Sprechers, erfolgen (vgl. Schlobinski 1992, S. 289).

Gesprächsbeispiel: Apfelkuchen

```
01   Lotte:    für das pfarrfest am samstag wollte ich mal wieder einen
               APFELkuchen backen. (.)
02             habt ihr noch das alte rezept?
03   Anne:     ich hab auch ein GUTes rezept für schokomuffins.
04   Else:     mach doch deinen KIRSCHkuchen-
05   Lisa:     Oder stachelBEEre-
06 ->Lotte:    mhm (.) aber erst mal brauche ich das rezept für den
               APFELkuchen.
07             den mögen doch alle so:: gerne.
```

In diesem Beispiel fragt Lotte zunächst nach einem Apfelkuchenrezept. Ihre Freundinnen schlagen danach andere Kuchen vor, die sie für das Pfarrfest backen könnte. Nachdem das Thema „Rezept für den Apfelkuchen" durch die Alternativvorschläge der Freundinnen unterbrochen wurde, knüpft Lotte gezielt wieder daran an, indem sie in Zeile 06 die Partikel aber verwendet.

Ähnlich dieser Wiederaufnahmefunktion kann *aber* auch eine Funktion der thematischen Kontinuierung haben. Gemeint ist die Vertiefung eines Themas nach Gesprächspausen, um das Gespräch weiterzuführen. Diese Funktion von *aber* taucht häufig im therapeutischen Diskurs auf und ist oft an Fragen des Therapeuten an seinen Patienten gekoppelt (vgl. Schlobinski 1992, S. 291).

Gesprächsbeispiel: Spinnenphobie

```
01   Anton:    schon FRÜher wenn die bei uns im haus rumliefen-
02             allein schon die art wie sich die viecher bewegen (.) eKElig-
03   Arzt:     mhm.
04   Anton:    (0.7) da trau ich mich nicht die WEGzumachen.
05             die springen einen nachher noch an;
06 ->Arzt:     (2.0) aber wenn ich sie vorhin richtig verstanden habe-
07             hatte schon ihre mutter angst vor spinnen?
```

Bei diesem therapeutischen Gespräch möchte der Therapeut die Ursache für Antons Spinnenphobie herausfinden. Nach einer längeren Gesprächspause möchte er vermeiden, dass das Gespräch ganz abbricht und Anton nichts mehr sagt. Mit *aber* eingeleitet, setzt der Therapeut die Unterhaltung fort. Mit der Phrase aber wenn ich sie richtig verstanden habe, möchte er erreichen, dass sich der Patient detaillierter zu seiner Phobie äußert.

In der Alltagssprache kann *aber* auch eine zusammenfassende Einheit einleiten. Damit ist gemeint, dass mit *aber* Äußerungen eingeleitet werden können, die ein Thema indirekt zusammenfassen, um es abzuschließen. Im alltagssprachlichen Gebrauch werden dazu generalisierende Feststellungen oder expressive Kommentare benutzt (vgl. Schlobinski 1992, S. 293).

Gesprächsbeispiel: Enkelkinder

```
01    Anton:    da ist stä:ndig radau bei den müllers nebenan.
02    Lotte:    ja (.) erst sind die enkelkinder da-
03              und dann wird der ra:sen gemäht; (.)
04              da kommt man selber nicht zur ruhe.
05  ->Anton:    aber sonst sind die müllers ganz nett.
06              warst du letztens EIgentlich auf dem STADTfest?
```

In diesem Gespräch reden Anton und Lotte über die Ruhestörungen, welche von der benachbarten Familie Müller ausgehen. Mit `aber` eingeleitet stellt Anton fest, dass die Müllers generell ganz nett sind und beendet mit seinem Kommentar die vorherige Thematik. Anschließend leitet er durch seine Frage nach Gretas Anwesenheit auf dem Stadtfest ein neues Thema ein.

Auf der kommunikativen Ebene enthalten die genannten Funktionen von *aber* immer auch die Intention des Sprechers, einen Gegenentwurf zum vorherigen Thema einzuleiten oder das alte Thema nicht weiter ausführen zu wollen.

10.5.1.2 *Weil* als Diskursmarker

Um den Gebrauch von *weil* in der gesprochenen Sprache in Abgrenzung zur geschriebenen Sprache angemessen verstehen zu können, ist es notwendig sich über die Differenzierung von HAUPT- und NEBENSÄTZEN im Klaren zu sein.

Ausgangspunkt, um verschiedene Satzstellungen zu erkennen, ist das finite Verb, auch Finitum genannt.[41] In Hauptsätzen steht das Finitum immer an zweiter Stelle nach dem Vorfeld. Dabei ist die Anzahl der Wörter, die im Vorfeld stehen, so begrenzt, dass diese zusammen nicht mehr als ein Satzglied bilden dürfen (vgl. Hentschel/Weydt 2013, S. 395ff.).

- *Er **fährt** erst übermorgen in Urlaub.*
- *Meiner Freundin Annika **habe** ich gestern zum Geburtstag gratuliert.*

In diesen Beispielsätzen bilden sowohl *er* als auch *Meiner Freundin Annika* das Vorfeld. Die finiten Verben sind in diesem Fall *fährt* und *habe*. Da die Verbzweitstellung vorrangig in Hauptsätzen vorkommt, heißt sie auch Hauptsatzstellung. In Nebensätzen steht das finite Verb in geschriebenem Deutsch nicht an zweiter Stelle. Werden Nebensätze durch Subjunktionen eingeleitet (eingeleitete Nebensätze), steht das Finitum gewöhnlich am Ende des Satzes (vgl. Hentschel/Weydt 2013, S. 389).

- *Er ist traurig, **weil** ich heute weggefahren **bin**.*

---

[41] Dabei handelt es sich um konjugierte, abgeschlossene Verbformen, die nach Person, Numerus, Genus, Modus und Tempus bestimmt sind (*geht* vs. *gehen*).

Das finite Verb ist in diesem Satz *bin* und steht in Verbendstellung. *Weil* gilt innerhalb der geschriebenen Sprache als Subjunktion. Somit eine Konjunktion, welche Nebensätze einleitet (Eisenberg 2006, S. 202ff.). Im gesprochenen Deutsch kommt es des Öfteren vor, dass *weil*-Sätze statt Nebensätze Hauptsätze einleiten. Hierzu ein Beispiel als mögliches Ende eines Telefongesprächs:

- `ich muss AUFlegen` **`weil`** `es` **`gibt`** `jetzt kaffee und kuchen.`

Hier steht das finite Verb `gibt` in einem weil-Satz mit Hauptsatzstellung. Diese gesprochensprachliche Besonderheit der V2, die sich auch bei den Subjunktionen *obwohl*, *wobei* und *während* beobachten lässt, soll im nächsten Kapitel genauer erläutert werden.

Dabei ist man sich innerhalb der Linguistik nicht einig, seit wann dieses Phänomen (*weil* mit V2) bereits existiert. Es geht um die Frage, ob die Verbzweitstellung nach subordinierenden Konjunktionen eine Erscheinung eines relativ neuen Sprachwandels ist, oder ob sie ein alte Struktur ist, die in vielen, nicht vereinheitlichten Varietäten schon lange existiert und der jetzt eine erhöhte Aufmerksamkeit zukommt (vgl. Freywald 2010, S. 57). Magret Selting stellt bezogen auf die Verbzweitstellung nach *weil* die These auf, dass dieses Phänomen in der mündlichen Umgangssprache und in den Dialekten schon lange verwendet wird und uns nur aufgrund der Schriftsprachenorientiertheit der Linguistik bisher entgangen ist (vgl. Selting 2009, S. 168).

Man hat in der Sprachwissenschaft versucht den Konstruktionen *weil* mit Verbzweitstellung und *weil* mit Nebensatzstellung unterschiedliche (Begründungs-)Funktionen zuzuschreiben. Denn nur wenn eine alternative Konstruktion eine andere Funktion, einen anderen Sinn erzeugt, hat sie eine Daseinsberechtigung.

Die mit subordinierendem *weil* eingeleitete Nebensätze sind in den Hauptsatz integriert und fungieren als faktische Begründung (SACHVERHALTSBEGRÜNDUNG) für den im vorherigen Satz geäußerten Sachverhalt:

Gesprächsbeispiel: Hausbau_1

```
01   Anton:     was ist denn mit andre los?
02   Thomas:    der ist oft schlecht gelaunt-
02 ->           weil der hausbau nicht voran geht.
```

In diesem Beispiel begründet Thomas im weil-Satz mit Verbendstellung den Sachverhalt im Hauptsatz. Andre ist schlecht gelaunt und der Grund dafür, dass er schlecht gelaunt ist, ist der ins Stocken geratene Hausbau. Es liegt also eine faktische Begründung vor.

Demgegenüber wird die Funktion von *weil* + V2 oftmals als epistemisch (vermutend, die subjektiven Annahmen betreffend) interpretiert (ÄUSSERUNGSBEGRÜNDUNG). Dieses *weil* leitet dann keine faktische Begründung von Tatsachen (wie es im Beispiel oben der Fall ist), sondern einen vermuteten Grund ein. Mit anderen Worten: Statt einer faktischen Begründung wird hier eine epistemische Begründung geliefert – es wird die Äußerungshandlung begründet und nicht die Tatsache, die von der Äußerung zum Ausdruck gebracht wird. *Weil* (mit V2 verwendet) kann prosodisch eine eigene Äußerungseinheit bilden. In solchen Fällen bildet das *weil* eine eigenständige Intonationsphrase auf und wird häufig durch eine Pause von dem weiteren Syntagma abgegrenzt (vgl. Schwitalla 2012, S. 142f.).

Gesprächsbeispiel: Hausbau_2

```
01   Anton:    was ist denn mit andre los?
02   Thomas:   der hausbau geht sicher nicht voran-
03  ->         weil (.) er ist oft schlecht gelaunt.
```

Hier begründet Thomas nach weil den Grund (schlechte Laune) für seine Annahme, dass der Hausbau nicht vorangeht.

Diese Unterscheidung in Sachverhalts- und Äußerungsbegründung (epistemisches *weil*) geht aber nicht auf, da in Belegsammlungen festgestellt wurde, dass es auch faktenbegründende Verwendungen von *weil* mit Verbzweitstellung gibt (vgl. Schwitalla 2012, S. 142). In einem Gespräch mit Natalie erzählt Ida von einer Verletzung durch eine Scherbe.

Gesprächsbeispiel: Fettschicht

```
01   Ida:      h da Is mir mit einmal ganz SCHLECHT geworden?
02  ->         weil das hAt nich geBLUtet?
03             sondern hh da war nur ne FETTschicht zu sehn; ne,
04   Natalie:  OH:;
```
vgl. Selting 2009, S. 177

Der weil-Satz mit V2-Stellung (weil das hAt nich geBLutet) ist eine Sachverhalts-begründung. Damit liefert Ida den Grund, warum ihr schlecht wurde, obwohl es von der syntaktischen Struktur her eine Äußerungsbegründung sein sollte.

In der gesprochenen Sprache kann *weil* + V2 auch Funktionen übernehmen, die den Verlauf eines Gesprächs organisieren. Man spricht dann auch von Diskursmar-kern. Christine Gohl und Susanne Günthner haben solche diskursorganisierenden Verwendungen von *weil* in vier funktionale Kategorien zusammengefasst (vgl. Gohl/Günthner 1999, S. 41f.). Zunächst kann *weil* Zusatzinformationen einleiten. Diese kann ein Sprecher zu seiner Aussage geben, damit sein Gesprächspartner ihn versteht.

Gesprächsbeispiel: Klimaanlage

```
01   Carmen:   mein zug hat gestern wegen einem güterzug ne VIERTELstunde
               in dülken gestanden.
02  ->         (.) weil es ist ja EINgleisig da (.)
03             und die klimaanlage war AUCH noch ausgefallen
04   Lena:     oh je:
```
Gohl/Günthner 1999, S. 41f.

In diesem Beispiel erzählt Carmen Lena von der gestrigen Verspätung ihres Zuges. Damit Lena versteht, warum Carmens Zug wegen eines Güterzugs warten musste, fügt sie mit *weil* + V2 einen Gesprächseinschub ein. Mit dem Einschub (weil es ist ja EINgleisig da) liefert sie Lena die nötige Hintergrundinformation.

Des Weiteren kann *weil* mit Verbzweitstellung den Übergang vom Dialog in eine Erzählsequenz einleiten (vgl. Gohl/Günthner 1999, S. 45).

Gesprächsbeispiel: Verspätungen

```
01   Lotte:   jetzt haben sie WIEder was von verSPÄtungen bei der bahn im
              radio gesagt.
02   Ole:     oh ja, (.) das ist echt NICHT mehr lustig;
03   ->       weil ich bin letztens auch mit dem zug nach köln gefahren-
04            und dann ist in langenfeld ein Kran auf die Leitung gekippt.
05   Lotte:   mhm.
06   Ole:     mein zug ist dann einen RIEsigen umweg gefahren.
```

Hier unterhalten sich Ole und Lotte über Verspätungen bei der Bahn. Mit *weil* + V2 eingeleitet wechselt Ole vom Dialog in die Erzählung von seiner letzten Zugfahrt. Als dritte Funktion kann *weil* mit Hauptsatzstellung auch einen Themenwechsel einleiten. Dieser Themenwechsel hat nicht die Funktion das zuvor Gesagte zu begründen oder zu erklären. Damit steht *weil* hier in einer Funktion, die mit seiner kausalen Funktion als Konjunktion nichts mehr gemein hat (vgl. Gohl/Günthner 1999, S. 51).

Gesprächsbeispiel: Rosen

```
01   Lotte:    ich wollte heute mal wieder was im GArten tun und blumen
               pflanzen.
02   Ingrid:   das erinnert mich an vAter-
03             der war doch IMMER im garten-
04             und auf seine ROSENzüchtungen war er besonders stolz.
05   ->Lotte:  mhm (.) weil es ist heute so:: schönes wetter,
06             da kann ICH gut was draußen machen.
```

In diesem Dialog unterhalten sich die beiden Geschwister Lotte und Ingrid. Lotte erzählt ihrer Schwester zunächst von ihrem Vorhaben, im Garten Blumen zu pflanzen. Danach thematisiert Ingrid den gemeinsamen Vater, welcher Spaß am Gärtnern hatte. Mit *weil* + V2 knüpft Lotte anschließend wieder an das vorherige Thema, dass sie selber etwas im Garten tun möchte, an.

In Gesprächen kann *weil* aber auch genutzt werden, um das Rederecht zu behalten. *Weil* fungiert dann als konversationelles Fortsetzungssignal:

Gesprächsbeispiel: Ich find das schon dreist

```
01   Mara:    hast du gesehn wie paul sich den teller auf der feier
              ZUgeschaufelt hat? (.)
02            als wenn er ta:gelang nichts gegessen hätte (-)
03            das einfach so durchzuziehen (.)
04            nUr weil es nichts kostet
05   Anne:    wers braucht
06   ->Mara:  weil (-) ich find das schon DREIST (.) gegenüber den anderen
```

Gohl/Günthner 1999, S. 51

In diesem Beispieldialog lästert Mara bei Anne über Paul, der auf einer Feier beim Buffet ordentlich zugelangt hat. Nachdem sie von Anne unterbrochen wurde (wers braucht) redet sie weiter und leitet dies mit *weil* + V2 ein. Es folgt aber keine Begründung oder eine neue Information. Mara wiederholt lediglich, dass sie Pauls Verhalten auf der Feier unangebracht fand.

Als Diskursmarker hat die Konjunktion *weil* ihre ursprüngliche erklärende und begründende Funktion weitestgehend eingebüßt. Die Hintergrundinformationen und Erzählungen, die mit *weil* eingeleitet werden können, haben aber immer noch entfernt einen begründenden Charakter, während dies bei Themenwechseln oder Rederechtsbehauptungen kaum der Fall ist (vgl. Gohl/Günthner 1999, S. 54).

10.5.1.3 *Obwohl* als Diskursmarker

Obwohl zählt wie das eben vorgestellte *weil* zu Subjunktionen, welche Nebensätze einleiten. Sie haben in einem Konzessivsatz die Funktion, eine Einräumung darzustellen, wie etwa:

- *Er ging mit den anderen in die Mensa, **obwohl** er vorhin schon Pommes gegessen hatte.*

Ein Sprecher kann *obwohl* in der Alltagssprache, genauso wie seine Varianten *obschon* und *obgleich*, aber auch mit Hauptsatzstellung verwenden, wenn er sich selbst korrigiert oder aber zu der Äußerung von jemandem eine andere Meinung hat (vgl. Freywald 2010, S. 61). Mit dem obwohl-Satz wird nicht der gesamte Aussagegehalt einer Äußerung des vorherigen Satzes (also die Proposition) eingeschränkt (vgl. Günthner 1999). Lediglich die sprachliche Handlung, wie beispielsweise ein Ratschlag oder ein Versprechen, welche mit der vorherigen Aussage gemacht wurde, wird in Frage gestellt. Bei dieser Funktion liegt auf *obwohl* eine steigende Intonation.

Gesprächsbeispiel: Blau

```
01   Anton:    also ich würde das zimmer des babys BLAU streichen;
02   Lotte:    mhm.
03   Anton:    obWOHL (-) wir wissen es ja noch nicht ob es ein junge wird-
```

In diesem Beispiel liefert die mit obWOHL verbundene Aussage, dass Anton keine Ahnung hat, ob es ein Junge sein wird, den Grund, warum Anton nicht in der Lage ist, die Zimmerfarbe auszusuchen. Sein Ratschlag, das Zimmer des Babys blau zu streichen, ist also nicht berechtigt.

Aufgaben

 a) Kreuzworträtsel

waagerecht

4. Dienen unter anderem dazu, das Gespräch zu organisieren, oder die Folgeäußerung zu rahmen.
6. Wie werden Diskursmarker noch genannt?
8. Wie wird die Eigenschaft der Diskursmarker genannt, die besagt, dass inhaltliche Diskursmarker bestimmte Skopus-Gestaltungen stärker beziehungsweise weniger erwartbar machen.
9. Wie heißt der Slot innerhalb des Stellungsfeldermodells nach der linken Satzklammer?

10. Ein syntaktisches Modell, das eine topologische Charakterisierung von sprachlichen Einheiten ermöglicht.

senkrecht

1. Wie werden Modalpartikeln auch genannt?
2. Haben die Funktion eines Metakommentators.
3. In der gesprochenen Sprache wird *weil* neben der Sachverhaltsbegründung auch zu einer anderen Form von Begründung eingesetzt. Welche ist das?
5. Zu welcher Klasse von Partikeln gehören folgende Wörter: *vielleicht, wahrscheinlich*?
7. Welchen semantischen Beitrag leistet die Kombination der beiden Modalpartikeln: *ja* und *eben*?

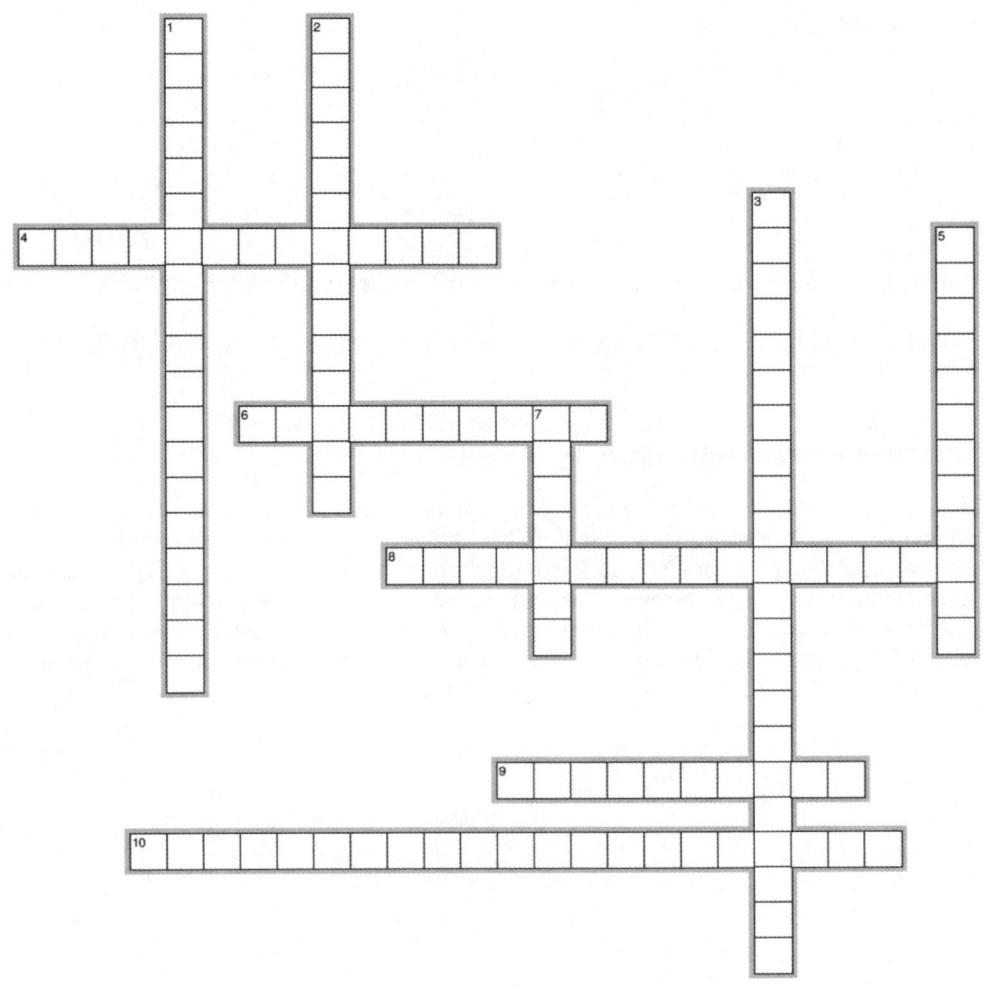

b) Teilen Sie die folgende Äußerung nach dem Stellungfeldermodell auf:

• apropos (-) anton hat gestern gut bei oma geschlafen

c) Erläutern Sie die Funktion der Kombination der beiden Modalpartikeln *ja* und *auch* in Zeile 02:

Gesprächsbeispiel: Stress

```
01   Anton:   justus ist aber heute SAUER gewesen.
02   Lotte:   er hat ja auch viel STRESS mit uschi gehabt.
```

d) Welcher Diskursmarker ist in dem folgenden Gesprächsbeispiel erkennbar und welche Funktion hat er:

Gesprächsbeispiel: Bier_2

```
01   Anton:   für die party am freitag will ich zwei kästen bier kaufen.
02            was haltet ihr davon?
03   Anne:    ich bringe dickmanns mit;
04   Justus:  die liebe ich-
05   Uschi:   ich auch,
06   Anton:   äh aber was ist jetzt mit dem bier?
07            das wollt ihr doch auch? (-) oder;
```

e) Konstruieren Sie ein Beispiel, in dem *weil* als Diskursmarker eingesetzt wird.

f) Welche Funktion kann die Subjunktion *obwohl* in der gesprochenen Sprache übernehmen?

Kommentierte Literaturhinweise

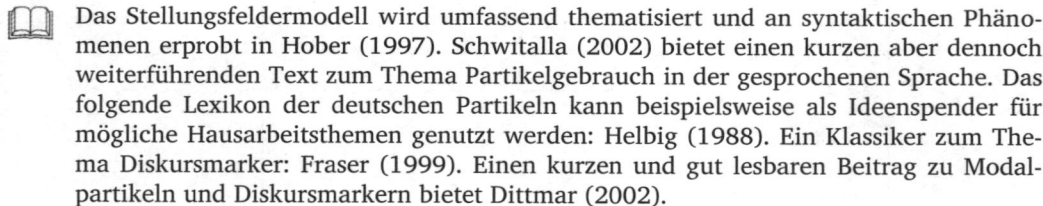 Das Stellungsfeldermodell wird umfassend thematisiert und an syntaktischen Phänomenen erprobt in Hober (1997). Schwitalla (2002) bietet einen kurzen aber dennoch weiterführenden Text zum Thema Partikelgebrauch in der gesprochenen Sprache. Das folgende Lexikon der deutschen Partikeln kann beispielsweise als Ideenspender für mögliche Hausarbeitsthemen genutzt werden: Helbig (1988). Ein Klassiker zum Thema Diskursmarker: Fraser (1999). Einen kurzen und gut lesbaren Beitrag zu Modalpartikeln und Diskursmarkern bietet Dittmar (2002).

11 Wortsemantik und Bedeutungskonstitution

11.1 Ziele und Warm-up

In diesem Kapitel werden wir uns mit der Wortbedeutung (Wortsemantik) sowie mit der Etablierung von Bedeutung im Gespräch (Bedeutungskonstitution) beschäftigen. Wie sich noch herausstellen wird, gibt es unzählige Ansätze, welche den Versuch unternommen haben zu bestimmen, was man unter dem Begriff *Bedeutung* fassen soll. Der Aspekt der Bedeutungs*konstitution* ist wiederum ein recht wenig erforschtes Gebiet (vgl. Deppermann 2001). Vor diesem Hintergrund ergeben sich für das folgende Kapitel diese Fragen:

- Wie lässt sich die Bedeutung von Wörtern bestimmen?
- Was sind die prominenten Bedeutungsauffassungen innerhalb der Linguistik?
- Gab es bereits Versuche, die vielfältigen Bedeutungsauffassungen auf empirische Phänomene zu übertragen?
- Was ist mit Bedeutungskonstitution gemeint?
- Gibt es unterschiedliche Arten von Bedeutungskonstitution?

Aktivieren Sie Ihr Vorwissen in Bezug auf Wortsemantik: Versuchen Sie in eigenen Worten eine Antwort auf die folgende Frage zu liefern: Was ist die Bedeutung des Wortes *Bedeutung*?

11.2 Wortsemantik

Eine Prämisse wird innerhalb der lexikalischen Semantik von den meisten Forschern geteilt: *Es gibt eine kontextfreie Bedeutung eines Wortes.* Man geht innerhalb der Wortsemantik in der Regel davon aus, dass jedes Wort über einen festen Bedeutungskern verfügt, der sich auch paraphrasieren/bestimmen lässt. Was genau unter der eben genannten (festen) Bedeutung von Worten verstanden wird, ist eine Frage, die schon vielfach zu beantworten versucht wurde. Sie bot nicht nur unter Sprachwissenschaftlern Stoff zur Diskussion; auch in der Philosophie, Psychologie und Soziologie ist sie immer wieder ein Thema. Der Sprachphilosoph Gottlob Frege (1892) ist beispielsweise der Ansicht, dass die Bedeutung eines Wortes das REFERENZOBJEKT ist, auf das sich die sprachlichen Zeichen beziehen (vgl. Frege 1892, S. 41f.). Unter Referenzobjekt versteht man das Objekt, auf das man sich mittels sprachlicher Zeichen beziehen kann. Die Vertreter dieser Auffassung werden als REFERENZTHEORETIKER bezeichnet (vgl. Lyons 1991, S. 624f.). Demnach wäre die Bedeutung des Wortes *Haus* ein Haus, auf das das Wort *Haus* in einem Aussagesatz Bezug nimmt. Die Bedeutung ist somit das Objekt in der außersprachlichen Wirklichkeit.

VORSTELLUNGSTHEORETIKER gehen wiederum davon aus, dass die Bedeutung eines Wortes das ist, was man sich unter dem Wort vorstellt (vgl. Keller 1995, S. 58). Zu den prominentesten Vorstellungstheoretikern wird der bereits im Kapitel 1 genannte Schweizer Sprachwissenschaftler Ferdinand de Saussure (2013) gezählt. De Saussure fasst nicht nur die Bedeutungsseite (Signifikat) als eine psychische Entität auf, sondern ebenfalls die Ausdrucksseite (das Lautbild = Signifikant) des sprachlichen Zeichens. Hierzu eine Darstellung:

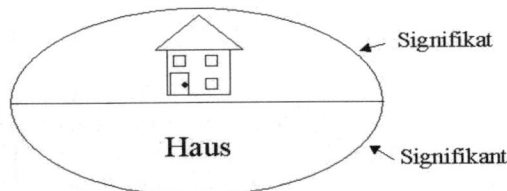

Abb. 29: Das sprachliche Zeichen nach Ferdinand de Saussure

Die Bedeutung des Wortes *Haus* wäre nach der Vorstellungstheorie das, was man sich vorstellt, wenn man das Wort *Haus* hört oder liest.

Eine weitere sehr prominente Bedeutungsauffassung vertritt die MERKMALSE-MANTIK, welche davon ausgeht, dass die Bedeutung – wie der Name bereits sagt – in einzelne MERKMALE (SEME) zerlegbar ist (vgl. Trier 1931, Bierwisch 1967). Dabei werden sogenannte binäre (entweder oder) Merkmale eingesetzt. Wenn ein „+" vor einem Sem steht, heißt es, dass dieses genannte Merkmal zutrifft. Steht ein „-" davor, trifft es nicht zu. So würden folgende Eigenschaften zu der Bedeutung des Wortes *Haus* gehören: +*Tür*, +*vier Wände*, +*Dach*, +*bewohnbar*, -*lebendig* etc. Das wären unter anderem die Merkmale, die der Sprecher kennen muss, damit man behaupten kann, dass er die Bedeutung des Wortes *Haus* kennt. Man muss an dieser Stelle aber anmerken, dass das eben dargestellte Beispiel und die dazu gehörenden Merkmale den merkmalsemantischen Anspruch nicht wirklich erfüllen. Innerhalb der Merkmalsemantik müssen die Merkmale bestimmte Eigenschaften aufweisen, damit sie überhaupt als geeignete Seme[42] anerkannt werden. So ist beispielsweise das eben genannte Merkmal +*Tür* insofern kein geeignetes Merkmal, weil es keinen generellen Status hat. Mit anderen Worten: Das Merkmal +*Tür* trifft beispielsweise im Gegensatz zu dem Merkmal +*lebendig* nur bei einer geringen Menge an Objekten zu (vgl. Löbner 2003, S. 210).

Innerhalb der PROTOTYPENSEMANTIK geht man wiederum davon aus, dass die Bedeutung nicht zerlegt werden kann. Dieser Theorie zufolge gibt es einen prototypischen Vertreter einer Kategorie, der in unserem Gedächtnis gespeichert ist und den wir mit den Gegenständen in der außersprachlichen Wirklichkeit abgleichen. Ein Prototyp in unserem Gedächtnis ermöglicht uns also zu erkennen, ob das Objekt zu der in Frage kommenden Kategorie gehört oder nicht, und dieser Prototyp stellt die Bedeutung des Wortes dar (vgl. Kleiber 1998). Wenn wir einen Papagei sehen, dann gleichen wir seine Erscheinung mit unseren Prototypen ab (hierzulande einem Rotkehlchen oder einem Spatz) und durch dieses Abgleichen stellen wir fest, dass es sich in diesem Fall um einen Vogel handelt.

---

[42] Auch Marker oder Klasseme genannt.

Die innere Struktur vieler natürlicher Kategorien besteht aus dem Prototyp der Kategorie (den eindeutigsten Vertretern, den besten Beispielen) und den nicht-prototypischen Exemplaren, welche in einer Rangfolge angeordnet sind, die sich von den besten zu den weniger guten Beispielen erstreckt.

Rosch 1975, S. 544

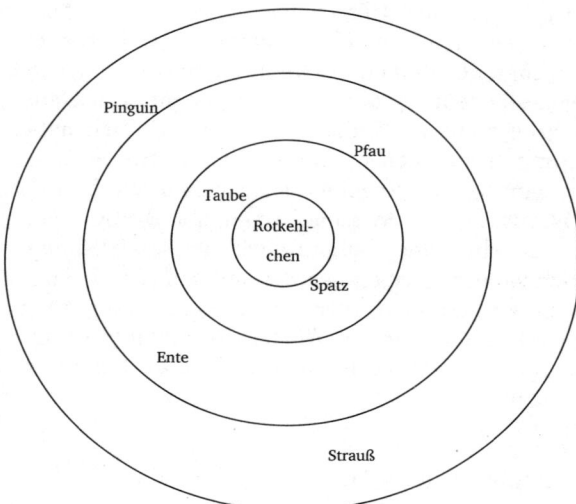

Abb. 30: Prototypensemantische Darstellung der Kategorie *Vogel* (vgl. Aitchison 1987, S. 54)

Demnach sind unsere Kategorien graduell bzw. hierarchisch strukturiert. Es gibt bessere und schlechtere Vertreter einer Kategorie. So ist beispielsweise eine Taube ein besserer Vertreter der Kategorie Vogel als ein Pinguin.

Innerhalb der FRAMESEMANTIK wird wiederum davon ausgegangen, dass Wörter Frames evozieren und diese Frames stellen die Bedeutung der Wörter dar (Busse 2012, Busse 2009). Unter einem Frame versteht man das Hintergrundwissen, bestehend aus Welt- und Sprachwissen, das durch ein bestimmtes Wort aktiviert wird. Frames lassen sich ziemlich gut als ein Bündel an notwendigen und sinnvollen Fragen (SLOTS) beschreiben, die entweder explizit (FILLER) oder vom Hörer automatisch (DEFAULT VALUE) ergänzt werden (vgl. Ziem 2008, S. 283ff.). Eine sinnvolle Frage zu einem Haus wäre beispielsweise: *Welches Dach hat das Haus?* Keine sinnvolle Frage wäre wiederum: *Kann man es sich ins Gesicht schmieren?* Dieses Wissen der Sprachbenutzer über die sinnvollen Fragen und Antworten ist der Kernbestandteil des Hintergrundwissens und somit der Framesemantik.

Das Besondere an der Framesemantik ist, dass hier die Bedeutung von sprachlichen Zeichen nicht lediglich aus dem SPRACHLICHEN WISSEN besteht, sondern ebenfalls aus dem WELTWISSEN. Diese Trennung wird nämlich von den meisten Semantikern insofern gezogen, als dass man sich in der Regel für das Sprachwissen interessiert und das Weltwissen unbeachtet lässt. Als Sprachwissen wird die „enge" Bedeutung verstanden, welche beispielsweise mit merkmalsemantischen Eigenschaften beschrieben werden kann. Als Weltwissen wird das gesamte restliche Wissen verstanden, das auch als ENZYKLOPÄDISCHES WISSEN bezeichnet wird und das nicht eng mit der Bedeutung des Wortes verknüpft ist. So wäre auf der einen Seite das Wissen, dass ein Haus ein Dach haben muss, ein Wissen, das zum Bedeutungskern gehört, also ein sprachliches Wissen und auf der anderen Seite wäre das Wissen, welche Arten von Häusern es gibt oder wie lange man ein Haus in der Regel baut etc. ein Weltwissen. Ein Kriterium für eine klare Unterscheidung zwischen Sprachwissen und Weltwissen gibt es nicht. Man kann die Unterscheidung häufig mittels des Gebrauchskriteriums durchführen, das sich anhand folgender Frage formulieren lässt: Welche Inhalte muss der Sprecher über einen bestimmten Ausdruck wissen, damit man behaupten kann, dass er die Bedeutung des Ausdrucks kennt? Das Haus-Beispiel zeigt, dass man einer Person, die nicht weiß, dass ein Haus ein Dach haben sollte, eher die Kenntnis der Bedeutung absprechen würde, als jemandem, der nicht in der Lage wäre, zu bestimmen, wie lange in der Regel ein Haus gebaut wird. Framesemantiker sind jedoch der Ansicht, dass beide Wissensformen notwendig sind, um die sprachlichen Äußerungen zu verstehen und deshalb auch zur Beschreibung von Bedeutung von sprachlichen Zeichen herangezogen werden müssen (vgl. Ziem 2009).

Als Nächstes soll eine Studie vorgestellt werden, in der man versucht hat zu prüfen, wie die Gesprächspartner die Bedeutung von Wörtern zu erklären versuchen, um daraus wiederum abzuleiten, welche semantische Theorie am stärksten die alltägliche Praxis widerspiegelt und welche nicht.

11.3 Bedeutungserklärungen im Praxis-Test

Während der von Dietrich Hartmann und Uta Quasthoff (1982) durchgeführten Studie wurden mit Probanden mehrere Interviews durchgeführt, in denen nach Bedeutungserklärungen für acht Alltagsbegriffe gefragt wurde. Die vorgegebenen Wörter, bei denen es sich ausschließlich um Nomen handelt, kommen sowohl in der gesprochenen deutschen Standardsprache als auch in der Fachsprache der Mathematiker vor: *Gebiet, Wurzel, Durchschnitt, Vereinigung, Folge, Reihe, Funktion* und *Gruppe*. Zu den befragten Personen gehören sowohl Experten, die mit dem mathematischen Fachwissen vertraut sind, als auch Personen, die sich in dem Gebiet nicht auskennen (vgl. Hartmann/Quasthoff 1982, S. 103). Ihre Ausgangsfragestellung kann an dieser Stelle etwas präziser formuliert werden: Kann ein empirisches Verfahren Auskunft darüber geben, ob wir in der alltäglichen Verständigung eher eine holistische oder eine komponentielle Bedeutungserklärung verwenden (vgl. Hartmann/Quasthoff 1982, S. 99). Bevor wir auf die genaue Durchführung der Untersuchung und die Ergebnisse eingehen, muss der Unterschied zwischen der holistischen und komponentiellen Bedeutung erläutert werden.

11.4 Holistische vs. komponentielle Bedeutungsauffassung

Die holistischen und komponentiellen Bedeutungsarten lassen sich mittels der Unterscheidung zwischen der bereits kurz beschriebenen Merkmal- und Prototypensemantik erklären. Die Prototypensemantik repräsentiert demnach die holistische Bedeutungsauffassung und die Merkmalsemantik wiederum die komponentielle. Wie bereits erwähnt, besteht die Grundidee der Prototypensemantik darin, die Zugehörigkeit eines Ausdrucks zu einer bestimmten Kategorie festzustellen, indem man den Ausdruck mit dem besten Vertreter (Prototyp) dieser Kategorie vergleicht. Während bei der Prototypenanalyse die Bedeutung eines Wortes ganzheitlich und nicht weiter zerlegbar ist, sieht die Merkmalsanalyse vor, dass die Bedeutung eines Wortes in mehrere Teilbedeutungen (Seme) zerlegt wird. Erst die Kombination mehrerer Bedeutungsmerkmale ergibt die Gesamtbedeutung eines Wortes.

Demnach repräsentiert die Prototypensemantik die holistische Bedeutungsauffassung, weil sie von einer unzerlegbaren (also ganzheitlichen) Bedeutung ausgeht und die Merkmalsemantik steht wiederum für eine komponentielle Bedeutungsauffassung, weil sie eben die Bedeutung in einzelne Merkmale zerlegt. Wir können also die Ausgangsfragestellung von Hartmann/Quasthoff folgendermaßen umformulieren: Erklären die Sprecher die Bedeutung von Wörtern merkmalsemantisch (KOMPONENTIELL) oder prototypensemantisch (HOLISTISCH)?

11.4.1 Holistische Bedeutungserklärungen werden in der Praxis bevorzugt

Nach der Auswertung der Interviews konnten Hartmann und Quasthoff vier Arten von Bedeutungserklärungen identifizieren. Diese sollen in diesem Abschnitt vorgestellt sowie in holistisch und komponentiell eingeteilt werden, wobei eine strikte Trennung zwischen holistischen und komponentiellen Bedeutungserklärungen jedoch von den praktischen Erklärungen ausgehend nicht möglich ist. Stattdessen muss eine graduelle Zuordnung vorgenommen werden.

- Die EXPLIKATION DURCH BEISPIELNENNUNG stützt klar die holistische Bedeutungskonzeption, da ein Beispiel genannt wird, das den gesamten Begriffsinhalt repräsentiert. Dies deckt sich mit der Prototypensemantik, bei der der beste Vertreter einer Kategorie als Repräsentant einer Kategorie dient. Wenn der Sprecher also ein Beispiel nennt, um die Bedeutung eines Wortes zu erklären, dann gilt eben dieses Beispiel als der beste Vertreter der gesamten Kategorie. So auch im folgenden Beispiel:

Gesprächsbeispiel: Möbelstück

```
01   Lotte:   was bedeutet das wort möbelstück?
02   Anton:   ein möbelstück ist beispielsweise ein schrank.
```

Neben vielen anderen möglichen Beispielen für ein Möbelstück (*Kühlschrank, Tisch, Regal, Stuhl*) wählt Anton ausgerechnet das Beispiel *Schrank* aus. Nicht immer greift man auf ein Beispiel zurück, das direkt unter dem Oberbegriff liegt. Man kann sich auch einer tiefer liegenden Rangordnung bedienen. Beispielsweise könnte man zur Erklärung eines *Lebewesens* das Beispiel *Hund* nennen. *Lebewesen* ist der *Oberbegriff* für *Mensch* und *Tier*. *Hund* fällt wiederrum unter *Tier* und steht nicht in einer direkten Wechselbeziehung zu *Lebewesen*.
- Die EXPLIKATION DURCH SYNONYMNENNUNG ist eindeutig nicht mit der komponentiellen Bedeutungsauffassung kompatibel. Die Bedeutung wird nämlich nicht in einzelne Merkmale zerlegt. Stattdessen wird das zu definierende Wort durch einen *gleichwertigen Ausdruck* erklärt und somit wird die Bedeutung als Ganzes erfasst, was also eher für die holistische Bedeutungsauffassung spricht. So sind in

der Studie für das Wort *Untersuchung* beispielsweise folgende Synonyme genannt worden: *Begutachtung, Experiment, Kontrolle* und *Versuch* (vgl. Hartmann/Quasthoff 1982, S. 107).

- Die EXPLIKATION DURCH NENNUNG VON OBERBEGRIFF UND UNTERSCHEIDENDEM MERKMAL kann weder der holistischen noch in der komponentiellen Bedeutungsauffassung eindeutig zugeordnet werden. Zwar wird die Bedeutung mittels Nennung unterscheidender Merkmale von nebengeordneten Begriffen in Teile zerlegt, dennoch wird die Gesamtbedeutung des Wortes durch die Abstufung der Merkmale in ein Klassifikationsschema eingeordnet. Dazu das folgende Beispiel:

Gesprächsbeispiel: Baumarkt

```
01   Anton:   was heißt baumarkt?
02   Lotte:   ein baumarkt ist ein supermarkt-
03            äh der materialien für heimwerker verkauft.
```

Zur Definition nennt Lotte den Oberbegriff supermarkt. Die Definition ist noch nicht vollständig, da unter Supermarkt vieles verstanden werden kann (*Supermarkt für Lebensmittel, Supermarkt für Gemüse und Obst* etc.). Um den Oberbegriff von nebengeordneten Begriffsklassen abzugrenzen, ist eine Nennung von Merkmalen notwendig*: (...) der Materialien für Heimwerker verkauft.*

- Die EXPLIKATION DURCH MERKMALSNENNUNG liegt dann vor, wenn der Sprecher mehrere Merkmale nennt, welche es dem Rezipienten ermöglichen die Bedeutung des Wortes hinreichend zu bestimmen. Mit anderen Worten: Erst die Nennung der wesentlichen Merkmale eines Begriffs liefert die Gesamtbedeutung eines Ausdrucks, was aber in alltäglichen Gesprächen selten der Fall ist. Es werden in der Regel einige Merkmale genannt, welche dem Sprecher gerade einfallen, wie im folgenden Beispiel:

Gesprächsbeispiel: Betrübt

```
01   Lotte:   was heißt das wort betrübt?
02   Anton:   voller sorgen etwas traurig äh depressiv enttäuscht halt
```

Die Aufteilung der Explikationstypen in holistische und komponentielle Bedeutungskonzeptionen lässt sich an einer Skala veranschaulichen. Am höchsten Punkt der Skala (rechts) ist die holistische Bedeutungskonzeption angesiedelt, während am tiefsten Punkt der Skala (links) die komponentielle Bedeutungskonzeption ihren Platz findet.

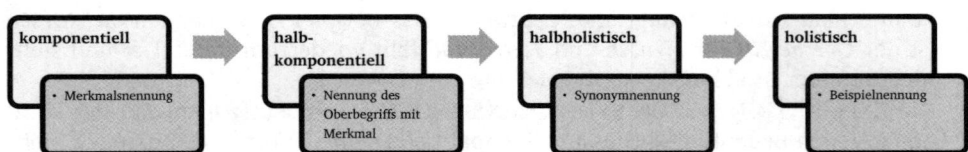

Abb. 31: Graduelle Verteilung der vier Erklärungsverfahren

Die Beispielnennung, die klar für die holistische Bedeutungskonzeption spricht, befindet sich am höchsten Punkt der Skala. Ein kleines Stück weiter links liegt die Synonymnennung, die etwas schwächer für die holistische Bedeutungskonzeption spricht. Als Nächstes befindet sich auf der Skala die Nennung des Oberbegriffs mit einem Merkmal und am tiefsten Punkt der Skala ist die Merkmalsnennung angesiedelt. Zusammenfassend kann man sagen: Die Bedeutungsexplikationen werden nach ihrer Ganzheitlichkeit eingeteilt und sind somit graduell. Es gibt keine klare Linie, die die holistische Seite von der komponentiellen Seite abgrenzt (vgl. Hartmann/Quasthoff 1982, S. 111).

11.4.2 Empirische Verteilung der Explikationstypen

Die Analyseergebnisse von Hartmann/Quasthoff zeigen, dass aus den 96 Bedeutungserklärungen 117 Bedeutungsexplikationen hervorgehen, was bedeutet, dass teilweise mehrere Bedeutungsexplikationen in einer Bedeutungserklärung vorkamen. Als BEDEUTUNGSERKLÄRUNG wird die gesamte Äußerung bezeichnet, die der Befragte im Interview zur Beschreibung des vorgegebenen Wortes liefert. Eine BEDEUTUNGSEXPLIKATION ist ein bestimmter definierender Teil der Gesamterklärung. Bei den empirischen Untersuchungen hat sich nämlich herausgestellt, dass die Sprecher oftmals unterschiedliche Explikationstypen in einer Bedeutungserklärung einsetzen. Beispielsweise wird oft ein Beispiel genannt und anschließend folgen Synonyme (vgl. Hartmann/Quasthoff 1982, S. 102). Kurzum: In einer Bedeutungserklärung können mehrere Bedeutungsexplikationen vorkommen.

Wirft man einen Blick auf die Häufigkeitsverteilungen der vier Explikationstypen, kommt man zu einem aussagekräftigen Untersuchungsergebnis: Die Merkmalsnennung kommt lediglich zu 3% in den Daten vor, dagegen wird die Beispielnennung zur Bedeutungserklärung von 50% der Befragten genutzt. Synonyme werden von 20% der Befragten eingesetzt. Die Nennung von Oberbegriff und unterscheidendem Merkmal wird von 27% der befragten Personen verwendet. Die Frage nach der bevorzugten Bedeutungskonzeption in der Praxis ist somit beantwortet: Wir greifen eher auf eine holistische Bedeutungskonzeption zurück, um Wörter zu erklären (vgl. Hartmann/ Quasthoff 1982, S. 111).

Hartmann/Quasthoff kommen außerdem zu dem Ergebnis, dass in 50 von 58 Fällen, in denen Beispiele genannt werden, entweder ein Beispiel allein auftritt, oder das Beispiel vor einem anderen Explikationstyp genannt wird. Daraus lässt sich schließen, dass die Sprecher davon ausgehen, dass die Nennung eines Beispiels ausreicht, um die Bedeutung eines Ausdrucks vermitteln zu können. Bei den komplexen Bedeutungserklärungen, welche eine Beispielnennung enthalten, kommt die Beispielnennung in der Regel als Erstes. In dem folgenden Beispiel nennt Peter erst ein Beispiel (Zeile 02) und bedient sich daraufhin der Merkmalsnennung (Zeile 03).

Gesprächsbeispiel: Küchenwerkzeug

```
01 ->Karl:    was ist küchenwerkzeug?
02   Peter:   °h ein küchenwerkzeug ist beispielsweise ein messer;
03            es ist scharf und man kann damit brot schneiden.
```

Man könnte davon ausgehen, dass die Befragten zuerst dieses Beispiel nennen, da es ohne einen hohen Denkaufwand abgerufen werden kann. Wörter sind offenbar stark mit bestimmten (Standard-)Beispielen bzw. Situationen assoziiert. Auf die Beispiel-nennung folgt ein bewusster Denkprozess – der Sprecher versucht durch andere Ex-plikationstypen, in dem Fall durch die Merkmalsnennung, das Wissen über die Bedeu-tung eines Ausdrucks näher zu bringen (vgl. Hartmann/Quasthoff 1982, S. 113).

11.5   Bedeutungskonstitution

Laut dem Soziologen Alfred Schütz (1974) ist die Bedeutungskonstitution eine rein subjektive Handlung. Die Art, wie eine Bedeutung zustande kommt, also konstituiert wird, ist individuell. Dies bedeutet, dass jeder Gesprächspartner eine eigene Bedeu-tung eines Wortes für sich erschließt.

Der Konstitutionsbegriff erfuhr aber in der Gesprächsanalyse eine Uminterpretati-on (vgl. Deppermann 2006a, S. 18). Durch diese versteht sich die Bedeutungskonsti-tution nun nicht mehr als subjektive, sondern als intersubjektive bzw. soziale Hand-lung (vgl. Deppermann 2013). Durch die Interaktion der Gesprächspartner, bei der beide Gesprächsteilnehmer aufeinander bezogene und aufbauende Beiträge erbringen, erschließt sich ein gemeinsames Verständnis und somit eine gemeinsam erschlossene Bedeutung. Die Bedeutungskonstitution ist ein Prozess, der zusammen mit dem ande-ren Gesprächspartner entsteht.

Der Psycholinguist Herbert Clark (1992) beschreibt, dass ein Redebeitrag des Ge-sprächspartners A[43] zunächst nur die PRESENTATION PHASE (Darstellungsphase) darstellt und erst durch die ACCEPTANCE PHASE (Annahmephase) vom Gesprächs-partner B[44] zu einem Ganzen wird. Laut Clark zeigt die Darstellungsphase zunächst eine Äußerung vom Gesprächspartner A auf. Gesprächspartner B hat nun die Mög-lichkeit, die Aussage von A zu überprüfen (vgl. Clark 1992, S. 151). Es folgt die An-nahmephase vonseiten des Gesprächspartners B. Sobald er diese äußert, wird mani-fest, wie er den Gesprächsbeitrag des Vorredners überhaupt verstanden hat. Er kann den Beitrag akzeptieren oder nicht (vgl. Clark 1992, S. 151). Diese beiden Gesprächs-schritte ergeben dann im Ganzen den COMMON GROUND (gemeinsames Hinter-grundwissen), also das gemeinsame Fundament, auf das das Gespräch fortlaufend aufgebaut wird bzw. werden kann (vgl. Clark/Schaefer 1989). Das so interaktiv aus-gehandelte gemeinsame Hintergrundwissen gibt den Gesprächspartnern die Gewiss-heit, dass beide Gesprächspartner über dasselbe sprechen. Dazu ein Beispiel:

Gesprächsbeispiel: Italiener_1

```
01   Anton:     ich lade dich donnerstag zum italiener ein. ((schmunzelt))
02   Lotte:     SUPER- (--)
03 ->           ich weiß jetzt schon was ich bestellen werde.
```

Anton macht in seiner Darstellungsphase Annahmen über das gemeinsame Hinter-grundwissen. Er vermutet nämlich, dass Lotte am Donnerstag Zeit hat, dass Lotte weiß, dass der Italiener ein Restaurant ist und welcher Italiener genau gemeint ist. Außerdem geht Anton davon aus, dass Lotte Lust hat, mit ihm essen zu gehen. Lotte bestätigt in ihrer Annahmephase (Zeile 02), dass sie am Donnerstag Zeit und Lust hat, mit Anton Essen zu gehen. Durch die abschließende Aussage in Zeile 03 ich weiß

---

[43]   Gesprächspartner A ist immer derjenige, der sich zuerst äußert.
[44]   Gesprächspartner B ist derjenige, der auf eine Äußerung von A antwortet.

`jetzt schon was ich bestellen werde`, macht Lotte zusätzlich deutlich, dass sie weiß, dass es sich bei dem Ausdruck `italiener` um ein Restaurant handelt und welches genau gemeint ist. Alle Inhaltsaspekte, die nun durch die Annahmephase von Lotte bestätigt wurden, gehören nun zum gemeinsamen Hintergrundwissen von A und B und das weitere Gespräch kann auf diesen Informationen aufgebaut werden. Beide Gesprächspartner verfügen über das gleiche Hintergrundwissen bezüglich des Restaurantbesuchs am Donnerstag. Mit anderen Worten: Es ist ein neuer interaktiv aufgebauter Sinn entstanden, welcher zum Ausgangspunkt weiterer sinnkonstitutiver Handlungen werden kann (vgl. Clark/Schaefer 1989).

11.5.1 Bedeutung und Sinn

All die im ersten Teil des Kapitels skizzierten Semantiktheorien haben eines gemeinsam: Sie verstehen unter der Bedeutung der Wörter die konventionelle Bedeutung. Mit anderen Worten: Sie gehen davon aus, dass jedes Wort einen festen semantischen Kern hat, der relativ konstant ist und von einem Linguisten expliziert werden kann. Die weiteren inhaltlichen Bestandteile, welche im konkreten Kontext unter Umständen gemeint sind bzw. interaktiv ausgehandelt werden, werden außer Acht gelassen. Kurz: Die Erzeugung von semantischen Gehalten innerhalb einer konkreten Interaktion wird von der Wortsemantik weitestgehend missachtet. Innerhalb der Gesprächs*analyse* (nicht zu verwechseln mit Gesprächs*linguistik*) ist es anders. So sind Gesprächsanalytiker der Meinung, dass es gar keine lexikalische Bedeutung gibt. Denn selbst die lexikalische Bedeutung muss „durch kontextuelle Bedeutungskonstitutionsaktivitäten hergestellt werden." (Deppermann 2006a, S. 16) Innerhalb der Gesprächsanalyse wird demzufolge nicht nur behauptet, dass man sich auf die kontextspezifische Bedeutung fokussieren soll, sondern ebenfalls, dass es im Grunde genommen keine konventionelle/kontextfreie Bedeutung gibt. Diese ist so gesehen eine Illusion.

Ich bin der Ansicht, dass es sinnvoll ist, von der lexikalischen Bedeutung zu sprechen und plädiere dafür, innerhalb der Gesprächslinguistik eine semantische Zweiteilung (Dichotomie) zwischen Bedeutung und Sinn anzunehmen.

Es soll also weder nur die kontextfreie Bedeutung beschrieben werden, noch davon ausgegangen werden, dass kontextfreie Bedeutung nicht existiert. Diese Zwischenstellung lässt mit der Kellerschen Unterscheidung zwischen BEDEUTUNG und SINN veranschaulichen (vgl. Keller 1995). Die Bedeutung ist Keller zufolge die Gebrauchsregel, und der Sinn ist das, was in einer konkreten Situation damit gemeint ist bzw. was zwischen den Gesprächspartnern interaktiv ausgehandelt wird.

> Ich will somit das, was der Interpret kennt, wenn er sein Interpretationsziel erreicht hat, den Sinn der Äußerung nennen. Mittels der Bedeutung der Zeichen versucht der Interpret, den Sinn ihrer Verwendung zu entschlüsseln. Gegenstand der Interpretation ist der geäußerte Satz mit seiner Bedeutung; Ziel der Interpretation ist der Sinn. Der Sinn einer Symbolokkurrenz ist die Kommunikationsintention, die der Sprecher mit der Verwendung des Symbols verfolgt.

> Keller 1995, S. 130

Der Sinn einer Äußerung ist die Intention, die der Sprecher durch seine sprachliche Äußerung in einem bestimmten Kontext zum Ausdruck bringen will. Er kann mit ihrer Bedeutung weitestgehend übereinstimmen, allerdings auch von ihr abweichen.

Stellen Sie sich vor, Sie finden auf der Straße einen Zettel auf dem folgender Satz geschrieben steht: *Ich komme morgen*. Sie werden Probleme haben zu verstehen, was mit dem Satz gemeint ist. Das, was Sie aus diesem Satz nicht verstehen, gehört größtenteils der Sinn-Ebene an. So wissen Sie beispielsweise nicht, wann morgen ist, und ob es sich um ein Versprechen oder vielleicht doch um eine Drohung handelt etc. Zu der Bedeutungsebene gehört wiederum die Kenntnis der konventionellen Bedeutung der einzelnen Wörter (Wortsemantik). Da Sie der deutschen Sprache mächtig sind, kennen Sie die Bedeutung der Wörter, welche auf dem Zettel stehen. Sie wissen was die Wörter *ich*, *komme* und *morgen* bedeuten. Das Wissen bezieht sich auf die Bedeutungsebene. Die Bedeutung stellt somit die Bedingung für die Möglichkeit der sprachlichen Verständigung dar. Sie ist demnach „die Gebrauchsweise in der Sprache, die Regel des Gebrauchs" (Keller 1995, S. 65). So zeigt beispielsweise Carmen Spiegel (1996) in ihrem Beitrag zur Bedeutungskonstitution des Substantivs *Ledersofa* im Gespräch, wie sich der Sinn des Wortes im Laufe der Diskussion vom Luxusgut hin zum umweltschädlichen Problem entwickelt (Spiegel 1996). Die Bedeutung bleibt im gesamten Gespräch konstant. Wenn man behaupten würde, dass sich hier die Bedeutung geändert hat, würde das heißen, jemand kannte die Bedeutung und die Gebrauchsregeln des Wortes *Ledersofa* nicht, die er nun in diesem Gespräch gelernt hat. Im genannten Gespräch war dies jedoch nicht der Fall. Alle wussten, was der Ausdruck *Ledersofa* bedeutet!

Häufig stimmt der Sinn der Äußerung (also das Gemeinte) nicht mit dem wörtlich Gesagten überein. Es gibt einen Erklärungsansatz, der es ermöglicht adäquat zu beschreiben, wie es kommt, dass der Hörer versteht, was der Sprecher meint, obwohl das Gesagte nicht mit dem Gemeinten übereinstimmt. Es handelt sich um die Theorie der konversationellen Implikaturen, welche im nächsten Abschnitt erläutert wird.

11.5.2 Konversationelle Implikaturen

In den alltäglichen Gesprächen weicht oftmals das, was tatsächlich gesagt wird, von dem ab, was eigentlich mit der Äußerung gemeint ist. Dieser Umstand lädt zu folgender Fragestellung ein: Wie ist es möglich, das Gemeinte zu verstehen, wenn es nicht mit dem Gesagten (also mit dem wörtlichen Sinn) übereinstimmt? Wie ist es beispielsweise möglich, *Anton ist eine Ameise* zu sagen und damit zu meinen, dass Anton fleißig ist? Jeder, der der deutschen Sprache mächtig ist, ist ohne großen interpretatorischen Aufwand in der Lage, eine solche Äußerung in dem oben genannten Sinn zu interpretieren; adäquat erklären, wie dieser Schlussprozess vollzogen wird, können jedoch nur wenige.

Die Antwort auf das *Wie* liefert die Theorie der Konversationellen Implikaturen nach Herbert Paul Grice. Grice entwickelt in seinem Aufsatz „Logic and conversation" (1975) zur Erklärung genau solcher Schlussprozesse ein allgemeines universelles Gesetz, das der gesamten zwischenmenschlichen Verständigung zugrunde liegt, nämlich das KOOPERATIONSPRINZIP (Grice 1993, S. 248). Grice ist der Ansicht, dass alle Kommunizierenden davon ausgehen, dass die anderen Kommunizierenden sich kooperativ verhalten.

Wir können demnach ganz grob ein allgemeines Prinzip formulieren, dessen Beachtung von allen Teilnehmern erwartet wird, und zwar: Mache deinen Gesprächsbeitrag jeweils so, wie es von dem akzeptierten Zweck oder der akzeptierten Richtung des Gesprächs, an dem du teilnimmst, gerade verlangt wird. Dies könne man mit dem Etikett *Kooperationsprinzip* versehen (vgl. Grice 1993, S. 248).

Aus diesem Grundsatz leitet er vier Maximen ab, die wiederum in Submaximen untergliedert sind (Grice 1993, S. 248):

- MAXIME DER QUALITÄT
  - Versuche, einen wahren Gesprächsbeitrag zu machen.
  - Sage nichts, was du für falsch hältst.
  - Sage nichts, wofür dir angemessene Gründe fehlen.
- MAXIME DER QUANTITÄT
  - Mache deinen Beitrag so informativ wie möglich.
  - Mache deinen Beitrag nicht informativer als nötig.
- MAXIME DER RELEVANZ (oder Relation)
  - Sei relevant.
- MAXIME DER MODALITÄT (auch: Maxime der Art und Weise)
  - Drücke dich deutlich aus.
  - Vermeide Dunkelheit und unklare Ausdrucksweise.
  - Vermeide Mehrdeutigkeit.
  - Fasse dich kurz, vermeide unnötige Weitschweifigkeit.
  - Bringe deine Beiträge in der richtigen Reihenfolge.

Grice geht davon aus, dass diesen Maximen in den ausgeübten Gesprächspraktiken grundsätzlich gefolgt wird (vgl. Grice 1993, S. 248ff.).

Wie sollen aber nun das Kooperationsprinzip und die vier Maximen die erklärende Kraft für indirekte Äußerungen aufbringen? Der springende Punkt ist, dass die Maximen zwar bestehen, aber auch verletzt werden können. Sie stellen nämlich im Gegensatz zum Kooperationsprinzip keine feststehende und unumstößliche Norm dar, die immer Gültigkeit behält. Vielmehr handelt es sich, so Rudi Keller, um „Prinzipien, von denen jeder an der Kommunikation Beteiligte bis zur Evidenz des Gegenteils annimmt, dass sie beim Kommunizieren erfüllt sind." (Keller 1995, S. 205) Es kommt in Gesprächen relativ oft vor, dass eine der Maximen scheinbar verletzt wird. Eine solche Verletzung führt dann jedoch nicht zu einem Kommunikationsabbruch, sondern bewegt den Interpreten zu einer weiteren Interpretationskette, der konversationellen Implikatur. Folglich steht das universelle Kooperationsprinzip über den einzelnen Maximen und herrscht auch dann, wenn scheinbar eine Maxime verletzt wird. Der Hörer unterstellt (solange dies möglich ist) dem Sprecher ein rationales Verhalten und geht davon aus, dass ein scheinbar irrationales Verhalten eine Rationalität auf einer höheren Ebene implikatiert (z. B. bei Sarkasmus).

Um den Schlussprozess etwas genauer zu beleuchten, soll im Folgenden an der bereits erwähnten metaphorisch gebrauchten Äußerung *Anton ist eine Ameise* die konversationelle Implikatur erläutert werden. Der Interpret muss aufgrund seiner Kenntnis der Bedeutung der Wörter und anderer situativer Umstände erkennen, dass diese Äußerung, wird sie wörtlich verstanden, keinen sinnvollen Beitrag darstellt. Da der Interpret stets bemüht ist, dem Sprecher ein rationales Handeln zu unterstellen, bemerkt er, dass in diesem Fall scheinbar die Maxime der Qualität verletzt wurde. Der Sprecher sagt etwas Falsches. Daraufhin macht sich der Hörer auf die Suche nach einer sinnvollen Interpretation auf einer höheren Ebene. Auf dem Wege der Assoziation findet der Interpret eine gewisse Ähnlichkeit zwischen Anton und einer Ameise: Eine Ähnlichkeit (im weitesten Sinn) hinsichtlich einer (Charakter-)Eigenschaft: des Fleißes. Diese Eigenschaft ist für den Interpreten in diesem Fall aus zweierlei Gründen besonders zugänglich: zum einen, weil die Eigenschaft „Fleiß" in Bezug auf eine Ameise zu den kulturell tradierten gehört, zum anderen aufgrund seines Wissens über Anton (dass Anton bspw. viel arbeitet). Dieser Gedankengang führt zu einer plausiblen Schlussfolgerung: Der Sprecher meint höchstwahrscheinlich mit seiner Äußerung, dass Anton ein fleißiger Mensch ist.

Implikaturen haben nämlich generell einen hypothetischen Charakter, d. h. sie können im Prinzip auch gestrichen werden. Die Äußerung *Es zieht* kann unter gewissen Umständen beim Interpreten die Implikatur auslösen, dass der Sprecher will, dass er das Fenster schließen soll. Der Sprecher kann allerdings eine solche Schlussfolgerung ohne Weiteres auch streichen, indem er hinzufügt: *Es zieht, lass aber bitte das Fenster auf.*

Die eben vorgestellten konversationellen Implikaturen sind insbesondere für die Beschreibung von Konstitution nicht-wörtlicher Bedeutung gut geeignet. Zu den typischen Fällen des nicht-wörtlichen Sprachgebrauchs gehört eine metaphorische, metonymische oder ironische Sprechweise (vgl. Kindt 2006, S. 51f.).

Als Nächstes soll der Begriff der Bedeutungskonstitution genauer erläutert werden.

11.5.3 Bedeutungskonstitution vs. Sinnkonstitution

Wie wir bereits erfahren haben, klammert die Wortsemantik einerseits den Kontext und die Interaktion aus und die Konversationsanalyse/Gesprächsanalyse wiederum ist der Überzeugung, dass es eine konventionelle (kontextunabhängige) Bedeutung gar nicht gibt. Deshalb unterscheiden sie auch nicht zwischen Bedeutung und Sinn. Innerhalb der Gesprächslinguistik wird aber zwischen der konventionellen Bedeutung und dem kontextspezifischen Sinn unterscheiden. Die Gesprächsteilnehmer müssen in ihren Reden „eine gewisse Bedeutungskonstanz annehmen" (Spiegel 1994), wenn sie erfolgreich kommunizieren wollen. Kurzum: Ohne semantische Konstanz gibt es keine Kommunikation! Zusammenfassend lassen sich vier semantische Dimensionen unterscheiden:

Bedeutung	Bedeutungskonstitution
Sinn	Sinnkonstitution

Abb. 32: Semantische Dimensionen

Wenn man sich also fragt, was ein Wort bedeutet, ohne den weiteren Kontext zu berücksichtigen, dann beschreibt man die BEDEUTUNG des Wortes. BEDEUTUNGSKONSTITUTION liegt wiederum dann vor, wenn die (feste also konventionelle) Bedeutung von Wörtern in einem Gespräch erläutert wird. Ein klassisches Beispiel: Eine Mutter erläutert ihrem vierjährigen Sohn die Bedeutung des Wortes *geschmeidig*. Die bereits vorgestellten vier Typen der Bedeutungsexplikation stellen alle gemeinsam gute Beispiele für Bedeutungskonstitution dar. Ein Pragmalinguist setzt den Schwerpunkt insbesondere auf den SINN eines Wortes oder eines Satzes, ohne den weiteren interaktiven Verlauf zwischen den Gesprächspartnern zu berücksichtigen. Hier spielen die im vorangegangenen Kapitel vorgestellten konversationellen Implikaturen eine zentrale Rolle. Schlussendlich wird bei der Fokussierung auf die SINNKONSTITUTION, die semantische Entwicklung von Wörtern, Phrasen oder Sätzen in einem Gesprächsverlauf beschrieben. Der Sinn wird also interaktiv ausgehandelt. Diese Perspektive steht bei dem gesprächslinguistischen Ansatz im Vordergrund.

Jörg Hagemann (2014) konnte aber im Rahmen seiner exemplarischen Analyse eines Eklats bei einer Bundespressekonferenz überzeugend das explanatorische Potential der Anwendung der bereits skizzierten konversationellen Implikaturen auf gesprochene Phänomene aufzeigen. Dabei weist er auch darauf hin, dass die Implikaturen erst dann vom Analytiker eindeutig als (gesicherte) Implikaturen bestimmt werden können, wenn im weiteren Gesprächsverlauf Hinweise dafür gefunden werden können, welche die vermutete Schlussfolgerung stützen (Hagemann 2014, S. 183ff.). Hier kommt es also zur Vermischung von pragmalinguistischen und gesprächslinguistischen Verfahren, was zu durchaus interessanten Ergebnissen führen kann.

Aufgaben

a) Kreuzworträtsel

waagerecht

3. Wie bezeichnet man das Verfahren, in dem die Bedeutung eines Wortes von einem der Gesprächspartner erläutert wird?
6. Welche semantische Theorie geht davon aus, dass die Bedeutung von sprachlichen Zeichen aus einem Bündel aus Semen besteht?
8. Wie bezeichnet man das Verfahren, in dem die Bedeutung eines Wortes von einem der Gesprächspartner erläutert wird?
9. Wie heißt das grundlegende Prinzip, welches jedem Gespräch zugrunde liegt?
10. Auf welche Art und Weise werden in der gesprochenen Sprache häufig Bedeutungen von Wörtern erläutert?

senkrecht

1. Welche Maxime wird verletzt, wenn ein Sprecher überinformativ ist?
2. Damit gemeinsames Hintergrundwissen und somit auch ein interaktiv aufgebauter Sinn zwischen den Gesprächspartnern entstehen kann, muss nach der Darstellungsphase die ... folgen.
4. Grice entwickelte die Theorie der konversationellen ...
5. Welche Semantik ist als holistisch charakterisiert?
7. Wie wird das bezeichnet, was ein einzelner Sprecher in einer bestimmten Situation meint?

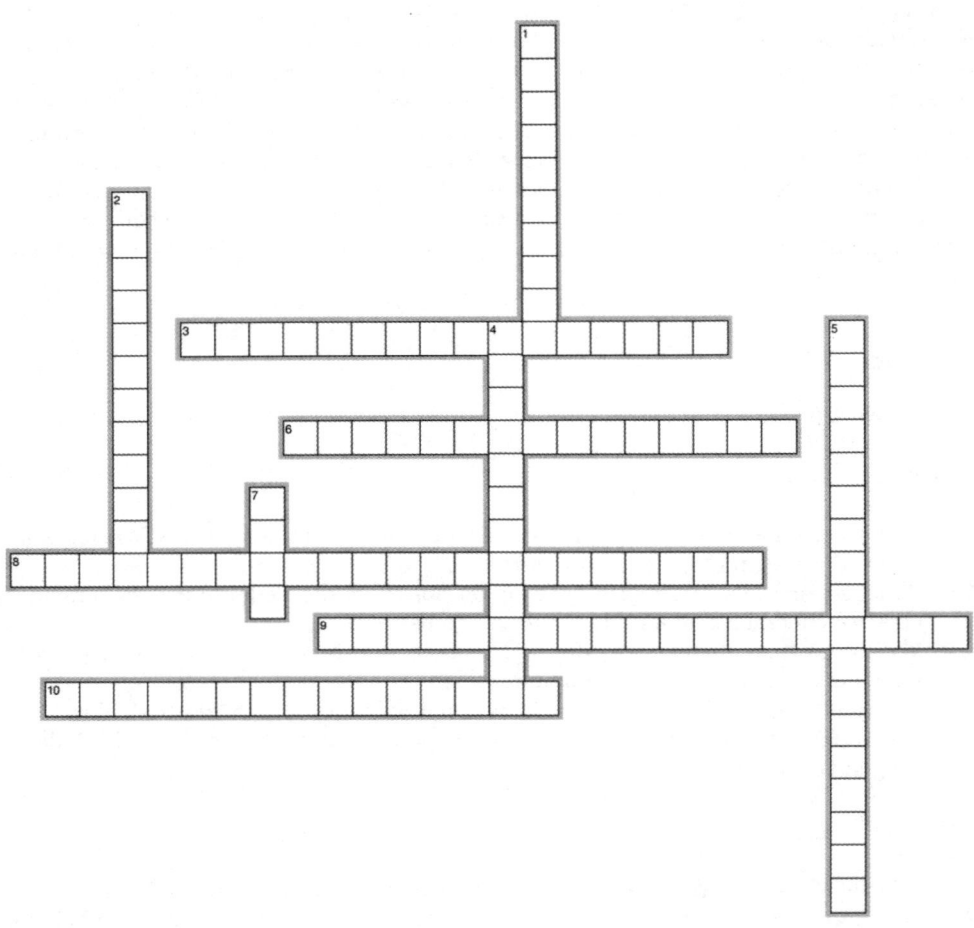

b) Erläutern Sie den Unterschied zwischen der holistischen und der komponentiellen Bedeutungsauffassung.

c) Welche Art(en) von Bedeutungsexplikation liegt/liegen im folgenden Gesprächsbeispiel vor:

Gesprächsbeispiel: Kleines Schwarzes

```
01   Kind:    was heißt ein KLEINES schwarzes?
02   Lotte:   das ist ein schwarzes kleid-
03            äh: das maximal bis zum knie geht.
```

d) Erklären Sie mittels der konversationellen Implikaturen wie Lotte (Zeile 02) die Äußerung von Anton in Zeile 01 verstanden hat:

Gesprächsbeispiel: Schalke

```
01   Anton:   schalke spielt morgen.
02   Lotte:   das wetter ist heute schön.
```

e) Erklären Sie die Sinnkonstitution (Etablierung des gemeinsamen Hintergrundwissens) im folgenden Gesprächsbeispiel:

Gesprächsbeispiel: Sekt

```
01   Anton:   bist du morgen da?
02   Lotte:   WO?
03   Anton:   auf der party bei uschi;
04   Lotte:   ja klaro-
05            ich habe schon ein paar flaschen sekt gekauft.
06   Anton:   schön.
```

f) Erklären Sie den Unterschied zwischen Bedeutungskonstitution und Sinnkonstitution. Verwenden Sie dazu Gesprächsbeispiele.

Kommentierte Literaturhinweise

Eine lesenswerte Einführung in die Semantik: Busse (2009). Deppermann (2001) gelingt die Verbindung zwischen der traditionellen Wortsemantik und der gesprächslinguistischen Sinnkonstitution. Bedeutungskonstitution aus framesemantischer Perspektive wird umfassend in Ziem (2009) vorgestellt. Einen aufschlussreichen Beitrag zur Bedeutungskonstitution des Wortes *Ledersofa* stellt der Aufsatz von Spiegel (1996) dar. Bedeutungskonstitution von Bewertungsadjektiven in der Jugendsprache wird in Deppermann (2006b) untersucht. Hagemann (2014) veranschaulicht, wie konversationelle Implikaturen bei der Erfassung der Sinnkonstitution im Gespräch fruchtbar eingesetzt werden können.

12 Schlüsselwörter

12.1 Ziele und Warm-up

Im vorangegangenen Kapitel befassten wir uns mit Wortsemantik und der Bedeutungskonstitution. Diese Themenbereiche liefern eine gute Basis für die Auseinandersetzung mit Schlüsselwörtern, denn der Begriff ist nicht grammatisch, auch nicht phonologisch, sondern eben semantisch bestimmt. Es handelt sich um eine bestimmte Art von Wörtern, welche eine besondere Bedeutung aufweisen. Wie in diesem Kapitel noch ausführlich thematisiert wird, können Wörter, die nicht zu Schlüsselwörtern gezählt werden, in einem konkreten Gespräch einen Schlüsselwortstatus erhalten. Daraus resultieren Fragen:

- Was sind Schlüsselwörter?
- Welche Arten von Schlüsselwörtern gibt es?
- Wie lässt sich die Bedeutungskonstitution von Schlüsselwörtern beschreiben?

Anschließend soll an einem konkreten Beispiel veranschaulicht werden, wie ein Schlüsselwort analysiert werden kann.

 Aktivieren Sie Ihr Vorwissen bezüglich der Schlüsselwörter: Haben Sie über Schlüsselwörter bereits etwas gelesen/gehört? Wenn ja, was? Wenn nicht: Was glauben Sie, welche Eigenschaften können Schlüsselwörter haben?

12.2 Der Schlüsselwort-Begriff innerhalb der Linguistik

Schlüsselwörter werden auch SYMBOLWÖRTER (Toman-Banke 1996), LEITVOKABELN (Böke 1996) oder auch KONTROVERSE BEGRIFFE (Stötzel/Wengeler 1995) genannt. Zu den meist diskutierten Schlüsselwörtern innerhalb unserer Gesellschaft und innerhalb der Linguistik gehört wohl in der letzten Zeit das Wort *Globalisierung*. Solche Wörter werden in unserer Gesellschaft kontrovers diskutiert und sind emotional geladen. Sie tauchen in unterschiedlichsten Zusammenhängen auf und sind deshalb mit verschiedenen semantischen Gehalten besetzt. Sie können als Indikatoren für gesellschaftliche Denkweisen dienen (vgl. Liebert 2003, S. 1).

Innerhalb der Linguistik gibt es unterschiedliche Auffassungen von Schlüsselwörtern: Die LEXIKOLOGISCHE DEUTUNG bestimmt Schlüsselwörter als etwas Statisches. Die GESPRÄCHSLINGUISTISCHE AUSLEGUNG versteht Schlüsselwörter als etwas Dynamisches. Laut der statischen Auffassung sind Schlüsselwörter gegeben und müssen beschrieben und charakterisiert werden. Die Vertreter dynamischer Auffassung (Gesprächslinguisten) interessieren sich insbesondere für Sinnveränderung von bestehenden Schlüsselwörtern oder Entstehung von neuen Schlüsselwörtern in einer konkreten Gesprächssituation (*Momentum-Perspektive*). Zwischen diesen beiden Extremen gibt es auch eine DISKURSLINGUISTISCHE SICHT, welche, wie die gesprächslinguistische Sicht, eine dynamische Perspektive auf Schlüsselwörter einnimmt, diese aber aus einer geschichtlichen Perspektive betrachtet. Die diskurslinguistische Sicht auf Schlüsselwörter (vgl. Böke 1996, Liebert 2003) fokussiert somit die Entwicklung von Schlüsselwörtern über Jahrzehnte und Jahrhunderte hinweg, während die Gesprächslinguistik die Entstehung bzw. Modifikation von Schlüsselwörtern innerhalb eines Gesprächs in den Fokus nimmt. Natürlich können auch vom Gesprächslinguisten mehrere Gespräche herangezogen werden, welche zeitlich auseinander liegen. Das ist aber nicht der entscheidende Punkt. Das Augenmerk einer gesprächslinguistischen Analyse von Schlüsselwörtern liegt auf einer qualitativen Untersuchung vom Schlüsselwortgebrauch innerhalb eines einzelnen Gesprächs. Es ist wichtig, anzumerken, dass keine dieser Auffassungen bzw. Schwerpunkte falsch oder verwerflich ist. Es ist vielmehr so, dass jede dieser Perspektiven mit einem Puzzleteil vergleichbar ist, deren Zusammensetzen ein vollständiges Bild ergibt.

Zusammenfassend lässt sich sagen: Ziel der gesprächslinguistischen Untersuchung ist es, die Herausbildung des kommunikativen Sinns der Schlüsselwörter im konkreten Gespräch zu erfassen und zu beschreiben.

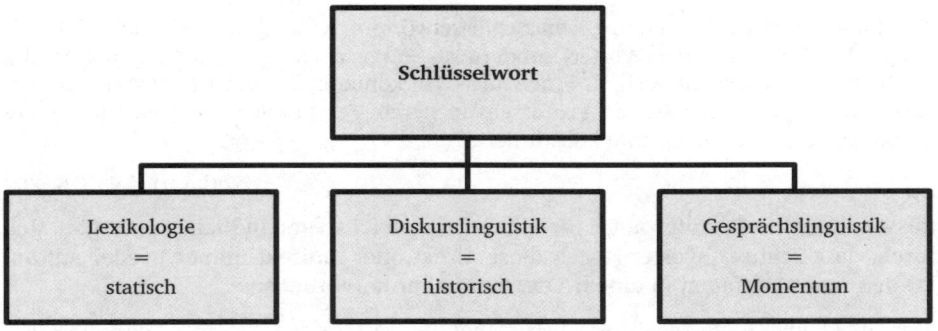

Abb. 33: Die verschiedenen Schlüsselwort-Auffassungen innerhalb der Linguistik

12.3   Was ist ein Schlüsselwort?

Da es sich hier um eine gesprächslinguistische Einführung handelt, wird im Folgenden insbesondere der Momentum-Ansatz genauer beschrieben. Es muss angemerkt werden, dass innerhalb der Gesprächslinguistik nicht die Meinung vertreten wird, dass es keine Schlüsselwörter außerhalb des konkreten Sprachgebrauchs gibt. Schlüsselwörter, die sich bereits in unserer Gesellschaft etabliert haben, gibt es sehr wohl, wie die bereits genannte *Globalisierung* oder auch *Finanzkrise, Pazifismus, Freiheit, Gerechtigkeit, Recht auf Selbstbestimmung, Sozialabbau, Diktatur, Rassismus* etc. Sie haben unabhängig von ihrer konkreten Verwendung einen Schlüsselwortstatus. Der Gesprächslinguist ist erstens offen für mögliche Sinnabwandlungen des bereits etablierten Schlüsselwortes im konkreten Gespräch, zudem für das spontane (ad hoc) Herausbilden von Schlüsselworten, welchen an sich kein Schlüsselwortstatus zugesprochen wird. So können beispielsweise die Ausdrücke *Dioxin, Wohlfühlen* oder auch *Skepsis* in einer bestimmten Diskussion einen Schlüsselwortstatus erhalten, obwohl diese Lexeme zunächst nicht zu Schlüsselwörtern gezählt werden (vgl. Spranz-Fogasy 1992; Nothdurft 1998).

Schlüsselwörter sind also sprachliche Ausdrücke, die in einem Kommunikations-prozess einen besonderen, hervorgehobenen Status erlangen. Sie entspringen interaktiven Prozessen, in denen und durch welche sie eine besondere Relevanz erhalten. Die Prozesse, in denen ein Wort zum Schlüsselwort wird, nennt man auch Sinn- oder Bedeutungskonstitution. Durch die Aktivitäten der Gesprächsteilnehmer findet ein sogenannter ANREICHERUNGSPROZESS/LADUNGSPROZESS statt. Die verschiedenen Teilnehmer eines Gesprächs reichern einen Ausdruck durch verbale und nonverbale Mittel an und fügen ihm somit neue Sinnaspekte hinzu. Gesichtsausdrücke, Bewegungen oder auch die Betonung eines Ausdrucks tragen stark dazu bei, wie ein Ausdruck von anderen Gesprächsteilnehmern aufgenommen und verstanden wird. Die eben beschriebenen Praktiken der semantischen Anreicherung von Wörtern im Gespräch werden KONTEXTUALISIERUNG (= SINNKONSTITUTION) genannt. Je stärker ein Wort in einem Gespräch mit Kontext-Aspekten angereichert wird und je bedeutender diese für die Beteiligten sind, desto eher bekommt ein Ausdruck eine zentrale Funktion und wird zu einem Fixpunkt, einem Schlüsselwort (Spiegel 1994).

> Die Frage nach der Bedeutung von Schlüsselwörtern wird also verstanden nicht als Frage der Bedeutung der Wörter, sondern als Frage nach dem Kontext, in dem das Schlüsselwort auftaucht, also als Frage nach den kommunikativen Handlungen der Beteiligten und den interaktiven Prozessen, in deren Verlauf sich die Bedeutung eines Schlüsselwortes verändert und konstituiert.
>
> Nothdurft 1998, S. 262

Schlüsselwörter sind häufig auch für einen Laien leicht verständlich. Das ergibt sich dadurch, dass Schlüsselwörter (wenn diese direkt oder indirekt immer wieder auftauchen) den roten Leitfaden in einem Text deutlicher hervorheben.

> Der Effekt von Schlüsselwörtern beruht darauf, dass (aufgrund eines speziellen Passungsverhältnisses der Schlüsselwörter in bestimmte interaktive Kontexte) der Eindruck entsteht, das Wort wäre ein die Sache besonders treffender Ausdruck, ein die Sache angemessen bezeichnendes Wort.
>
> Nothdurft 1998, S. 267

Zudem bringen Schlüsselwörter die Dinge auf den Punkt und können dementsprechend komplizierte Erklärungen ersparen. Durch die Verwendung solcher Schlüsselwörter in einem Gespräch oder Text fühlt sich auch der Laie besser informiert. Denn ein Nicht-Experte kann ein Gespräch besser verstehen, wenn er durch die darin vorkommenden Schlüsselwörter in etwa weiß, worum es geht, und sich bei eventuell doch eintretenden unklaren Stellen das Meiste anhand der Schlüsselwörter und des Zusammenhangs erschließen kann. Dadurch werden sprachliche Ausdrücke zu selbständigen kommunikativen Einheiten. Schlüsselwörter sind somit Fixpunkte und dienen der Orientierung.

> Der Sinn eines Schlüsselwortes ist in einem Gespräch nicht immer gleichbleibend, sondern kann sich in den verschiedenen Phasen einer Konversation rasch ändern.

> Da die Bedeutung von Schlüsselwörtern dynamisch ist, kann eine „feste Bedeutung" nur für verschiedene Stadien des Kommunikationsprozesses angegeben werden.
>
> Liebert 1994, S. 4

Es gibt also keinen endgültigen Sinn eines Schlüsselwortes, sondern der Sinn ist von dem jeweiligen Kontext und der Gesprächsphase abhängig, in welchem sich ein Schlüsselwort befindet.

Schlüsselwörter haben für die Kommunikationsbeteiligten außerdem häufig eine emotionale Bedeutung, da diese sprachlichen Ausdrücke innerhalb eines Gesprächs mit Konnotationen (z. B. Werte und Gefühle) geladen werden.

> Schlüsselwörter sollen lexikologische Einheiten sein, die Angel- und Brennpunkt gesell-
> schaftlicher Diskussionen sind, Wörter, die für die Kommunikationsbeteiligten nicht
> einfach „etwas" bedeuten, sondern für sie bedeutsam sind, da sie mit ihren Gefühlen,
> Wünschen und Hoffnungen verbunden sind.
>
> Liebert 1994, S. 4

Es kann auch Schlüsselwörter geben, die für unterschiedlich lange Gesprächsphasen federführend sind um anschließend in den Hintergrund zu treten. Man bezeichnet eine solche Entwicklung auch als die KARRIERE. Außerdem können sich Schlüsselwörter gegenseitig ersetzen oder in einem Verhältnis der Konkurrenz zueinander stehen. Sie können in hitzigen Diskussionen zu Tabuwörtern werden, von den Gesprächsteilnehmern unterschiedlich interpretiert und positiv oder negativ besetzt werden (vgl. Spiegel 1994).

12.4 Schlüsselwörter und die Sprache der Politik

Schlüsselwörter spielen innerhalb der Linguistik insbesondere im Bereich der politischen Sprache eine herausragende Rolle (vgl. Girnth 2002, S. 47f.). Hier werden Schlüsselwörter häufig mit Ideologievokabular gleichgesetzt. Also mit Wörtern, deren Bedeutung von Deutungen und Wertungen bestimmter Gruppen geprägt ist. Die ideologiegeladenen Schlüsselwörter verfügen über drei Funktionen: Sie stellen etwas dar, sie bewerten und sie fordern zu etwas auf (vgl. Girnth 2002, S. 51.).

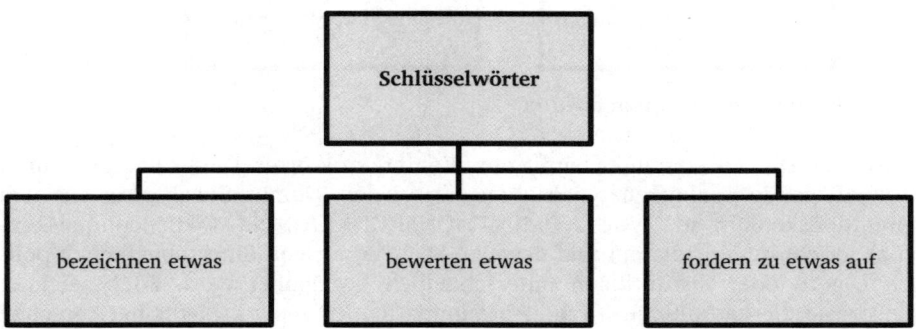

Abb. 34: Funktionen von Schlüsselwörtern

So stellt beispielsweise das Schlüsselwort *Demokratie* eine bestimmte Staatsform dar, es bewertet sie als gute Staatsform und fordert (indirekt) dazu auf, diese Staatsform zu befürworten (vgl. Girnth 2002, S. 18). Jede dieser Funktionen kann in einem Gespräch mehr oder weniger modifiziert werden. So kann die bezeichnende Funktion eines Schlüsselworts insofern verändert werden, als man statt über eine Staatsform über eine Lebensform oder Einstellung spricht. Es ist auch möglich, dass sich innerhalb einer Diskussion eine negative Bewertung der Demokratie konstituiert oder dass die Handlungsanforderung, die Demokratie zu schützen, in die Forderung, sie umzustürzen oder zu ändern, umgedeutet wird.

Man differenziert ebenfalls zwischen Schlüsselwörtern mit positiver und negativer Bewertung. Schlüsselwörter mit positiver Bewertung werden FAHNENWÖRTER (Leitwörter) genannt und solche, die eine negative Bewertung enthalten, heißen STIGMAWÖRTER (Feindwörter). Als Fahnenwort gelten beispielsweise *Gerechtigkeit*, *Freiheit* oder *Demokratie* und als Stigmawörter *Rassismus*, *Fremdenfeindlichkeit* oder *Diktatur*. Oftmals werden Fahnenwörter von den Politikern dazu eingesetzt ihre eigene Partei bzw. ihre Ansichten im positiven Licht darzustellen. Stigmawörter werden wiederum dazu eingesetzt, um die gegnerische Partei im negativen Licht darzustellen. Sie dienen also der Eigengruppen- und Fremdgruppenreferenz (Hermanns 1994, S. 19f.).

Es gibt auch „umkämpfte" Wörter, welche je nachdem, wer sie benutzt, zu Stigma- oder zu Fahnenwort werden. So wird der Ausdruck *Pazifismus* sowohl von Kriegsgegnern als auch von Kriegsbefürwortern eingesetzt. Verwendet es ein klarer Kriegsbefürworter hat der Ausdruck oftmals den Charakter eines Stigmawortes; im Mund eines Kriegsgegners wird das Schlüsselwort hingegen als Fahnenwort kontextualisiert (vgl. Girnth 2002, S. 54).

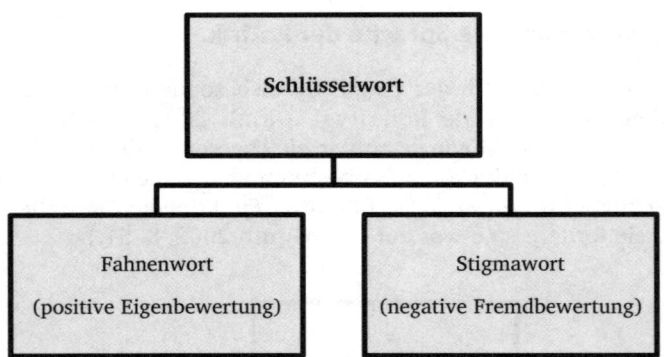

Abb. 35: Fahnenwörter und Stigmawörter

Im politischen Diskurs kommt es häufig zum Kampf um Wörter. Dieser Kampf kann in zwei grundlegende Konkurrenztypen unterteilt werden: Nominationskonkurrenz und Interpretationskonkurrenz. Von NOMINATIONSKONKURRENZ (= Benennungskonkurrenz) spricht man, wenn ein und derselbe Sachverhalt von unterschiedlichen politischen Lagern oder Institutionen unterschiedlich bezeichnet wird. So bezeichnet beispielsweise die katholische Kirche Abtreibung als *Kindsmord*, Mediziner sprechen diesbezüglich von *Schwangerschaftsabbruch*. Ein Linguist kann also an der Bedeutung der verwendeten Bezeichnung ablesen, welche Deutungen und Werte eine bestimmte Gruppe/Schicht etc. prägen (vgl. Girnth 2002, S. 61f.). Bei der Nominationskonkurrenz geht es somit vordergründig um eine alternative Benennung eines Objekts/Sachverhalts zum Zwecke einer (positiven oder negativen) Bewertung.

Die INTERPRETATIONSKONKURRENZ (= Bedeutungskonkurrenz) betrifft wiederum die inhaltliche Ebene eines einzigen Schlüsselwortes. So liegt bei dem eben genannten Beispiel *Pazifismus* eine Interpretationskonkurrenz vor, weil zwei politische Lager ein und denselben Ausdruck unterschiedlich deuten. Interessant für einen Gesprächslinguisten ist es vor allem, wenn er eine Nominationskonkurrenz oder Interpretationskonkurrenz in einem konkreten Gespräch erfassen kann. Denn in einer solchen Situation sind die Deutungen der einzelnen Gesprächspartner oder auch Benennungen von anderen Interaktanten unmittelbar angreifbar, was wiederum eine spontane Reaktion erfordert. Es entsteht ein interaktiv etablierter Sinn, welcher beispielsweise Aufschlüsse über gesellschaftlich präsente Mentalitäten, Einstellungen, Vorurteile etc. liefern kann.

Im Grunde genommen handelt es sich in den beiden Konkurrenzen um Deutungskonkurrenzen. Nur im Falle einer Nominationskonkurrenz werden die wiederstreitenden Sachverhaltsdeutungen durch die verwendeten Ausdrücke (bspw.: *Kindsmord* vs. *Schwangerschaftsabbruch*) manifest, im Falle einer Interpretationskonkurrenz durch die im Gespräch sichtbaren kontroversen Deutungen ein und derselben Schlüsselwortes. Ein Gesprächspartner konstituiert durch seine Kontextualisierungspraktiken eine Deutung, welche mit der Deutung mindestens eines Interaktanten im Konflikt steht.

Identifiziert der Analytiker in einem untersuchten Gespräch eine Nominationskonkurrenz bzw. Interpretationskonkurrenz, kann er davon ausgehen, dass die Ausdrücke, welche die Konkurrenz repräsentieren, eine Schlüsselrolle in diesem Gesprächsausschnitt spielen oder spielen werden.

12.5 Wann wird ein Wort zum Schlüsselwort?

Wie bereits vorangehend erläutert, kann nicht jedes Wort ein Schlüsselwort in einem Gespräch werden. Damit es dazu kommt, muss es von den Gesprächsteilnehmern auf eine besondere Art semantisch angereichert werden. Das folgende Zitat nach Werner Nothdurft skizziert treffend einen klassischen Entstehungsweg eines Schlüsselwortes:

> In einer kontroversen Diskussion gehen die Meinungen hin und her. Gleichzeitig haben alle Beteiligten das Gefühl, im Nebel zu stochern. Plötzlich fällt ein Wort, das aufhorchen läßt, vieles wird auf einen Schlag klarer, die Unübersichtlichkeit weicht der Durchsicht. Das Wort trifft die Sache. Das Wort wird im weiteren Gesprächsverlauf von Anderen aufgegriffen, bestätigt, paraphrasiert, kommentiert. Es gewinnt ein Eigenleben. Die Sache, für die es steht, wird zum Eckpfeiler oder Schlußstein der weitergehenden Meinungsbildung. Das Treffende des Wortes verbürgt die Stabilität der Sache. Davon kann man ausgehen. Das gibt einen stabilen Grund.

Nothdurft 1998, S. 262

Die im Zitat enthaltenen Bedingungen, die erfüllt sein müssen, damit sich ein Schlüsselwort in einem Gespräch herausbilden kann, sollen im Folgenden einzeln genannt werden:

- Das Wort muss auf eine prägnante Art und Weise das Thema oder ein bestimmtes Problem treffen.
- Die Gesprächsbeteiligten müssen das Wort an sich verstehen oder es zumindest vorher erklärt bekommen und es auch verstanden haben, da ansonsten ein Gespräch mit einem unklaren Schlüsselwort nur zu Missverständnissen und weiteren Unklarheiten führen wird. Es sollte möglichst nicht über das Wissensniveau der

Gesprächspartner hinausgehen, denn man kann nicht über ein Wort reden, wenn man die Bedeutung desselben nicht versteht.

- Es sollte auf der anderen Seite flexibel genug sein, um es auch in anderen, auch unüblichen Kontexten verwenden zu können.

- Es werden Wörter genannt, welche zu dem fokussierten Ausdruck in einer semantischen Relation   stehen (bspw.: Synonymie, Polysemie, Antonymie etc.). Dies lässt sie noch stärker hervortreten. Dadurch entsteht ein Wortfeld, in dem sich die darin enthaltenen Wörter wechselseitig definieren. Zugleich wird dem fokussierten Wort durch die Schaffung klarer Grenzen zu anderen (benachbarten) Begriffen eine besondere Qualität verliehen.

- Die Bedeutung des Wortes wird durch metaphorische Umschreibungen insbesondere durch emotionalisierende Sinnnuancen geladen. So kann beispielsweise in einer Diskussion zum Thema Finanzkrise der Ausdruck *Banken* durch folgende metaphorische Äußerung emotional geladen werden: *Es werden den Banken Milliarden in den Rachen geschoben.*

- Das Wort kommt häufig vor. Man muss aber anmerken, dass Häufigkeit nur im Zusammenhang mit anderen Bedingungen betrachtet werden muss. Vorkommenshäufigkeit allein ist kein hinreichendes Kriterium.

- In klassischen Fällen wird das Wort prosodisch hervorgehoben. Zum Beispiel durch das Erhöhen der Lautstärke, durch ein langsameres und somit besser verständliches Tempo o. Ä. (Nothdurft 1998).

Im Folgenden werden Kontextualisierungspraktiken beschrieben, die einige der hier genannten Bedingungen aufgreifen und an konkreten Beispielen veranschaulichen.

12.6 Kontextualisierungspraktiken von Schlüsselwörtern

Mit Kontextualisierung ist – wie bereits erwähnt – eine interaktiv hergestellte „Einbettung" der sprachlichen Ausdrücke in einen konkreten Gesprächs- bzw. Verweiszusammenhang gemeint. Kontextualisierung von Schlüsselwörtern kann als eine bestimmte semantische Ladung eines Ausdrucks beschrieben werden, welche im Zuge des Gesprächs geschieht. Man muss zwischen Wörtern unterscheiden, denen per se eine Schlüsselrolle zukommt (Demokratie, Rassismus etc.), und Wörtern, welche erst in einem bestimmten Gespräch durch eine besondere SEMANTISCHE LADUNG eine Schlüsselwortrolle erhalten.

> Die Verständigung über Sachverhalte geschieht in verbaler Interaktion mittels sprachlicher Ausdrücke. Deren Bedeutung ist jedoch nicht qua Erwähnung „da" i.S. einer für alle Interaktionsteilnehmer gültigen und kulturell übergreifenden protointeraktionalen Bedeutungsimplikation einer Phonemkonfiguration. Vielmehr gewinnen sie ihre spezifische Bedeutung-in-der-Interaktion im Zuge einer Interaktion anhand verschiedener Bedeutungsaspekte, die durch Kontextualisierungsleistungen der Interaktionsteilnehmer hergestellt werden.

Spranz-Fogasy 1992, S. 1

Dabei besteht der Verweiszusammenhang vor allem aus dem Inhalt der kotextuell, also sprachimmanent, gegebenen Äußerungen. Es stellt sich an dieser Stelle die Frage, welche Kontextualisierungsaspekte (Bezugspunkte) unterschieden werden können.

Wenn ein Wort in verschiedene Kontexte gestellt wird, geben diese dem Ausdruck einen spezifischen Sinn. Der sprachliche Ausdruck wird hinsichtlich verschiedener Bezugspunkte von den Gesprächsteilnehmern kontextualisiert. Unter Bezugspunkten versteht man Kontextaspekte auf inhaltlicher Ebene, die einem Ausdruck beigegeben werden. Für die Bedeutungsanreicherung ist es wichtig, auf welche Weise die Gesprächsteilnehmer gewisse Ausdrücke in ihren Äußerungen mit Hilfe von Bezugspunkten innerhalb eines Dialogs verankern und wie diese Verankerungen von den anderen Beteiligten gedeutet und aufgenommen werden. Ein sprachlicher Ausdruck wird dann zu einem Schlüsselwort, wenn er in vielen für das Thema relevanten Bezugspunkten in besonderer Weise qualifiziert geladen wird. Diese Ladung gibt Auskunft darüber, welche Bedeutung ein sprachlicher Ausdruck erlangt und woher sie kommt (vgl. Spranz-Fogasay 1992, S. 14f.).

Im Folgenden werden sechs Bezugspunkte nach Spranz-Fogasy[45] (1992, S. 17ff.) vorgestellt:

- VERGLEICHSGEGENSTÄNDE: Darunter wird eine In-Beziehung-Setzung vom untersuchten Ausdruck zu bedeutungsähnlichen bzw. vergleichbaren Ausdrücken verstanden. Das bedeutet, es wird von den Gesprächspartnern ein Wortfeld aufgebaut, in dem das Schlüsselwort einen herausgehobenen Status hat (vgl. Nothdurft 1995, S. 262). Diese Form der Kontextualisierung soll am folgenden Gesprächsbeispiel veranschaulicht werden. Es handelt sich um eine Talkshow-Diskussion zwischen zwei Gästen zum Thema (Finanz-)Krise. Es liegt bereits durch die thematische Vorgabe auf der Hand, dass dem Krisenbegriff in diesem Gespräch eine herausragende Rolle zukommt:

Gesprächsbeispiel: Orkan

```
01    Olaf:    es ist noch ungewiss-
02             ob die krise auf die realwirtschaft durchschlagen wird.
03    Hans:    ich bin aber der überzeugung-
04             dass diese finanzkrise wie ein orkan über deutschland hinweg
               fegen wird;
05             dann werden wir sicherlich MEHR arbeitslose haben als heute-
06             der KLEINE mann wird wieder abgestraft.
```

Dass das Wort *Krise* in diesem Gesprächsbeispiel hinsichtlich der Vergleichsgegenstände kontextualisiert wird, lässt sich zum einen an der Tatsache ablesen, dass hier die Krise (in Zeile 02) in Relation zu Finanzkrise und Realwirtschaft gesetzt wird. Zum anderen wird die Finanzkrise von Hans in Zeile 04 mit einem Orkan verglichen.

- RELEVANZORDNUNG: Dabei wird der zu fokussierende Ausdruck durch kontrastive Darstellungen oder explizite Aussagen hinsichtlich bestimmter Eigenschaften bewertet oder in seiner Relevanz eingestuft. Dazu kann das eben vorgestellte Gesprächsbeispiel „Orkan" erneut herangezogen werden. Durch den Vergleich der Finanzkrise mit einem Orkan hat der Sprecher die Finanzkrise als besonders bedrohlich bewertet. An dieser Stelle sehen wir auch, dass innerhalb einer Aussage mehrere Bezugspunkte aktiviert werden können. Denn der Orkanvergleich gilt

---

[45] Spranz-Fogasy unterscheidet zwischen 17 Bezugspunkten, wovon m. E. die hier genannten sechs zu den wichtigsten gehören.

ebenfalls für den ersten Bezugspunkt – Vergleichsgegenstände. Der Unterschied besteht darin, dass der Bezugspunkt Vergleichsgegenstände nur die reine (wertfreie) In-Relation-Setzung betrifft; bei Relevanzsetzung geht es um eine bestimmte Qualität der Relation, welche kontextualisiert wird. In diesem Fall eine Relation, die die Finanzkrise als ein bedrohliches Naturphänomen veranschaulicht. Die manifeste Gefahr hebt mit anderen Worten die Krise hinsichtlich ihrer Wichtigkeit auf eine höhere Ebene. Dies erhöht die Wahrscheinlichkeit, dass der Begriff in diesem Gespräch eine Schlüsselrolle spielen wird.

- RAUMZEITLICHE VERORTUNG: Hierbei geht es um die raumzeitliche Einordnung von Sachverhalten. Die räumliche Kontextualisierung findet in dem oben genannten Beispiel durch die Spezifizierung der Krise auf den deutschen Raum statt. Die zeitliche Verortung ist beispielsweise an der Aussage von Hans erkennbar, welcher in Zeile 04 seine Aussage in Zukunftsform (`wird`) kontextualisiert und somit das von ihm geschilderte Ereignis als ein noch nicht geschehenes, aber in naher Zukunft mit hoher Wahrscheinlichkeit eintretendes Ereignis beschreibt.

- KAUSALZUSAMMENHANG: Darunter wird die Konstitution des zu untersuchenden Ausdrucks entweder als Ursache oder als Wirkung verstanden. In der Aussage von Hans ist beispielsweise eine Ursache-Wirkungsrelation erkennbar. So nennt Hans die Finanzkrise als die Ursache für die erhöhte Arbeitslosigkeit.

- EPISTEMIE: Hierbei geht es um die Markierung des Gewissheitsgrades der Äußerung, die den zu untersuchenden Ausdruck betrifft. In Zeile 01 relativiert beispielsweise Olaf mit der Äußerung `es ist noch ungewiss ob` die darauffolgende Aussage hinsichtlich des Gewissheitsgrades. Damit wird die Aussage in Zeile 02 in ihrem Faktizitätsgrad abgeschwächt. Mit anderen Worten: Der Inhalt der Äußerung in Zeile 02 muss nach Meinung des Sprechers nicht zwangsläufig eintreten. Hans wiederum kontextualisiert mit der Äußerung in Zeile 03 `ich bin aber der überzeugung dass` die darauffolgende Aussage als eine Tatsache, welche mit hoher Wahrscheinlichkeit eintreten wird.

- GESELLSCHAFTLICHER/SOZIALER HINTERGRUND: Der zu fokussierende Ausdruck wird in solchen Fällen in einen gesellschaftlichen Rahmen gesetzt. In dem oben genannten Beispiel wird in Zeile 05-06 von *Arbeitslosigkeit* oder vom *kleinen Mann* gesprochen. Diese Ausdrücke setzen das Gesagte und somit die Finanzkrise in einen gesellschaftlichen sozialen Rahmen.

All diese Kontextualisierungshinweise bestimmen bzw. beeinflussen den Sinn der Äußerungen der Gesprächsteilnehmer.

12.7 Das Wort *Wohlfühlen* – ein Schlüsselwort?

In diesem Abschnitt sollen die Kontextualisierungspraktiken an einem längeren Gesprächsbeispiel besprochen werden, die zur Herausbildung eines Schlüsselworts beigetragen haben. Als Beispiel dient ein Ausschnitt aus einer Diskussion der Talkshow „Menschen bei Maischberger". Im Rahmen des Themas „Ist Essen die beste Medizin?" befragt die Moderatorin Maischberger die eingeladenen Gäste, darunter Starköchin S. Wiener, Fastenärztin De Tolero, Mediziner W. Bartens und Arzt G. Frank, nach ihren Meinungen. Im gewählten Gesprächsbeispiel geht Maischberger mit ihrer Frage zunächst auf das gesunde Essen (gesunde Lebensmittel) ein und darauf, was es für positive Wirkungen auf den Menschen haben könnte. In diesem Ausschnitt bildet sich allmählich ein Schlüsselwort heraus:

Gesprächsbeispiel: Wohlfühlen

```
01   Moderatorin:   aber grundsätzlich ist in dieser karotte etwas drin-
02                  was mehr bewirkt als dass ich satt werde?
03   Wiener:        ja dass man sich WOHLFÜHLT zum beispiel-
04                  dass es schmeckt und dass man sich seelisch etwas gutes
                    tut;
05                  das ist ja so überhaupt bei allen frischen lebensmitteln-
06                  die adäquat angebaut worden sind-
07                  nämlich so dass sie auch nicht die umwelt auch krank
                    machen.
08                  und wir teil der umwelt sind-
09                  und das dann essen kann eine karotte natürlich das
                    wohlbefinden- (--)
10                  also meine [subjektive gesundheit steigern.]
11   Bartens:              [aber dadurch sind wir genau bei] dem problem-
12                  weil das kann natürlich für viele auch eine tüte chips,
13                  oder eine tafel schokolade oder fastfood-
14                  das wohlfühlen das subjektive empfinden ist sicher sehr
                    wichtig-
15                  um gesund zu werden aber wenn man spaß daran hat;
16                  und gerne isst -
17   Wiener:        ich kenn niemanden der ne tüte chips futtert-
18                  und denkt er fühlt sich wohl.
19   De Tolero:     und wenn er sich wohlfühlt ist es kurzfristig;
20                  wir gucken auf die langfristigkeit der nahrungsmittel und
                    ernährung allgemein-
21                  und ich würde sagen eine karotte kanns nicht machen;
22                  es kommt [drauf an. ]
23   Moderatorin:          [das haben] wir schon
24                  aber ob das eben gleichwertig is.
25   Bartens:       ich sag ja nicht dass das gleichwertig ist-
26                  aber frau wiener hat ja als erstes argument; nicht,
                    irgendwelche inhaltsstoffe genannt-
27                  sondern ich fühle mich WOHL,
28                  das ist etwas frisches das ist subjektiv ein gutes
                    gefühl-
29                  und damit sind wir schon bei einem glaubensbekenntnis-
30                  es geht hier um das GEFÜHL was ich habe beim essen;
31                  und wenn ich mich von all diesen ernährungsratschlägen-
32                  denen ich mich ja kaum entziehen kann-
33                  wenn ich mich von denen frei zu machen versuche-
34                  dann kann auch ich auch bei diesem clichéebild des großes
                    fressens-
35                  wies dieser wunderbare film aus den siebzigern gezeigt
                    hat;
36                  also ähm das schlemmen. ((…))
37                  wenn man sich freut-
38                  und auch mit anderen in geselligkeit isst-
39                  kann mehr spaß machen-
40                  als wenn man sich missmutig brokkoli oder sonst was
                    einverleibt.
41   Wiener:        ich rede nicht von MISSmutigkeit,
42                  wenn man über gesund essen redet-
43                  heißt es immer gleich askese verzicht;
44                  was tun zu müssen um sich ne gesundheit zu erhalten-
45                  äh dem werde ich sehr widersprechen als köchin.
```

```
46    Frank:      also ich möcht mal auf eins eingehen;
47                was frau wiener gesagt hat. (-) das wohlbefinden-
48                es ist so. (-) jeder mensch isst;
49                und jeder hat erfahrung mit essen;
50                jeder hat ne meinung dazu- ((…))
51                also wichtig ist-
52                dass die leute ihre eigenen erfahrungen machen-
53                und das was mir zunächst mal bekommt-
54                womit ich mich wohlfühle;
55                das ist zunächst mal gesund für mich.
```

In diesem Gesprächsbeispiel wirft die Moderatorin die Frage auf, was gesundes Essen für positive Wirkungen auf den Menschen haben könnte. Sie kontextualisiert somit erstens einen bestimmten Themenbereich als besonders relevant (Relevanzordnung), der durch das Essen einer Karotte anschaulich repräsentiert wird.

Daraufhin übernimmt Frau Wiener das Rederecht (Zeile 03) und greift das von der Moderatorin initiierte Teilthema „natürliches Gemüse macht nicht nur satt" auf. Bereits in diesen Zeilen fällt das Wort wohlfühlen und im weiteren Gesprächsverlauf lässt sich verfolgen, wie der Sinn des Wortes aufgebaut bzw. modifiziert wird, sodass es sich zum Schlüsselwort herausbildet. Frau Wiener verwendet das Wort in Zeile 03 in einer hervorgehobenen Betonung (Großschreibung) und versucht anschließend, die Gründe deutlich zu machen, warum das Verzehren frischer Lebensmittel den Menschen gesund macht: Weil er sich dadurch wohlfühlt. An dieser Stelle wird also ein Kausalzusammenhang hergestellt. Das gesunde Essen soll als Ursache für Wohlfühlen gelten. Damit wird das Wort deutlich in den Fokus gestellt.

Die Sprecherin setzt *Wohlfühlen* anschließend in den Zusammenhang mit anderen verwandten Bezeichnungen *schmecken* und *sich seelisch etwas Gutes tun* (Zeile 04), welche als Vergleichsgegenstände das fokussierte Wort genauer bestimmen sollen. Sie konstituiert damit ein semantisches Wohlfühlkonzept: Wohlfühlen bedeutet etwas Leckeres essen und sich dadurch seelisch etwas Gutes tun. Hier wird auch sichtbar, dass der eben genannte Kausalzusammenhang nochmal veranschaulicht wird.

Der Begriff des Wohlfühlens wird von Frau Wiener daraufhin in Zusammenhang mit *umweltfreundlichem Anbau* und *Krankheit* (Zeile 07-08) gesetzt (gesellschaftlicher/sozialer Hintergrund). Dies erhöht den Relevanzgrad des Begriffs *Wohlfühlen* (Relevanzordnung). Somit wird seine Relation zu eigennützigen Aspekten (etwas Leckeres essen, sich etwas Gutes tun) um eine zu selbstlosen Werten, hier der Umweltschonung, erweitert. Das Wortfeld, in dem der Wohlfühlbegriff kontextualisiert wird, wächst also allmählich und definiert zugleich das fokussierte Wort. Mit der abschließenden Erwähnung, dass es sich schlussendlich um subjektive Gesundheit und Wohlbefinden handelt, die als Synonyme für das *Wohlfühlen* (Vergleichsgegenstände) gelten sollen, wird das Wortfeld weiter entfaltet.

Auf diese Aussage geht daraufhin ein anderer Gesprächsteilnehmer, der Mediziner Bartens, ein und spricht das *Wohlbefinden* an, was er als sehr wichtig ansieht (Relevanzordnung), erläutert aber eine problematische Schlussfolgerung, die er in der Aussage der Vorrednerin erkennt. Indem er sagt, dass Wohlbefinden nicht unbedingt mit gesundem Essen einhergehen muss, modifiziert er das von Wiener evozierte Konzept des Wohlbefindens. Hierbei eröffnet sich eine neue semantische Ebene für den Wohlfühlbegriff. Mit den Worten wie spaß und gerne (essen) gibt der Sprecher dem Schlüsselwort *Wohlfühlen* einen anderen Sinn, indem er das Wohlfühlkonzept mit einem hedonistischen Denkmuster verbindet. Zusätzlich unterscheidet er zwischen der Freude am Essen und der Missmutigkeit durch das gezwungene Essen von gesunden Lebensmitteln.

Dieser Äußerung widerspricht Frau Wiener mit den Worten ich kenn niemanden der ne tüte chips futtert- und denkt er fühlt sich wohl in Zeile 17-18. Auch hier wird die Betonung des Schlüsselwortes deutlich und zeigt sich anschließend in der Äußerung einer anderen Gesprächsteilnehmerin: und wenn er sich wohlfühlt ist es kurzfristig; wir gucken auf die langfristigkeit der nahrungsmittel und ernährung allgemein- in Zeile 19-20. Die Sprecherin konstituiert durch den Ausdruck langfristigkeit ein neues semantisches Konzept, denn hier erhält der Begriff *Wohlfühlen* eine zeitliche Dimension: Wohlfühlen bezieht sich auf einen psychischen Zustand, der entweder über einen längeren Zeitraum gewachsen ist oder punktuell eintritt. Dabei wird das längerfristige Wohlfühlen hier als die bevorzugte Variante kontextualisiert. Dies lässt sich der Formulierung wir gucken auf in Zeile 20 entnehmen.

Auf die Frage der Moderatorin, ob beides gleichwertig sei, versucht Bartens seinen Standpunkt genauer zu erläutern und stellt Frau Wieners Erklärung für das Schlüsselwort erneut in Frage (Zeile 25f.). Anschließend erläutert der Sprecher mit den Worten es geht hier um das GEFÜHL was ich habe beim essen sein Verständnis des Schlüsselwortes (Zeile 30). Dies läuft auf den Ausgangspunkt hinaus, dass ausschließlich der in diesem Begriff selbst enthaltene Aspekt des guten Gefühls letztendlich der wichtigste für die Gesundheit sei. Der Sinn des Wortes *Wohlfühlen* wird mit der Äußerungseinheit *Spaß haben, in Geselligkeit essen, Freude* semantisch geladen (Vergleichsgegenstände/sozialer Hintergrund). Der Sprecher setzt mit seiner konkurrierenden Interpretation fort, indem er die Ausdrücke *Geselligkeit* und *Spaß* in den Vordergrund setzt als wenn man sich missmutig brokkoli oder sonst was einverleibt (Zeile 40). An dieser Stelle wird ein neuer Kausalitätszusammenhang hergestellt. Die Relation *Gesundes Essen verursacht Wohlfühlen* wird mit der (offenbar gegensätzlichen) Relation *Gesundes essen verursacht Missmut* in Beziehung gebracht. Durch diese aktivierten Vergleichsgegenstände wird in diesem Gespräch ein semantischer ad-hoc-Gegensatz (Antonymie) erzeugt: Wohlfühlen vs. Missmut.

Nach dieser Meinungsäußerung von Herrn Bartens widerspricht Frau Wiener seiner Aussage. Auch hier taucht die negative Bestimmung auf: ich rede nicht von MISSmutigkeit in Zeile 41. Hiermit und mit den dazu genannten Ausdrücken versucht sie, das Problem des vermeintlich falschen Verständnisses von gesundem Essen zu erklären. Daraufhin spricht nun ein anderer Gesprächsteilnehmer, Frank, das Schlüsselwort an. Wie Bartens widerspricht er der von Wiener etablierten monokausalen Relation *Wohlfühlen heißt gesund essen*: also wichtig ist- dass die leute ihre eigenen erfahrungen machen- und das was mir zunächst mal bekommt- womit ich mich wohlfühle; das ist zunächst mal gesund für mich in Zeile 51. Damit verfestigt er die von Bartens angestoßene multikausale Relation: *Es gibt nicht nur eine Ursache fürs Wohlfühlen.*

Aufgaben

 a) Kreuzworträtsel

waagerecht

6. Zu welcher Art von Schlüsselwörtern gehören folgende Ausdrücke: Rassismus, Fremdenfeindlichkeit und Diktatur?
7. In-Beziehung-Setzung vom untersuchten Ausdruck zu bedeutungsähnlichen bzw. vergleichbaren Ausdrücken.
8. Ein Schlüsselwort wird im Gespräch semantisch ...
9. Eine der Funktionen von Schlüsselwörtern.
10. Darunter wird die Konstitution des zu untersuchenden Ausdrucks entweder als Ursache oder als Wirkung verstanden.

senkrecht

1. Wie werden Schlüsselwörter noch bezeichnet?
2. Welche linguistische Forschungsrichtung betrachtet die Schlüsselwörter als etwas Statisches?
3. Welche linguistische Forschungsrichtung betrachtet ein Schlüsselwort als etwas Dynamisches?
4. Markierung des Gewissheitsgrades der Äußerung, die den zu untersuchenden Ausdruck betrifft.
5. Wie kann Kontextualisierung noch bezeichnet werden?

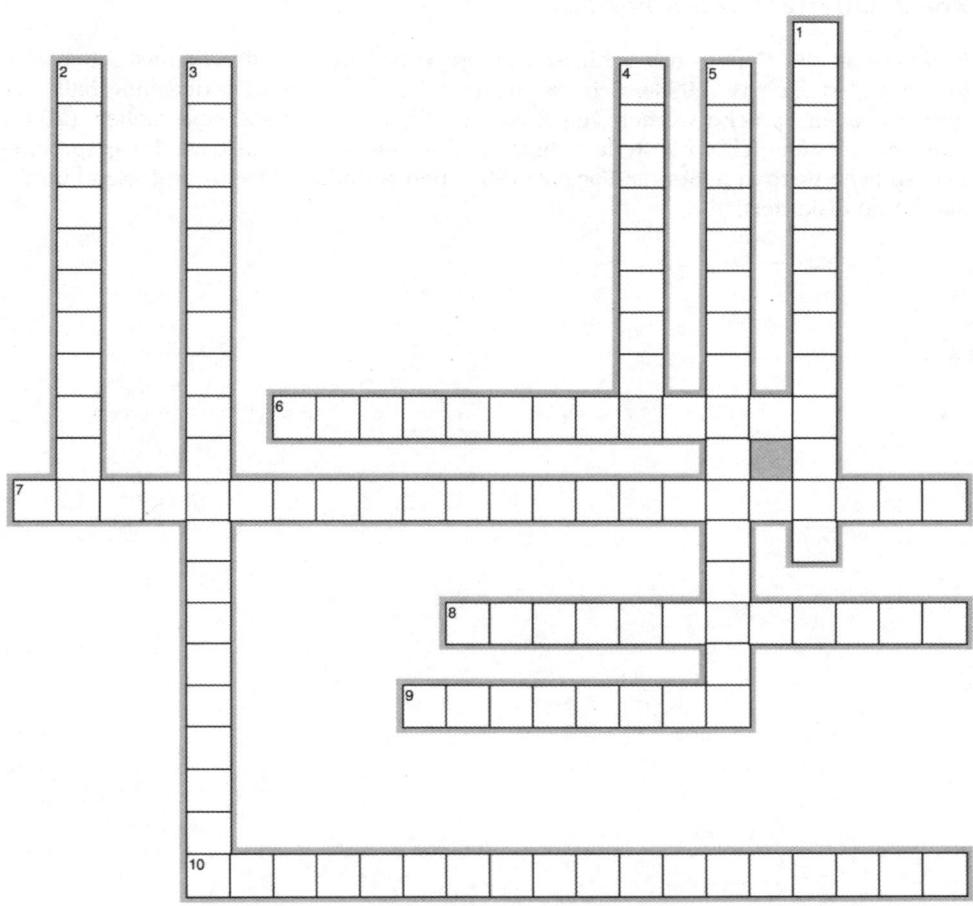

b) Was zeichnet ein Schlüsselwort aus?

c) Wie ist die Aussage zu verstehen, dass ein Wort im Gespräch zum Schlüsselwort werden kann?

d) Nennen und beschreiben Sie die drei Funktionen von Schlüsselwörtern am Beispiel *Diktatur*.

e) In der Analyse des Gesprächsbeispiels „Wohlfühlen" sind viele Kontextualisierungspraktiken nicht thematisiert worden. Finden Sie mindestens drei Bezugspunkte, die in der anschließenden Analyse nicht erwähnt worden sind.

f) Erläutert Sie am Beispiel des Begriffes *Sozialismus* die Unterscheidung zwischen Fahnen- und Stigmawort.

Kommentierte Literaturhinweise

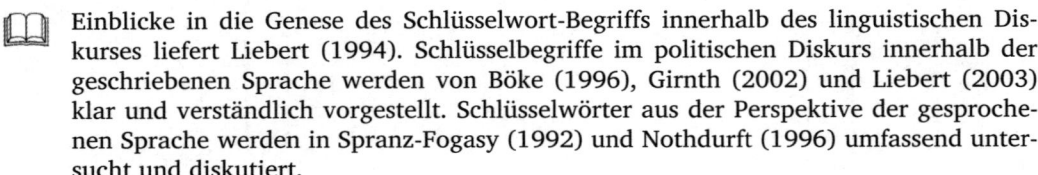 Einblicke in die Genese des Schlüsselwort-Begriffs innerhalb des linguistischen Diskurses liefert Liebert (1994). Schlüsselbegriffe im politischen Diskurs innerhalb der geschriebenen Sprache werden von Böke (1996), Girnth (2002) und Liebert (2003) klar und verständlich vorgestellt. Schlüsselwörter aus der Perspektive der gesprochenen Sprache werden in Spranz-Fogasy (1992) und Nothdurft (1996) umfassend untersucht und diskutiert.

13 Verfahren der Gesprächssteuerung

13.1 Ziele und Warm-up

Gesprächssteuerung ist ein elementarer Bestandteil eines jeden Gesprächs. In der Regel geschieht sie so unauffällig, dass man es kaum wahrnimmt. Manchmal gelangen aber gesprächsführende Aktivitäten an die Gesprächsoberfläche, die beispielsweise durch metakommunikative Äußerungen wie *lass mich bitte ausreden* oder *kann ich vielleicht auch mal was sagen* etc. oder beim Forcieren (vgl. Kallmeyer/Schmitt 1996) manifest werden. Forcieren vollzieht sich normalerweise durch die Verletzung von Höflichkeitsnormen. Wer forciert, kooperiert nicht mehr, sondern versucht, seine eigenen Interessen auf Kosten der anderen Gesprächteilnehmer durchzusetzen. Hervorgehoben werden sollte dabei auch, dass es sich bei den Verfahren der Gesprächssteuerung primär um ein Miteinander handelt und nicht um „Taktiken der Empfängerbeeinflussung" (Schwitalla 1976, S. 78). Leitend für das folgende Kapitel sind die folgenden Fragen:

- Wie lässt sich Gesprächssteuerung näher bestimmen?
- Welche Grundebenen der Gesprächssteuerung gibt es?
- Welche Arten der Gesprächsführung lassen sich unterscheiden?
- Mit welchen Mitteln werden sie realisiert und in welchen Gesprächszusammenhängen?

Überlegen Sie, auf welche strategischen Mittel sie zurückgreifen, wenn jemand Ihnen die Sprecherrolle abnehmen will, obwohl Sie weitersprechen möchten.

13.2 Was ist Gesprächssteuerung?

Gesprächssteuerung kann als eine Gesprächsbeeinflussung beschrieben werden, welche auf mehreren Ebenen stattfinden kann (oftmals parallel). Zu den wichtigsten Aktivitätsebenen, auf denen Gesprächsführung stattfindet, gehören die folgenden drei (vgl. Kallmeyer/Schmitt 1996):

- Gesprächsorganisation
- Themenorganisation
- Handlungskonstitution

Gesprächsorganisation bezieht sich insbesondere auf die Lenkung des Rederechts. Unter Themenorganisation ist die Möglichkeit der Gesprächspartner zu verstehen Einfluss darauf zu nehmen, worüber gesprochen wird. Handlungskonstitution verweist auf die Beeinflussung der Handlungen der Gesprächspartner, wobei anzumerken ist, dass mit Handlungen hier insbesondere Sprechhandlungen (Antworten, Rechtfertigungen etc.) gemeint sind.

Gesprächsführung kann sowohl verbal, paraverbal (prosodisch) oder kinesisch (nonverbal) erfolgen[46] (vgl. Ehlich/Rehbein 1982).

13.2.1 Steuerung auf lokaler und globaler Ebene

Man kann Gesprächssteuerung aus zwei verschiedenen Sichtweisen betrachten. Einerseits lässt sie sich lokal untersuchen. Hierbei handelt es sich um Gesprächssteuerungspraktiken, welche die sequenzielle Ebene betreffen (Sprecherwechsel). Auf der anderen Seite findet Steuerung jedoch auch auf der globalen Ebene statt, indem bestimmte Beeinflussungspraktiken mehrere Sequenzen oder gar Gesprächsphasen betreffen (Bspw.: Wechsel von einem Interview zu einem privaten Gespräch). So hat beispielsweise ein Moderator in einer Talkshow vornehmlich die Rolle, das Gespräch insbesondere auf der globalen Ebene zu steuern.

13.2.2 Asymmetrie und Dominanz

Steuerung findet sowohl in Alltagsgesprächen als auch in institutionellen Situationen statt, wobei ihre Ausgestaltung je nach Fall unterschiedlich ausfallen kann. In institutionellen Situationen kommt es beispielsweise oftmals vor, dass der Ablauf eines Gesprächs und die Gesprächsgegenstände bereits vorher festgeschrieben sind (vgl. Mönnich 2004, S. 62).

Tiittula weist darauf hin, dass Steuerung in einem engen Zusammenhang mit Asymmetrie steht. ASYMMETRIE ist eine Eigenschaft, die bis zu einem gewissen Grad in jeder noch so kleinen Gesprächseinheit beobachtbar ist und das Zustandekommen von Gesprächen überhaupt erst möglich macht. Asymmetrien können sowohl auf lokaler als auch auf globaler Ebene vorkommen (vgl. Linell/Luckmann 1991). Auf lokaler Ebene werden Asymmetrien in Paarsequenzen sichtbar. Dabei weisen Sequenzen einen unterschiedlichen Grad an Asymmetrie auf: Bei Begrüßung und Gegengruß ist die Asymmetrie nur gering, während sie bei einem Versprechen und Akzeptierung des Versprechens um einiges größer ist. Das Auftreten von Asymmetrien auf lokaler Ebene ist stark mit dem Sprecher- und Hörerstatus der Gesprächteilnehmer verknüpft, der schon an sich eine asymmetrische Erscheinung darstellt (vgl. Tiittula 2001, S. 1362).

Auf globaler Ebene lässt sich erkennen, dass besonders Gespräche in institutionellen Situationen (Arbeitsamt, mündliche Prüfung etc.) aufgrund der unterschiedlichen Beteiligungsrollen sowie der Verteilung der Redebeiträge asymmetrisch sind. Auch Wissensdifferenzen zwischen den Gesprächteilnehmern spielen eine Rolle – zum Beispiel in einer Laien-Experten-Kommunikation. Obwohl die festgelegten Beteiligungsformen in institutionellen Situationen oft eine gewisse Flexibilität bieten, wenn beispielsweise der Interviewte in einem Interview eine Frage an den Interviewenden stellt, so werden dennoch die vorher festgelegten Muster recht schnell wieder hergestellt und alles verläuft wieder seinen gewohnten Weg – der Interviewer setzt mit seinem Fragenkatalog fort.

Auf der globalen Ebene kann Steuerung auch zur Dominanz führen, die sich unter anderem durch eine quantitative Dominanz und interaktive Dominanz manifestiert (vgl. Linell 1990, S. 158). QUANTITATIVE DOMINANZ bezieht sich auf die Menge des Gesprochenen der einzelnen Gesprächteilnehmer. Bei der INTERAKTIVEN DO-

---

[46] Siehe Kapitel 14.

MINANZ hingegen geht es um die Verteilung von „starken" und „schwachen" Handlungen. Sie ist für die Gesprächssteuerung besonders von Bedeutung, denn der Sprecher versucht hier, seine Gesprächspartner „zur Reaktion unter spezifischen Bedingungen zu bringen" (Tiittula 2001, S. 1362). Dazu werden sowohl kontrollierende Züge als auch verhindernde Züge verwendet. Während mit kontrollierenden Aktivitäten die sprachlichen Handlungen des Gesprächspartners evaluiert, ratifiziert und disqualifiziert werden, werden mit verhindernden Aktivitäten seine Beteiligungsmöglichkeiten eingeschränkt.

13.3 Gesprächsorganisation

Gesprächsorganisation (*Floormanagement*) bezieht sich auf die Aktivitäten der Gesprächspartner, die die Sprecherrolle betreffen. Es werden drei Arten der Gesprächsorganisation unterschieden:

- Gesprächsschritteroberung (*gaining-the-floor*)
- Gesprächsschrittbeibehaltung (*keeping-the-floor*)
- Gesprächsschrittübergabe (*yielding-the-floor*)

Im Folgenden werden die einzelnen Arten der Gesprächsorganisation erläutert.

13.3.1 Gesprächsschritteroberung

Bei GESPRÄCHSSCHRITTEROBERUNG übernimmt der Gesprächspartner die Sprecherrolle ohne vorliegende Fremdwahl (also per Selbstwahl), während der bisherige Sprecher seinen Beitrag noch weiter zu entfalten beabsichtigte.

Gesprächsschritteroberung wird typischerweise durch folgende Aktivitäten durchgeführt/erreicht:

- Verbale Ebene: Startsignale: *ja, also, wissen sie, ich mein* / Zustimmungssignale: *sie haben Recht, natürlich, klar*
- Paraverbale Ebene (Prosodie): erhöhte Lautstärke, auffälliges Luftholen
- Kinesische (nonverbale) Ebene: Hand heben, Mund öffnen, den Sprechenden anschauen

In der Regel erfolgt eine Gesprächsschritteroberung an einer übergaberelevanten Stelle.[47] Wenn aber der Gesprächspartner eine besondere Dringlichkeit zum Ausdruck bringen will oder in Fällen des FORCIERENS, kann diese implizite Regel gebrochen werden.

Häufig hat eine Gesprächschritteroberung eine Vorgeschichte, d. h. sie bahnt sich kleinschrittig an, bevor sie schlussendlich eintritt. Mit anderen Worten: Der Gesprächsschritteroberer signalisiert dem aktuellen Sprecher im Vorfeld (rederechtbeanspruchende) Signale,[48] die ihn auf das abzusehende Ende seines Gesprächsschritts vorbereiten sollen.

---

[47] Siehe Kapitel 4.
[48] Siehe Kapitel 4.

Gesprächsbeispiel: Brief_1

```
01   Lotte:    ich glaub wir müssen uns nochmal über den brief unterhalten-
02             du hast da [=ein] paar FEHler [eingebaut; ]
03 ->Anton:               [mhm:]              [na ja aber\]
04   Lotte:    also [ich finde das kann so nicht] [stehen bleiben.      ]
05   Anton:         [((hebt seine rechte Hand))  ] [°hh ja: aber ich äh-]
06             ich bin nicht der meinung
07             ich finde das eigentlich okay;
08             so wie es ist.
```

Anton hat in diesem Gesprächsbeispiel in Zeile 05 eine Gesprächsschritteroberung vollzogen. Die endgültige Eroberung des Rederechts ist erstens durch das Einatmen (Prosodie) und die Partikel *ja* eingeleitet worden. Wie man dem Beispiel entnehmen kann, hat die Gesprächsschritteroberung eine Vorgeschichte. Bereits in Zeile 03 deutet sich auf der verbalen Ebene durch die Hörersignale/Einwürfe eine Eroberung des Rederechts an. Dass dies kein Einzelfall ist, hebt Bengt Oreström (1983) im folgenden Zitat hervor:

> Insofern ist eine solche Anwartschaft auf die zukünftige Sprecherinnenrolle, ein „Sich-Anstellen" in Form von bestätigenden Einwürfen, zu vergleichen mit einer erhobenen Hand im Klassenzimmer.

> Oreström 1983, S. 124

Im ersten Teil der Zeile 05 deutet Anton über den kinesischen Kanal bereits eindeutig an, dass er in Kürze den Versuch unternehmen wird, die Sprecherrolle zu übernehmen. Solche Vorzeichen ermöglichen dem Gesprächspartner, sich mit dem Verlust der Sprecherrolle zu arrangieren (bspw.: zu versuchen den Gesprächsschritt abzukürzen) bzw. geben ihm die Möglichkeit, zu signalisieren, dass er an dieser Stelle die Sprecherrolle nicht abgeben will. Ohne eine solche Vorgeschichte könnte sich der Gesprächspartner schnell vor den Kopf gestoßen fühlen. Die eben beschriebenen Vorboten einer Gesprächsschritteroberung haben dementsprechend eine gesichtswahrende Funktion.

13.3.2 Gesprächsschrittbeibehaltung

Ein typischer Fall einer Gesprächsschrittbeibehaltung liegt vor, wenn der Sprecher einen Gesprächsschritteroberungsversuch erfolgreich abgewehrt hat. Ein weniger auffälliger Fall der Gesprächschrittbeibehaltung liegt auch vor, wenn der aktuelle Sprecher die übergaberelavanten Stellen so gestaltet, dass die Hörer erkennen, dass er nicht beabsichtigt, die Sprecherrolle abzugeben. An jeder übergaberelevanten Stelle muss nämlich das Rederecht neu ausgehandelt werden[49]. Mit anderen Worten: Zeigt der Sprecher nicht eindeutig an der kommenden übergaberelevanten Stelle an, dass er das Rederecht behalten will, kann es passieren, dass er die Sprecherrolle abgeben muss bzw. mit störenden gesprächsschrittbeanspruchenden Signalen konfrontiert wird (vgl. Kallmeyer 1978).

---

[49]   Siehe Kapitel 4.

Gesprächsschrittbeibehaltung wird typischerweise durch folgende Aktivitäten erreicht:

- Verbale Ebene: Verzögerungssignale *äh* oder *ähm* / Fortsetzungssignale: *weil* oder *erstens, zunächst (ein)mal*
- Paraverbale Ebene (Prosodie): erhöhte Lautstärke, schnelleres Sprechen, Lautdehnungen
- Kinesische (nonverbale) Ebene: abwehrende Handbewegungen, Vermeiden von Blickkontakt

Um einen Gesprächsschritt beizubehalten, werden zum Beispiel kleine Pausen bei Formulierungsschwierigkeiten mit Verzögerungssignalen *äh* oder *ähm* gefüllt, welche auch als Häsitationsmarker bezeichnet werden. Eine weitere Möglichkeit der Verzögerung ist das irreguläre Dehnen von Silben, wodurch der Sprecher seine Intention deutlich macht, den Gesprächsschritt fortzuführen.

Gesprächsbeispiel: Brief_2

```
01    Lotte:    ich glaub wir müssen uns nochmal über den brief unterhalten-
02 ->           du hast [da:: ein  [paar sachen <<all>falsch gemacht ähm-
03    Anton:            [hmh:      [na ja-
04    Lotte:    (.)zum beispiel hier im zweiten abschnitt.>
```

Neben der auffälligen Dehnung der Silben hat Lotte, nachdem Sie in Zeile 03 bemerkt hat, dass Anton die Sprecherrolle übernehmen will, ihr Sprechtempo deutlich erhöht, was Anton zusätzlich zu verstehen gegeben hat, dass sie die Sprecherrolle ohne ein gesichtsverletzendes Forcieren nicht abgeben will.

Um den Gesprächsschritt beizubehalten, werden gelegentlich übergaberelevante Stellen übergangen. Man erreicht dies beispielsweise durch Subjunktionen, welche in diesem Fall die Beitragsfortsetzung signalisieren sollen:

Gesprächsbeispiel: Brief_3

```
01    Lotte:    ich glaub wir müssen uns nochmal über den brief unterhalten-
02 ->           weil du hast (--) [wei]l du äh- (1.0)
03    Anton:                      [ja,]
04    Lotte:    du hast [da:: ein ]paar sachen falsch gemacht- ähm;
05    Anton:            [hmh: ja:.]
```

Mit den beiden mit *weil* eingeleiteten Einheiten in Zeile 02 signalisiert Lotte, dass sie ihren Beitrag ausbauen will und dass sie nicht gewillt ist, die Sprecherrolle abzugeben, was auch von Anton in Zeile 03 durch ein Aufmerksamkeit signalisierendes *ja* bestätigt wird.

13.3.3 Gesprächsschrittübergabe

Bei der Gesprächsschrittübergabe gibt der Sprecher hingegen Signale, die dem Gegenüber anzeigen, dass er die Sprecherrolle abgeben will. Im alltäglichen Gespräch sind die Merkmale einfacher zu erkennen, als in Diskussionen, da die Sprecher in

Diskussionen hauptsächlich ihre Meinung darbieten wollen und oft versuchen, die Abgabe des Gesprächsschritts zu vermeiden.

Gesprächsschrittübergabe wird typischerweise durch folgende Aktivitäten erreicht:

- Verbale Ebene: Fragen: Was hältst du denn davon? / Übergabesignale: ... *oder?*, ... *nicht wahr?*, *gell?*
- Paraverbale Ebene (Prosodie): fallende Intonation, auffällige Pausen
- Kinesische (nonverbale) Ebene: auffordernde Handbewegungen, Herstellung von Blickkontakt

Durch eine aktive Wahl des nächsten Sprechers (Fremdwahl) wird dem Gegenüber erleichtert, die Sprecherrolle gesichtswahrend zu übernehmen – der Sprecherwechsel verläuft in solchen Fällen glatt. Im folgenden Beispiel signalisiert Lotte mit der steigend intonierten Partikel *oder* in Zeile 02 und ihrer nonverbalen Handlung in Zeile 03 ihre Bereitschaft, die Sprecherrolle zu übergeben:

Gesprächsbeispiel: Wetter

```
01    Lotte:    das wetter war nicht der bringer;
02 ->           aber der URLAUB war dennoch schön- (-) oder?
03 ->           ((Schaut den Anton an))
04    Anton:    ja ne äh (-) ich mein jajn
```

13.4 Unterbrechungen

Wenn der Hörer dem Sprecher auf eine unkooperative Art und Weise ins Wort fällt und dadurch die Sprecherrolle an sich reißt, spricht man von einer Unterbrechung. Bei Unterbrechung liegt immer Selbstwahl vor, in der dem aktuellen Sprecher die Möglichkeit genommen wird, seinen Turn wie von ihm geplant zu vollenden. Dazu das folgende Gesprächsbeispiel:

Gesprächsbeispiel: Apfelsaft_1

```
01    Lotte:    ich mag apfelsaft lieber als orangensaft,
02              ich [mag einfach,]
03 ->Anton:         [nein ich mag] orangensaft lieber-
04              der ist einfach nur L:ECKER;
```

In diesem Ausschnitt unterbricht Anton Lotte, um zu sagen, dass er Orangensaft lieber mag als Apfelsaft. Anton wartet nicht Lottes Beendigung des Turns ab, nach einer kurzen Phase des simultanen Sprechens bricht Lotte ihren Turn ab und überlässt Anton allein das Wort. Er hat also erfolgreich eine Unterbrechung durchgeführt.

Eine Unterbrechung kann man anhand verschiedener Merkmale erkennen. Erstens sind Unterbrechungen oft fragmentarischer Natur und wiederholen einen Teil des bereits Gesagten, um deutlich zu machen, worauf sich die Unterbrechung bezieht. So beginnt Anton in dem eben genannten Gesprächsbeispiel seinen Turn mit einer ähnlichen Konstruktion wie Lotte. Zweitens kann man eine Unterbrechung durch metakommunikative Bemerkungen einleiten, wie zum Beispiel *Entschuldigung, ich spreche jetzt*. Ein drittes Merkmal, durch das man Unterbrechungen erkennen kann, sind non-, beziehungsweise paraverbale Mittel. Nonverbale Mittel können leichte Berührungen sein, paraverbale Mittel bezeichnen zum Beispiel Lautstärke und das Sprechtempo des Unterbrechenden (vgl. Jahnel 2000, S. 103).

Bei Unterbrechungen lassen sich verschiedene Arten ausmachen. Zuallererst ist nicht jedes simultane Sprechen eine Unterbrechung. Oftmals wird der Turn einfach nur zu früh übernommen, oder man gibt kurze Kommentare ab, bekundet sein Interesse oder Ähnliches (Hörersignale).

Man unterscheidet zwischen fünf verschiedenen Arten von Unterbrechungen:

- Die erste ist ein VERFRÜHTER SPRECHEINSATZ (a). Diese Unterbrechung kann dazu dienen, uninteressantere Stellen zu verkürzen:

Gesprächsbeispiel: Ich weiß es

```
01    Anton:    du glaubst dass [diese\ (   )]
02 ->Lotte:                     [ich glaube ni]cht-
03              ich WEIß es.
```

Das Beispiel zeigt den verfrühten Sprecheinsatz von Lotte. Sie weiß bereits, was Anton sagen möchte, und unterbricht deshalb seinen Gesprächsschritt.

- Die nächste Art der Unterbrechung ist die UNTERBRECHUNG AUFGRUND EINES WIDERSPRUCHS (b). Es wird sofort auf den vorhergehenden Teil geantwortet, was notwendig sein kann, um dem Widerspruch nicht seine Gültigkeit zu nehmen oder ihn unpassend werden zu lassen. Sollte zu spät widersprochen werden, kann es mitunter passieren, dass der Grund der Unterbrechung unklar bleibt. Des Weiteren sollte der Kontext der Unterbrechung deutlich gemacht werden, zum Beispiel durch direkte Ansprache.

Gesprächsbeispiel: Serie

```
01    Lotte:    ja da läuft diese neue serie auf sat eins-
02              die mit den kühen;
03              die ist ECHT [gut- da (-) spi]el\
04 ->Anton:                  [nicht sat eins.] (-)
05              das kommt auf er te el;
06              JA stimmt äh ja und äh da spielt der neue schauspieler-
07              der hans mustermann.
```

Hätte Anton in diesem Beispiel nicht unterbrochen und seinen Widerspruch angebracht, könnte das an einer späteren Stelle unpassend sein, da Lotte bereits ein anderes Subthema ansprechen wollte. Lotte ergreift zudem unmittelbar nach der Unterbrechung das Wort und fährt fort, was ein weiteres Merkmal der Unterbrechung aufgrund eines Widerspruchs verdeutlicht: Die Rückgabe des Turns ist hier deutlich seltener als bei Unterbrechungen, die beispielsweise aufgrund einer positiven Anmerkung gemacht werden. Außerdem ist die Überlappung, wie hier zu sehen, meistens länger als bei anderen Arten der Unterbrechung (vgl. Jahnel 2000, S. 102).

- Bei der UNTERBRECHUNG DURCH AUFFORDERUNG ZUR STELLUNGNAHME (c) fühlt sich der Unterbrechende dazu berechtigt, den Turn zu unterbrechen. Das kann tatsächlich berechtigt sein, zum Beispiel dadurch, dass der Sprechende ihn direkt anspricht, oder auch unberechtigt. Das heißt: Der nächste Sprecher (also der Unterbrechende) glaubt einfach nur, angesprochen worden zu sein.

Gesprächsbeispiel: Partyvorbereitung

```
01  Lotte:  das ist richtig.
02          ich und uschi hatten ja darüber gesprochen-
03          dass du anton dich da mit partyvorbereitung [besser ausk\
04 ->Anton:                                             [ja das stimmt.
05          deshalb würde ich auch gerne die cocktails machen.
06  Lotte:  super,
07  Uschi:  TOLL-
```

Aufgrund der Nennung seines Namens fühlt sich Anton hier angesprochen. Ob das Lottes Absicht war oder nicht, ist unklar, da sie den Satz nicht zu Ende führt, sondern Anton gleich das Wort ergreift.

- Bei UNTERBRECHUNGEN OHNE BEZUG AUF DEN UNTERBROCHENEN REDE-BEITRAG (d) wird das vorher Gesagte völlig ignoriert und stattdessen ein neues Thema begonnen. Durch diese Form der Unterbrechungen können verschiedene Ziele verfolgt werden. In weniger interessanten Gesprächen kann damit ein neues Thema gewählt und das Gespräch in eine andere, möglicherweise gehaltvollere Richtung gelenkt werden. Nicht immer verfolgt der Unterbrechende damit allerdings diesen Zweck. Die Unterbrechung kann auch einfach nur dem Sprecherwechsel oder der Selbstdarstellung des neuen Sprechers dienen.

Gesprächsbeispiel: Äpfel_1

```
01  Lotte:  außerdem denke ich-
02          dass äpfel einfach [das gesünd\
03 ->Uschi:                    [ÄPFEL ÄPFEL, (-) hast den neusten
            film im kino gesehen?
04          den mit brad pitt?
05  Lotte:  ja der ist richtig gei\
06          äh: der ist richtig toll ist der
```

Uschi zeigt hier deutlich, dass sie das Thema wechseln möchte. Nach der kurzen Phase simultanen Sprechens übernimmt sie erfolgreich die Sprecherrolle und wechselt vom Thema Obst zum Thema Film. Ohne weiteres Kontextwissen ist allerdings nicht ersichtlich, aus welchem Grund Uschi das Thema wechselt. Man kann hier erahnen, dass Uschi offenbar das Thema nicht interessiert. Auf Unterbrechungen solcher Art folgen die häufigsten Widersprüche der unterbrochenen Sprecher. Wird ein Sprecher kontinuierlich auf diese Weise unterbrochen, kann zudem eine stärker werdende Verunsicherung eintreten. Diese kann sich unter anderem in der Mimik sowie im Sprechstil äußern, indem sich ein Sprecher immer schneller unterbrechen lässt und weniger Widerstand zeigt als noch zu Beginn des Gesprächs.

- Die letzte Art der Unterbrechung ist die REAKTIVE INTERVENTION (e). Hierbei wird dem unterbrechenden Gesprächsteilnehmer der Turn vorher durch Unterbrechung genommen. Nun holt er sich den Turn wiederum durch eine Unterbrechung zurück:

Gesprächsbeispiel: Apfelsaft_2

```
01   Lotte:    ich mag apfelsaft lieber als orangensaft-
02             ich [mag einfach lieber den- ]
03   Anton:        [nein ich mag orangensaft] LIEBER,
04             den [könn]te ich[den ganzen tag-
05 ->Lotte:       [ja- ]       [JA ne wie ich gerade] sagen wollte-
06             ich mag lieber den apfelsaft-
07             und deshalb
```

Hier ist das anfängliche Beispiel weiter ausgeführt. Lotte und Anton kämpfen für kurze Zeit um den Turn, bis Lotte sich schließlich durchsetzen kann. Lotte holt sich ihre Sprecherrolle zurück und führt ihren Gesprächsbeitrag zu Ende aus.

Jede dieser Unterbrechungen kann als Versuch dienen, eine Dominanzposition aufzubauen und das Gespräch zu kontrollieren. Nicht immer können diese Versuche allerdings unterstellt, beziehungsweise nachgewiesen werden. In verschiedenen Kulturen gibt es verschiedene Sitten in Bezug auf Unterbrechungen. So ist es zum Beispiel in Frankreich aufgrund der vielen schnellen Sprecherwechsel üblich, viel simultan zu sprechen und zu unterbrechen. Im Vergleich dazu wird im deutschen Raum eher unterbrochen, um einen Widerspruch deutlich zu machen. Wiederum anders ist es in Japan, wo es als höflich gilt, nach einem Sprecherwechsel eine kurze Pause zu halten und gar nicht zu unterbrechen (vgl. Jahnel 2000, S. 101). Abgesehen von den kulturellen Unterschieden treten auch Unterschiede in Abhängigkeit von verschiedenen Gesprächssituationen auf. In Dialogen gibt es üblicherweise weniger Unterbrechungen als in Gesprächen mit vielen Teilnehmern (vgl. Gräßel 1991, S. 40f.).

13.5 Themenorganisation

Wie schaffe ich es, den Fokus der Diskussion auf ein Thema zu lenken, das meinen Standpunkt klar und deutlich definiert? Dies ist nur eine von vielen Fragen, die sich ein Sprecher stellt, bevor er sich in eine Diskussion begibt. Wahrscheinlich ist er mit dieser Haltung nicht der Einzige, denn jeder Teilnehmer hat das Bedürfnis, seine bevorzugten Themen in den Vordergrund zu rücken, um unliebsamen Fragen und Themen aus dem Weg zu gehen. Dadurch gestaltet sich jede Diskussion und auch jedes Gespräch individuell und ein klarer Verlauf ist im Vorhinein meist nicht absehbar. Die Themenentwicklung bzw. die Richtung des Gesprächsfortgangs kann von den Sprechern jedoch beeinflusst werden. Um dies zu erreichen, gehört das Themenmanagement zu den „gesprächsstrategischen und dialogspezifischen Fertigkeiten, die besonders für Diskussionen wichtig sind" (Jahnel 2000, S. 151). Ein Themenwechsel wird durch Signale kenntlich gemacht, die sogenannten THEMENWECHSELSIGNALE bzw. THEMENSTEUERUNGSSIGNALE.

13.5.1 Wozu dienen Themenwechselsignale?

Durch die bewusste Setzung von Signalen kann ein Sprecher die Steuerung eines Gesprächs übernehmen und somit eine neue Richtung einschlagen. Besonders öffentliche Personen haben meist das Bedürfnis, Themen zu fördern, mit denen sie in einer positiven Verbindung stehen (vgl. Jarren/Donges 2006, S. 265). Dazu gibt es ver-

schiedene Möglichkeiten. Beispielsweise kann ein Teilnehmer auf ein bereits angesprochenes Thema zurückkommen oder ein noch nicht angeschnittenes Thema vor-
wegnehmen. Welche verschiedenen Möglichkeiten es gibt, einen Themenwechsel
beziehungsweise Übergang einzuleiten, und durch welche Aussagen dieser kenntlich
gemacht wird, wird im weiteren Verlauf noch erläutert werden. Darüber hinaus dienen Themenwechselsignale dazu, dem anderen Rezipienten den eigenen Standpunkt
begreiflich und plausibel darzustellen, um eventuellen Verständnisproblemen vorzu-
beugen. Somit erlangt eine Diskussion die notwendige Transparenz, um einen erfolgreichen Austausch möglich zu machen.

13.5.2 Worauf gilt es bei einem Themenwechsel zu achten?

Damit eine Diskussion grundsätzlich schlüssig und klar nachvollziehbar bleibt,
kommt es bei einem Themenübergang vor allem darauf an, einen abrupten und
sprunghaften Wechsel zu vermeiden. Vielmehr wird ein fließender Übergang ange-
strebt, was sich jedoch in hitzigen Diskussionen meist als schwierig erweist. Wenn
zwischen Gesprächspartnern Uneinigkeit an bestimmten Punkten der Argumentation
herrscht, dann streben sie auch für diese Punkte ein unterschiedliches Fazit an (vgl.
Kotthoff 1989, S. 210). Dennoch ist es wichtig, sich vorerst auf die Aussage des Gegners einzulassen, bevor man sich seinen eigenen Ausführungen widmet. Die Präsenta-
tion der eigenen Aussage wird optimal bewerkstelligt, wenn sie im Zusammenhang
mit einem bereits bestehenden Thema der Diskussion steht (vgl. Jahnel 2000, S. 152).
   Werden die Fragen oder Ausführungen anderer Sprecher ignoriert bzw. kein Bezug darauf genommen, so kann man dies als „Eingeständnis inhaltlich-argumentativer
Schwäche" (Kotthoff 1989, S. 214) und als Regelverstoß werten. Die Kunst besteht
darin, einen Bezug zwischen seinen eigenen Aussagen und beispielsweise der Kritik
des Gegners herzustellen, um somit Pro und Kontra zu verbinden. Die Diskussion
erlangt dadurch eine klare Linie und bleibt nachvollziehbar. In argumentativen Gesprächen ist es wichtig, einen Balanceakt zwischen Kooperation und Opposition zu
verwirklichen (vgl. Kotthoff 1989 S. 210). Dies ist jedoch nur die wünschenswerte
Theorie, welche sich in der Praxis allzu häufig nicht so leicht umsetzen lässt.

13.5.3 Mögliche Themenwechsel

Für die Rezipienten einer Diskussion bieten sich zahlreiche Möglichkeiten, durch
verschiedene Aussagen einen Themenwechsel einzuleiten. Dies geschieht in den meisten Fällen durch EINGESCHOBENE SCHALTSÄTZE (vgl. Jahnel 2000, S. 152). Um
eine Verbindung zwischen zwei kontroversen Themengebieten herzustellen, bieten
sich beispielsweise FLOSKELN an, um das Augenmerk auf das favorisierte Thema zu
lenken und sich gleichzeitig von der aktuellen Thematik der Diskussion zu entfernen.
Möchte ein Sprecher beispielsweise nochmals auf ein Thema zu sprechen kommen,
welches zu Beginn bereits angeschnitten bzw. behandelt wurde, so bietet sich die
Möglichkeit, dies beispielsweise durch den Satz *Ich möchte darauf zurückkommen* zu
äußern (vgl. Jahnel 2000, S. 152). Im folgenden Beispiel zeigt Anton an, dass es ihm
wichtig ist, zwei verschiedene Themen in Verbindung zu setzen, da sie im direkten
Zusammenhang stehen. Außerdem wird deutlich, dass das Thema Fußball für ihn
noch nicht ausreichend behandelt wurde:

Gesprächsbeispiel: Krise

```
01   Anton:    meiner meinung nach kriselt es bei justus und uschi-
               weil äh: weil der fußball zwischen ihnen seht;
02 ->          deshalb sollten wir nochmals darauf zurückkommen.
03   Lotte:    das stimmt (-) uschi ist ein FUSSBALLjunkie.
```

Während bei diesem Übergang ein Wechsel deutlich zum Ausdruck kommt, gibt es auf der anderen Seite natürlich auch den Weg des unauffälligen Themenwechsels. Der Sprecher stellt beispielsweise eine Frage, auf welche der Gefragte zunächst nicht eingehen möchte. Nun bietet sich die Möglichkeit, den Redebeitrag bzw. die Frage zu umspielen, um auf ein anderes Thema zu lenken (vgl. Jahnel 2000, S. 153).

Gesprächsbeispiel: Altstadt

```
01   Lotte:    wo warst DU gestern abend?
02   Anton:    °h ach mit justus in der altstadt war ich.
03 ->          was hat deine mutter zu deiner neuen frisur gesagt?
```

Um nicht nur ein neues Thema einzuleiten, sondern dieses gleichzeitig positiv aufzuwerten, ist es von Nöten, in seiner Aussage die RELEVANZ DER ÄUSSERUNG herauszustellen. Dies geschieht meist indem man anmerkt, dass dieser Teil der Aussage ein entscheidender Aspekt ist, welcher beispielsweise zu einer Problemlösung beiträgt oder für eine Entscheidung erforderlich ist. Weist Anton zum Beispiel darauf hin, dass vor allem der Fußball die Ursache für die Beziehungskrise ist, weil Uschi ein Fußball-junkie ist und Justus seit längerer Zeit darüber klagt, so wird ein solches Subthema viel mehr in den Fokus gestellt, da dort alle relevanten Informationen klar und deutlich aufgelistet sind. Wenn allerdings der Gesprächspartner anprangert, dass eine Beziehungskrise vor allem finanzielle Hintergründe hat, so kann das Gegenüber mit einem klaren Statement wie zum Beispiel: *Das spielt doch gar keine Rolle* oder aber *Das kannst du von vornherein ausschließen* direkt abblocken. Somit wird die Aussage des Gesprächspartners für irrelevant erklärt und das Thema bietet vorerst keine weitere Angriffsfläche. Effektive Mittel, das Gespräch in eine neue Richtung zu lenken, sind außerdem Fragen wie *Weißt du was?*, *Hast du schon gehört?* und Ähnliches. Um ein neues Thema auszulösen, wenn beispielsweise das Gespräch „eingeschlafen" ist, also nicht mehr routinemäßig funktioniert, sind Fragen wie *Gibt's was Neues?* besonders gut geeignet. Sie lassen den Beteiligten die Möglichkeit, ein Thema zu wählen, was sie besonders interessiert, was das Gespräch motivieren kann.

Eine weitere Möglichkeit, vom Thema abzuweichen, ohne das aktuelle Thema förmlich zu beenden, ergibt sich durch den Gebrauch von so genannten FEHLPLAT-ZIERUNGSHINWEISEN (misplacement marker) (vgl. Schegloff/Sacks 1973). Zu diesen Fehlplatzierungshinweisen gehören Wörter wie *übrigens* oder *apropos*.

Gesprächsbeispiel: Apropos

```
01   Anton:    gehst du heute einkaufen?
02 ->Lotte:    apropos einkaufen-(-)
03             kommen justus und uschi heute zum essen?
```

Themenwechsel müssen nicht immer die Funktion haben, neue Themen in einer Diskussion anzusprechen. Es kann vorkommen, dass einem Sprecher während er ein Thema erläutert, weitere Gedanken in den Sinn kommen, die er mit dem Thema verknüpfen möchte, wenn es sich beispielsweise um einen Zusatzpunkt handelt, der das Hauptthema seiner Ausführungen bekräftigt. Diese Form des Themenwechsels wird als THEMENVERSCHIEBUNG bezeichnet (vgl. Bublitz 1988, S. 24). Dazu ein Beispiel:

Gesprächsbeispiel: Singen

```
01   Uschi:   ich war gestern in einem konzert-
02            das mir SEHR GUT gefallen hat. (-)
03            besonders der TENOR hat wunderbar gesungen.
04            magst du solche musik auch?
05   Anton:   einer guten stimme zuzuhören ist immer etwas besonderes-
06            aber ich finde selbst zu singen macht auch sehr viel spass;
07 ->         deshalb singe ich seit fünf jahren in einem chor.
08   Uschi:   wie su:ß, (-) ICH war auch schon mal in einem chor-
```

An diesem Beispiel wird deutlich, dass über die Themenverschiebung die Steuerung eines Gesprächs durch Fragen unterwandert werden kann und damit auch bei einseitig verteiltem Fragerecht für den Antwortenden auf der thematischen Ebene ein Handlungsspielraum bleibt. Mit anderen Worten: Anton konnte in diesem Fall durch die Hervorhebung eines Subthemas (das Singen in einem Chor) geschickt der Frage von Uschi ausweichen und den weiteren thematischen Verlauf beeinflussen.

Der Themenwechsel kann im Gegensatz zur Themenverschiebung ohne Bezug zum vorangegangenen Thema geschehen. Er setzt aber voraus, dass das Vorthema für alle anderen deutlich beendet worden ist und die Beendigung des Themas akzeptiert wird. Danach kann das neue Thema zum Beispiel durch eine Frage eingeleitet werden.

Gesprächsbeispiel: Thema Urlaub

```
01   Lotte:   soweit zum thema urlaub-
02 ->         JETZT mal was ganz anderes;
03 ->         hat jemand von euch uschi heute schon mal gesehen?
```

Mit der Wendung JETZT mal was ganz anderes leitet Lotte das neue Thema nicht nur durch eine Frage, sondern auch durch einen metakommunikativen Einschub ein, und schafft dadurch den nötigen Rahmen zur allgemeinen Verständigung.

Das Themenmanagement ist also ein wichtiger Bestandteil in der Gesprächssteuerung. In diesem Gebiet spielen aber auch alle anderen Punkte eine große Rolle und tragen dazu bei, dass ein Gespräch seinen Lauf nimmt. Grundsätzlich kann man jedes Gespräch steuern – in welche Richtung entscheiden alle Gesprächsteilnehmer, wenn auch meist unbewusst. Gespräche und Diskussionen sind meistens spontan und beruhen auf Faktoren wie dem sozialen Status, der Art des Gesprächs, der aktuellen Situation und letztlich auch auf Emotionalität. Deswegen sind Gespräche nicht immer kontrollierbar, aber gewisse, von Kulturen abhängige Regeln scheint jeder unbewusst zu verwenden, damit die Kommunikation gelingt.

13.6 Handlungskonstitution

Das letzte Verfahren der Gesprächssteuerung zielt auf die Handlungen ab, die wir durch Sprache vollziehen. Wie bereits besprochen, wird hierbei unter „Handlung" vor allem die Sprechhandlung verstanden. Handlungskonstitution bezieht sich also auf Aktivitäten, welche die Sprechhandlungen der Gesprächspartner oder die eigenen beeinflussen. Liisa Tiittula fokussiert die Handlungskonstitution aus drei Perspektiven:

1. Sequenzielle Handlungsimplikationen
2. Behandlung von Handlungsimplikationen
3. Mittel zum Etablieren von Handlungsschemata

* Die SEQUENZIELLE HANDLUNGSIMPLIKATION bezieht sich auf die bereits in Kapitel 4 genannte bedingte Erwartbarkeit, welche die Paarsequenzen auszeichnet. Mit dem Stellen einer Frage beispielsweise wird dem Hörer eine bestimmte Obligation auferlegt: Der Fragende erwartet, dass der Hörer eine Antwort liefert. Der Fragende hat das Handlungsspektrum des Hörers somit erheblich eingeschränkt, weil nach dieser Frage keine beliebige Handlung mehr vollzogen werden kann. Wenn der Hörer weiterhin als kooperativer Gesprächspartner gelten will, sollte er sich bemühen, auf die gestellte Frage sinnvoll zu reagieren. Alle initiierenden Gesprächsschritte (Gruß, Frage, Vorwurf etc.) haben somit eine gesprächssteuernde Rolle, weil sie die Folgeaktivität des Hörers beeinflussen.

  Verstärkt wird die gesprächssteuernde Funktion in einem institutionellen Rahmen, wie z. B. in einem Prüfungsgespräch oder beim Arbeitsamt. Hier hat der institutionelle Vertreter die Aufgabe oder das Recht, die initiierenden Gesprächsschritte durchzuführen. Es liegt dementsprechend eine asymmetrische Kommunikation vor, wie im folgenden Beispiel zu sehen:

Gesprächsbeispiel: Arbeitsamt

```
01 ->Vermittlerin:    als was möchten sie arbeiten?
02    Anton:          äh: (---) weiß noch nicht genau;
03                    hab mir noch keine gedanken gemacht. (-)
04                    ähm würd gern was mit menschen machen.
05 ->Vermittlerin:    wie wäre es mit dem beruf bestatter?
06    Anton:          ähm ja ne- (-) ähm ich mein nein nein ähm. (-)
07                    ne da habe ich mir was andres drunter vorgestellt.
08 ->Vermittlerin:    wollen sie arbeiten oder <<lent>WOLLEN sie arbeten?>
```

* Die BEHANDLUNG VON HANDLUNGSIMPLIKATIONEN bezieht sich auf den Umgang der Sprecher mit der stets präsenten bedingten Erwartbarkeit, die die initiierenden Gesprächsschritte mit sich bringen. Ein Gesprächspartner kann sich beispielsweise bemühen, die Obligationen der initiierenden Gesprächsschritte für seine kommunikativen Zwecke einzusetzen. Der Gesprächspartner ist auch nicht immer gezwungen, der gesetzten Obligation zu entsprechen. So kann neben einem responsiven Gesprächsschritt auch eine Teilresponsivität oder Nonresponsivität vorliegen.[50] Das heißt: Der Hörer wird dem initiierenden Gesprächsschritt nur zum Teil gerecht oder auch gar nicht, wie im folgenden Beispiel:

---

[50] Siehe Kapitel 4.

Gesprächsbeispiel: Anton

```
01    Ute:      wie ist der anton so?
02  ->Lotte:    ich will nicht darüber reden.
```

Dementsprechend gilt: Mit initiierenden Fragen kann man zwar das Gespräch beeinflussen, dies hat aber vor allem in nicht-institutionellen Kontexten seine Grenzen.

- MITTEL ZUM ETABLIEREN VON HANDLUNGSSCHEMATA sind Projektionsmöglichkeiten der Sprecher, mittels bestimmter Ausdrücke eine komplexe Aktivität einzuleiten. Zu einer komplexen Aktivität gehört beispielsweise ein Witz oder eine Anekdote. Beide weisen eine komplexe Handlungsstruktur auf, die im Gespräch in der Regel auch angekündigt werden muss (bspw.: *da fällt mir grad ein guter Witz ein*). Eine solche Ankündigung hat zugleich die Funktion, die Bereitschaft der Gesprächspartner zu überprüfen (Ratifikation), sich auf die Änderung von Handlungsschemata einzulassen. Denn neben dem neuen Rollenmuster, auf das sich der Sprecher verpflichtet, geht zugleich auch die Pflicht der Hörer einher, sich dem Handlungsmuster entsprechend zu verhalten (bspw.: an der entsprechenden Stelle zu lachen). Kommen bestätigende Reaktionen vom Hörer, steht der angekündigten Aktivität nichts im Weg.

Gesprächsbeispiel: Ein Witz

```
01   Anton:    ich habe früher viel fußball gespie\
02   ->        eben ist mir ein GUTER witz [eingefallen,
03   Lotte:                                 [ich bitte dich anton-
04             spar dir die müh.
05             du KANNST keine witze erzählen.
06             lass es besser.
07   Anton:    okay, okay,
```

In diesem Beispiel hat Lotte die metakommunikativ ausgeführte Witzankündigung nicht ratifiziert und somit ist der Versuch, ein neues Handlungsschema einzuleiten, gescheitert.

Aufgaben

 a) Kreuzworträtsel

waagerecht

5. Die Gesprächssteuerung kann entweder auf der globalen oder auf der ... Ebene untersucht werden.
7. Wie werden die Strategien bezeichnet, welche die Änderung des Themas in Gesprächen betreffen?
8. Bei welchem Verfahren der Gesprächssteuerung nimmt man Einfluss auf die eigenen Aktivitäten oder die des Hörers?
9. Welche Art der Gesprächssteuerung tritt ein, wenn ein Hörer durch Selbstwahl dem aktuellen Sprecher die Möglichkeit nimmt, seinen Turn zu vollenden.
10. Neben Themenwechsel gibt es ebenfalls ...

senkrecht

1. Was ist die deutsche Entsprechung für „yielding-the-floor"?
2. Bezieht sich auf eine Ebene der Kommunikation, bei der es nicht um das eigentliche Gesprächsthema, sondern um die Art der Kommunikation miteinander geht.
3. Eine der drei Typen der Gesprächsorganisation.
4. Wie wird Gesprächssteuerung bezeichnet, die eine Verletzung von Höflichkeitsnormen zur Folge hat?
6. Welche Art der Intervention gilt als eine Form der Unterbrechung?

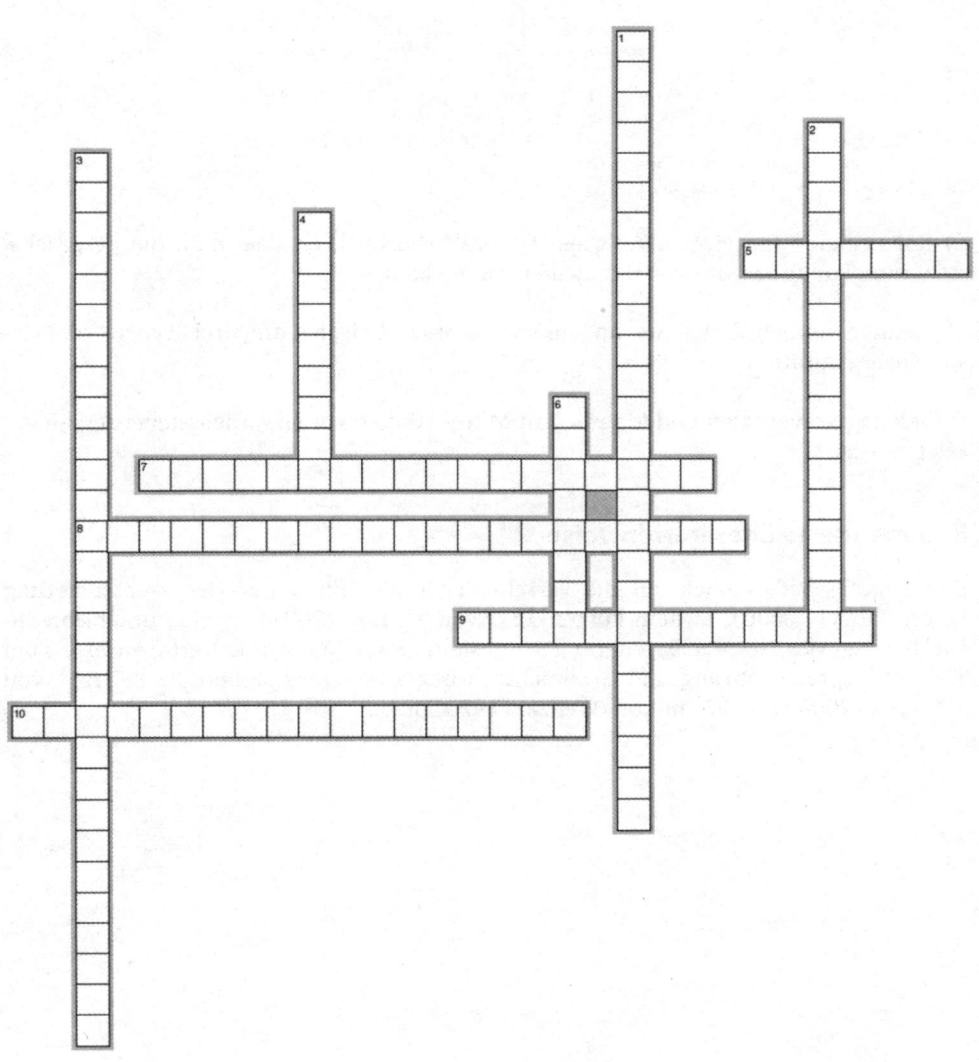

b) Was für eine Form der Gesprächssteuerung liegt im folgenden Gesprächsbeispiel vor?

Gesprächsbeispiel: Die Musik war klasse

```
01    Lotte:   die party war toll-
02             vor allem die musik war klasse.
03             (-) meinst du nicht?
04    Anton:   na ja. (-) ich fands so la la-
```

c) Welche Art der Unterbrechung liegt im folgenden Gesprächsbeispiel vor:
Gesprächsbeispiel: Apfelsaft_3

```
01    Lotte:   ich war bei justus-
02             er hat sich einen neuen fernseher gekauft;
03             wir [hab\]
04    Anton:        [das ]weiß ich schon.
05             ich habe den doch mit [ihm zus\
06    Lotte:                         [WIR HABEN es uns dann
              gemütlich gemacht;
07             und zwei filme geguckt.
```

d) Konstruieren Sie eigenständig ein Gesprächsbeispiel, an dem man die gesprächs-steuernde Funktion von Startsignalen erkennen kann.

e) Nennen und erklären Sie an einem Gesprächsbeispiel die drei Typen von Ge-sprächsorganisation.

f) Welche paraverbalen und kinesischen Mittel können zur Gesprächssteuerung einge-setzt werden?

Kommentierte Literaturhinweise

Einen umfassenden Blick auf die verschiedenen Verfahren der Gesprächssteuerung liefert Jahnel (2000). In dem kurzen Text von Tiittula (2001) werden unterschiedli-che Formen der Gesprächssteuerung vorgestellt. Zwei praxisorientierte Ansätze zum Thema Gesprächsführung und Gesprächsführungskompetenz stellen die Beiträge von Mönnich (2004) und Wahmhoff/Wenzel (1979) dar.

14 Nonverbale Kommunikation

14.1 Ziele und Warm-up

Nonverbale Kommunikation als nicht-sprachliche Kommunikation spielt in jedem Face-to-Face-Gespräch eine wichtige Rolle. Ob Mimik, Gestik oder wechselseitige Berührungen: Die nonverbale Kommunikation wird stets zu kommunikativen Zwecken eingesetzt oder von den Gesprächsteilnehmern als etwas Bedeutungsvolles wahrgenommen. In den folgenden Abschnitten sollen Antworten auf die unten stehenden Fragen geliefert werden:

- Was ist nonverbale Kommunikation?
- Wie lässt sich die nonverbale Kommunikation von der verbalen Kommunikation abgrenzen?
- In welche Arten lässt sie sich unterteilen?
- Welche Funktionen können mittels der nonverbalen Kommunikation erfüllt werden?
- Wie lassen sich Gesten klassifizieren?

Halten Sie kurz inne und überlegen Sie, welche Arten von nonverbaler Kommunikation Ihnen spontan einfallen? Nennen Sie zu jeder Art ein Beispiel. Welche von den von Ihnen genannten Arten lassen sich einfach und welche schwer gesprächslinguistisch erfassen? Begründen Sie Ihre Antwort.

14.2 Was ist nonverbale Kommunikation?

Nonverbale Kommunikation ist nicht-sprachliche Kommunikation. Sie ist somit negativ bestimmt:

$$K^{51} - SK^{52} = NK^{53}$$

Man kann an dieser Stelle zu Recht fragen, was als sprachliche Kommunikation gilt. Weiß man, was unter derselben zu verstehen ist, kommt man dem Begriff der nonverbalen Kommunikation nahe. Als sprachlich realisiert gilt hier der durch sprachliche Zeichen übertragene Sinn des kommunikativen Aktes. Dies lässt sich an folgendem Beispiel illustrieren: Wenn jemand sagt: *Mein Kaninchen ist tot,* während er seine beiden Handinnenflächen auf seine Wangen legt (nonverbale Kommunikation) und dabei die Äußerung mit weinender Stimme artikuliert (PARAVERBALE KOMMUNIKATION), dann gilt nur die „nackte" Information – nämlich, dass *das Kaninchen von XY tot ist* – als verbaler Teil der Information (verbale Kommunikation). Verbal kommuniziert ist demzufolge das, was durch Kenntnis der Semantik (Bedeutung) der sprachlichen Zeichen erschlossen wird. Das Beispiel zeigt, dass diese Trennung zwar

---

[51] Kommunikation.
[52] Sprachliche Kommunikation.
[53] Nonverbale Kommunikation.

auf einer abstrakten Ebene durchgeführt werden kann, in der kommunikativen Realität werden diese Kommunikationskanäle aber ganzheitlich erfasst und erst als Ganzes stellen sie eine vollständige Botschaft dar. Denn für den Kommunikationspartner ist es durchaus relevant, zu wissen, wie der Sprecher zu der rein verbal mitgeteilten Information *Das Kaninchen ist tot* steht. Er kann am paraverbalen und nonverbalen Kanal ablesen, dass der Vorfall den Sprecher stark mitgenommen hat und dieser offenbar getröstet werden möchte. Das Beispiel verdeutlicht zudem, dass wir über den nonverbalen und den paraverbalen Kanal oft Informationen über die emotionale Einstellung des Sprechers zum verbal Mitgeteilten erhalten. Dennoch sollte man aus solchen Gedankengängen nicht schließen, dass die nonverbale und paraverbale Kommunikation die „wahre" Nachricht einer Aussage übermittelt (vgl. Simon 2004, S. 125). Für den amerikanischen Psychologen Albert Mehrabian entscheidet die Körpersprache (nonverbale Kommunikation) zu 55 Prozent, die Stimme (paraverbale Kommunikation) zu 38 Prozent und der Inhalt lediglich zu sieben Prozent über die Wirkung einer Botschaft (Sentürk 2012, S. 20). Laut Schwitalla (2012) gibt es aber keinen wissenschaftlichen Beweis für diese zwar populäre, aber nicht stichhaltig bewiesene Meinung. Eine überzeugende Feststellung von Schwitalla, welche seine Ansicht untermauert, lautet:

> Sprache kann ohne Gestik verstanden werden (Telefon), Gestik ohne Sprache meistens nicht.

> Schwitalla 2012, S. 200

Laut Schwitalla ist die nonverbale Kommunikation für einen Forscher besonders dann interessant, wenn sie dem Gesagten widerspricht, wenn also der Zuhörer einen Widerspruch zwischen Gesagtem und Gezeigtem bemerkt (vgl. Schwitalla 2012, S. 200). Es darf aber nicht vergessen werden, dass es recht häufig der Fall ist, dass erst durch das Hinzuziehen von (auch übereinstimmenden) nonverbalen Aspekten eine angemessene Interpretation der Kommunikationssituation möglich wird. In dem eben genannten Beispiel lag beispielsweise kein Widerspruch zwischen der verbalen und der nonverbalen Ebene vor. Dennoch waren die nonverbalen Botschaften wichtig, um die „nackte" verbale Information in einen adäquaten Rahmen zu setzen. Die Information *Das Kaninchen ist tot* mit fröhlicher Stimme erzählt und einem Lachen im Gesicht, hätte der verbalen Äußerung einen deutlich anderen Rahmen verliehen, der wiederum die gesamte Äußerung mit einem anderen Sinn kontextualisiert hätte.

Folgende Abbildung fasst das hier behandelte Unterkapitel zusammen:

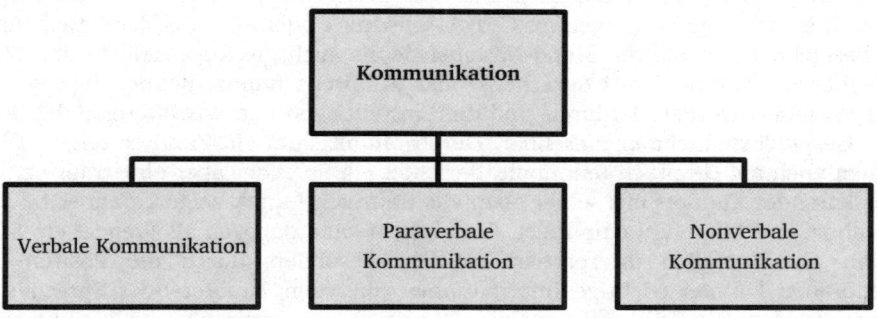

Abb. 36: Formen der Kommunikation

In Anlehnung an die von Sager (2001, S. 1133) vorgestellte Systematik möchte ich im Folgenden die wichtigsten Displays[54] der KINESISCHEN KOMMUNIKATION (= Bewegungsverhalten) vorstellen:

- MOTORIK (Bewegung)
    - Mimik: Bewegungen des Gesichts
    - Pantomimik: Bewegungen und Positionen des gesamten Körpers
    - Gestik: Bewegungen der Arme und Hände
- TAXIS (Orientierung)
    - Blickorientierung: Axialausrichtung durch den Blick
    - Kopforientierung: Axialausrichtung durch den Kopf
    - Rumpforientierung: Axialausrichtung durch den Rumpf
- HAPTIK (Berührung)
    - Autotaktiler Kontakt: Selbstberührungen
    - Soziotaktiler Kontakt: Fremdberührungen
    - Objekttaktiler Kontakt: Gegenstandsberührungen und -manipulationen
- LOKOMOTION (Ortsveränderung)
    - Proxemik: Distanzregulierung der Gesprächspartner

Wie unschwer erkennbar ist, gehören viele verschiedene Anzeigeaktivitäten zur Kinesik. Damit eine gewisse wissenschaftliche Durchdringung des zu erklärenden Gegenstands gewährleistet werden kann, soll im Folgenden insbesondere der Gestik besondere Beachtung geschenkt werden.

Zunächst werden zwei weitere Bereiche der kinesischen Kommunikation angerissen: Mimik und Blickkontakt in Relation zu Emotionen.

---

[54] Anzeigeaktivitäten.

14.3 Mimik und Blickkontakt

Bei der Übertragung von Emotionen und Einstellungen kommt insbesondere die MI-MIK zum Einsatz. Sie wird auch als Gesichtsausdruck oder als Spiel der Gesichtsmuskeln bezeichnet. Sowohl die Mund-Nasenpartie als auch die Augenbrauen und Stirnpartie können während des Sprechens oder Zuhörens unterschiedlich bewegt und somit verändert werden. Dadurch sind die Einstellungen und das Interesse der beteiligten Gesprächsteilnehmer einsehbar. Durch Mimik kann ein Zuhörer zeigen, ob er wirklich noch am Gespräch teilnimmt. Berichtet ein Sprecher über eine traurige Situation, kann der Zuhörer mit seiner ebenfalls traurigen Mimik zeigen, dass er tatsächlich zuhört und Mitgefühl empfindet. Ein Lächeln kann dagegen als Freude, ein Stirnrunzeln als Missfallen interpretiert werden. Besonders durch die Position der Augenbrauen können wichtige Informationen über den Zuhörer oder Sprecher gewonnen werden. Die Emotionen Zweifel, Überraschung, Ratlosigkeit und Wut werden unter anderem durch bestimmte Positionen der Augenbrauen ausgedrückt (vgl. Argyle 2013, S. 144).

Durch den BLICKKONTAKT findet überwiegend die Organisation des Sprecherwechsels statt. Beendet ein Sprecher seinen Redebeitrag und sieht einen Teilnehmer der Gesprächsrunde an, kann dieser davon ausgehen, dass er dadurch aufgefordert wird den nächsten Gesprächsbeitrag zu leisten oder auf das Gesagte einzugehen (vgl. Ehlich/Rehbein 1982). Vor allem bei Fragen signalisiert ein Sprecher, wen genau er mit dieser Frage anspricht und wer eine Antwort geben soll. Durch den Blickkontakt kann der Zuhörer dagegen signalisieren, dass er zuhört und gibt dem Sprecher dadurch Feedback. Der Sprecher wiederum sucht während des Sprechens durch Blickkontakt nach Informationen über sein Gegenüber. Er möchte wissen, ob ihm wirklich zugehört wird, was der Zuhörer von dem Gesprochenen hält und gegebenenfalls auch, welche Einstellung er diesem gegenüber hat. Er sucht nach Rückmeldung und hofft, dass diese positiv ausfällt (vgl. Argyle 2013, S. 140f.).

Auch wenn sich die Aufmerksamkeit im Gespräch zunächst auf Verbales richtet, kann jenes im Laufe des Gesprächs zu unklar oder allgemein werden. In solchen Fällen wird Kinesik zur Eindeutigkeit herangezogen. Dies lässt sich an folgendem Beispiel veranschaulichen: Kann der Zuhörer nicht einschätzen, ob sein Gegenüber mit der Selbstbeschreibung, ein freundlicher Mensch zu sein, die Wahrheit sagt, oder aber doch eine widersprüchliche Persönlichkeit hat, betrachtet dieser nicht nur die Worte, sondern bezieht auch das nonverbale Verhalten in seine Meinungsbildung mit ein und schenkt ihm mehr Aufmerksamkeit als zuvor. Sagt ein Sprecher *Das tut mir wirklich sehr leid für dich*, deutet aber gleichzeitig ein Lächeln an, zeigt er dem Zuhörer, dass es ihm eigentlich nicht leid tut, sondern er ein wenig schadenfroh über die Situation des Gesprächspartners ist. Der Zuhörer bekommt also durch den Blick auf die Kinesik mehr Einsicht darüber, ob der Sprecher wirklich Mitleid hat oder nicht (vgl. Walbott 1988, S. 212ff.). Ironie, Sarkasmus und Täuschung auf Seiten des Sprechers können durch den Blick auf die nonverbale Kommunikation enttarnt werden. In diesem Fall unterstützt Kinesik verbale Kommunikation nicht wie oben beschrieben, sondern widerspricht ihr und zeigt, dass das Gegenteil von dem, was gesagt wurde, gemeint ist (ebd.). In solchen Fällen verdeutlicht sich noch einmal stärker, dass beide Arten der Kommunikation „als Komponenten eines Gesamtkommunikations- und Interaktionssystems gesehen werden müssen" (Walbott 1988, S. 215). Damit verbunden ist die Tatsache, dass nonverbales Verhalten viel über die Persönlichkeitseigenschaften aussagt. Eine Person, die sich während des Sprechens offen und entspannt bewegt, eine aufrichtige Körperhaltung hat und viel Blickkontakt mit den Zuhörern aufweist, wird zum Beispiel eher als eine dominante und selbstbewusste Person wahrgenommen (vgl. Argyle 2013, S. 335).

14.4 Motorik: Gesten

GESTIK beinhaltet im strengen Sinne alle Arten von Bewegungen und Positionen der Arme und Hände. So können Hände gefaltet und Arme ineinander verschränkt werden. Sie können sich nah am Körper befinden oder sich weit von ihm wegbewegen, wenn der Sprecher stark gestikuliert. Wie bereits erwähnt, findet kinesische Kommunikation in einem Gespräch neben verbaler Kommunikation statt. Dabei können Gesten[55] das Gesagte unterstützen, verdeutlichen, vorbereiten, ersetzen oder wiederholen, wie die folgenden Beispiele zeigen. Fragt ein Sprecher beispielsweise *Kannst du mir bitte das Buch geben?* und deutet gleichzeitig auf das gemeinte Buch, dann unterstützt er damit seine Frage, indem er zeigt, welches Buch er meint. Ist ein Sprecher dagegen aufgebracht, wütend und schlägt während des Sprechens fest auf den Tisch, verdeutlicht er seine Wut und verleiht ihr mehr Ausdruck. Ein Hörer, der etwas sagen möchte, kann seinen Gesprächsbeitrag mit geöffnetem Mund oder mittels Aufzeigen des Fingers vorbereiten. Ein Kopfnicken auf die Frage *Ist dir kalt?* kann die Antwort *Ja* ersetzen. Diese kann durch das Zuknöpfen eines Mantels außerdem noch verstärkt werden. Sagt ein Sprecher *Ja, das ist gut* und zeigt anschließend den Daumen nach oben, wiederholt er damit seine positiven Worte. Es lässt sich also feststellen: Sprache und nonverbales Verhalten sind aufeinander bezogen (vgl. Schwitalla 2012, S. 200). Durch Gestik geben der Sprecher und der Hörer viele Informationen über ihren Gemütszustand preis und verdeutlichen damit wechselseitig ihre Einstellung und Engagiertheit gegenüber dem behandelten Thema. Ein Sprecher, der begeistert von einem Ausflug erzählt, bei dem er viel erlebt hat, gestikuliert während des Redens dementsprechend stark und offen und unterstreicht somit seine Begeisterung. Auf der anderen Seite kann der Hörer seine Arme verschränken, wenn er ein angesprochenes Thema langweilig findet und es schnell abhandeln möchte.

14.4.1 Klassifizierung von Gesten nach Paul Ekman und Wallence Friesen

Die Klassifikation der Arten der Kinesik wird von Ekman und Friesen mittels drei Kriterien generiert (vgl. Ekman/Friesen 1969, S. 49ff.). Sie sprechen vom Verhalten und nicht von Kommunikation, weil sie damit verdeutlichen möchten, dass sie in ihrem Modell auch solche nonverbalen Zeichen mitberücksichtigen möchten, welche nicht geplant sind. Wenn ein Gesprächspartner beispielsweise hustet, dann liegt in der Regel keine kinesische kommunikative Handlung vor, weil eben keine kommunikative Absicht dahinter steht. Es handelt sich in diesem Fall aber sehr wohl um ein nonverbales Verhalten. Mit der Bezeichnung „Nonverbales Verhalten" wird in der Wissenschaft zugleich die nonverbale Kommunikation mit erfasst. Mit anderen Worten: Verhalten heißt auch kommunizieren, aber nicht anders herum. Die Klassifikati-

---

[55] Eine Theorie, welche von einigen Linguisten getragen wird, besagt, dass die gesprochene Sprache aus Gesten-Kommunikation, die zwischen den ersten Menschen verwendet wurde, heraus entstand. Demnach wurden Gesten im Laufe der menschlichen Entwicklung vokalisiert, wobei ein Rest der gestischen „Sprache" konserviert und beibehalten wurde.

on des nonverbalen Verhaltens von Ekman und Fries basiert auf drei Kriterien, welche sich in Form von drei Fragen darstellen lassen:

- Ist die zu fokussierte Verhaltensform angeboren oder erst im Zuge der Sozialisation erlernt?
- Wie wird sie gebraucht?
- Wie ist sie kodiert?

Aus diesen drei Kriterien resultieren nach Ekmann und Friesen folgende fünf Typen des nonverbalen Verhaltens. Demnach lässt sich jedes kinesische Verhalten einer der Klassen zuordnen:

- EMBLEME (emblems): Nonverbale Handlungen, die eigenständig einen kommunikativen Sinn erzeugen. Beispiel: Das Tippen des Zeigefingers an die Stirn, um einen „Vogel" zu demonstrieren.
- ILLUSTRATOREN (illustrators): Nonverbale Handlungen, die nicht eigenständig einen kommunikativen Sinn erzeugen. Sie unterstützen das Gesagte. Ohne das Gesagte haben sie keine kommunikative Kraft. So besitzt beispielsweise die Zeigegeste ohne sprachliche Erklärung keine kommunikative Aussagekraft.
- REGULATOREN (regulators): Handlungen, die dazu dienen, das Gespräch zu steuern, regulieren oder aufrechtzuerhalten. Gestik wird beispielsweise dazu eingesetzt, um dem Gesprächspartner zu verstehen zu geben, dass er auf den Punkt kommen oder schneller sprechen soll.
- AFFEKTIVE GESTEN (affect displays): Nonverbale Verhaltensformen, die unbeabsichtigt erzeugt und nicht erlernt, sondern angeboren sind. Sie haben in der Regel auch einen emotionalen Hintergrund. So lassen sich beispielsweise starke Emotionen wie beispielsweise Wut, Freude oder Trauer recht eindeutig am Gesichtsausdruck festmachen.
- ADAPTOREN (adaptors): Bewegungen, welche man bereits in der Kindheit im Zuge der Sozialisation gelernt hat und die in der Regel unbewusst eingesetzt werden, bspw. das Spielen mit dem Kugelschreiber während eines Gesprächs.

Nicht alle nonverbalen Verhaltensformen verfügen über den gleichen Status der Aufmerksamkeit und Bewusstheit. Teilweise fügen sie sich unbemerkt in das Kommunikationsgeschehen ein, andere werden für die Interaktion jedoch als zentral betrachtet (vgl. Schönherr 1997, S. 34). Bis auf die affektiven Gesten sollen die genannten Typen nun erläutert werden:

14.4.1.1 Embleme

Embleme sind SPRACHERSETZENDE GESTEN, welche eine verbale Definition oder Übersetzung besitzen und ohne einen Zusammenhang mit sprachlicher Kommunikation auftreten. Sie können gestisch ein Wort oder sogar einen ganzen Satz vertreten.

> Emblems are those nonverbal acts which have a direct verbal translation, or dictionary definition, usually consisting of a word or two, or perhaps a phrase.
>
> Ekman/Friesen 1969, S. 63

Das Tippen mit dem Zeigefinger an die Stirn ist beispielsweise ein Emblem für *einen Vogel zeigen* oder der Händedruck ein Emblem für eine Begrüßung. Auch eine Aussage wie *Komm her* oder *Setz dich neben mich* kann durch eine bekannte Bewegung, die das Gleiche meint, ersetzt werden. Häufig benutzen wir Embleme in Situationen, in denen verbale Kommunikation erschwert oder sogar verhindert ist, wie Ekman und Friesen formulieren: „Emblems occur most frequently where verbal exchange is prevented [...]" (Ekman/Friesen 1969, S. 64). So zum Beispiel:

- Lotte, die in einer Bar sitzt und bei der Kellnerin gestisch noch ein Bier bestellt,
- zwei Menschen, die sich vor dem Treffen euphorisch zuwinken,
- zwei Taubstumme, die sich unterhalten.

Darüber hinaus sind auch die gestischen Zeichen, welche Autofahrer oder Schiedsrichter verwenden, oftmals Embleme. Dazu gehören beispielsweise das V-Zeichen (*Victory*) oder der berühmte Stinkefinger.

Embleme sind sozial erlernbar und kulturspezifisch. Ihre Definitionen werden also unmittelbar von Mitgliedern bestimmter Klassen, Gruppen und Kulturen verstanden: „This verbal definition or translation of emblem is well known by all members of a group, class or culture" (Ekman/Friesen 1969, S. 63). So kann es auch möglich sein, dass das Kopfnicken in der einen Kultur als Geste des Zustimmens verstanden wird, in einer anderen Kultur jedoch als eine Verneinungsgeste gilt. Embleme können mit allen Körperteilen dargestellt werden. Sie werden meistens bewusst eingesetzt, mit der Absicht den Gesprächspartner über einen gewissen Inhalt zu informieren: „Die Empfänger kennen gewöhnlich nicht nur den Inhalt, den ein Emblem ausdrückt, sondern wissen auch, dass es mit Absicht mitgeteilt wurde" (Kolarova 2012, S. 6).

Manche Embleme sind nach Ekman/Friesen (1969, S. 65) beliebig/willkürlich kodiert (arbitrarily coded), was heißt, dass die Verbindung zwischen dem Zeichen und dem Bezeichnenden nicht durch Ähnlichkeit motiviert ist. Embleme sehen demnach dem Darzustellenden nicht immer ähnlich. Der Interpret muss über das konventionelle Wissen verfügen, um so ein arbiträres Emblem zu verstehen. Beispielsweise enthält das Alphabet der Gehörlosen eine Reihe an Fingerbewegungen, die nicht dem Umriss der wirklichen Buchstaben entsprechen. Diese sind also beliebig kodiert. Ein weiteres Beispiel wäre das Fingerreiben, welches für das Wort *Geld* steht. Doch emblematische Fingerzeichen können auch ikonisch kodiert (iconically coded) sein, wenn sie so geformt werden, dass sie beispielsweise dem Buchstaben, den sie repräsentieren, ähnlich sehen. Bei solchen Emblemen braucht der Interpret kein konventionelles Wissen, um sie zu verstehen. Er errät die Bedeutung des Zeichens durch die Ähnlichkeit mit einem bekannten Objekt o. Ä. (Ekman/Friesen 1969, S. 65).

14.4.1.2 Illustratoren

Illustratoren sind Bewegungen, die unmittelbar mit der Sprache verbunden sind und das Gesagte untermalen, verdeutlichen und illustrieren. Sie treten nie alleine auf und begleiten das Gesagte. Sie werden auch als SPRACHBEGLEITENDE GESTEN bezeichnet (vgl. Fricke 2007). Nützlich sind sie insbesondere dann, wenn etwas mit Sprache schwer oder nicht exakt dargestellt werden kann. Sie können informativ oder zum Teil kommunikativ sein. Üblicherweise denkt man über die Verwendung der Illustratoren nicht nach, sie entstehen vielmehr aus der Situation heraus. Illustratoren sind sozial erlernt und haben selten eine eindeutige Übersetzung ins Verbale. Sie haben im

Gegensatz zu Emblemen keine sprachersetzende Funktion, sondern vielmehr eine sprachergänzende.

Zu den typischen Illustratoren gehören die ZEIGEGESTEN. Dabei werden der Arm und der Zeigefinger gerade ausgestreckt, um auf Zielpunkte wie Richtungen, Objekte, Geschehnisse und Personen zu verweisen. Damit lassen sich „Redegegenstände im gemeinsamen Gesichtsfeld der Interaktanten zum gemeinsamen Fokus der Aufmerksamkeit machen" (Schwitalla 2012, S. 203).

Abb. 37: Zeigegeste (Friedrich Ott)

Dem Sprecher wird durch die Zeigegeste die Erfassung eines anvisierten Zielpunktes vereinfacht oder gar ermöglicht. So ist es leichter zu sagen: *bring mir bitte diese ↗ pflanze* als *Bring mir bitte die pflanze mit den rot grünen blättern in dem braunen blumentopf aus der rechten wohnzimmerecke.*[56] Selbst wenn die verbale Beschreibung eines Objektes falsch ist, kann die redebegleitende Zeigegeste die Aussage korrigieren. Demzufolge erhält der Sprecher bei der Bitte: *gibst du mir bitte die ↗ orange*, beim Zeigen auf eine Mandarine trotzdem die erwünschte Frucht, weil er explizit auf diese gezeigt hat. Ohne eine erklärende Zeigegeste würde auch folgende Aufforderung nicht verständlich sein: *zeige mir bitte mal dieses kleine merkwürdige ding da ↗*. Die Zeigegeste vereinfacht aber nicht nur die Kommunikation für den Sprecher, sondern auch für den Hörer sind die Aussagen des Gesprächspartners durch diese verständlicher. Denn selbst wenn der Hörer eine Bezeichnung wie z. B. einen Fachbegriff nicht kennt, ist es ihm in der Regel durch das Zeigen auf das Objekt trotzdem möglich, dieses zu identifizieren (vgl. Fricke 2007).

In Anlehnung an Efron unterscheiden Ekman und Friesen sechs Typen von Illustratoren (vgl. Ekman/Friesen 1969, S. 68):

- TAKTSTOCKGESTEN (batons) sind kleine einfache Bewegungen, die häufig einen bestimmten Aspekt einer Erzählung hervorheben sollen. Beispiel: Ein Sprecher erzählt eine Geschichte und hebt den Finger, um ein plötzlich eintretendes Zwischenereignis anzudeuten.

---

[56] ↗ steht in diesem Abschnitt für eine Zeigegeste.

- GEDANKLICHE GESTEN (ideographs) verdeutlichen eine Vorstellung oder skizzieren den Weg der Gedanken.
- DEIKTISCHE GESTEN (deictic movements) zeigen auf ein bestimmtes Objekt im Gesprächsumfeld. Beispielsweise zeigt man während der Äußerung des Satzes *Gib mir bitte mal die Tasche* auf die Tasche, die man haben möchte.
- RÄUMLICHE GESTEN (spatial movements) stellen eine räumliche Bewegung dar. Beispielsweise kann eine kreisende Fingerbewegung die Bedeutung *herum* bildlich darstellen.
- BEWEGUNGSGESTEN (Kinetographs) veranschaulichen eine körperliche Handlung, wie zum Beispiel das Laufen.
- BILDHAFTE GESTEN (pictographs) zeichnen die Form eines darzustellenden Objektes in die Luft, z. B. die Form einer kurvigen Frau.

Illustratoren können aber auch manipulativen Charakter haben, nämlich dann, wenn auf etwas referiert wird, das eigentlich gar nicht existiert. Derjenige, der die täuschende Zeigegeste ausführt, möchte dadurch meist seinen Gesprächspartner ablenken oder gar verunsichern. In der folgenden Graphik wird so ein Fall anhand einer Karikatur dargestellt. Der kleine Anton wird von der kleinen Lotte um sein Frühstück gebracht:

Abb. 38: Eine manipulativ eingesetzte Zeigegeste (Friedrich Ott)

14.4.1.3 Regulatoren

Handbewegungen müssen nicht nur als Illustratoren zum Einsatz kommen. Sie können auch zur Regulierung des Gesprächsverlaufs eingesetzt werden. Am wichtigsten sind dabei die sogenannten ZUORDNUNGSGESTEN (*referent-related gestures*) (vgl.

Knapp/Hall 2006, S. 236). Sie dienen nicht nur zur räumlichen Fixierung, sondern schaffen auch Personal- und Gegenstandzuordnungen.

Darüber hinaus gibt es Gesten, die die Einstellung des Sprechers zum Gesprächsgegenstand ausdrücken EPISTEMISCHE GESTEN (*speaker's-relationship-to-the-referent gestures*) und die auf Einbeziehung des Gegenübers konzentriert sind – sogenannte INTERAKTIVE GESTEN/EINBEZIEHUNGSGESTEN (*interactive gestures*) (vgl. Gullberg 1999). Sie dienen vordergründig zur Aufrechterhaltung des Gesprächs. Einbeziehungsgesten können beispielsweise Zeigegesten oder das Wedeln/Kreisen mit der Hand sein (vgl. Bohle 2007, S. 126). Gesten unterstützen den Gesprächsverlauf auf zwei Ebenen: Sie können aktiv sein und das Gesagte oder den Sprecher unterstützen oder inaktiv im sozialen Raum agieren und das Gespräch als solches aufrechterhalten. Gesten bilden demnach quasi eine Brücke zwischen Sprecher und Hörer.

Insgesamt lassen sich die redebegleitenden Gesten in drei Klassen einteilen:

- KOORDINIERENDE GESTEN (Citing gestures): Mit diesen Gesten bezieht man sich entweder auf das vorher gesagte, oder auf das, was gleich gesagt wird. Mit einer rückwärts deutenden Zeigegeste kann man beispielsweise dem Gesprächspartner anzeigen, dass man auf etwas zurückkommen möchte, was momentan nicht das Hauptthema des Gesprächs ist.
- SUCHGESTEN (Seeking gestures): Diese Gesten dienen als Hilfe bei Wortnot, indem man seinem Gesprächspartner signalisiert, dass man ein Wort sucht und es alleine nicht finden kann.
- SPRECHERWECHSELGESTEN (Turn gestures): Hierbei fungieren Gesten als Sprecherwechselsignale und regeln die Vergabe des Rederechts.

Im Folgenden werden die Sprecherwechselgesten genauer erläutert, weil sie zu der charakteristischsten Art der Regulatoren gehören. Es werden nach Bohle (2007) drei Arten von Sprecherwechselgesten unterschieden,

- die eine Freiwillige Übergabe des Rederechts anzeigen,
- die zum Behalten des Rederechts dienen und
- die zur Übernahme des Rederechts eingesetzt werden (vgl. Bohle 2007, S. 128).

Besonders Handbewegungen spielen als Turngeste eine wichtige Rolle. Dabei wird zwischen freien und ruhenden Gesten unterschieden. Freie Gesten stellen prototypische Sprechergesten dar, da die Hände vor dem Körper in Bewegung sind. Sie schaffen dadurch einen Raum für Illustrationen. Ruhende Gesten wiederum stellen prototypische Hörergesten dar, da die Hände am Körper liegen und somit in einen Ruhezustand fallen. Befinden wir uns in einem Gespräch, wechseln wir zwischen Aktivität und Ruhezustand und spiegeln dabei unsere Gesprächsposition wieder. Der Wechsel zwischen freier und ruhender Geste oder umgekehrt, findet in einem bestimmten Ablauf statt (vgl. Bohle 2007, S. 132). Dieser lässt sich in drei Bereiche einteilen:

- Die VORBEREITUNGSPHASE (*preparation*) fällt in den Gesprächsschritt der Eröffnung. Sobald wir die Sprecherrolle übernehmen möchten, beginnen wir zu gestikulieren, d.h. unsere Hände fungieren als Turnsignal zur Gesprächsschrittübernahme. Wir verlassen unsere inaktive Position. Die Hände werden dabei von der

Ruheposition in eine einleitende Ausgangsposition gebracht, welche die Bereitschaft signalisiert, den Gesprächsschritt zu übernehmen. Diese setzt demnach vor
dem Wort ein. Ein eindeutiges Beispiel für eine Geste, welche den Willen einer
Turnübernahme ausdrückt, ist das Melden mit dem Zeigefinger und, um es zu verstärken, wird oft mit den Fingern geschnipst.

- Der GESTENHÖHEPUNKT (*stoke*) stellt den Kern der Geste dar, indem sie ihre
  höchste Ausdehnung in Form und Dynamik erreicht. Die Hände haben die Ruheposition endgültig verlassen und sind von einer ruhenden in eine freie Geste über-
  gegangen. In dieser Phase nimmt die Bewegung eine eindeutige Form an, wobei
  die Geste oft kurz verharrt und anschließend eine schnelle Bewegung ausführt.
  Meistens folgt darauf eine neue Geste. Während der Sprecherrolle wirken die redebegleitenden Handbewegungen illustrierend. Eine Sprechrolle ist jedoch nicht
  gesichert, d.h. Hörer können versuchen den Turn zu übernehmen und eine
  Sprechrolle zu unterbrechen. In diesem Falle frieren Handbewegungen meist kurz-
  zeitig ein, um zu demonstrieren, dass man das Rederecht behalten und fortsetzen
  möchte. Bei Gefährdung der Sprecherrolle können Gesten aber auch zur Sicherung
  des Rederechts Abwehrbewegungen bilden, wobei Hände oft imaginäre Wände illustrieren. Damit wird das Rederecht symbolisch geschützt und gegen Angriffe abgewehrt.

- Schlussendlich in der RÜCKFÜHRUNGSPHASE (*partial recovery*) besitzt der Sprecher zwei Handlungsmöglichkeiten: Die Hand kann zurückgezogen werden und
  eine Ruheposition annehmen oder eine weitere Gestenphase eröffnen, wodurch
  der beschriebene Ablauf erneut beginnt. Beendet man die Sprecherrolle, ruhen die
  Hände am Körper oder bilden zur Aufforderung bzw. Neuverteilung des Rederechts die sogenannte Streckhand. Das bedeutet, dass ich mit ausgestreckter Hand
  auf einen Gesprächspartner weise und ihn somit zum Sprechen auffordere (vgl.
  Bohle 2007, S. 131).

Die Turnübergabe/Rederechtübergabe wird, besonders in einem großen Ge-
sprächskreis, durch die *PALM UP*-GESTE gesteuert. Bei dieser Geste ist unser Arm
am Ellbogen leicht bis stark geknickt, wodurch der Arm von der Seite eine Art V-
Form zeigt. Die Handinnenfläche wird dabei nach oben gehalten, also präsentiert.
Diese Geste soll ein Angebot oder eine Übergabe symbolisieren, wenn kein physi-
scher Gegenstand zur Übergabe existiert (vgl. Kendon 2004, S. 264). Möglich ist
es auch, dass diese Geste bedeuten soll, dass man bereit ist, etwas anzunehmen –
wie zum Beispiel die Sprecherrolle. Mit dem gebenden und annehmenden Charakter der Geste kann man die Erklärung eines Arguments oder Satzes einleiten oder
das Verständnis einer Meinung unterstreichen. Die *palm up*-Geste ist deswegen so
wichtig, weil sie sowohl als zwanglose, beiläufige Geste genutzt werden, aber
auch einer Aussage einen viel kraftvolleren Kontext geben kann. Sie dient folglich
dazu, das eigene Gesagte zu unterstreichen und hervorzuheben (vgl. Kendon
2004, S. 266). Beinahe im Gegensatz dazu ist es jedoch auch eine sehr symboli-
sche Art auf den eigenen Redeanteil zu verzichten und die Sprecherrolle freiwillig
an eine andere Person abzugeben. Auf den ersten Blick sehen diese beiden Arten,
auf die man die *palm up*-Geste benutzen kann, sehr unterschiedlich aus. Beide beinhalten das Potential, die Koordination zwischen den Gesprächsteilnehmern zu
organisieren, da sie die Sprecherrolle entweder festzuhalten oder abzugeben ermöglichen. Mit dieser Geste wird noch einmal deutlich, dass redebegleitende Gesten stark an das Rederecht und den Sprecher gebunden sind.

14.4.1.4 Adaptoren

Adaptoren sind sprachunabhängig erlernte Bewegungen, die aufgrund von Gewohnheiten oftmals unbewusst ausgeführt werden. Sie treten zwar in einer Interaktion auf, haben allerdings keinerlei inhaltlichen Bezug und sind daher auch nicht sprachbegleitend. Zu den typischen Adaptoren gehören all die nonverbalen Handlungen, die aufgrund von instinktiven oder emotionalen Regungen zustande kommen. Sie zeichnet sich „durch ihre eher intrinsische Kodierung und ihre biologisch motivierte und kulturell überformte Entstehung" (Müller 1998, S. 96) aus. Das Kratzen am Kopf während eines Gesprächs oder auch ein nervöses ständiges Knibbeln an den Fingernägeln ist ein Adaptor, genau wie das Gähnen mitten im Gespräch. Obwohl sie keinen inhaltlichen Bezug zu dem verbalen Teil des Gesprächsbeitrags herstellen, haben Adaptoren für den Empfänger oftmals einen informativen Wert: So kann ein hektisches Hantieren mit einem Gegenstand als Anspannung des Gegenübers gedeutet werden.

Ekman und Friesen unterscheiden bei den Adaptoren zwischen Selbst-Adaptoren (*self-adaptors*), Partner-Adaptoren (*alter-directed adaptors*) und Objekt-Adaptoren (*object-adaptors*) (vgl. Ekman/Friesen 1969, S. 84ff.):

- SELBST-ADAPTOREN beziehen sich auf Berührungen des eigenen Körpers während einer Unterhaltung. Deren Funktion sind nach Ekman und Friesen die Blockierung von sensorischem Input oder der Erregungssteigerung – zum Beispiel bei Schwierigkeiten die richtigen Worte zu finden. Darüber hinaus dienen Adaptoren auch dazu, die Attraktivität des Äußeren zu steigern, z. B. wenn sich eine Person die Haare aus dem Gesicht streift. Aber auch das Abschlecken der Lippen mit der Zunge, das meist nach einem befriedigenden Essen getätigt wird, um Essensreste zu entfernen, wird gelegentlich vollzogen, ohne dass Essensreste existieren oder überhaupt gespeist wurde. Dies kann der Gesprächspartner unter Umständen als eine positive Einstellung gegenüber der von ihm getätigten Aussage verstehen. Ein anderes Beispiel für einen Selbst-Adaptor ist das Streichen an der Ecke des Auges, als würde man eine Träne wegwischen. Dies kann geteilte Trauer oder Kummer bedeuten (vgl. Ekman/Friesen 1969, S. 86f.). Die Selbst-Adaptoren, welche per definitionem unbewusst eingesetzt werden, können ebenfalls absichtlich zu kommunikativen Zwecken eingesetzt werden. So kann sich eine Person absichtlich am Kopf kratzen, um dem Gesprächspartner damit subtil zu verstehen zu geben, dass man seinem Vorschlag skeptisch gegenüber steht. Daraufhin kann der Gesprächspartner reagieren, indem er beispielsweise weitere Argumente aufführt, die das Gegenüber dann überzeugen könnten.
- PARTNER-ADAPTOREN sind Berührungen, die auf andere Personen abzielen, um beispielsweise Beziehungen herzustellen.

They include movements necessary to giving to or taking from another person; movements relevant to attacking or protecting oneself from attack; movements necessary to establish affection and intimacy, or withdrawal and flight; movements relevant to establishing sexual contact, such as invitations, flirtations, and courtship; and movements necessary to establishing sexual relationship.

Ekman/Friesen 1969, S. 88f.

Viele der Partner-Adaptoren beinhalten die Benutzung der Hände. So kann der Sprecher durch das Legen seiner Hand auf die Schulter des Gesprächspartners eine vertrauensvolle Atmosphäre schaffen oder einfach eine freundschaftliche Einstellung signalisieren. Eine ähnliche Funktion kann das Zurechtrücken der Krawatte beim Gesprächspartner haben. Beinbewegungen können ebenfalls als Partner-Adaptoren fungieren: Durch ein aggressives Treten einer Person unter dem Tisch kann man seine Verärgerung preisgeben.

- OBJEKT-ADAPTOREN sind Berührungen eines Objektes oder das Spielen mit Gegenständen wie zum Beispiel Kugelschreibern, Uhren etc. Wird das Objekt aber dazu eingesetzt, um damit eine bestimmte Handlung zu vollziehen, so ist es keine Verhaltensform, die als Objekt-Adaptor zu bezeichnen ist. Folgendes Beispiel soll das verdeutlichen:

For example, taking notes during a conversation is not an object-adaptor, but holding or playing with the pencil is. Similarly smoking is not an object-adaptor, but playing with the cigarette, when lit or unlit, or playing with matches or lighter are object-adaptors.

Ekman/Friesen 1972, S. 364

Nach Ekman und Friesen sind Objekt-Adaptoren Bewegungen, die in dienlichen Prozessen, wie Autofahren, Rauchen etc. gelernt werden. Sie unterscheiden sich von den Selbst- und Partner-Adaptoren insofern, als sie erst später im Leben gelernt werden. Meistens benutzt man Objekt-Adaptoren in nervösen Zuständen. Ein klassisches Beispiel dafür ist das Herumspielen mit dem Autoschlüssel in einem Warteprozess.

Aufgaben

a) Kreuzworträtsel

waagerecht

1. Welches nonverbale Display gehört zur Motorik?
3. Einer der sechs Typen von Illustratoren.
5. Wie wird Lokomotion noch genannt?
6. Wie lautet die erste Phase, in der der Wechsel zwischen freier und ruhender Geste oder umgekehrt stattfindet?
8. Wie wird das Display der Berührung auch genannt?
10. Zu welchem Display gehört das Arme-ineinander-Verschränken?

senkrecht

2. Einer der fünf Typen von Gesten nach Ekman und Friesen.
4. Wie werden unterschiedliche Bewegungsverhalten in ihrer kommunikativen Relevanz genannt?
7. Sprachersetzende Gesten, welche eine verbale Definition oder Übersetzung besitzen und ohne einen Zusammenhang mit sprachlicher Kommunikation auftreten.
9. Zu welchem Display wird die Blickorientierung gezählt?

b) Erläutern Sie am folgenden Gesprächsbeispiel den Unterschied zwischen der verbalen, paraverbalen und kinesischen Kommunikation:

Gesprächsbeispiel: UFO_1

```
01   Anton:    <<zeigt auf ein UFO>siehst du das?>
02   Lotte:    ne- (-) ich habe meine brille vergessen;
```

c) Erklären Sie am folgenden Beispiel die Klassifizierung von Gesten nach Ekman und Friesen:

Gesprächsbeispiel: UFO_2

```
01    Anton:    <<zeigt auf ein UFO>siehst du das?>
02    Lotte:    ((guckt Anton an und tippt mit dem Zeigefinger an die Stirn))
03    Anton:    (2.0) ((Öffnet seinen Mund))
```

d) Konstruieren Sie ein eigenständiges Gesprächsbeispiel, an dem man eine typische Turngeste veranschaulichen kann.

e) Was ist unter Objekt-Adaptoren zu verstehen?

f) Welche Rolle spielt der Blickkontakt in der Kommunikation?

Kommentierte Literaturhinweise

Einen kurzen und lesenswerten Überblick zum Thema nonverbale Kommunikation aus der gesprächslinguistischen Perspektive bietet Sager (2001). Zu den meistzitierten Beiträgen zur nonverbalen Kommunikation innerhalb der Gesprächslinguistik zählt sicherlich Ekman/Friesen (1969). Zeigegesten im Rahmen der Deixisforschung werden umfassend und leicht verständlich in Fricke (2007) beschrieben. Ein älterer, aber lesenswerter Beitrag zum Thema Augenkommunikation stammt von Ehlich/Rehbein (1982). Wer sich für die Relationen zwischen Prosodie, Syntax und nonverbaler Kommunikation interessiert, kommt an Schönherr (1997) nicht vorbei.

Zusammenstellung der wichtigsten GAT 2-Transkriptionskonventionen

Sequenzielle Struktur

[ ]	Überlappung
[ ]	

Pausen

(.)	Mikropause, geschätzt, bis ca. 0.2 Sek. Dauer
(-)	kurze geschätzte Pause von ca. 0.2-0.5 Sek. Dauer
(--)	mittlere geschätzte Pause von ca. 0.5-0.8 Sek. Dauer
(---)	längere geschätzte Pause von ca. 0.8-1.0 Sek. Dauer
(2.0)	Ungefähre Zeitangabe, die länger als eine Sekunde dauert

Weitere segmentale Konventionen

:, ::, :::	Längungen
\	Abbrüche

Lachen

haha hehe hihi	„silbisches" Lachen
((lacht))	Beschreibung von Lachen

Akzente

AKzent	Hauptakzent

Tonhöhenbewegungen

?	stark ansteigend
,	steigend
-	gleichbleibend
;	fallend
.	stark fallend

Lautstärke- und Sprechgeschwindigkeit

<<f> >	forte, laut
<<ff> >	fortissimo, sehr laut
<<p> >	piano, leise
<<pp> >	pianissimo, sehr leise
<<all> >	allegro, schnell
<<len> >	lento, langsam
<<cresc> >	crescendo, lauter werdend
<<dim> >	diminuendo, leiser werdend
<<acc> >	accelerando, schneller werdend
<<rall> >	rallentando, langsamer werdend

Weitere Konventionen

`((Husten))`	paralinguistische und nicht-linguistische Handlungen und Ereignisse
`<<hustend> >`	redebegleitende paralinguistische und nicht-linguistische Handlungen und Ereignisse
`<<überrascht> >`	interpretierende Kommentare zur Rede
`()`	unverständlicher Abschnitt, entsprechend der Länge
`(Arzt)`	vermuteter Wortlaut
`al(s)o`	vermuteter Laut oder Silbe
`((...))`	Textauslassung
`->`	Einschlägige/relevante Zeile
`er` **`ist`** `krank`	Fettschrift: Hervorhebung eines relevanten Elements innerhalb einer Zeile

(vgl. Selting et al. 2009)

Literaturverzeichnis

Ágel, Vilmos (2000): Valenztheorie. Tübingen: Narr.

Aitchison, Jean (1987): Words in the mind. An introduction to the mental lexicon. Oxford: Blackwell.

Altmann, Hans (1981): Formen der „Herausstellung" im Deutschen. Rechtsversetzung, Linksversetzung, Freies Thema und verwandte Konstruktionen. Tübingen: Max Niemeyer.

Andersson, Sven-Gunnar / Kvam, Sigmund (1984): Satzverschränkungen im heutigen Deutsch. Tübingen: Narr.

Argyle, Michael (2013): Körpersprache & Kommunikation. Nonverbaler Ausdruck und soziale Interaktion. 10. überarb. Neuaufl. Paderborn: Junfermann.

Auer, Peter (1991): Vom Ende deutscher Sätze. In: Zeitschrift für germanistische Linguistik 19. S. 130-138.

Auer, Peter (2007): Syntax als Prozess. In: Heiko Hausendorf (Hrsg.): Gespräch als Prozess. Linguistische Aspekte der Zeitlichkeit verbaler Interaktion. Tübingen: Narr. S. 95-124.

Baldauf, Heike (2002): Knappes Sprechen. Tübingen: Max Niemeyer.

Ballweg, Joachim (1997): Tempus. In Zifonun, Gisela / Hoffmann, Ludger / Strecker Bruno (Hrsg.): Grammatik der deutschen Sprache. Berlin: de Gruyter. S. 1684-1721.

Becker-Mrotzek, Michael / Vogt, Rüdiger (2009): Unterrichtskommunikation. Linguistische Analysemethoden und Forschungsergebnisse. 2. Aufl. Tübingen: Niemeyer.

Berens, Franz J. (1981): Dialogeröffnung in Telefongesprächen: Handlungen und Handlungsschemata der Herstellung sozialer und kommunikativer Beziehungen. In: Schröder, Peter / Steger, Hugo (Hrsg.): Dialogforschung. Jahrbuch 1980 des Instituts für deutsche Sprache. Düsseldorf: S. 402-417.

Bergmann, Jörg R. (2001): Das Konzept der Konversationsanalyse. In: Brinker, Klaus / Antos, Gerd / Heinemann, Wolfgang (Hrsg.): Text- und Gesprächslinguistik. Ein internationales Handbuch zeitgenössischer Forschung. Art. 85. S. 919-927.

Bierwisch, Manfred (1967): Some semantic universals of German adjectivals. In: Foundations of Language 3. S. 1-36.

Bohle, Ulrike (2007): Das Wort ergreifen – das Wort übergeben: Explorative Studie zur Rolle redebegleitender Gesten in der Organisation des Sprecherwechsels. Berlin: Weidler.

Böke, Karin (1996): Politische Leitvokabeln in der Adenauer-Ära. Zu Theorie und Methodik. In: Böke, Karin / Liedtke, Frank / Wengeler, Martin: Politische Leitvokabeln in der Adenauer-Ära. Mit einem Beitrag von Dorothee Dengel. Berlin: de Gruyter. S. 19-50.

Brinker, Klaus (2005): Linguistische Textanalyse. Eine Einführung in Grundbegriffe und Methoden. 6., überarb. und erw. Aufl. Berlin: Schmidt.

Brinker, Klaus / Hagemann, Jörg (2000): Themenstruktur und Themenentfaltung in Gesprächen. In: Brinker, Klaus / Antos, Gerd / Heinemann, Wolfgang / Sager, Sven F. (Hrsg.): Text- und Gesprächslinguistik. Ein internationales Handbuch zeitgenössischer Forschung. 1. Halbband. 16.1. Berlin: de Gruyter. S. 1152-1163.

Brinker, Klaus / Sager, Sven F. (2010): Linguistische Gesprächsanalyse. Eine Einführung. 5. überarb. und erw. Auflage, Berlin: Erich Schmidt.

Bublitz, Wolfram (1988): Supportive Fellow Speakers and Cooperative Conversations. Ams-terdam: Benjamins.

Burkard, Roland (2002): Kommunikationswissenschaft. Grundlagen und Problemfelder. Umrisse einer interdisziplinären Sozialwissenschaft. 4., überarb. und aktualisierte Aufl. Wien: Böhlau.

Busch, Albert / Stenschke, Oliver (2014): Germanistische Linguistik. Eine Einführung. Tübingen: Narr.

Busse, Dietrich (1997): Semantisches Wissen und sprachliche Information. Zur Abgrenzung und Typologie von Faktoren des Sprachverstehens. In: Pohl, Inge (Hrsg.): Methodologische Aspekte der Semantikforschung (= Sprache – System und Tätigkeit; 22) Frankfurt am Main: Lang. S. 13-34.

Busse, Dietrich (2009): Semantik. Paderborn: Fink.

Busse, Dietrich (2012): Frame-Semantik. Ein Kompendium. Berlin: de Gruyter.

Bühler, Karl (1999): Sprachtheorie. Die Darstellungsfunktion der Sprache. Stuttgart: UTB.

Chafe, Wallace L. (1982): Integration and Involvement in Speaking, Writing, and Oral Litera-ture. In Tannen, Deborah (Hrsg.): Spoken and written language: Exploring orality and literacy. Norwood: Ablex. S. 35-53.

Chomsky, Noam (1981): Lectures on Government and Binding. Dordrecht: Foris.

Clark, Herbert H. / Schaefer, Edward F. (1989): Contributing to Discourse. In: Cognitive Science 13. S. 259-294.

Clark, Herbert H. (1992): Arenas of language use. Chicago: University of Chicago Press.

Couper-Kuhlen, Elisabeth / Selting, Margret (1996): Towards an interactional perspective on prosody and a prosodic perspective on interaction. In: Couper-Kuhlen, Elizabeth / Margret Selting (Hrsg.): Prosody in Conversation. Interactional Studies. Cambridge: Cambridge University Press. S. 11-56.

Cruttenden, Alan (1986): Intonation. Cambridge: Cambridge University Press.

Deppermann, Arnulf (2001): Aspekte einer konversationsanalytischen Untersuchung von Wortsemantik. In: Gruber, Helmut / Menz, Florian (Hrsg.): Interdisziplinarität in der Angewandten Sprachwissenschaft. Methodenmenü oder Methodensalat? Frankfurt am Main: Lang. S. 57-77.

Deppermann, Arnulf (2006a): Von der Kognition zur verbalen Interaktion: Bedeutungskonstitution im Kontext aus Sicht der Kognitionswissenschaften und der Gesprächsforschung (= Stauffenberg Linguistik; 27). In: Deppermann, Arnulf / Spranz-Fogasy, Thomas (Hrsg.): be-deuten: Wie Bedeutung im Gespräch entsteht. Tübingen: Stauffenburg. S. 11-33.

Deppermann, Arnulf (2006b): Konstitution von Wortbedeutung im Gespräch. Eine Studie am Beispiel des jugendsprachlichen Bewertungsadjektivs „assi". In: Deppermann, Arnulf / Spranz-Fogasy, Thomas (Hrsg.): be-deuten: wie Bedeutung im Gespräch entsteht (= Stauffenberg Linguistik; 27). Tübingen: Stauffenburg. S. 158-184.

Deppermann, Arnulf (2007): Grammatik und Semantik aus gesprächsanalytischer Sicht (= Linguistik – Impulse & Tendenzen; 14). Berlin: de Gruyter.

Deppermann, Arnulf (2008): Gespräche analysieren. Eine Einführung. 4. Aufl. Wiesbaden: VS Verlag für Sozialwissenschaften.

Deppermann, Arnulf (2009): Verstehensdefizit als Antwortverpflichtung: Interaktionale Eigenschaften der Modalpartikel „denn" in Fragen. In: Günthner, Susanne / Bücker, Jörg (Hrsg.): Grammatik im Gespräch. Konstruktionen der Selbst- und Fremdpositionierung (= Linguistik – Impulse & Tendenzen; 33). Berlin: de Gruyter. S. 23-56

Deppermann, Arnulf (2013): Interview als Text vs. Interview als Interaktion. In: Forum Qualitative Sozialforschung 14/3.

Deppermann, Arnulf / Schmitt, Reinhold (2009): Verstehensdokumentation: Zur Phänomenologie von Verstehen in der Interaktion. In: Deutsche Sprache 3/08. S. 220-245.

Dittmar, Norbert (2002): Lakmustest für funktionale Beschreibungen am Beispiel von „auch" (Fokuspartikeln, FP). „eigentlich" (Modalpartikeln, MP) und „also" (Diskursmarker, DM). In: Fabricius-Hansen, Cathrine / Leirbukt, Oddleif / Letnes, Ole (Hrsg.): Modus, Modalverben, Modalpartikeln. Trier: Wissenschaftlicher Verlag. S. 142-177.

Dittmar, Norbert (2009): Transkription. Ein Leitfaden mit Aufgaben für Studenten, Forscher und Laien (= Qualitative Sozialforschung; 10). Wiesbaden: VS Verlag für Sozialwissenschaften.

Drach, Erich (1937): Grundgedanken der deutschen Satzlehre. Frankfurt am Main: Diesterweg.

Duden, die Grammatik. Unentbehrlich für richtiges Deutsch. Hrsg. von Kunkel-Razum, Kathrin / Eisenberg, Peter. 2006. Mannheim: Dudenverlag.

Eberle, Samuel (1997): Ethnomethodologische Konversationsanalyse. In: Hitzler, Ronald (Hrsg.): Sozialwissenschaftliche Hermeneutik. Eine Einführung. Opladen: Leske + Budrich. S. 245-279.

Egbert, Maria (2009): Der Reparatur-Mechanismus in deutschen Gesprächen. Mannheim: Verlag für Gesprächsforschung.

Ehlich, Konrad (1984): Sprechhandlungsanalyse. In: Haft, Henning / Kordes, Hagen (Hrsg.): Enzyklopädie Erziehungswissenschaft. Bd. 2: Methoden der Erziehungs- und Bildungsforschung. Stuttgart: Klett-Cotta. S. 526-538.

Ehlich, Konrad (1996): Funktional-pragmatische Kommunikationsanalyse: Ziele und Verfahren. In: Ludger Hoffmann (Hrsg.): Sprachwissenschaft. Ein Reader. 3. Aufl. Berlin, New York: de Gruyter, S. 183-210.

Ehlich, Konrad (2006): Sprachliches Handeln – Interaktion und sprachliche Strukturen. In: Deppermann, Arnulf / Fiehler, Reinhard / Spranz-Fogasy, Thomas (Hrsg.): Grammatik und Interaktion – Untersuchungen zum Zusammenhang von grammatischen Strukturen und Gesprächsprozessen. Mannheim: Verlag für Gesprächsforschung. S. 179-203.

Ehlich, Konrad / Rehbein, Jochen (1976): Halbinterpretative Arbeitstranskriptionen (HIAT). In: Linguistische Berichte 45. S. 21-42.

Ehlich, Konrad / Rehbein, Jochen (1982): Augenkommunikation. Methodenreflexion und Beispielanalyse. Amsterdam: Benjamins.

Eisenberg, Peter (2006): Grundriß der deutschen Grammatik. Stuttgart: Metzler.

Ekman, Paul / Friesen, Wallace (1969): The Repetoire of Nonverbal Behavior: Ategories, Origins, Usage and Coding. In: Semiotica 1. S. 49-98.

Ekman, Paul / Friesen, Wallace (1972): Hand Movements. Journal of Communication 22. S. 353-374.

Fabricius-Hansen, Cathrine (2006): Das Verb. In: Duden. Die Grammatik. 7., völlig neu erarb. und erw. Aufl. Mannheim: Dudenverlag. S. 395-572.

Féry, Caroline (1993): German intonational Patterns. Tübingen: Niemeyer.

Fiehler, Reinhard (2000): Über zwei Probleme bei der Untersuchung gesprochener Sprache. In: Sprache und Literatur 85. S. 23-42.

Fiehler, Reinhard (2006): Gesprochene Sprache. In: Duden. Die Grammatik. 7. Aufl. Mannheim: Dudenverlag. S. 1175-1256.

Fiehler, Reinhard (2009): Kommunikationstraining. In: Fix, Ulla / Gardt, Andreas / Knaper, Joachim (Hrsg.): Rhetorik und Stilistik. Ein Handbuch historischer und systematischer Forschung. Band (= Handbücher zur Sprach- und Kommunikationswissenschaft; 31,2). Berlin: de Gruyter. S. 2387-2403.

Fiehler, Reinhard / Barden, Birgit / Elstermann, Mechthild / Kraft Barbara (2004): Eigenschaften gesprochener Sprache. Tübingen: Narr.

Fiehler, Reinhard / Wagener, Peter (2005): Die Datenbank Gesprochenes Deutsch (DGD) – Sammlung, Archivierung und Untersuchung gesprochener Sprache als Aufgaben der Sprachwissenschaft. In: Gesprächsforschung – Online-Zeitschrift zur verbalen Interaktion 6. S. 136-147

Fix, Ulla (2008): Text und Textlinguistik. In: Janich, Nina (Hrsg.): Textlinguistik. 15 Einführungen. Tübingen: Narr. S. 15-34.

Franck, Dorothea (1980): Grammatik und Konversation. Königstein/Ts.: Skriptor.

Fraser, Bruce (1999): What are discourse markers? In: Journal of Pragmatics 31. S. 931-952.

Frege, Gottlob (1892): Über Sinn und Bedeutung. In: Zeitschrift für Philosophie und philoso-phische Kritik. Neue Folge 100. S. 25-50.

Freywald, Ulrike (2010): „Obwohl vielleicht war es ganz anders". Vorüberlegungen zum Alter der V2 nach subordinierenden Konjunktionen, in: Ziegler, Arne (Hrsg.): Historische Textgrammatik und Historische Syntax des Deutschen. Berlin: de Gruyter. S. 55-84.

Fricke, Ellen (2007): Origo, Geste und Raum. Lokaldeixis im Deutschen. Berlin: de Gruyter.

Fritz, Gerd (1982): Kohärenz. Grundfragen der linguistischen Kommunikationsanalyse. Tübingen: Narr.

Furchner, Ingrid (2002): Gespräche im Alltag – Alltag im Gespräch: Die Konversationsanalyse. In: Müller, Horst M. (Hrsg.): Arbeitsbuch Linguistik. Paderborn: Schöningh. S. 306-327.

Gadler, Hanspeter (1998): Praktische Linguistik. Eine Einführung in die Linguistik für Logo-päden und Sprachheillehrer. 3. Aufl. Tübingen: Francke.

Garfinkel, Harold / Sacks, Harvey (1976): Formale Strukturen praktischer Handlungen. In: Weingarten, Elmar (Hrsg.): Ethnomethodologie. Beiträge zu einer Soziologie des Alltagshandelns. Frankfurt am Main: Suhrkamp. S. 130-176.

Garfinkel, Harold (1967): Studies in Ethnomethodology. Englewood Cliffs: Prentice-Hall.

Gerd, Fritz / Hundsnurscher, Franz (Hrsg., 1994): Handbuch der Dialoganalyse. Tübingen.

Gertund, Rickheit / Schade, Ulrich (2000): Kohärenz und Kohäsion. In: Brinker, Klaus / Antos, Gerd / Heinemann, Wolfgang / Sager, Sven F. (Hrsg.): Text- und Gesprächslinguistik. Ein internationales Handbuch zeitgenössischer Forschung. 1. Halbband. 16.1. Berlin: de Gruyter. S. 275-283.

Gilles, Peter (2005): Regionale Prosodie im Deutschen. Variabilität in der Intonation von Abschluss und Weiterweisung (= Linguistik – Impulse & Tendenzen; 6). Berlin: de Gruyter.

Girnth, Heiko (2002): Sprache und Sprachverwendung in der Politik. eine Einführung in die linguistische Analyse öffentlich-politischer Kommunikation (= Germanistische Arbeitshefte; 39). Tübingen: Niemeyer.

Glück, Helmut (2000): Metzler Lexikon Sprache. Stuttgart: Metzler.

Goffman, Erving (1974): Das Individuum im öffentlichen Austausch. Mikrostudien zur öffentlichen Ordnung. Frankfurt am Main: Suhrkamp.

Gohl, Christine / Günther, Susanne (1999): Gammatikalisierung von „weil" als Diskursmarker in der gesprochenen Sprache. In: Zeitschrift für Sprachwissenschaft 18/1. S. 39-75.

Götz, Hindelang (1994): Sprechakttheoretische Dialoganalyse. In: Gerd, Fritz / Hundsnurscher, Franz (Hrsg.): Handbuch der Dialoganalyse. Tübingen. S. 95-112.

Gräßel, Ulrike (1991): Sprachverhalten und Geschlecht. Eine empirische Studie zu geschlechtsspezifischem Sprachverhalten in Fernsehdiskussionen. Herbolzheim: Cantaurus.

Grice, Herbert P. (1993): Logik und Konversation. In: Meggle, Georg (Hrsg.): Handlung, Kommunikation, Bedeutung. Frankfurt am Main: Suhrkamp. S. 243-265.

Gruber, Helmut (2001): Die Struktur von Gesprächssequenzen. In: Brinker, Klaus / Antos, Gerd / Heinemann, Wolfgang / Sager, Sven F. (Hrsg.): Text- und Gesprächslinguistik. Ein internationales Handbuch zeitgenössischer Forschung. 2. Halbband. Berlin: de Gruyter. S. 1226-1241.

Gullberg Marianne (1999): Gestures in spatial descriptions. Lund University, Dept. of Linguistics 1. Working Papers 47. S. 87-97

Günthner, Susanne (1993): „... weil – man kann es ja wissenschaftlich untersuchen" – Diskurspragmatische Aspekte der Wortstellung in WEIL-Sätzen. In: Linguistische Berichte 143. S. 37-59.

Günthner, Susanne (1999): Entwickelt sich der Konzessivkonnektor obwohl zum Diskursmarker? Grammatikalisierungstendenzen im gesprochenen Deutsch. In: Linguistische Berichte 180. S. 409-446.

Günthner, Susanne (2012): Geteilte Syntax: Kollaborativ erzeugte dass - Konstruktionen. GIDI - Arbeitspapier 43/2012, Universität Münster (http://noam.uni-muenster.de/gidi/arbeitspapiere/arbeitspapier43.pdf).

Hagemann, Jörg (2014): Implikaturanalyse. In: Staffeldt, Sven / Hagemann, Jörg (Hrsg.): Pragmatiktheorien. Analysen im Vergleich. Tübingen: Stauffenburg. S. 183-212.

Hartmann, Dietrich / Quasthoff, Uta (1982): Bedeutungserklärungen als empirischer Zugang zu Wortbedeutungen. In: Deutsche Sprache 10. S. 97-118.

Hartung Martin (2004): Gesprächsanalyse in der betrieblichen Praxis. In: Karlfried Knapp et. al. (Hrsg.): Angewandte Linguistik. Ein Lehrbuch. A. Francke Verlag Tübingen und Basel, S. 299-319.

Hartog, Jennifer (1996): Das genetische Beratungsgespräch. Tübingen: Gunter Narr.

Hausendorf, Heiko (2001): Gesprächsanalyse im deutschsprachigen Raum. In: Brinker, Klaus/Antos, Gerd/Heinemann, Wolfgang/Sager, Sven F. (Hrsg.): Text- und Gesprächslinguistik. 2. Halbband. Berlin: de Gruyter. S. 971-979.

Hausendorf, Heiko (2007): Die Prozessualität des Gesprächs als Dreh- und Angelpunkt der linguistischen Gesprächsforschung. In: Heiko Hausendorf (Hrsg.): Gespräch als Prozess. Linguistische Aspekte der Zeitlichkeit verbaler Interaktion. Tübingen: Narr. S. 11-32.

Heinemann, Wolfgang (2008): Textpragmatische und kommunikative Ansätze. In: Janich, Nina (Hrsg.): Textlinguistik. 15 Einführungen. Tübingen: Narr. S. 113-144.

Helbig, Gerhard (1988): Lexikon deutscher Partikeln. Leipzig: Verlag Enzyklopädie.

Henne, Helmut (1978): Die Rolle des Hörers im Gespräch. In: Rosengren, Inger (Hrsg.): Sprache und Pragmatik. Lunder Symposium. Lund: LiberLäromedel. S. 122-134.

Henne, Helmut / Rehbock, Helmut (2001): Einführung in die Gesprächsanalyse. 4. Aufl. Berlin: de Gruyter.

Hennig, Mathilde (2006): Grammatik der gesprochenen Sprache in Theorie und Praxis. Kassel: Kassel University Press.

Hentschel, Elke / Weydt, Harald (2013): Handbuch der deutschen Grammatik. 3., völlig neu bearb. Aufl. Berlin: de Gruyter.

Heritage, John (1984): A change-of-state token and aspects of its sequential placement. In: Atkinson, Maxwell J. / Heritage, John (Hrsg.): Structures of Social Action. Studies in Conversation Analysis. Cambridge: Cambridge University Press. S. 299-345.

Heritage, John (1990): Intention, meaning and strategy. In: Research on Language and Social Interaction 28/1. S. 1-60.

Heritage, John (1997): Conversational analysis and institutional talk: Analysing data. In: Silverman, David (Hrsg.): Qualitative research. Theory, method and practise. London: Sage. S. 161-182.

Hermanns, Fritz (1994): Schlüssel-, Schlag- und Fahnenwörter: Zu Begrifflichkeit und Theorie der lexikalischen „politischen Semantik". Erste Fassung eines Überblicks-artikels zum Forschungsstand in Sachen Schlüsselwort- und Schlagworttheorie und -forschung für den Ergebnisband des Teilprojekts C5 des SFB 245 (Arbeiten aus dem Sonderfoschungsbereich 245. Sprache und Situation; 81). Heidelberg, Mannheim.

Hoberg, Ursula (1997): Die Linearstruktur des Satzes. In: Zifonun, Gisela / Hoffmann, Ludger / Strecker, Bruno (Hrsg.): Grammatik der deutschen Sprache. Band 2. Berlin: de Gruyter, S.1495-1680.

Hoffmann, Ludger (1997): Zur Grammatik von Text und Diskurs. In: Zifonun, Gisela / Hoffmann, Ludger / Strecker, Bruno et al. (Hrsg.): Grammatik der deutschen Sprache. 3 Bände. Berlin: de Gruyter. S. 93-591.

Hoffmann, Ludger (1999): Ellipse und Analepse. In: Angelika Redder / Jochen Rehbein (Hrsg.): Grammatik und mentale Prozesse. Tübingen: Stauffenburg. S. 69-90.

Hoffmann, Ludger (2009): Handbuch der deutschen Wortarten. Berlin: de Gruyter.

Hoffmann, Ludger (Hrsg.) (2010): Sprachwissenschaft. Ein Reader. 3., aktual. und erw. Aufl. Berlin: de Gruyter.

Hopper, Paul (1998): Emergent Grammar. In: Tomasello, Michael (Hg.): The New Psychology of Language: Cognitive and Functional Approaches To Language Structure. Psychology Press. Mahwah. S. 155-175.

Imo, Wolfgang (2007): Construction Grammar und Gesprochene-Sprache-Forschung. Konstruktionen mit zehn matrixfähigen Verben im gesprochenen Deutsch. Tübingen: Max Niemeyer.

Imo, Wolfgang (2010): 'Versteckte Grammatik': Weshalb qualitative Analysen gesprochener Sprache für die Grammatik(be)schreibung notwendig sind. In: Rudolf Suntrup et al. (Hrsg.): Usbekisch-deutsche Studien III: Sprache – Literatur – Kultur – Didaktik. Münster: LIT Verlag: S. 261-284.

Imo, Wolfgang (2011): Cognitions are not observable – but their consequences are: Mögliche Aposiopese-Konstruktionen in der gesprochenen Alltagssprache. In: Gesprächsforschung – Online-Zeitschrift zur verbalen Interaktion 12. S. 265-300.

Imo, Wolfgang (2012a): Wortart Diskursmarker? In: Rothstein, Björn (Hrsg.): Nicht-flektierende Wortarten. Berlin: de Gruyter. S. 48-88.

Imo, Wolfgang (2012b): Ellipsen, Inkremente und Fragmente aus interaktionaler Perspektive. Wwu Münster. Gidi-Arbeitspapier 45.

Jahnel, Andrea (2000): Argumentation in internationalen Fernsehdiskussionen. München: iudicium.

Jarren, Otfried / Donges, Patrick (2006): Politische Kommunikation in der Mediengesellschaft. Eine Einführung. 2. überarb. Aufl. Wiesbaden: VS Verlag für Sozialwissenschaften.

Jürgens, Fran (1999): Auf dem Weg zu einer pragmatischen Syntax: Eine vergleichende Fallstudie zu Präferenzen in gesprochen und geschrieben ... von Frank Jürgens von Niemeyer, Max, Verlag Imprint von de Gruyter.

Kallmeyer, Werner (1978): Fokuswechsel und Fokussierungen als Aktivitäten der Gesprächskonstitution. In: Meyer-Hermann. Reinhard (Hrsg.): Sprechen – Handeln – Interaktion. Ergebnisse aus Bielefelder Forschungsprojekten zu Texttheorie, Sprechakt-theorie und Konversationsanalyse. Tübingen: Niemeyer. S. 191-241.

Kallmeyer, Werner (1981): Aushandlung und Bedeutungskonstitution. In: Schröder, Peter (Hrsg.): Dialogforschung. Düsseldorf: Schwann. S. 89-127.

Kallmeyer, Werner (1985): Handlungskonstitution im Gespräch. In: Gülich, Elisabeth (Hrsg.): Grammatik, Konversation, Interaktion. Beiträge zum Romanistentag 1983. Tübingen: Niemeyer. S. 81-123.

Kallmeyer, Werner / Schmitt, Reinhold (1996): Forcieren oder: Die verschärfte Gangart. Zur Analyse von Kooperationsformen im Gespräch. In: Kallmeyer, Werner (Hrsg.): Gesprächsrhetorik. Rhetorische Verfahren im Gesprächsprozeß. Tübingen: Narr. (= Studien zur deutschen Sprache; 4) S. 19-118.

Keller, Rudi (1995): Zeichentheorie. Zu einer Theorie semiotischen Wissens. Tübingen: Francke.

Keller, Rudi (2008): Bewerten. In: Sprache und Literatur. Band 102. S. 2-15.

Keller, Rudi (2014): Sprachwandel. Von der unsichtbaren Hand in der Sprache. 4. Aufl. Tübingen: Francke.

Kendon, Adam (2004): Gesture. Cambridge University Press: Cambridge.

Kindt, Walther (2006): Koordinations-, Konstruktions- und Regulierungsprozesse bei der Bedeutungskonstitution. Report 2001/4, SFB 360, Universität Bielefeld. In: Deppermann, Arnulf /Spranz-Fogasy, Thomas (Hrsg.): be-deuten – Wie Bedeutung im Gespräch entsteht. 2. Aufl. Tübingen: Stauffenburg. S. 34-58.

Kleiber, Georges (1998): Prototypensemantik. Eine Einführung. 2., überarb. Aufl. Tübingen: Narr.

Knapp, Mark L. / Hall, Judith A. (2006): Nonverbal Communication in Human Interaction. Belmont: Thompson Publishers.

Knobloch, Hubert A. / Günthner, Susanne (1997): Gattungsanalyse. In: Hitzler, Ronald / Honer, Anne: Sozialwissenschaftliche Hermeneutik. Opladen: Leske + Budrich. S. 281-307.

Koch, Peter / Oesterreicher, Wulf (1985): Sprache der Nähe – Sprache der Distanz: Mündlichkeit und Schriftlichkeit im Spannungsfeld von Sprachtheorie und Sprachgeschichte. In: Romanistisches Jahrbuch 36. S. 15-43.

Kolarova, Zornitza (2012): Lexikon der bulgarischen Alltagsgesten. Univ. Diss. Berlin.

Kotthoff, Helga (1989): Pro und Kontra in der Fremdsprache. Pragmatische Defizite in interkulturellen Argumentationen (= Sprachwelten; 3). Frankfurt am Main: Peter Lang.

Kotthoff, Helga (1993): Unterbrechungen, Überlappungen und andere Interventionen. Vorschläge zur Kategorienunterscheidung und kontextorientierter Interpretation. In: Deutsche Sprache 21. S. 79-95.

König, Ekkehard (1997): Zur Bedeutung von Modalpartikeln im Deutschen: Ein Neuansatz im Rahmen der Relevanztheorie. In: Germanistische Linguistik 136. S. 57-75.

Levinson, Stephen (2000): Pragmatik. Tübingen: Niemeyer.

Liebert, Wolf-Andreas (1994): Das analytische Konzept „Schlüsselwort" in der linguistischen Tradition. In: Arbeiten aus dem Sonderforschungsbereich 245 „Sprache und Situation". Heidelberg/Mannheim. S. 3-28.

Liebert, Wolf-Andreas (2003): Zu einem dynamischen Konzept von Schlüsselwörtern. In: Zeitschrift für angewandte Linguistik 38. S. 57-83.

Linell, Per (1990): The power of dialogue dynamics. In: Marková, Ivana / Foppa, Klaus (Hrsg.): The Dynamics of Dialogue. New York: Harvester Wheatsheaf. S. 147-177.

Linell, Per / Luckmann, Thomas (1991): Asymmetries in dialogue: Some conceptual pre-
liminaries. In: Marková, Ivana / Foppa, Klaus (Hrsg.): The Dynamics of Dialogue. New
York: Harvester Wheatsheaf. S. 1-20.

Lotze, Stefan / Gallmann, Peter (2009): Norm und Variation beim Konjunktiv II. In: Ko-
nopka, Marek / Strecker, Bruno (Hrsg.): Deutsche Grammatik – Regeln, Normen,
Sprachge-brauch. Berlin: de Gruyter. S. 222-239.

Löbner, Sebastian (2003): Semantik. Eine Einführung. Berlin: de Gruyter.

Löffler, Heinrich (2005): Germanistische Soziolinguistik. 3., überarb. Aufl. Berlin:
Schmidt.

Lösener, Hans (1999): Der Rhythmus in der Rede. Linguistische und literaturwissenschaft-
liche Aspekte des Sprachrhythmus. Tübingen: Niemeyer.

Lyons, John (1991): Natural language and universal grammar. Essays in linguistic theory.
Cambridge: Cambridge: University Press.

Meibauer, Jörg (2008): Pragmatik. Eine Einführung. 2., verb. Aufl., unveränd. Nachdr.
Tübingen: Stauffenburg.

Meise, Katrin (1996): Und forte absence – Schweigen in alltagsweltlicher und literarischer
Kommunikation. Tübingen: Narr.

Merkel, Silke / Schmidt, Thomas (2009): Korpora gesprochener Sprache im Netz – eine
Umschau. Gesprächsforschung – Online-Zeitschrift zur verbalen Interaktion
(www.gespraechsforschung-ozs.de). S. 70-93.

Mönnich, Annette (2004): Gesprächsführung lernen. Welche impliziten Konzeptualisierun-
gen des Kommunikationslernens sind in Methoden zur Entwicklung der Gesprächsfä-
higkeit zu finden? In: Becker-Mrotzek, Michael / Brünner, Gisela (Hrsg.): Analyse und
Vermittlung von Gesprächskompetenz. S. 87-111.

Mroczynski, Robert (2013): „Ja nein ich meine ...“ – Zur „ja nein“-Konstruktion im gesprochenen Deutsch. In: Hagemann, Jörg / Klein, Wolf Peter / Staffeldt, Sven: Pragmatischer Standard. Tübingen: Stauffenburg. S. 245-262.

Müller, Anja (1999): Die Macht der Stimme: Die Stimme als rhetorischer Wirkungsfaktor:
Zur persuasiven Funktion und Wirkung der Prosodie. Bad Iburg: Der andere Verlag.

Müller, Cornelia (1998): Redebegleitende Gesten. Kulturgeschichte, Theorie, Sprachver-
gleich. Berlin: Berlin Verlag Spitz.

Nothdurft, Werner (1995): Gemeinsam musizieren. Plädoyer für ein neues Leitbild für die
Betrachtung mündlicher Kommunikation. In: Deutschunterricht 1/95. S. 30-42.

Nothdurft, Werner (1996): Schlüsselwörter. Zur rhetorischen Konstruktion von Wirklichkeit. In: Kallmeyer, Werner (Hrsg.): Gesprächsrhetorik. Tübingen: Narr. S. 351-418.

Nothdurft, Werner (1998): Interaktive Bedeutungskonstitution. Ein Beitrag zur Kommuni-
kationssemantik Gerold Ungeheuers. In: Krallmann, Dieter / Schmitz, Walther H.
(Hrsg.): Perspektiven einer Kommunikationswissenschaft. Internationales Gerold-
Ungeheuer-Symposium, Essen, 6.-8.7.1995. Münster: Nodus-Publ. S. 257-271.

Nübling, Damaris (2006): Historische Sprachwissenschaft des Deutschen. Eine Einführung
in die Prinzipien des Sprachwandels. Tübingen: Narr.

Oreström, Bengt (1983): Turn-taking in English conversation (= Lund studies in English;
66). Malmoe: Gleerup.

Papantoniou, Theodoros (2012): Über die Darstellung von Problemtypen des Sprechens im
Deutschen. Eine interaktional-linguistische Untersuchung von Reparaturen. Mannheim:
Verlag für Gesprächsforschung.

Parsons, Talcott (1967): Sociological theory and modern society. New York: The Free
Press.

Parsons Talcott (1976): Explorations in General Theory in Social Science. Essays in honor of Talcott Parsons. Hrsg. von Jan j. Loubser. New York: The Free Press.

Peters, Jörg (2014): Intonation. Heidelberg: Universitätsverlag Winter.

Pittner, Karin / Bermann Judith (2010): Deutsche Syntax. Ein Arbeitsbuch. 4., aktual. Aufl. Tübingen: Narr.

Pomerantz, Anita (1984): Agreeing and disagreeing with assessments. Some features of preferred and dispreferred turn shapes. In: Atkinson, Maxwell J. / Heritage, John (Hrsg.): Structures of social action: Studies in conversation analysis. Cambridge: Cambridge University Press. S. 57-101.

Pothmann, Achim (1997): Diskursanalyse von Verkaufsgesprächen. Opladen: Westdeutscher Verlag.

Rath, Rainer (1979): Kommunikationspraxis. Analysen zur Textbildung und Textgliederung im gesprochenen Deutsch. Göttingen: Vandenhoeck & Ruprecht.

Rath, Rainer (2001): Gesprächsschritt und Höreraktivitäten. In: Brinker, Klaus / Antos, Gerd / Heinemann, Wolfgang / Sager, Sven F. (Hrsg.): Text- und Gesprächslinguistik. Ein internationales Handbuch zeitgenössischer Forschung. Berlin: de Gruyter. S. 1213-1226.

Redder, Angelika (1982): Schulstunden 1. Transkripte. Tübingen: Narr.

Redder, Angelika (1994): Bergungsunternehmen – Prozeduren des Malfeldes beim Erzählen. In: Brünner, Gisela / Graefen, Gabriele (Hrsg.): Texte und Diskurse. Methoden und Forschungsergebnisse der funktionalen Pragmatik. Opladen: Westdeutscher Verlag S. 238-264.

Redder, Angelika / Ehlich, Konrad (Hrsg.) (1994): Gesprochene Sprache. Transkripte und Tondokumente. Tübingen: Niemeyer.

Rehbein, Jochen / Schmidt, Thomas / Meyer, Bernd / Watzke, Franziska / Herkenrath, Annette (2004): Handbuch für das computergestützte Transkribieren nach HIAT. Arbeiten zur Mehrsprachigkeit Folge B (Nr. 56). Universität Hamburg: Sonderforschungsbereich Mehrsprachigkeit.

Rosch, Eleanor (1975): Cognitive reference points. In: Cognitive Psychology 7. S. 532-547.

Rothstein, Björn (2011): Wissenschaftliches Arbeiten für Linguisten. Tübingen: Narr.

Rödel, Michael (2004): Verbale Funktion und verbales Aussehen – die deutsche Verlaufsform und ihre Bestandteile. In: Muttersprache 114, S. 220-233.

Sacks, Harvey (1984): Notes on methodology. In: Atkinson, Maxwell J. / Heritage, John (Hrsg.): Structures of social action: Studies in conversation analysis. Cambridge: Cambridge University Press. S. 21-27.

Sacks, Harvey (1987): On the Preferences for Agreement and Contiguity in Sequences in Conversation. In: Button, Graham/ Lee, J. R. E. (Hrsg.): Talk and Social Organisation. Clevedon: Multilingual Matters. S. 54-69.

Sacks, Harvey (1992): Lectures on Conversation. Volumes I and II. Edited by Gail Jefferson. Oxford: Blackwell.

Sacks, Harvey (2004): An initial characterisazion of the organization of speaker turn-taking in conversation. In: Lerner, Gene H. (Hrsg.): Conversation Analysis. Studies from the first generation. Amsterdam: Benjamins. S. 35-42.

Sacks, Harvey / Schegloff, Emanuel A. / Jefferson, Gail (1974): A Simplest Systematics for the Organization of Turn-Taking in Conversation. In: Language 50. S. 696-735.

Sacks, Harvey / Schegloff, Emanuel A. (1979): Two Preferences in the Organization of Ref-erence to Persons in Conversation and Their Interaction. In Psathas, George (Hrsg.): Everyday Language: Studies in Ethnomethodology. New York: Irvington Press. S. 15-21.

Sager, Sven F. (2001): Bedingungen und Möglichkeiten nonverbaler Kommunikation. In: Brinker, Klaus / Antos, Gerd / Heinemann, Wolfgang (Hrsg.): Text- und Gesprächslinguistik. Ein internationales Handbuch zeitgenössischer Forschung. Berlin: de Gruyter. S. 1132-1141.

Saussure, Ferdinand de (1967): Grundfragen der allgemeinen Sprachwissenschaft. Berlin: de Gruyter.

Saussure, Ferdinand de (2013): Cours de linguistique générale. Zweisprachige Ausgabe französisch-deutsch mit Einleitung, Anmerkungen und Kommentar. Tübingen: Narr.

Schank, Gerd (1981): Untersuchung zum Ablauf natürlicher Dialoge. München: Huber.

Schank, Gerd / Schoenthal, Gisela (1976): Gesprochene Sprache. Eine Einführung in Forschungsansätze und Analysemethoden. Tübingen: Niemeyer.

Schegloff, Emanuel A. (1968): Sequencing in Conversational Openings. In: American Anthropologist 70. S. 1075-1095.

Schegloff, Emanuel A. (1979): The Relevance of Repair to Syntax-for-conversation. In: Givón, Talmy: Syntax and Semantics. Vol. 12: Discourse and Syntax. New York: Academic Press. S. 261-286.

Schegloff, Emanuel A. (1987a): Recycled turn-beginnings. In: Button, Graham / Lee, John R. E. (Hrsg.): Talk and social organisation. Clevedon: Multilingual Matters. S. 70-85.

Schegloff, Emanuel A. (1987b): Between Macro and Micro: Contexts and Other Connections. In: Alexander, Jeffrey C. G. / Münch, Richard / Smelser, Neil (Hrsg): The Micro-Macro Link. Berkeley: UCP. S. 207-234.

Schegloff, Emanuel A. (1990): On the organisation of sequences as a source of „coherence" in talk-in-interaction. In: Dorval, Bruce (Hrsg). Conversation organisation and its development Norwood: Ablex. S. 51-77.

Schegloff, Emanuel A. (1992a): Repair after next turn. In: American Journal of Sociology 97/5. S. 1295-1345.

Schegloff, Emanuel A. (1992b): In another Context. In: Duranti, Allesandro / Goodwin, Charles (Hrsg.): Rethinking Context. Language as an Interactive Phenomenon (= Studies in the Social and Cultural Foundations of Language; 11) Cambridge: Cambridge University Press. S. 191-228.

Schegloff, Emmanuel A. (1996): Some Practices for Referring to Persons in Talk-in-Interaction: A Partial Sketch of a systematics. In: Fox, Barbara (Hrsg.): Studies in Anaphora. Amsterdam: JohnBenjamins. S. 437-485.

Schegloff, Emanuel A. (1997): Whose Text? Whose Context? In: Discourse & Society 8/2. S. 165-187.

Schegloff, Emanuel A. (2007): Sequence Organization in Interaction. A Primer in Conversation Analysis. Cambridge: Cambridge University Press.

Schegloff, Emanuel A. / Sacks, Harvey (1973): Opening up Closings. In: Semiotica 8. S. 289-327.

Schegloff, Emanuel A. / Sacks, Harvey / Jefferson, Gail (1977): The Preference for Self-correction in the Organization of Repair in Conversation. In: Language 53. S. 361-382.

Scherer, Carmen (2006): Korpuslinguistik. Heidelberg: Winter.

Schlobinski, Peter (1992): Funktionale Grammatik und Sprachbeschreibung. Eine Untersuchung zum gesprochenen Deutsch sowie zum Chinesischen. Opladen: Westdeutscher Verlag.

Schlobinski, Peter (Hrsg.) (1997): Syntax des gesprochenen Deutsch. Opladen: Westdeutscher Verlag.

Schmauks, Dagmar (1991): Deixis in der Mensch-Maschine-Interaktion. Multimediale Referentenidentifikation durch natürliche und simulierte Zeigegesten. Tübingen: Niemeyer.

Schmidt, Thomas / Dickgießer, Sylvia / Gasch, Joachim (2013): Die Datenbank für Gesprochenes Deutsch – DGD2. Mannheim: Institut für Deutsche Sprache.

Schneider, Jan G. (2011): Hat die gesprochene Sprache eine eigene Grammatik? Grundsätzliche Überlegungen zum Status gesprochensprachlicher Konstruktionen und zur Kategorie „gesprochenes Standarddeutsch". In: Zeitschrift für Germanistische Linguistik 39/2. S. 165-187.

Schönherr, Beatrix (1997): Syntax – Prosodie – nonverbale Kommunikation. Empirische Untersuchungen zur Interaktion sprachlicher und parasprachlicher Ausdrucksmittel im Gespräch. Berlin: de Gruyter.

Schröder, Peter (2006): Das Vorvorfeldkonzept aus gesprächsanalytischer Sicht – Plädoyer für eine handlungsorientierte Einheitenbildung in einer Grammatik der gesprochenen Sprache. In: Deppermann, Arnulf / Fiehler, Reinhard / Spranz-Fogasy, Thomas (Hrsg.): Grammatik und Interaktion. Untersuchungen zum Zusammenhang von grammatischen Strukturen und Gesprächprozessen. Mannheim: Verlag für Gesprächsforschung. S. 203-244.

Schütz, Alfred (1974): Der sinnhafte Aufbau der sozialen Welt. Eine Einleitung in die verstehende Soziologie. Frankfurt am Main: Suhrkamp.

Schwitalla, Johannes (1976): Dialogsteuerung. Vorschläge zur Untersuchung. In: Projekt Dialogstrukturen: Ein Arbeitsbericht. (Hrsg.) vom Institut für deutsche Sprache. München: Hueber. S. 73-104.

Schwitalla, Johannes (2002): Kleine Wörter. Partikeln im Gespräch. In: Dittmann, Jürgen / Schmidt, Claudia (Hrsg.): Über Wörter. Grundkurs Linguistik. Freiburg: Rombach. S. 259-282.

Schwitalla, Johannes (2012): Gesprochenes Deutsch. Eine Einführung. 4. Aufl. Berlin: Erich Schmidt.

Searle, John R. (1983): Sprechakte. Ein sprachphilosophischer Essay. Berlin: Suhrkamp.

Selting, Margret (1993): Voranstellungen vor den Satz. Zur grammatischen Form und interaktiven Funktion von Linksversetzung und Freiem Thema im Deutschen. In: Zeitschrift für germanistische Linguistik 21/3. S. 291-319.

Selting, Margret (1995): Prosodie im Gespräch: Aspekte einer interaktionalen Phonologie der Konversation. Tübingen: Niemeyer.

Selting, Margret (2009): Kontinuität und Wandel der Verbstellung von ahd. wanta bis gwd. weil. Zur historischen und vergleichenden Syntax der weil-Konstruktionen. In: Zeitschrift für Germanistische Linguistik 27/2. S. 167-204.

Selting, Margret (2010): Prosody in Interaction: State of the art. In: Barth-Weingarten, Dagmar / Reber, Elisabeth / Selting, Margret (Hrsg.): Prosody in Interaction. Amsterdam: Benjamins, S. 3-40.

Selting, Margret / Auer, Peter et al. (1998): Gesprächsanalytisches Transkriptionssystem (GAT). In: Linguistische Berichte 173. S. 91-122.

Selting, Margret / Auer, Peter et al. (2009): Gesprächsanalytisches Transkriptionssystem 2 (GAT 2). In: Gesprächsforschung. Online-Zeitschrift zur verbalen Interaktion 10. S. 353-402.

Sentürk, Jan (2012): Schulterblick und Stöckelschuh. Wie Haltung, Gestik und Mimik über unseren Erfolg entscheiden. Wiesbaden: Gabler.

Sidnell, Jack (2010): Conversation Analysis: An Introduction. West Sussex: Wiley-Blackwell

Simon, Fritz B. (2004): Gemeinsam sind wir blöd!? Die Intelligenz von Unternehmen, Managern und Märkten, Heidelberg 2004

Spiegel, Carmen (1994): Schlüsselwörter in umweltpolitischen Auseinandersetzungen. Wie Wörter beim Reden ihre Bedeutungen erhalten. Sprachreport 1. S. 6-7.

Spiegel, Carmen (1996): Bedeutungskonstitution im Gespräch – Die Geschichte eines Ledersofas. In: Grabowski, Joachim / Harras, Gisela / Herrmann, Theo (Hrsg.): Bedeutung – Konzepte, Bedeutungskonzepte. Opladen: Westdeutscher Verlag. S. 277-300.

Spiegel, Carmen / Spranz-Fogasy, Thomas (2001): Aufbau und Abfolge von Gesprächsphasen. In: Brinker, Klaus / Antos, Gerd / Heinemann, Wolfgang / Sager, Sven F. (2001): Text- und Gesprächslinguistik. Ein internationales Handbuch zeitgenössischer Forschung. 1. Halbband. 16.1. Berlin: de Gruyter. S. 1241-1251.

Spranz-Fogasy, Thomas (1992): Bezugspunkte der Kontextualisierung sprachlicher Ausdrücke in Interaktionen – Ein Konzept zur analytischen Konstitution von Schlüsselwörtern. (= Arbeiten aus dem Sonderforschungsbereich 245; Bericht Nr. 50). Heidelberg.

Staffeldt, Sven (2014): Sprechakttheoretisch analysieren. In: Staffeldt, Sven / Hagemann, Jörg (Hrsg.): Pragmatiktheorien. Analysen im Vergleich. Tübingen: Stauffenburg. S. 105-148.

Stein, Stephan (2003): Textgliederung: Einheitenbildung im geschriebenen Deutsch – Theorie und Empirie (= Studia Linguistica Germanica; 69). Berlin: de Gruyter.

Stephany, Ursula / Claudia Froitzheim (2009): Arbeitstechniken Sprachwissenschaft. Vorbereitung und Erstellung einer sprachwissenschaftlichen Arbeit. Paderborn: Fink.

Stötzel, Georg / Wengeler, Martin (Hrsg.) (1995): Kontroverse Begriffe. Geschichte des öffentlichen Sprachgebrauchs in der Bundesrepublik Deutschland (= Sprache, Politik, Öffentlichkeit; 4). Berlin: de Gruyter.

Thurmair, Maria (1989): Modalpartikeln und ihre Kombinationen. Tübingen: Niemeyer.

Tiittula, Liisa (2001): Formen der Gesprächssteuerung. In: Bringer, Klaus (Hrsg.): Text- und Gesprächslinguistik: Ein internationales Handbuch zeitgenössischer Forschung. 2. Halbband. Berlin: de Gruyter. S. 1361-1372.

Toman-Banke, Monika (1996): Die Wahlslogans der Bundestagswahlen 1949-1994. Wiesbaden: Deutscher Universitätsverlag.

Trier, Jost (1931): Der deutsche Wortschatz im Sinnbezirk des Verstandes. die Geschichte eines sprachlichen Feldes. Heidelberg: Winter.

Uhmann, Susanne (2006): Grammatik und Interaktion: Form follows function? – Function follows form? In: Deppermann, Arnulf / Fiehler, Reinhard / Spranz-Fogasy, Thomas (Hrsg.): Grammatik und Interaktion – Untersuchungen zum Zusammenhang von grammatischen Strukturen und Gesprächsprozessen. Mannheim: Verlag für Gesprächsforschung. S. 179-203.

Wahmhoff, Sibylle / Wenzel, Angelika (1979): Ein hm ist noch lange kein hm – oder – Was heißt klientenbezogene Gesprächsführung? In: Dittmann, Jürgen (Hrsg.): Arbeiten zur Konversationsanalyse. Tübingen: Niemeyer. S. 258-297.

Wallbott, Harald G. (1988): Gesprochenes und Ungesprochenes. Die Rolle verschiedener Verhaltensmodalitäten in Urteils- und Eindrucksbildung. In: Behme, Helma (Hrsg.): Angewandte Sprachwissenschaft. Interdisziplinäre Beiträge zur mündlichen Kommunikation. Stuttgart: Steiner. S. 209-219.

Weydt, Harald (1993): Was ist ein gutes Gespräch? In: Löffler, Heinrich (Hrsg.): Dialoganalyse IV. Referate der 4. Arbeitstagung Basel 1992. Tübingen: Niemeyer. S. 3-19.

Weydt, Harald (2010): Abtönungspartikeln und andere Disponible. In: Harden, Theo / Hentschel, Elke (Hrsg.): 40 Jahre Partikelforschung. Tübingen: Stauffenburg. S. 11-31.

Ziem, Alexander (2008): Frames und sprachliches Wissen. kognitive Aspekte der semantischen Kompetenz (= Sprache und Wissen; 2). Berlin: de Gruyter.

Ziem, Alexander (2009): Frames im Einsatz. Aspekte anaphorischer, tropischer und multimodaler Bedeutungskonstitution im politischen Kontext. In: Felder, Ekkehard / Müller, Marcus (Hrsg.): Wissen durch Sprache. Theorie, Praxis und Erkenntnisinteresse des Forschungsnetzwerkes „Sprache und Wissen" (= Sprache und Wissen). Berlin: de Gruyter. S. 207-244.

Zifonun, Gisela (1997): Grammatik der Ereignisperspektivierung. In: Zifonun, Gisela / Hoffmann, Ludger / Strecker, Bruno (Hrsg.): Grammatik der deutschen Sprache. Bd. 3. Berlin: de Gruyter. S. 1859-1881.

Zimmerman, Don H. / West, Candace (1975): Sex roles, interruptions and silences in conversation. In: Thorne, Berrie / Henley, Nancy (Hrsg.): Language and sex: Difference and dominance. Rowley: Newbury House. S. 105-129.

Register